KB069016

스마트사회의 이해

김정훈 · 박종화 · 배우성

박영사

　1980년에 나온 미래학자 앨빈 토플러의 유명한 저서 '제3의 물결'이 있다. 우리가 한번쯤 들어봤음직한 이 책은 인류 역사는 세 번의 물결에 의해서 만들어졌다고 한다. 첫 번째 물결은 농업기술의 물결, 두 번째 물결은 산업화의 물결, 세 번째 물결은 정보통신의 물결이다. 그럼 제4차 산업혁명으로 대변되고 있는 지금은 어떤 물결에 해당될까? 작금의 환경을 앨빈 토플러가 다시 책을 쓴다면 책 제목은 아마 '제4의 물결'이라고 했을까?

　'4차 산업혁명'이란 단어는 내용이 너무나 광범위하고 변화속도가 빨라 초기에는 이해하기가 다소 어려웠지만 점점 우리에게 익숙해지고 있다. 스마트도시, 인공지능, 메타버스, 자율주행자동차 등 연일 언론이나 SNS 등에서 언급되면서 이제는 조금씩 현실공간에서 융복합된 모습을 통해 알아가며 적응하는 시대에 접어들었다. 4차 산업혁명은 스마트기술 기반에 '초연결성(Hyper-Connected)', '초지능화(Hyper-Intelligent)', '초현실사회(Hyper-Reality)', '융복합화(Convergence)'되어 모든 것이 상호 연결되고 보다 지능화된 사회로 이끌고 있다. 이를 기반으로 기술간, 산업간, 사물과 인간 간의 경계가 사라지는 '대융합'의 시대가 예측된다.

　4차 산업혁명이라는 거대한 새로운 패러다임의 변화속에서 산업은 물론 교육, 건설·교통, 방범·방재, 관광, 복지, 일자리, 국방 등 다양한 분야에 '스마트화'를 촉발하여 새로운 질서가 형성되고 사회 전반에 혁명적 변화가 도래되고 있다. 누군가는 4차 산업혁명은 실체가 없다고들 한다. 현재 4차 산업혁명은 시작단계이지 완성단계가 아니기 때문에 그 끝을 알 수 없다. 누구도 그 윤곽은 정확하게 모르는게 당연하다. 하지만 열린 자세로 그 변화의 의미와 방향을 이해한다면 미리 계획하고 대비할 수 있는 기회를 갖게 될 것이다. 4차 산업혁명으로의 변화는 경제 전반을 혁신적으로 변화시키는 경제혁명이며, 개인의 일상생활과 사회는 물론, 인간자체의 성향마저 바꾸는 사회혁명이다. 4차 산업혁명은 현재 진행형이라 언제라도 방향을 바꾸거나 필요한 새로운 가치가 포함될 수 있다. 단, 4차 산업혁명은 기술이 주도하는 혁명이지만 그 지향하는 가치는 사람이어야 한다는 전제하에서 진행되어야 한다는 점이다. 우리는 급속도로 변화가 일어나고 있는 현실을 잘 인지하고 미리 대비하지 않으면 온전히 살아남을 수 없을 것이다. 이런 급변하는 변화의 시기에 4차 산업혁명으로 도래하는 사회를 저자는 스마트사회라고 명명하고자 한다.

스마트사회는 고도화된 정보통신기술 인프라를 통해 생성, 수집, 축적된 데이터와 인공지능(AI)이 결합한 스마트기술이 경제, 사회, 삶 모든 분야에 보편적으로 활용됨으로써 새로운 가치가 창출되고 발전하는 사회이다. 데이터와 지식이 기존 생산요소(노동, 자본 등)보다 중요해지고 다양한 제품, 서비스 융합으로 산업간 경계가 붕괴되며, 지능화된 기계를 통한 자동화가 지적노동 영역까지 확장되는 등 경제, 사회 전반에 혁신적인 변화가 발생하게 된다. 우리는 스마트사회에서 일어나는 다양한 변화들을 살펴보고 이를 통해 세상의 흐름을 보는 방향 감각을 키울 필요가 있다.

오늘날 우리 상황을 살펴보면 정치, 경제, 사회, 외교, 문화 등 모든 분야에서 우리가 한 번도 겪어보지 못한 일들이 벌어지고 있다. 우리가 어떻게 대처하느냐에 따라 미래는 달라질 것이다. 우리는 코로나19도 극복해야 하고, 코로나19 이후 사회제반 문제도 해결해야 한다. 동시에 코로나19와 신기술이 재편할 미래 사회도 적극적으로 대응하고 준비해야 한다.

본 저서의 목적은 우리 주변에서 일어나고 있는 변화의 흐름을 잘 인지하여 보다 합리적이며 효과적인 선택을 할 수 있는 능력을 함양해 보자는 데 있다. 미래는 정해져 있는 것이 아니라 다양한 변수에 의해 영향을 받는다. 미래를 어떻게 설계하고 준비하느냐에 따라 우리 인생의 도착점이 달라질 수 있으므로 미래의 가능성에 대해서 '상상력'과 '희망'을 가지고 다양하고 원대하게 준비하는

지혜가 필요하다. 스마트사회의 이해를 통해 세상의 흐름을 정확히 보는 방향감각을 키워 학생들이 더 창의적이고 융합적인 지혜로운 인재로 성장할 수 있도록 기여하고자 한다.

끝으로, 본서가 나오기까지 집필에 참여한 박종화 교수, 배우성 처장께 깊은 감사의 마음을 전한다. 이 책이 나오기까지 수고를 아끼지 않으신 박영사 장규식, 탁종민 선생께 고개 숙여 감사드리는 바이다.

2022년 2월
저자대표 김정훈

CONTENTS
목차

PART 03 | 스마트사회로 진화

PART 04 | 스마트도시

표 목차

그림 목차

스마트사회의 이해
SMART · SOCIAL

01

스마트사회에 대한 담론

CHAPTER 01

패러다임 전환과 스마트사회

제1절   패러다임을 바라보는 시각

최근 우리 사회에 화두가 되고 있는 패러다임[1]은 단연 4차 산업혁명일 것이다. 일반적으로 '세상을 보는 관점'을 우리는 패러다임이라고 한다. 문제는 '세상을 보는 관점'을 각자 자신이 경험하고 살아가면서 느낀 대로 보려고 한다는 것이다. 최근에 기성세대를 풍자하는 '라떼는 말이야~'라는 말이 온라인 커뮤니티에서 유행하고 있다. 기성세대가 자주 쓰는 '나 때는 말이야'를 코믹하게 표현한 것으로 학교와 직장 등 사회에서 마주치는 '꼰대[2]'들을 비꼬는 말이다. 선배는 자신의 관점으로만 후배를 바라보려 하니 충돌이 일어난다. 후배의 관점으로 그들을 보아야 한다. 후배도 마찬가지다. 그들 각자가 가지고 있는 선배나 후배의

---

1) 패러다임이란 어떤 동시대 사람들의 의견이나 생각을 근본적으로 규정하고 있는 인식 체계, 또는 사물에 대한 이론적인 틀 혹은 체계를 의미하는 개념이다. 미국의 과학사학자이자 철학자인 토머스 쿤(Thomas Kuhn)이 ≪과학혁명의 구조≫에서 처음으로 제안한 패러다임은 동시대의 사회 전체가 공유하는 이론, 방법, 문제의식 등에 관한 체계를 뜻한다. 거대담론(巨大談論: grand discourse) 또는 메가트렌드(mega trend: 거시경향) 등과 유사하다.

2) 꼰대 또는 꼰데는 본래 아버지나 교사 등 나이 많은 남자를 가리켜 학생이나 청소년들이 쓰던 은어였으나, 근래에는 자기의 구태의연한 사고 방식을 타인에게 강요하는 이른바 꼰대질을 하는 직장 상사나 나이 많은 사람을 가리키는 말로 변형된 속어이다(https://ko.wikipedia.org＞wiki＞꼰대: 위키백과).

모습에 대한 나름의 관점을 바꿔야 서로를 이해할 수 있다.

이처럼 '세상을 보는 관점: 패러다임'을 고집하지 않고 바꾸어 가야만 세상에 적응하기 용이하다. 17세기 말까지 유럽인들은 모든 백조(swan)는 흰색이라고 알고 있었고 결코 검은색 백조(black swan)의 존재를 믿으려 하지 않았다. 그때 까지 인류에게 발견된 백조는 모두 흰색이었기 때문에 검은색 백조도 있을 수 있다는 사고의 전환이 결여되어 있었다. 1697년 오스트레일리아 대륙에서 검은 색 백조가 처음 발견되고 난 뒤 '블랙스완'은 '도저히 일어날 것 같지 않은 일이 일어나는 것'을 가리킬 때 은유적으로 사용되고 있다. 단순히 구멍을 덮는 용도 의 맨홀 뚜껑이 둥글어야 한다는 것은 고정화된 패러다임이다. 당연히 삼각형 혹은 사각형으로 만들 수도 있다. 맨홀 모양에 따라 홀에 뚜껑이 빠지느냐 아니 냐라는 효율성을 논하기 이전에 다양한 맨홀 뚜껑 모양이 있을 수도 있다는 사 고의 전환이 소위 '패러다임의 전환(Paradigm shift)'이다.

이번 코로나 바이러스 감염증(코로나19)사태로 우리 사회에 도저히 일어날 것 같지 않은 일이 일어나게 되었다. '블랙스완'을 목격한 것이다. 미증유(未曾有)의 언택트(untact·비대면), 임모빌리티(immobility·부동성) 사회를 경험했다. '뉴노멀 (new normal: 새로운 표준)'이 본격화하는 계기가 된 셈이다. 4차 산업혁명이 이 러한 새로운 기준을 촉발시키는 계기가 되었으며 이는 코로나19 이후 인류가 그 간 경험하지 못했던 새로운 패러다임 전환이 요구되고 있다는 뜻이다.

우리에게 일어나고 있는 모든 문제 해결의 열쇠는 바로 세상을 바라보는 시 각에 있다고 해도 과언이 아니다. 바꿔 말하면 '내 생각이 틀릴 수 있다'는 가정, '상대방의 입장이면 어떨까?', '꼭 이렇게 해야 하나', '뒤집어서 생각하면 어떨 까?' 하는 의문을 가진다면 이미 많은 문제가 해결된 것이나 다름없다. 세상을 바라보는 시각이 바뀌지 않으면 '변화'란 없다. 우리의 모든 사고체계를 재검토 할 용기를 가져야 한다. 그것이 조직 차원이든, 문제해결 차원이든, 인간관계 차 원이든 모든 것이 마찬가지다. 자신의 눈으로 바라보고 판단하기에 모든 문제가 일어나는 것이며 그것을 벗어날 때 우리는 해결책에 한 걸음 다가갈 수 있는 것 이다. '내 생각이, 내 관점이 틀릴 수 있다'라고 가정하는 것, 그것이 모든 것의 출발이다.

현재 4차 산업혁명의 대두로 우리 사회의 패러다임이 혁명적 변화의 소용돌이 속에 있다고 해도 과언이 아닐 것이다. 4차 산업혁명으로 인해 새로운 질서가 도래하고 있다. 누군가는 4차 산업혁명은 실체가 없다고들 한다. 현재 4차 산업혁명은 시작단계이지 완성단계가 아니기 때문에 그 끝을 알 수 없다. 누구도 그 윤곽은 정확하게 모르는게 당연하다. 하지만 우리는 열린 자세로 그 변화의 의미와 방향을 이해할려고 노력한다면 변화의 소용돌이 속에서 미리 계획하고 대비할 수 있는 기회를 갖게 될 것이다.

4차 산업혁명은 현재 진행형이라 언제라도 방향을 바꾸거나 필요한 새로운 가치가 포함될 수 있다. 단, 4차 산업혁명은 기술이 주도하는 혁명이지만 그 지향하는 가치는 사람이어야 한다는 전제하에서 진행되어야 한다는 점이다. 우리는 급속도로 변화가 일어나고 있는 현실을 잘 인지하고 미리 대비하지 않으면 온전히 살아남을 수 없을 것이다. 이런 급변하는 변화의 시기에 4차 산업혁명으로 도래하는 사회를 저자는 스마트사회라고 명명하고자 한다. 우리는 스마트사회에서 일어나는 다양한 변화들을 살펴보고 이를 통해 세상의 흐름을 보는 방향 감각을 키울 필요가 있다.

제2절   스마트사회로의 변화과정

패러다임의 전환은 하루아침에 일어날 수도 있지만 기존의 오래된 사고를 바꾸어야 하므로 때론 그 기간이 엄청나게 길게 이어질 수도 있다. 그동안 우리 사회의 패러다임은 다소 오랜 시간에 걸쳐 서서히 변화되어 왔다.

우리 인류의 생활양식이 근본적으로 변한 것은 농업혁명이다. 인류는 원시수렵사회에서 사냥과 채집으로 살아가다가 우연한 기회에 먹고 버린 씨앗에서 싹이 나는 걸 발견하고 인간이 식물을 통제하고 조절할 수 있음을 깨닫게 되어 농경사회로 패러다임이 변하게 된다. 수렵과 채집생활에서 농경재배와 작물수확으로 발전하면서 식량 생산량이 증가하였고, 한 곳에 정착하게 되면서 인구는 점점 늘어나게 되었다. 잉여생산물들을 물물교환하면서 시장이 만들어지고 이들 거래를 지켜줄 권력이 필요하게 되고 이를 위한 조건을 충족하는 도시가 만들어졌고 사람들이 점차 도시로 모여 살게 되었다.

그리고 18세기 후반의 산업혁명은 인류의 생활에 근본적인 변화를 가져왔다. 증기기관이나 전기의 발견을 통해 급속히 산업사회로 패러다임이 넘어가게 되었고 산업사회로의 전환으로 대량생산, 대량분배, 대량소비가 가능하게 되어 물질적인 풍요를 누리게 되었다. 산업사회에서 정보사회로의 변화는 컴퓨터와 인터넷으로 상징되는 정보통신 기술의 발달과 지식·정보의 중요성이 사회적으로 증대되었고 정보산업과 지식기반산업, 서비스 산업의 비중이 높아지게 되면서 정보사회로의 패러다임이 옮겨갔다.

최근에 와서는 4차 산업혁명으로 인해 스마트사회로 패러다임이 진화되어가고 있는데 그 변화속도를 가름하기 어려울 정도로 엄청난 속도감이 느껴진다. <그림 1-1>에서 보여주듯이 오랜 기간 지속되었던 농업사회에서 벗어나 산업사회로의 패러다임이 전환하는 데에는 6,000~7,000년 정도 걸렸다. 그러나 산업사회에서 정보사회로 전환하는데는 불과 200여년이 소요되었다. 정보사회

▼ 그림 1-1 스마트사회로의 발전모형도

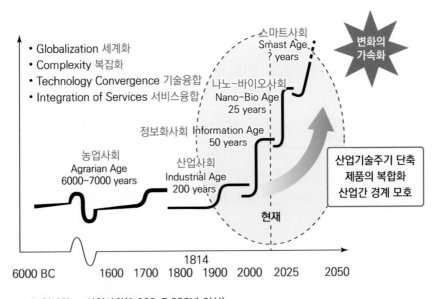

출처: NSF(2002, 2006), Ahlquvist(2005) 자료 재구성

에서 스마트사회로 변화는 그 변화속도를 가늠해 볼 때 가히 짐작이 어려울 정도이다[3]. 이제 과거와 같이 새로운 사회패러다임 변화를 느긋이 기다리고 있다가 변화한 후에 대응하는 것으로는 경쟁이 심화되고 있는 지구촌무대에서 살아남을 수가 없다. 변화의 폭과 속도가 커질수록 미래사회를 사전에 대응하고 준비해 나가는 것이 더욱 중요하다.

인류 역사의 변화는 사회적 가치, 기술발전 등과 같은 핵심 요인들에 의해 이루어지고 있다. 역사적으로 농업사회는 가축 사육이 가능해지고, 농작물을 경작하면서 부족 공동체를 중심으로 본격적으로 시작되었다. 농업사회에서는 인간 노동력이 근간이 되어 자연발생적인 재해극복 노력들이 다양한 방법으로 개발되었고, 이러한 상황에 맞게 사람의 노동력이 가장 중요한 요인으로 고려되었다. 산업사회에서는 기계적 기술을 바탕으로 대량생산체계가 만들어지고 이를 통해 인류는 배고픔과 가난으로부터 벗어날 수 있게 되었다. 산업사회에서는 숙련된 공장 노동자들의 역할이 매우 중요했기 때문에 노동자들은 오랫동안 기술을 익히기 위해 훈련 받았으며, 근면과 성실한 태도가 주요 덕목이었다. 정보사회에서는 컴퓨터의 등장, 정보통신 기술의 발달에 따라 지식, 정보가 중요시되었다. 정보사회는 다양한 지식과 정보가 사회의 가장 핵심적인 자원이며, 이를 공유하고 개방하는 것이 사회적 가치로서 중요하게 여겨졌다[4].

스마트사회에서는 창의성, 감성, 유연성, 혁신성 등을 바탕으로 정보통신기술과 전통 산업기술과의 융합을 통해 정치, 경제, 사회적으로 혁신적 변화를 이끌고 있다. 스마트사회에서는 인공지능(AI), 사물인터넷(IoT), 빅데이터, 로봇 공학, 3D 프린팅 등이 변화를 이끄는 주요 기술로 부각되고 있으며, 창의적이고 다양한 분야의 전문가들과 협업하고 당면한 문제 해결형 인재를 요구한다. 이를 통해 로봇과 AI와 인간의 협업, 스마트 워크, 자율자동차, 드론 택배, 융복합산업 등이 주류가 되어 새로운 가치를 만들고 부를 함께 나누며 인간과 기계가 공존하는 사회로 진화되고 있다.

---

3) 김성태(2011), "스마트사회를 향한 대한민국 미래전략", 경기: 법문사
4) 김성태(2011), 전게서

	농업사회	산업사회	정보사회	스마트사회
	농업혁명	산업혁명	정보혁명	스마트혁명
핵심요소	인간/가축/토지	자원/자본	정보, 지식	초연결성/초지능화/융합화
일하는 방식	자급자족	대량생산/노동집약	다품종 소량생산/지식집약	로봇/AI협업/스마트워크
경영전략	자연재해 극복	HW중심	SW중심	모바일/혁신벤츠, 1인기업
인재상	근면성	근면한 공장근로자	지식보유근로자 (지식근로자)	창의적/문제해결형/협업형
핵심가치	전통/공동체의 규범과 문화	단순작업/관료적/기계적	지식활동	감성, 유연성, 창의성, 혁신
핵심기술	농업기술	산업기술	정보기술	스마트기술

자료: 김성태(2013: 27), 명승환(2015: 2)을 토대로 재구성

　　스마트 산업간, 기술간 융합이 급속히 진행되면서 산업 전 영역에서 경계가 사라지는 시대가 도래하고 있어 트렌드에 맞추어 변하지 못하면 시장에서 퇴출 될 수 밖에 없는 상황이 되었다. 융복합 플랫폼 산업의 등장은 전통적 산업의 지형을 크게 약화시키고 있다. 산업사회에서 기계기반 제조업이 성장을 견인하고 정보사회에서 컴퓨터 기반 ICT가 성장을 견인했다면, 스마트사회에는 전 산업 영역이 융합되고, 연결되며, 지능화되어 새로운 성장을 이끌어 갈 것이다. 산업사회에서 제조업 기반 상품이 세계 무역의 중심이었다면, 스마트사회는 디지털로 전환되어 데이터에 근거한 정보가 세계 무역의 중심으로 변화될 것이다. 산업사회에서 물리적 상품이 선진국과 다국적 기업에 의해 주도되었던 반면, 스마트사회에서는 빅데이터 기반의 정보흐름이 급증하며 융복합 아이디어를 앞세운 플랫폼 기반 산업이 주도하게 될 것이며, 많은 국가와 기업들이 플랫폼 기반 산업에 참여하기 위한 노력을 수행할 것이다.

CHAPTER

02

4차 산업혁명과 스마트사회

스마트사회를 촉발시킨 4차 산업혁명에 대해 좀 더 구체적으로 살펴보고 산업혁명 전반에 대한 전개과정과 4차 산업혁명이 등장하게 된 배경과 4차 산업혁명의 정의, 특징, 동향 등에 대해 살펴보고자 한다.

제1절   산업혁명의 정의와 전개과정

1. 산업혁명의 정의

일반적으로 산업혁명은 18세기 후반부터 19세기 전반에 걸쳐서 영국에서 일어난 산업 및 사회경제 대변화를 의미한다. 하지만 2차 산업혁명과 3차 산업혁명을 거치면서 경험했듯이 더 이상 산업혁명을 18세기경 영국자본주의 전개과정에서 나타난 특이한 현상으로 이해하게 되면 '산업혁명'의 좁은 의미에 갇히게 된다. '산업혁명'이라는 단어에 대한 올바른 정의가 필요한 이유다.

산업혁명의 정의를 위해 '혁명'이라는 사전적 정의를 먼저 살펴보면 "이전의 관습이나 제도, 방식 따위를 단번에 깨뜨리고 질적으로 새로운 것을 급격하게 세우는 일"[5]이라고 하고 있다. 기존의 제도와 방식을 깨뜨리고 새로운 것으로의 급격한 변화, 즉, 완전히 바뀌는 것이라고 할 수 있다. 이러한 혁명의 정의를 통해 '산업혁명'을 얘기해 보면 이전의 산업(기술, 제도)을 벗어나 새로운 기술과 제

---

5) 표준국어대사전, https://stdict.korean.go.kr/search/searchView.do

도의 등장으로 '새로운 것'을 급격하게 세우는 일이라고 할 수 있다. 여기에서 새로운 것이라는 건 '경제'가 될 수도 있고, '사회'가 될 수도 있다. 다시 정리하면 산업혁명은 "새로운 산업의 등장으로 급격히 새로운 사회를 세우는 일"이라고 할 수 있을 것이다. 이러한 정의가 1차, 2차, 3차 산업혁명을 포괄적으로 설명할 수 있는지 검증해보고자 한다.

'산업혁명'이라는 단어만으로 보면 갑자기 등장하는 것처럼 느껴질 수 있지만 서서히 진행된 사회, 경제적 변화들이 누적되면서 일어났다. 철과 강철이라는 새로운 소재의 활용, 석탄, 석유, 전기와 같은 새로운 에너지의 사용, 그리고 방적기나, 방직기, 공장자동화, 컴퓨터와 같은 새로운 기계의 발명, 공장이라는 새로운 노동 분업 시스템의 발전, 증기기관차, 자동차, 기차, 비행기와 같은 새로운 운송수단의 발전, 전화, 인터넷 등의 통신수단의 발전 등 다양한 변화를 동반하면서 진행되었다.

1차 산업혁명을 간단히 정의 내리면 '18세기 후반부터 19세기 전반에 영국을 중심으로 일어난 기계의 발명과 기술의 혁신 등에 의한 산업의 변화와 그에 따른 사회, 경제적인 변화'라고 할 수 있다. 1차 산업혁명의 특징은 증기기관이 발명되면서, 사람보다 더 월등하게 생산할 수 있는 기계를 만들었다는 것이다. 사람의 노동력을 대신하는 기계가 만들어지면서 면직물공업이 성장할 수 있었고, 생산량이 늘어나면서 기존에 없던 새로운 산업이 등장하였다. 사회적으로는 부를 축적한 시민계급인 부르주아도 등장하였다. 부르주아의 등장으로 기존 봉건 사회가 해체되었고, 자본주의 사회의 첫발을 내디뎠다.

2차 산업혁명의 정의를 살펴보면 산업혁명의 2번째 단계를 표현하기 위한 단어일 뿐 특별한 정의를 내리긴 어렵다. 다만 독일과 미국의 공업생산력과 기술혁신을 대표하는 단어로, 2차 산업혁명의 특징은 구분되어 진다. 가장 큰 특징으로는 에너지원이 변화했다는 점이다. 기존의 석탄을 대체하여 석유와 전기가 등장한 것인데, 각종 전기기계가 만들어지면서 대량 생산이 가능해졌고, 전자제품이 만들어지면서 여성들의 사회진출도 늘어났다.

3차 산업혁명을 살펴보면, 가장 큰 특징으로 컴퓨터가 등장했다는 것이다. 컴퓨터라는 신기술이 등장하면서 업무의 영역과 방식에 변화가 생겼다. 또한, 인터넷이라는 새로운 통신수단이 등장하면서 사람들이 원하는 정보를 쉽고 간

편하게 접할 수 있게 되었고, '정보화 사회'라는 수식어도 만들어졌다. 산업현장에서는 자동화 공정이 만들어지기도 했다.

〈표 2-1〉 산업혁명의 단계별 변화

	1차 산업혁명	2차 산업혁명	3차 산업혁명	4차 산업혁명
시기	18세기 후반	19-20세기 초	20세기 후반	2000년대 이후
연결성	국가 내부의 연결성 강화	기업-국가간의 연결성 강화	사람, 환경, 기계의 연결성 강화	자동화, 연결성의 극대화
최초사례	방직기, 방적기	신시내티 도축장	PLC: Modicon 084[6]	알파고
혁신동인	증기기관	전기에너지	컴퓨터, 인터넷	IoT · 빅데이터 · AI 기반 초연결[7]
	동력원의 변화(유형자산 기반)		정보처리 방식의 변화 (무형자산 기반)	
특징 / 원인	기계화	전기화	정보화	지능화
특징 / 결과	산업화	대량생산	자동화 / 기계 · SW가 데이터를 생산	자율화 / 데이터가 기계 · SW제어
현상	영국 섬유공업의 거대 산업화	컨베이어벨트 활용 기반으로 대량생산을 달성한 미국으로 패권이 이동	인터넷 기반의 디지털 혁명, 미국의 글로벌 IT기업 부상	사람-사물-공간융합화, 초연결 · 초지능화를 통한 산업구조 개편

출처: 산업부, 4차 산업혁명(2017년 2월)을 토대로 재구성

---

6) 최초로 개발된 PLC(Programmable Logic Controller)로 디지털 또는 아날로그 입출력 모듈을 통해 로직, 시퀀싱, 타이밍, 카운팅, 연산과 같은 특수한 기능을 수행하기 위하여 프로그램 가능한 메모리를 사용하고 여러 종류의 기계나 프로세서를 제어하는 디지털 동작의 전자장치(지식경제용어사전, 2010. 11., 산업통상자원부).

7) 초연결(hyper−connection)은 사물인터넷 등 정보통신 기술의 급진적 발전과 확산으로 인간과 인간, 인간과 사물, 사물과 사물 간의 연결성을 기하급수적으로 확대시키고 있다. 기존의 규모를 초월한 연결망의 등장과 더불어 파생되는 지식정보, 인적 네트워크 등의 복잡성도 증가할 것으로 예상된다. 다양한 기술 및 산업과의 융합을 통해 가치 창출을 위한 새로운 분야가 만들어지고 있으며, 더욱더 확대 될수록 과거에 불가능했던 새롭고 효율적인 형태의 산업생태계, 생산, 소비, 신산업 창출이 가능

1, 2, 3차 산업혁명 과정에서 신산업의 등장으로 기존 사회와는 다른 새로운 사회적 변화가 나타났다. '소재', '에너지', '기계', '노동 시스템', '교통', '통신' 등의 발전에 따라 많은 부분에서 변화가 생겼다. 국가마다 각각의 과정은 달랐지만, 새로운 기술의 등장으로 봉건제를 벗어나 자본주의가 확립되었고, 왕족과 귀족지배 체제가 무너지면서 시민의 정치참여가 확대되기도 했다. 그리고 산업화로 노동 인구가 늘어나면서 노동자들의 인권이 강조되는 제도가 만들어 지기도 했으며, 또한 교통과 통신의 발전으로 정보 획득이 평등해지기 시작했고, 노동력이 다양한 분야로 확대되는 계기가 되기도 했다. 수차례 걸친 산업혁명의 시기마다 인류는 좀 더 풍요롭게 살게 될 것이라는 희망을 가졌고, 실질적으로도 기술적 혁신에 의한 산업혁명으로 전반적인 삶의 질과 수준을 높여왔다.

2. 산업혁명의 전개과정

▼ 그림 2-1 산업혁명의 흐름

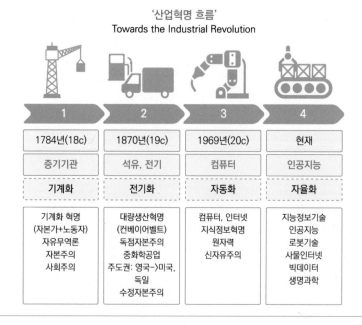

'산업혁명 흐름'
Towards the Industrial Revolution

1	2	3	4
1784년(18c)	1870년(19c)	1969년(20c)	현재
증기기관	석유, 전기	컴퓨터	인공지능
기계화	전기화	자동화	자율화
기계화 혁명 (자본가+노동자) 자유무역론 자본주의 사회주의	대량생산혁명 (컨베이어벨트) 독점자본주의 중화학공업 주도권: 영국-)미국, 독일 수정자본주의	컴퓨터, 인터넷 지식정보혁명 원자력 신자유주의	지능정보기술 인공지능 로봇기술 사물인터넷 빅데이터 생명과학

해 질 것이다. 이상헌, 『세상을 바꾸는 4차 산업혁명의 미래』, (서울: 메이트북스, 2018), p.90.

(1) 1차 산업혁명

1차 산업혁명은 18세기 후반 영국에서 일어난 기술혁명과 여기에 수반되어진 사회경제구조의 변화를 의미한다. 증기기관으로 실을 만드는 방적기가 개발되면서 생산량이 늘게 되었고, 옷감을 만드는 방직기도 만들어지면서 대량 생산이 가능하게 되었다. 기계뿐 아니라 자동차와 배, 기차도 증기의 힘으로 움직일 수 있었다. 공장에서 대량생산도 가능하고, 생산된 제품들도 쉽게 운반할 수 있게 된 것이다. 또한, 리버풀에서 맨체스터까지 증기기관차가 다닐 수 있게 세계 최초로 철도가 뚫리면서 이후에는 유럽 각 국에서도 철도가 건설되었다. 각 국에 펼쳐진 철도는 생산된 제품의 이동 수단과 경로가 되어 세계 각국으로 팔려 나갔고, 생산품뿐 아니라 기계와 기술도 함께 퍼져 나가게 되었다.

▼ 그림 2-2 증기기관

출처: 국립중앙과학관

1차 산업혁명은 정치, 경제, 사회, 문화, 외교 등 대내외적으로도 많은 변화를 불러왔다. 정치적으로는 자본을 축적한 평민, 즉 부르주아들이 부상했다. 산업혁명 이후 자본이 강조되면서 자본을 가진 부르주아들의 영향력이 커졌고, 왕족과 귀족지배 체제가 무너지면서 시민계급이 선거권을 요구하고 정치의 중심으로 나오게 되었다. 영국에서는 선거권을 요구한 차티스트운동(Chartist Movement)[8]이 일어났고, 선거법 개정도 이루어내었다.

경제에서의 변화는 자본주의체제를 발전시키고 완성했다. 이에 자본가들은 더욱더 많은 자본을 축적하기 위해 싼 임금으로 노동을 착취하기에 이르렀고, 자본주의에 대항하는 칼 마르크스(Karl Marx)의 사회주의 사상도 이때 등장하게 되었다. 도시에서 적은 임금을 받으며 비참하게 살아가는 노동자들은 넘쳐나는데, 자본가들은 호화주택을 짓고 편안한 생활을 누리는 등 빈부격차가 점점 벌어졌다.

사회적으로는 공업화로 농촌인구의 대부분이 도시로 빠져나가면서 도시 인구가 폭발적으로 증가하는 도시화 현상이 나타났다. 인구가 늘면서 발생하는 공기오염과 비위생적인 환경이 문제점으로 등장했다. 그리고 노동계급이 탄생하면서 가혹한 노동환경문제가 대두되었다. 공장주들은 노동자들에게 오랜 시간 노동을 강요했다. 또한, 영국에서는 아동에게도 노동을 시키는 문제가 불거져 급기야 어린이 노동을 금지시키기도 했다. 그리고 야간근무를 금지하는 법률도 제정되었으며, 미국에서는 8시간 노동을 요구하는 노동운동도 일어나기도 했다. 방적기와 방직기가 보급되면서 공장에서 옷을 만드는 기술이 있던 사람들이 쫓겨나면서 일자리를 잃게 되자 공장을 습격해 기계를 부수는 '러다이트 운동(Luddite Movement)'[9]이 전개되기도 하였다.

대외적으로 산업혁명을 이끈 것은 첫 번째로 무역의 증대다. 무역은 영국 산업을 이끌어가는 견인차 역할을 했다. 직물, 총기·화약류, 농기구, 각종 금속제품, 염료, 담배, 술 등 많은 공산품들이 아프리카, 중남미 지역, 또는 북미식민지로 수출되었다. 당시는 첨단산업이었던 면직산업과 금속산업이 수출의 많은 부분을 차지했다. 1760년대에는 수출량의 50%를 면직물이 담당하기도 했다. 두

---

8) 차티스트 운동(Chartist Movement)은 19세기 중엽(1838~1848) 영국에서 있었던 사회 운동이다. 1838년부터 1840년대 후반까지 보통선거를 바탕으로 한 의회민주주의의 실시를 요구하며 영국에서 벌어졌던 최초의 노동자 운동. 1850년대 전반까지 영국 사회에 깊은 영향을 끼쳤으며, 민주주의의 중요한 원칙을 제시하였다는 의의가 있다.

9) 직물공업에 기계가 서서히 보급되어 가는 시기에 나폴레옹전쟁의 영향으로 경제불황에 빠지면서 고용감소로 실업자가 증가하고 임금체불과 물가상승이 잇따르던 시기였다. 이로 인하여 노동자들은 실업과 생활고의 원인을 기계의 탓으로 돌리고 기계 파괴운동을 일으켰다. 기계로 저렴하게 대량생산을 하면서 수공업 숙련노동자들을 압박하여 임금을 인하하게 한 데 원인이 있었다.

번째는 산업혁명을 이끌었던 정책 중 하나는 막강한 군사력을 기반으로 한 식민지 정책이다. 당시 영국은 강력한 중상주의 정책10)을 통해 산업혁명의 기초를 구축하는데 식민제국들이 큰 기여를 했다. 식민지 개개의 이득보다는 영국의 이득을 앞세우는 정책을 내세웠다.

1차 산업혁명 전개과정에는 여러 논의가 있지만 영국의 식민지 정책과 관련이 깊다. 무역 흑자를 내기 위해 또한 국내 산업을 보호하기 위해 철저한 경제적 통제를 가했다. 17세기와 18세기에 행해진 수입 면직물에 대한 철저한 규제는 국내의 모직물 산업을 보호하기 위한 것이었다. 또한 영국은 식민지 확보와 유지를 위해 전쟁을 끊임없이 벌였다. 영국과 프랑스는 1689년부터 1815년까지 전체 127년 가운데 8번의 전쟁을 치렀는데 65년간 전시상태에 있었을 정도였다. 이처럼 정치·군사적인 요인들도 1차 산업혁명을 이해하는데 본질적인 접근이 필요한 부분이다. 산업혁명이 영국과 유럽에서 시작되어 혁명적인 변화를 이루었지만, 관점을 세계사적인 차원으로 돌리게 되면 그것은 식민지에 대한 약탈과 식민지인의 노동착취, 비유럽세계의 탈산업화와 상당한 관련을 갖고 있다.

(2) 2차 산업혁명

1차 산업혁명이 증기기관을 이용한 대량생산을 특징으로 한다면, 2차 산업혁명의 특징은 전기라는 새로운 에너지의 등장과 함께, 미국과 독일이 세계의 중심으로 떠올랐다는 것이다. 이들 국가를 중심으로 철강, 화학, 자동차, 전기 등 새로운 산업분야에서 기술혁신이 진행되었다. 산업의 중심이 소비재인 경공업에서 부가가치가 큰 중화학공업으로 전환된 것이다.

또한, 전화가 발명되면서 인간의 의사소통 방식에도 변화가 생겼다. 교통과 통신이 발달하면서 해외로 시장이 확대되고 세계 교역량이 늘어나면서 산업발달은 더욱더 촉진되었다. 1830년대에는 영국과 인접한 벨기에와 프랑스로 퍼지고, 1850년대에는 독일, 1860년대에는 남북전쟁을 끝낸 미국으로도 확산되었다. 일본과 러시아는 1890년대에 합세하면서 점차 전 세계로 퍼지게 되었다. 산업혁명

---

10) 국가의 번영과 국력의 신장이 목표인 정책, 영국은 중상주의 정책으로 식민제국의 건설을 통해 식민지나 다른 지역으로부터 핵심 산업들의 원료를 안정적으로 조달하고, 시장을 유지할 수 있었고 식민지는 철저하게 본국을 위해 봉사하도록 개편되었다.

은 세계적으로 큰 변화를 만들어냈고 서양 중심의 세계를 만들어 낸 원동력이었다[11].

벨이 1876년도에 전화를 선보인 후 벨 전화사를 설립하였고, 1885년에 AT&T (American Telephone & Telegraph Co.)[12]로 확대했다. 이와 같은 통신의 발달이 정보교환의 속도를 높여주면서 새로운 기술과 산업의 발전을 가속시켰다[13].

전기는 에너지의 형태를 자유롭게 바꿀 수 있었기 때문에 증기엔진과는 다르게 효율적인 에너지 사용이 가능했다. 전기 에너지를 열에너지로 바꾸거나, 빛, 소리 등 다양한 에너지로 변환이 가능했다. 또한, 증기엔진이 들어간 기계들은 부피가 크기 때문에 공간이 한정되었지만, 전기를 활용한 기계들은 부피를 줄일 수 있었기 때문에 가정에도 들어갈 수가 있었다. 세탁기도 이 시기에 만들어졌다. 기계가 인간의 생활에 침투하면서 가사노동에서 벗어날 수 있었고, 여성의 사회 참여도 가능하게 되었다.

토머스 에디슨(Thomas Edison)이 1879년에 전구를 개발하면서 전기 에너지의 상업화가 본격적으로 시작되었는데, 에디슨은 직류시스템에 의존하고 있었다. 반면 니콜라 테슬라(Nikola Tesla)는 1888년에 교류용 유도전동기를 발명하고 웨스팅하우스사가 그의 특허를 매입하면서 직류시스템과 교류시스템에 대한 격렬한 경쟁이 전개되었다. 이후 1893년에 시카고 만국박람회에서 웨스팅하우스가 에디슨을 제치고 전기시설 독점권을 따내면서 갈등이 일단락되었다.

---

11) 강철구, "강철구의 세계사 다시 읽기-산업혁명과 비유럽세계의 탈산업화,"『프레시안』(2008.08.08)

12) 미국의 통신회사, 1983년 회사 1983년 AT&T(American Telephone & Telegraph Co.)의 지역 전화회사들을 유지하기 위한 지역적 지주회사의 하나로 설립되었다. 그 해에 법인이 되었고, 1984년 1월 독점규제법에 따라 AT&T로부터 분리되어 독립적인 텔레커뮤니케이션 서비스 공급업체가 되었다. 여러 계열사를 통하여 미국 내에 포괄적인 커뮤니케이션 서비스와 제품을 제공하며, 20개국 이상에 투자하고 있다. 2005년에 모회사였던 미국전신전화회사(American Telephone and Telegraph Co.: AT&T)를 인수하여 회사명을 SBC커뮤니케이션스(SBC Communications Inc.)에서 AT&T로 바꾸었다. 2006년 전기통신회사 벨사우스(Bellsouth)를 인수했고, 2018년 미디어콘텐츠 기업인 타임워너(Time Warner Inc.)를 인수하며 사업 영역을 확장하고 있다.

13) 이상헌,『세상을 바꾸는 4차 산업혁명의 미래』, 메이트북스, 2018, p.30.

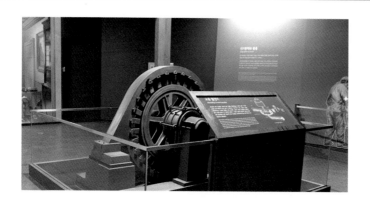

출처: 국립중앙과학관

1892년에 에디슨의 회사는 톰슨–휴스턴사와 통합되어 GE로 변모하였고, 웨스팅하우스사와 전략적 제휴관계를 모색하게 되었다. 지멘스가 1866년에 상용 발전기를 개발하고, 에디슨이 1882년에 전력을 상업화하여, 전등과 가전제품에 전기가 적극 활용되고, 공장의 동력원으로 널리 사용되기 시작했다. 또한, 교통수단에도 사용되었는데, 1879년에 전차가 등장하였다.

전기와 함께 새로운 동력 에너지로 등장한 것은 내연기관이었다. 프랑스의 에티엔 르누아르(Etienne Lenoir)가 최초의 내연기관을 발명하였지만 상업적으로는 성공하지 못했다. 이후 1867년에 독일의 니콜라우스 오토(Nikolaus Otto)가 흡입, 압축, 폭발, 배기로 이루어진 상업적 가치를 지닌 내연기관을 만들었다. 하지만 오토의 엔진은 석탄을 원료로 하고 있어 수송용으로는 적합하지 않았다. 이에 대해 1883년에 독일의 다임러와 마이바흐가 가솔린을 연료로 하는 내연기관을 개발하였고, 1886년에는 독일의 벤츠가 3바퀴 자동차를 개발하면서 현대판 자동차가 탄생하게 되었다[14].

가솔린 자동차의 대중화는 포드가 추진했던 모델T의 대량생산 시스템이 있었기에 가능했었다. 흔히 포드 시스템이라고 이야기하는 컨베이어 벨트라는 새로운 생산시스템의 도입으로 소품종 소량생산에서 단일한 품목을 대량생산할

---

14) 이상헌, 『세상을 바꾸는 4차 산업혁명의 미래』, 메이트북스, 2018, p.29.

수 있게 되었다. 포드가 도축장을 시찰하던 중 작업자들이 작업을 마친 후 모노레일을 이용해 갈고리에 매달려 있는 고깃덩어리를 다음 작업자에게 이동시키는 것을 목격했고, 이후에 컨베이어 벨트라는 포드사의 대표적인 생산시스템으로 구축되었다. 이로 인해 대량생산이라는 혁신을 가져오면서 노동시간도 획기적으로 단축시켰다. 노동자들의 임금은 늘어났고, 대량생산으로 가격이 하락한 자동차를 노동자들도 구매할 수 있게 되었다. 노동자들을 주 고객층으로 확보할 수 있게 되면서 대중화가 시작되었다. 이러한 자동차 생산방식이 다른 산업에도 퍼져나가면서 2차 산업혁명의 결과물로 대두되었다.

제강법의 혁신은 철강을 산업용에서 철도레일, 다리, 건축물 등으로 범위를 확대해 나갈 수 있게 했다. 특히 모든 산업의 기계화를 이루기 위해 기계의 재료가 되는 철이 산업계에서 요구하는 수준의 품질을 만족시켜야 하는데 제강법의 혁신으로 19세기 후반부터는 산업의 기계화가 본격적으로 진행될 수 있었고, 1889년 프랑스의 에펠탑은 철강의 용도가 수직 건물에도 사용될 수 있다는 것을 보여준 상징적인 것이었다. 이후 철강재는 건축물에 필수적인 재료로 자리잡았고, 오늘날에도 빌딩과 아파트에 널리 활용되고 있다.

(3) 3차 산업혁명

3차 산업혁명은 컴퓨터와 인터넷 기반의 지식정보 혁명이다. 컴퓨터와 반도체의 성능이 진화되면서 1970년대의 개인용 컴퓨터, 1990년대의 인터넷 발달을 이끌었다. 정보통신기술(ICT: Information and Communications Technology)[15]의 발전으로 인한 디지털 혁명으로 정보화, 자동화 체제가 구축되었다. 1969년에 최초로 PLC(Programmable Logic Controller)인 Modicon 084가 개발되면서 시작된 컴퓨터와 인터넷을 이용한 정보화 시대는 자동화, 정밀화, 디지털화를 불러왔고, 육체적인 노동뿐만 아니라 지적인 부분도 시스템으로 대체되기 시작했다. 공장에서의 생산과 제품의 이동뿐만 아니라 사무와 행정을 비롯한 과학에까지 영향

---

15) 정보기술(Information Technology, IT)과 통신기술(Communications Technology, CT)의 합성어로, 정보기기의 하드웨어 및 이들 기기의 운영 및 정보관리에 필요한 소프트웨어 기술과 이들 기술을 이용해 정보를 수집, 생산, 가공, 보존, 전달, 활용하는 모든 방법을 의미한다.

을 주면서 현시대 모든 분야에서 획기적인 발전을 이루는 근본이 되었다.

정보통신기술은 제2차 세계대전 이후에 발전한 컴퓨터 기술과 20세기를 거치면서 꾸준히 성장한 통신기술이 결합되면서 탄생했다. 통신기술이 컴퓨터와 결합되면서 모뎀16)이 등장하였고, 이어서 인터넷17)이 등장하였다. 전자우편의 등장과 표준 프로토콜의 채택은 인터넷 발전의 중요한 계기가 되었다. 1989년에 월드와이드웹(WWW: World Wide Web)으로 인터넷 보편화가 가속되었고, 인터넷에 연결된 컴퓨터의 수는 1990년에 약 30만대에 불과했으나 2000년에는 1억대로 증가하였고, 지금은 전 세계 대부분의 컴퓨터들이 인터넷에 연결되어 사용되고 있다. 인터넷을 매개로 새로운 비즈니스 모델이 등장하게 되었고, 구글, 야후, 아마존, 이베이 등의 ICT 기업들이 등장했다. 컴퓨터와 인터넷 이외에도 자동화, 생명과학, 로봇기술이 급성장하는 시기였다.

▼ 그림 2-4 공장자동화

출처: 국립중앙과학관

---

16) 모듈레이터(modulator) 변조기와 디모듈레이터(demodulator) 복조기를 조합한 복합어. 컴퓨터와 단말기와의 사이를 전화 회선을 이용하여 데이터 교환을 할 때 컴퓨터와 전화 회선과의 사이에서 신호의 변조·복조를 하는 장치.

17) 1960년대 미국 국방부의 ARPA(Advanced Research Projects Agency)에서 연구하기 시작한 아르파넷에서 유래되었다. 지역 네트워크가 아르파넷에 접속되면서 네트워크 간의 결합을 의미하는 인터넷으로 변모되었다.

제2절   4차 산업혁명의 등장

1. 독일의 '인더스트리 4.0(Industrie 4.0)'

독일의 인더스트리 4.0은 독일어의 원래 의미를 그대로 사용한다면 '독일 제조업의 차세대 전략'을 의미한다. 따라서 인더스트리 4.0을 '산업 4.0'으로 번역을 하는 것보다 '제조 4.0'이 독일어에서 원래 의미하는 바와 가깝다고 볼 수 있다[18]. 이처럼 인더스트리 4.0이 독일 제조업의 차세대 전략이라는 의미라면 '4차 산업혁명'과는 차이가 있어 보인다. 독일 공학한림원(Acatech)의 헤닝 카거만 회장은 4차 산업혁명과 인더스트리 4.0의 차이에 대해 다음과 같이 설명을 하고 있다.

> "인더스트리4.0을 제시한 건 제조업에 초점을 두고 혁신하기 위함이었다. 아무래도 제조업의 혁신이 다른 부분까지 영향을 미치고 있다고 봤기 때문에 제조업에 초점을 잡고 시작했다. 4차 산업혁명 관련 활동에서 제조업에 집중을 했고 이것이 인더스트리 4.0이었다. 나중에 다른 부분까지 확산되면서, 경제 4.0, 사회 4.0 이름으로 나왔지만 제조업 변혁에 중점을 두고 시작되었다[19]."

독일에서도 인더스트리 4.0의 의미에 대해서 다양한 의견이 존재한다. 플랫폼 인더스트리 4.0(Platform Industrie 4.0)이라는 조직에서는 인터스트리 4.0을 아래와 같이 설명하고 있다. 독일의 플랫폼 인더스트리 4.0 정책의 차별성은 주요 선진국 대비 성공모델로 평가받고 있을 정도로 대표적인 조직이다.

> "인더스트리 4.0 개념은 4차 산업혁명을 의미하며, 제품 라이프 사이클 전반에 걸친 전체 가치창출사슬 조직과 관리의 새로운 단계이다. 이러한 라이프 사이클은 점점 개인화된 고객의 요구사항에 맞추며 아이디어 개발과 제조에 대한 주문, 최종 고객에게 전달 및 리사이클링까지 그리고 이것

---

18) 김은 외, 『4차 산업혁명과 제조업의 귀환』, (서울: 클라우드나인, 2017), 김은, "인더스트리 4.0탄생과 의의," p.44.

19) 한국, 독일 인더스트리4.0서 무엇을 배울 것인가, 〔4차 산업혁명토론회〕 카거만－송희경－주영섭 토론 전문, https://zdnet.co.kr/view/?no＝20170329171727

들과 연계된 서비스까지 확대된다."

"기반은 모든 가치창출에 관여하는 조직의 네트워킹을 통한 모든 중요한 정보의 실시간 가용성 및 데이터로부터 언제든지 최적의 가치창출 흐름을 도출할 수 있는 능력이다. 인간, 객체, 시스템의 연계를 통해 다이내믹하고 실시간으로 최적화되고 자율적으로 조직하는 범 기업적인 가치창출네트워크가 만들어진다. 예를 들어 비용, 가용성, 자원 소비와 같은 다양한 요인이 최적화되도록 한다[20]."

위에서 인더스트리 4.0을 정의하는 특징은 '개인화된 고객의 요구사항 반영'과 '관련 조직의 자율성'이다. 인더스트리 4.0이 CPS(Cyber-Physical System)[21]와 같은 기술에 의해 가능해졌지만, 인더스트리 4.0의 중요한 특징은 이러한 기술에만 있는 것이 아니라 '시장'에도 있다는 것이다. 기술과 시장은 상호작용을 하고 있다는 것이다.

독일은 4차 산업혁명에 대한 논의가 시작되면서 가장 신속하고 체계적으로 전략을 추진하였다. 2006년부터 독일 연구연합과 하이테크 전략단 산하에 '인더스트리 4.0' 프로젝트 팀을 구성해 4차 산업혁명의 개념을 정립했고, 2010년 산업정책에 '인터스트리 4.0'을 포함시켰다. 2012년에는 연방교육연구부가 인더스트리 4.0을 자국 10대 미래기술로 선정했으며, 2013년에는 산업, 학계 및 과학계 대표들로 구성된 작업반과 하이테크산업협회, 기계엔지니어링 산업협회, 전자산업협회로 구성된 사무국을 기반으로 '플랫폼 인더스트리 4.0(Platform Industrie 4.0)'이 출범, 2015년부터 확장 운영을 하고 있다[22].

---

20) BITKOM/VDMA/ZVEI(2015) Umsetzungsstrategie Insustrie 4.0 Ergebnisbericht der Plattform Industrie 4.0, 김은 외 『4차 산업혁명과 제조업의 귀환』, (서울: 클라우드나인, 2017), 김은, "인더스트리 4.0 탄생과 의의," p.47.

21) 가상물리시스템이라고도 한다. 통신, 연산, 제어 등을 핵심개념으로 인간과 공존하는 물리세계 개체(Physical entities)와 센서, 엑추에이터(actuator), 임베디드 시스템 등과 같은 시스템 개체로 구성되는 사이버 세계와의 융합을 추구한다. 여기서 이야기하는 물리세계 개체란 인간과 상호작용이 가능한 모든 사물과 자연환경 등을 지칭하는 것으로 자동차, 주택, 의료기기 뿐만 아니라 심지어 인간의 뇌까지도 아우르는 포괄적인 개념이다. 다시 말해 현실 속 물리적 개체와 인터넷 가상공간을 뜻하는 사이버 세계가 네트워크로 연결되어 이 안에서 집적된 데이터를 분석 및 활용하고 사물의 자동제어를 가능하게 하는 것을 의미한다.

▼ 그림 2-5 독일 플랫폼 인더스트리 4.0 조직구성도

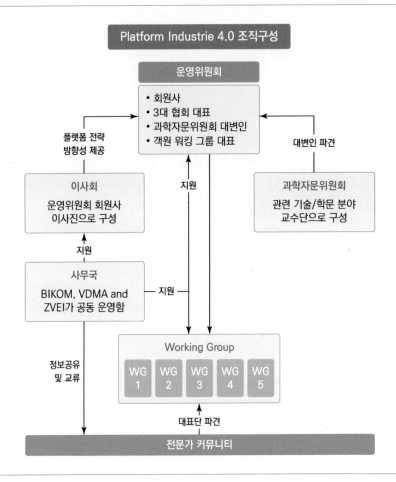

자료: plattform-i40.do

플랫폼 인더스트리 4.0에서 얘기하는 인더스트리 4.0의 주요 구성요소는 '스마트팩토리', '스마트 제품', '스마트 물류', '스마트 서비스'다. '스마트팩토리'에서는 완전히 새로운 제조 논리가 지배한다. 기계설비와 자재가 스스로 의사소통을 한다. '스마트 제품'은 각자에 대한 제조과정 및 미래이용에 대해 알고 있으며, 제조 과정을 지원한다. 그리고 언제 제조가 완료되고, 중간 단계에서는 어떻게

---

22) 장현숙, "독일중소기업의 4차 산업혁명 대응전략," 『Trade Focus』, (2019년 1호)

작업이 되어야 하며, 완성된 이후에는 언제 어디로 배송이 되어야 하는지 알고 있다. 또한, 항상 명확하게 확인이 가능하며, 언제 어디에나 전달이 가능하다. 제품들의 이력, 현재 상태, 목표 상태에 도달할 방법을 알고 있다. 심지어 스마트팩토리를 떠난 이후에도 계속해서 개발되고 변경될 수 있다고 주장한다. 따라서 제품 모델의 다양성이 증가한다는 것에서부터 시작될 수 있다. 새로운 것은 한 제품의 다양한 개별 모델이 납품 시 최종 결정되어 있지 않고 제품의 생애주기 동안 변할 수 있다는 것이다. 예를 들어 고객이 오픈카를 타고 알프스로 가기 위해 추가로 엔진 성능을 제조사에게 예약하면, 해당 고객에게 한 번의 주말을 위해 소프트웨어를 통해 원하는 것이 제공되는 것을 생각해 볼 수 있다[23].

제조 시스템을 구현하기 위해서는 물류 시스템도 제조 시스템을 지원할 수 있는 스마트 물류체계로 바뀌어야 한다. 최근에는 제조 시스템과 물류 시스템이 점점 통합되어가고 있다. 이러한 체계를 지원할 수 있는 조직 내부에서의 물류 시스템은 이미 오래전부터 구현되었다. 물자의 자율 이동 및 자동 분류를 가능하게 하는 물류체계는 오래전부터 실현되었다. 그러나 인더스트리 4.0에서는 물류시스템을 조직내부가 아닌 외부에서도 작동할 수 있게 만드는 것이다. 이를 위해 드론 혹은 자율자동차와 같은 새롭고 다양한 운송수단을 이용해야 한다.

스마트팩토리에서 활용되는 기계와 설비는 단순히 구매하는 것이 아니라 공급자에 의해 예지정비(predictive maintenance)[24] 서비스와 같이 추가로 부가서비스가 제공될 것이다. 또한, 공기압축기를 판매하는 것이 아니라 공기압축기에서 나오는 공기를 판매하는 방식도 고려할 수 있다. 물리적인 제품을 판매하는 것이 아니라 그 제품에서 제공되는 기능만을 판매하는 형태로 변화되어가고 있는 것이다.

---

23) BMWi(2016) Aspekte der Forschungsroadmap in den Anwendungsszenarien, 김은 외 『4차 산업혁명과 제조업의 귀환』, (서울: 클라우드나인, 2017), 김은, "인더스트리 4.0 탄생과 의의," p.60.
24) 산업현장을 실시간으로 모니터링하면서 각종 위험을 미리 알리고 조치하는 서비스로 진동에 예민한 반도체 공정의 진동을 모니터링해서 불량률을 줄이거나, 기계에 전류를 모니터링해서 특이 사항이 발견되면 자동제어 등의 안전조치를 해주는 서비스다.

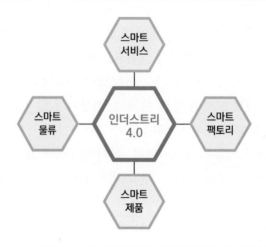

독일의 4차 산업혁명의 3가지 특징은 '제조업 중심의 생산성 혁신', '가상물리시스템을 중심으로 한 표준화', '네트워크를 통한 중소기업 참여 확대' 등이다. 독일이 경쟁 우위에 있는 제조업과 핵심 산업 군(기계, 내장형 시스템, 자동화엔지니어링)을 중심으로 '생산성 혁신'에 집중했다. 제조 프로세스를 통합하고 디지털화함으로써 제조업 인터넷 서비스화를 주도했다.

또한, 독일은 자국 기술을 국제 표준으로 삼아 신규시장 창출을 선도하고자 하였다. 이는 독일이 제조업에 있어 선도국 지위를 유지하기 위한 선제적인 전략으로써, EU의 표준화 논의를 독일이 선도하며 미국의 산업 인터넷 컨소시엄(IIC: Industrial Internet Consortsium)과도 적극적으로 협력하고 있다. 독일은 제조업 세부 모델의 표준화 개발에도 집중하고 있다.

독일의 중소기업들이 경제발전 및 산업 경쟁력의 중요한 역할은 담당하고 있다. 활동하고 있는 중소기업들은 총 250만 개에 달하며, 기업 수 전체의 99.6%, 전체 고용시장의 60.9%, 기업 전체매출의 32.7%를 차지한다. 대부분의 중소기업이 대기업의 공급망 파트너로 공고한 입지를 유지하고 있다. 따라서 인더스트리 4.0 솔루션 개발에 중소기업의 적극적인 참여는 독일 산업의 글로벌 경쟁력을 높이기 위해서도 중요하다.

따라서 독일 정부는 인더스트리 4.0에 중소기업을 적극적으로 참여시키기 위한 지원 정책들을 시행하고 있다. 중소기업들이 플랫폼 인더스트리 4.0을 기반으로 다양한 성공사례와 관련 정보들을 습득할 수 있도록 네트워킹을 구축·지원하고, 자동화 솔루션을 선도하는 글로벌 기업 중심으로 워킹그룹 기반의 연구 및 실증들이 이뤄지고 있다.

지역, 제품 유형, 사업성숙도, 기업 규모, 적용 분야별로 플랫폼 인더스트리 4.0에 등록된 활용사례를 분석한 결과, 사업모델 성숙도에서 '시장성숙화' 단계가 과반을 넘긴 51%를 차지했다. 이는 독일 기업의 4차 산업혁명에 대한 대응 수준이 성숙단계에 근접하고 있는 것으로 볼 수 있다. 특히 종업원 수가 250명 이하인 중소기업들이 전체 사례의 45%에 이르고 있어 중소기업의 높은 참여도를 확인할 수 있다.

독일 전역에 총 23개의 '중소기업 4.0 역량센터'가 있다. 역량센터의 역할은 중소기업이 유용한 4차 산업혁명 관련 솔루션을 개발·시연할 수 있도록 관련 정보, 지식, 테스트 시설, 컨설팅과 교육 등을 지원한다. 지원 분야는 '전자표준(e-Standard, 거래·운송 등 표준화 수립)', '디지털 계획(투자, 행정, 보험 정보)', 'IT산업(중소+스타트업 네트워크)', '의류 네트워크(의류 및 유사 영역 네트워크 구축 지원)', '디지털 수공업(협업 네트워크 조직과 운영 지원)', '사용적합성(Usability, 사용자 초점)' 등이다.

이처럼 '플랫폼 인더스트리 4.0'은 기업이 4차 산업혁명과 관련해 A-Z까지 모든 지원을 받을 수 있도록 통합창구 역할을 수행한다. 500개의 테스트베드를 구축해 기업들의 적응을 돕고, 성공사례 공유를 통해 확산을 도모한다. 다양한 전문가들과 기업 간의 사업개발에 필요한 지식 및 자원이 전달될 수 있도록 지원하고 있다. 이러한 정책 지원을 바탕으로 독일 중소기업들은 '프로세스 집중', '자사의 강점을 기반으로 한 사업 확장', '파트너십 전략 및 틈새 공략', '구성원 모두의 참여' 등 4가지 전략으로 4차 산업혁명에 대응하고 있다[25].

---

25) 장현숙, "독일중소기업의 4차 산업혁명 대응전략," 『Trade Focus』, (2019년 1호)

2. 4차 산업혁명의 정의

기존의 4차 산업혁명에 대한 정의들을 보면 '인공지능과 초연결 사회로 대변되는 자동화의 연결성이 극대화된 지능혁명의 시대', '정보기술로 인해 자동화의 연결이 극대화된 초연결, 초지능이 가능한 사회', '인공지능, 사물인터넷, 클라우드컴퓨팅, 빅데이터, 모바일 등 지능정보 기술이 경제사회 전반에 융합되어 혁신적인 변화가 나타나는 차세대 산업혁명'이라고 정의하고 있다. 이렇듯 4차 산업혁명의 정의들은 살펴보면 공통된 단어가 있다. '자동화', '연결', '인공지능', 그리고 '제조업'이다. 앞서 봤던 독일의 인더스트리 4.0과 위의 내용들을 종합해 볼 때 4차 산업혁명은 단순하게 정의 내릴 수 있다. 4차 산업혁명은 '제조업과 ICT가 결합하는 것'이다[26].

▼ 그림 2-7 4차 산업혁명

---

26) 기업측면에서는 제조업체가 ICT기업이 되거나, ICT기업이 제조업체가 되는 것이다. 이는 제조업과 ICT의 경계가 허물어지는 것이다. 최진기, 『한권으로 정리하는 4차 산업혁명』, (서울: 이지퍼블리싱, 2018), p.67.

4차 산업혁명은 독일의 인더스트리 4.0에서 옮겨왔다. 인더스트리 4.0의 가장 큰 특징은 ICT요소가 제조업에 파고들어 갔다는 것이다. <그림 2-8>의 현대자동차의 커넥티드카 광고는 제조업과 ICT의 결합을 잘 보여주고 있다. 또한, 기상정보 분석가, 음성인식 전문가, 헬스케어 전문가, 보건의료 전문가, 도시생활 분석가, 사물인터넷 전문가, 소셜미디어 연구원 등 자동차 회사에서 일하는 것이 어울리지 않는 사람들이 자동차 회사에서 일하고 있다. 이전의 자동차 회사였다면 자동차 제조, 판매와는 전혀 상관없는 의료, 도시, 헬스케어, 보건, 기상전문가는 자동차 기업에서 채용하지 않았다. 그런데 4차 산업혁명 시대에는 이런 직업의 진입 장벽이 허물어지고 있다. 제조업에 ICT가 들어오면서 전통적인 틀에서 벗어나 생산 공정에 ICT를 받아들이고, 제조회사가 ICT기업이 되는 것이 4차 산업혁명의 본질이라고 할 수 있다[27].

▼ 그림 2-8 현대자동차 광고문구

출처: https://m.tvcf.co.kr/Media/View.asp?Code=B000333233

---

27) 최진기, 『한권으로 정리하는 4차 산업혁명』, (서울: 이지퍼블리싱, 2018), p.64.

이러한 4차 산업혁명의 모습들을 가장 잘 보여주고 있는 곳이 CES[28] 현장이다. 이곳은 언젠가부터 전자제품 제조회사들이 가전을 전시하는 공간이 아니다. 2016년에는 자동차 회사들이 큰 관심을 받았었다. 2017년에도 가전회사가 아니라 알렉사라는 인공지능 스피커가 박람회의 주인공이었다. 2018년에는 구글이 주인공을 차지하였다. 가전 박람회의 주인공이 가전제품 제조사가 아니라 자동차를 만드는 제조회사였고, 아마존이라는 유통기업, 구글이라는 IT기업이었던 것이다. 삼성전자와 LG전자도 가전제품의 우월성을 홍보하기보다 자사의 인공지능을 홍보하는데 더 집중하였다[29]. 2019년에는 5G 기반의 5개 기술 트렌드가 주인공이 되었다. 인공지능, 스마트홈, 디지털헬스케어, E-스포츠, 스마트 시티를 선정하고 이 모든 기술들이 5G에 의해 가능하게 된다고 밝혔다. 2020년에는 '데이터의 시대를 향해(Into the Data Age)'라는 주제로 인공지능과 결합한 지능형 사물인터넷(Intelligence of Things), 5세대 이동통신(5G), 인공지능(AI), 미래형 교통시스템, 첨단 헬스케어 기술, 재난대응 기술, 로봇기술 등 크게 7개 분야 기술이 앞으로 크게 주목해야 할 기술로 소개되었다. 2021년은 코로나 팬데믹으로 인해 행사 역사상 최초 'All Digital'로 개최되었다. 참가 기업들은 CES 디지털 전시장을 통한 '온라인 전시'를 준비했으며, 바이어와 참관객들은 시간과 공간의 제약 없이 참가 기업들의 온라인 쇼케이스를 안전하고 편리하게 살펴볼 수 있었다. 주목할 6가지 기술 트렌드로 "디지털 헬스(Digital Health), 디지털 트랜스포메이션(Digital Transformation), 로봇과 드론(Robotics & Drones), 차량기술(Vehicle Technology), 5G(5G Connectivity), 스마트시티(Smart Cities)"가 소개되었다.

---

28) CES(세계가전박람회, Consumer Electronics show), 1967년 미국 뉴욕에서 1회 대회가 열린 후 1995년부터 매년 1월 라스베이거스에서 열리고 있다. 2015년에는 주관단체였던 미국 소비자 가전협회(CEA: Consumer Electronic Association)가 미국 소비자 기술협회(CTA: Consumer Technology Association)로 이름을 바꾸었다. 단순 가전에서 기술이 중심이 되는 공간으로 발전했다는 것을 보여준다.
29) 최진기, 『한권으로 정리하는 4차 산업혁명』, (서울: 이지퍼블리싱, 2018), pp. 64-66.

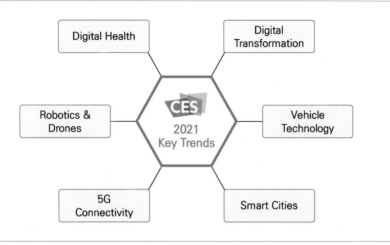

출처: CES 2021 디지털 전시장(http://digital.ces.tech/)

3. 4차 산업혁명의 특징

3차 산업혁명의 주춧돌인 정보통신기술의 기반 아래 4차 산업혁명은 '지능'과 '정보'가 융합된 '지능정보사회' 즉, '스마트사회'의 시작으로 보고 있으며, '제2차 정보혁명' 또는 '제2의 기계시대'라 일컬어지기도 한다. 요약하면 4차 산업혁명의 특징은 '초연결성', '초지능화', '초현실사회'로 표현할 수 있다.

(1) 초연결성

초연결성(Hyper-Connectivity)은 정보통신기술을 기반으로 한 사물인터넷(IoT)의 급진적 발전과 확산으로 '사람과 사람, 사람과 사물, 사물과 사물' 간의 연결성이 인터넷을 통해 기하급수적으로 확대되면서 발생된 개념이다. 미국의 세계적 IT기업 시스코(Cisco) 사에 의하면 사물인터넷(IoT) 시장은 앞으로 더욱 급증할 것으로 예측하고 있다. 시스코 사가 발간한 '비주얼 네트워킹 인덱스'라는 보고서 전망에 연결된 기기의 수는 2015년 50억 기기에서 2022년에는 약 285억 기기가 상호 연결될 것이라 예측하였다. 2020년까지 500억 기기, 인텔(Intel)은 약 2,000억 기기가 연결될 것이라 전망하였다. 사물인터넷은 향후 모든 사물이 연결된 만물인터넷(IoE: Internet of Everything)의 세계로 진화될 것으로 보고 있다. 더 나아가서 우리가 살아가는 물리 세계의 모든 것과 사이버 세계까지를 융합하는 새로운 초연결성을 추구하는 사이버물리시스템(CPS: Cyber Physical System)으로 확장되고 있다.

이러한 CPS는 인터넷으로 연결되어 있는 가상 세계 속의 사람과 사물뿐만 아니라, 서비스와 응용시스템들까지도 연결하여 소통하면서 인공지능 기반으로 자동화, 최적화를 추구하는 시스템이다. 이러한 사이버물리시스템이 사물인터넷과 연결되어 4차 산업혁명의 주춧돌 역할을 할 것으로 보고 있다.

이러한 초연결성은 '데이터 빅뱅시대'를 초래한다. 국제시장조사기관인 IDC (International Data Corporation)는 사물인터넷에 의해 생성된 데이터는 2015년 연간 글로벌 데이터량이 10ZB[30](1ZB=1조GB)에서, 2020년에는 44ZB, 2025년에는 180ZB까지 이를 것으로 예고하였다. 2015년 알리바바 그룹 회장인 마윈은 이제 우리는 "정보화시대에서 데이터시대로 가고 있다"라고 말하였다. 가트너 연구 소장 사롯데 패트릭(Charlotte Patrick)은 빅데이터를 21세기 발견된 원유에 비유하였다. IBM 지니 로메티(Ginni Rometty)회장은 "앞으로 모든 산업에서 데이터가 승자와 패자를 가를 것이다"라 하였다. 따라서 이제 데이터가 기업의 자본인 시대가 도래한 것이다.

(2) 초지능화(Hyper-intelligent)

사물인터넷에 연결된 다양한 사물들이 상호 연결된 순환구조 속에 인공지능 기술을 이용한 데이터 분석을 기반으로 주어진 임무 수행을 통해 점점 지능화되어가고 스마트해진다. 우리 인간이 학습과 경험을 통해 점점 지능화되어가고 스마트해지는 것과 유사한 방법이다. 4차 산업혁명의 '초지능화(Hyper-intelligent)' 특징이 바로 여기에 있다. 다시 말해, 4차 산업혁명의 정점에 인공지능이 있고, 인공지능은 딥-러닝을 통해 인간의 고유 영역으로 여겨졌던 창의성과 혁신성까지를 발휘할 수 있게 된 것이다. 이러한 측면에서, 결국 많은 분야에서 기계가 인간의 능력을 능가하는 인공지능 사회로 변화될 것이라 보고 있다.

인공지능의 발전 속도는 매우 빨라져서 실제로 많은 분야에서 인간의 능력을

---

30) 제타바이트(Zettabyte, ZB)는 10^{21}를 의미하는 SI 접두어인 제타와 컴퓨터 데이터의 표시단위인 바이트가 합쳐진 자료량을 의미하는 단위이다.

넘어서는 사례들이 많이 발생하고 있다. 2016년 구글의 알파고(AlphaGo)를 통해 우리는 이미 이를 경험하였다. 초지능화 사회의 시작을 알리는 단초가 되었던 2016년 알파고가 인간의 능력을 넘어설 수 있었던 것은 바로 학습의 능력을 지닌 '딥-러닝(deep learning)'기술 때문이다. 딥-러닝은 인공신경망에 기반을 둔 컴퓨터에게 사람의 사고방식을 가르치는 방법으로 사람이 가르치지 않아도 컴퓨터가 여러 데이터를 이용해 자체적으로 학습할 수 있는 인공지능 기술을 말한다.

(3) 초현실사회(Hyper-Reality)

초현실사회(Hyper-Reality)로 가상화를 가능케 하는 기술은 가상현실(VR: Vritual Reality)과 증강현실(AR: Augmented Reality)이다. 증강현실은 "실제 환경에 가상의 사물이나 정보 즉, 가상현실을 합성하여 원래의 환경에 존재하는 사물처럼 보이도록 하는 컴퓨터 그래픽"기술을 의미한다. 이러한 기술들은 현실이 아닌데도 가상의 공간이 실제처럼 보이게 할 뿐만 아니라, 우리가 마치 그곳에 실제로 있는 것처럼 가상의 물건을 현실처럼 느끼고 만질 수도 있게 한다.

가상현실(VR)을 이용한 체험 학습, 3D 증강현실을 이용한 동화책, 영화 아바타(Avatar, 2009)와 아이언맨2(Iron Man2, 2010)에서와 같이 실제로 존재하지 않지만 실물과 똑같이 입체적으로 보이게도 하고 만질 수도 있게 하는 홀로그램(Hologram), 가상현실 속에서 쇼핑을 가능케 하는 VR쇼핑몰 등이 이러한 초현실사회의 실제 적용사례들이다. 최근에 코로나19로 인해 비대면 상태가 계속되면서 크게 주목받고 있는 메타버스(Metaverse)[31] 또한 초현실사회의 대표적인 사례이다. 코로나19로 장기간 사회적 거리두기가 요구되면서 비대면 방식의 온라인 만남은 이제 평범한 일상이 되었다. 이러한 상황에서 갈 곳을 잃은 사람들은 메타버스 내에서 자신의 아바타를 이용해서 직접 물건을 만들어 팔기도 하고, 가상현실에서 통용되는 가상화폐로 쇼핑도 하며 때로는 유명 연예인의 콘서트를 보러 가기도 한다. 미국 대통령 선거 때 조 바이든은 닌텐도 '동물의 숲' 가상현실 안에서 선거 캠페인을 했고, 국내에서는 아이돌 그룹 방탄소년단(BTS)이

---

31) 메타버스(Metaverse)는 초월이라는 뜻의 '메타(meta)'와 현실세계를 의미하는 '유니버스(universe)'를 합성한 용어이다. 기존의 가상현실보다 확장된 개념으로 해석할 수 있다.

온라인 게임 포트라이트 안에서 신곡 '다이너마이트'를 실제 콘서트 현장처럼 발표했다. 또한, 2020년 4월 '포트나이트' 콘서트장에서 열린 인기 래퍼 트래비스 스콧의 공연에는 1,230만 명이 동시 접속했고, 2021년 9월 국내 네이버Z의 제페토(zepeto)에서 열린 그룹 블랙핑크의 팬사인회에는 5,000만 명이 몰렸다. 또한, 코로나19로 메타버스에서 아바타 하객들과 결혼식을 올린 사람도 있다. 2020년 3월 순천향대학교는 메타버스 환경에서 학생들이 아바타로 로그인해서 입학식을 진행했다. 이러한 메타버스의 시장규모는 2035년까지 315조 원으로 예측될 정도로 미래의 거대한 산업으로 성장을 예고하고 있다[32].

이뿐만 아니라 가상의 팀원과 환자, 수술도구와 청각적인 요소까지 갖춘 현실과 똑같은 수술실에서 수술을 연습할 수 있는 '가상현실 수술실(VR OR)'도 있다. 원거리에 있는 사람을 마치 눈앞에 있는 것처럼 느끼도록 구현한 '텔레프레즌스(Telepresence)[33]' 로봇도 이러한 초현실사회의 사례이다.

가상현실은 앞으로 점점 더 장소의 개념을 무너뜨릴 것이며, 집에서도 회사에 가 있는 것처럼 업무를 볼 수 있게 하고, 학교에 가 있는 것처럼 가상의 선생님과 친구, 가상의 물체 등을 통해 공부할 수도 있게 할 것이다. 이처럼 가상현실은 교육, 의학, 유통, 쇼핑 등 사회 전반의 다양한 부분에서 변화를 일으키게 될 것이다. 이와 같이, 초현실사회는 시공간을 뛰어 넘어 가상과 현실의 경계가 없어진 사회의 모습으로 4차 산업혁명의 특징 중 하나를 이룬다.

---

32) 이병권(2021), 메타버스(Metaverse)세계와 우리의 미래. 한국콘텐츠학회지 제19권 제1호(14~15p)

33) 텔레프레즌스(Telepresence)는 원거리를 뜻하는 '텔레(tele)'와 참석을 뜻하는 '프레즌스(presence)'의 합성어로 멀리 떨어져 있는 사람을 원격으로 불러와 마치 같은 공간에 있는 것처럼 보이게 하는 기술이다. 주로 화상회의에 활용되며, 한양대는 여기에 5G 기술을 더해 실시간 온라인 교육 모델인 '하이라이브(HY-LIVE)'를 구현하였다(한양위키, hyu.wiki/텔레프레즌스(검색일: 2020.08.07).

4. 4차 산업혁명의 동향

4차 산업혁명의 주요 특징은 초연결성, 초지능화, 초현실사회에 있음을 알아보았다. 이에 4차 산업혁명의 동향을 보면 물리적, 디지털적, 생물학적 영역 간의 경계가 모호해지는 '기술 융합'과 새로운 가치창출과 기술혁신을 '국가가 주도'하는 모습으로 사회 전반에 걸쳐 새로운 패러다임의 생태계를 형성하려는 동향을 보인다.

(1) 기술융합의 시대

클라우스 슈밥이 말하는 4차 산업혁명의 동향을 보면 4차 산업혁명은 속도뿐만 아니라 '규모'와 '범위'에 있어서도 혁신적이다. 개별적 기술발전이 아닌 서로 다른 과학기술이 결합하는 강력한 포괄적, 융합적 변화로 학문간, 기술간, 공간 간의 경계가 없어지고 모든 기술이 융합되는 기술융합의 시대이다. 모든 것의 경계가 희석되고 상호 연결되고 보다 지능화된 사회로 변화될 것이다. 경제, 사회 전반에 걸쳐 새로운 패러다임이 형성될 것이며, 고객 맞춤형 모델이 일반화되고, 공유경제와 같은 새로운 스마트 비즈니스 모델의 부상과 새로운 형태의 협업이 등장하여 모든 산업의 판도가 달라질 것이다. 또한, 인간의 본질과 정체성을 변화시키는 혁명이며, 모든 것의 경계가 희석되는 사회로의 변화를 이끄는 혁명이 될 것이다. 궁극적으로 현실과 가상공간의 경계가 없어질 것으로 예견되고 있다.

(2) 국가주도의 산업혁명

4차 산업혁명은 국가가 주도하는 것이 주요동향이다. 미국, 독일, 일본, 중국 등 주요국 대부분이 정부가 주도해서 4차 산업혁명에 적극적으로 대응하고 있다. 미국은 4차 산업혁명과 관련된 핵심 기술 기반의 9대 전략기획 분야를 채택하고 정부가 중심이 되어 향후 민간이 주도할 혁신환경 조성을 목표로 하고 있다. 9대 전략기획 분야는 '스마트시티', '첨단제조', '정밀의료', '두뇌', '첨단자동차', '청정에너지', '교육기술', '우주', '고성능 컴퓨팅'이다. 그동안 미국은 정부보다는 민간주도로 산업발전을 추구해 왔지만, 이번 혁신정책은 정부가 나서서 민간 중심의 활동이 가능한 영역의 인프라를 구축하는 방향으로 진행되고 있다.

일본은 국가전략특별구역을 중심으로 '과학기술 이노베이션 종합전략', '일본 재흥전략'과 '로봇신전략' 등을 통해 4차 산업혁명을 대응하고 있다. '과학기술 이노베이션 종합전략'은 그동안 '종합과학기술·이노베이션 회의'에서 다듬어 왔다. 제조시스템을 혁신하기 위한 정책으로 모든 제조 관련 데이터를 네트워크 플랫폼으로 구축·관리하는 시스템을 구현하기 위한 시도였다. 하지만 '우주개발 전략본부', '정보기술(IT)종합전략본부', '건강·의료전략추진본부' 등 비슷한 회의 체가 난립하고 있다는 지적이 제기됐었다. 이에 종전의 '과학기술 이노베이션 종합전략'은 물론 비슷한 조직의 전략을 망라한 '종합 이노베이션 전략'을 마련 했다. 이 전략은 인공지능을 활용하기 위한 빅데이터 정비가 핵심 내용이다. 우주, 의료나 농업 등 분야별로 상이한 빅데이터 양식과 기준을 통일해 공동 이용 할 수 있게 하는 것이다. 이를 통해 정부 기관과 민간 기업들이 빅데이터를 쉽게 활용할 수 있도록 한다는 것이 일본 정부의 계획이다. 일본재흥전략은 경제 개발 계획으로 잃어버린 20년에 대한 대응책으로 나온 것이다. 하지만 계획대로 하지 못했고, 일본재흥전략의 후속조치로 'AI기술전략회의'를 설립했다. 2020년 까지 무인공장·무인농장 기술을 확립하고, 2030년까지 택배의 완전 무인화, 2030년 이후 가족 구성원으로 인식되는 간병 로봇 개발 등 구체적인 산업화 단계 예시를 제시하였다. 로봇신전략의 경우 로봇강국이라는 일본의 경쟁우위를 지속하고 사물인터넷 기술과의 연계를 통한 사회문제 해결을 목표로 하고 있다[34]. 2015년부터 2020년까지 1,000억 엔을 투자하여, 5년 내에 2조 4,000억 엔 규모로 확장하는 것이었다. 이러한 일본정부의 노력으로 일본은 전 세계 제조용 로봇 시장의 절반(52%)에 달하는 점유율을 기록하였으며, 매년 10%에 육박하는 성장률을 기록 중이다.

중국은 하드웨어 중심의 '중국제조 2025'와 소프트인프라 중심의 '인터넷 플러스 정책'을 통해 4차 산업혁명을 대응하고 있다. '중국 제조 2025'는 중국 국무원이 제조업 활성화를 목표로 발표한 산업고도화 전략이다. 제조업 경쟁력을 2025년까지 독일과 일본 수준으로 향상시키는 것을 목표[35]로 설정하고, 중국의

---

34) 이상헌, 『세상을 바꾸는 4차 산업혁명의 미래』, (서울: 메이트북스, 2018), pp. 61-63.

많은 스타트업 기업들이 동참하고 있다. 로봇, 통신 장비, 첨단 화학제품, 항공우주, 첨단 의료기기, 바이오의약 기술 및 원료 물질, 반도체, 해양엔지니어링, 전기차 등 10개 하이테크 제조업 분야에서 대표 기업을 양성하는 게 목표다. 단순히 첨단 산업을 키우려는 계획은 아니다. 제조업의 초강대국이면서 기술을 자급자족할 수 있는 목표를 설정하고 있다. 핵심 기술 및 부품·소재 등 2020년까지 40%, 2025년까지 70%를 자급하겠다는 계획이다. '인터넷 플러스 정책'은 리커창 총리가 2015년 3월, 인터넷과 제조업을 결합하여 빅데이터와 전자상거래 등을 활성화한다는 '인터넷 플러스'라는 개념을 제시했다. 온라인과 오프라인을 접목시켜 고부가가치를 창출하는 전략으로 중국의 인터넷 플랫폼 확대와 그에 따른 디지털 경제발전을 추동하는 것이 핵심 키워드이다. 특히, 모바일 인터넷 플랫폼을 폭발적으로 확장시켜, 간단한 택시 예약부터 복잡한 금융거래까지 모두 모바일로 처리 가능한 환경을 조성하는 것을 목표로 한다. 중국의 민간기업인 텐센트의 제안을 중국정부가 공식적으로 인용하면서 수립된 정책으로 행동계획을 발표하면서 정부 지원을 명확히 하였다[36].

---

35) 중국 정부는 제조 강대국이라는 최종 목표를 달성하기 위해 3단계 계획을 세웠다. 국가별로 등급을 1등급(미국), 2등급(독일·일본), 3등급(중국·영국·프랑스·한국)으로 분류한 뒤 1단계(2016~2025년)에선 제조업 강국 대열에 들어선다는 내용이 들어 있다. 2단계(2026~2035년)에서는 독일과 일본을 넘어 강국의 중간수준에 진입하고 3단계(2036~2049년)에 최선두에 서겠다는 목표다.
36) 이장규 외, 『중국경제의 구조변화와 한국경제에 대한 시사점』, (서울: 대외경제정책연구원, 2016)

CHAPTER

03

스마트사회에 대한 이해

제1절 스마트사회의 도래

스마트사회는 4차 산업혁명 시대가 도래하면서 제시된 개념이라고 할 수 있다. 또 다른 표현으로 '지능정보사회'라고도 많이 사용되고 있다. 최근 우리 사회에 스마트란 용어가 세상에 존재하는 많은 것에 접목되어 사용되다보니 지능정보사회보다는 스마트사회가 더 친숙한 용어가 되었다.

4차 산업혁명은 우리 사회에 쓰나미 같이 밀려오고 있으며, 본질적인 변화를 초래할 것이다. 클라우스 슈밥(Klaus Schwab) 세계경제포럼37)(WEF, 다보스포럼) 회장은 4차 산업혁명은 디지털, 물리학, 생물학을 융합하는 기술혁명으로, 18세기 산업혁명 못지않게 정치, 경제, 사회적으로 영향을 미칠 것이라고 주장하고 있다. 4차 산업혁명은 지난 세기부터 진행된 디지털혁명인 3차 산업혁명을 기반

---

37) 세계경제포럼(World Economic Forum, WEF)은 저명한 기업인·경제학자·저널리스트·정치인 등이 모여 세계 경제에 대해 토론하고 연구하는 국제민간회의이다. 독립적 비영리재단 형태로 운영되며, 본부는 스위스 제네바주의 도시인 콜로니(Cologny)에 위치한다. '세계경제올림픽'으로 불릴 만큼 권위와 영향력이 있는 유엔 비정부자문기구로 성장하면서 세계무역기구(WTO)나 서방선진 7개국(G7) 회담 등에 막강한 영향력을 행사하고 있다. 1981년부터 매년 1월에서 2월 사이 스위스 그라우뷘덴주에 위치하는 휴양 도시 다보스에서 열렸기 때문에 '다보스 포럼'으로 불리기도 한다.

으로 한다고 말한다[38]. 미래창조과학부는 4차 산업혁명은 기계의 지능화를 통해 생산성과 효율성이 고도로 향상되어 산업구조의 근본이 변하는 것을 말하며, 지능정보기술이 변화의 동인이라고 설명한다. 지능정보기술[39]이란 인공지능(AI)기술과 데이터활용기술(ICBM: 사물인터넷·클라우드·빅데이터·모바일)을 융복합하여 인간의 정보처리 능력(인지·학습·추론)을 고도화해 주는 기술이다[40].

4차 산업혁명이라는 새로운 패러다임의 변화속에서 등장한 스마트사회는 고도화된 ICT 인프라를 통해 축적된 빅데이터와 인공지능(AI)이 결합한 스마트 기술이 경제, 사회, 인간의 삶 등 모든 분야에 상시적으로 활용됨으로써 새로운 가치가 만들어지고 지속가능한 발전이 이루어지는 사회이다. 스마트사회에서는 사람, SW와 데이터, 아이디어 등이 기존 생산요소(토지, 노동, 자본)보다 중요해지고 있다. 자원을 보유하지 않고 서비스와 제품을 연결하고 융합으로 산업간 경계가 붕괴되며, 초지능화된 기계를 통한 시스템화로 지적 노동영역까지 확대되는 등 경제, 사회, 인간의 삶 전반에 혁신적인 변화가 이루어지고 있다.

미국의 발명가 레이 커즈와일(Ray Kurzweil)은 수확체증의 원리로 가속되는 21세기의 기술 변화는 20세기보다 1,000배 정도 빨라질 것이라고 강조한다. 우리는 이러한 속도의 시대에 살고 있다. 4차 산업혁명의 급속한 진화로 우리는 더 엄청난 속도의 변화를 겪고 있다. 4차 산업혁명은 인류가 그동안 경험해 보지 못한 엄청난 속도로 획기적인 기술 진보와 전 산업의 혁명적인 개편을 불러일으킬 것이다.

스마트사회에서는 그동안 우리가 일하고 소비하던 방식, 여행하는 방식, 공부하고 놀던 방식에 근본적인 변화가 일어날 것이다. 특히 코로나19의 비대면 상태가 지속되면서 가정의 사무실화로 재택근무가 일반화되었고, 온라인 교육과 원격의료가 도입되어 관련 산업이 탄력을 받아 급성장할 것으로 예상된다. 앞으로도 지속적으로 온라인, 비대면 경제활동이 대세를 이룰 것이다. 자율자동차나

---

38) https://www.weforum.org/agenda/2016/01/the−fourth−industrial−revolution−
   what−it−means−and−how−to−respond/
39) 지능정보기술은 본 교재에서는 주로 스마트기술로 통일하여 사용한다.
40) https://blog.naver.com/joo01011/221378653164

드론이 경제활동에 차지하는 비율이 높아질 것이며, 로봇과 AI가 인간의 단순 업무를 대부분 대체할 것이다. 인류의 최대 숙원인 암의 정복도 의료기술의 발달로 가까운 미래에 가능할 것이고, 노화되거나 기능이 쇠약해진 신체의 일부도 교체가 가능한 시대가 도래할 것이다.

제2절　스마트사회의 개념정의와 특징

일반적으로 스마트(smart)란 용어는 '똑똑한', 또는 '지능형(intelligent)', '첨단화'의 의미로 다양한 분야에서 사용되고 있다. 최근 들어 우리 사회는 '스마트폰', '스마트홈', '스마트워크', '스마트교통', '스마트교육', '스마트시티', '스마트그리드' 등 많은 곳에 '스마트(smart)'라는 용어를 붙여 새로운 개념으로 정의하고 있다. 우리가 지향하는 스마트사회는 '스마트(smart)＋사회(society)'로 단순히 해석하기 보다는 사회 구성요소들이 스마트하게 지능화되고 초연결되어진 사회라는 의미로 사용되어야 할 것이다. 즉 단순히 똑똑한 사회가 아닌 지능이 결합된 지능화된 초연결사회인 것이다. 모든 사물이 연결되고 보다 지능적인 사회로 진화되며, 물리적, 디지털적, 생물학적 영역 간의 경계가 모호해지는 기술의 융합사회로 정의할 수 있다.

또한 스마트사회는 사물인터넷(IoT), 인공지능(AI), 빅데이터, 클라우드 컴퓨팅, 5G 등 스마트 기술들의 발전으로 사회변화가 가속화되는 사회이며 창의성, 감성, 유연성, 혁신성 등이 핵심적인 자원인 사회를 말한다. 다시 말하면, 스마트 기술이 국가사회 전체로 확산되어 우리 사회의 어려운 문제를 해결하고 새로운 가치를 창출함으로써 사회구성원의 삶이 더욱 행복하고, 풍요롭고, 안전한 사회이다. 이는 경제, 산업 분야뿐만 아니라 국가 행정시스템 전반에 이르기까지 국가사회 전체를 혁신하는 새로운 사회를 지향한다라고 말할 수 있다.

스마트사회는 다음과 같은 몇 가지 특징을 보인다. 첫째, 사물인터넷(IoT), 클라우드 컴퓨팅, 5G 등의 기술을 기반으로 사회 구성요소들이 초연결(Hyper-Connected)된 사회가 될 것이다. 이런 기술들을 통해 사람과 사람, 사람과 사물,

사물과 사물 간 의사소통까지 초연결성이 확장된다. 둘째, 스마트사회의 핵심 기술인 인공지능(AI), 빅데이터(Big Data) 등의 기술 기반으로 사회 구성요소들이 초지능화(Hyper-Intelligent)된 사회가 될 것이다. IT산업끼리 융합되고 나아가 타 산업과 융합하며, 곳곳에 센서가 있고 스마트폰, 스마트TV, 스마트패드 등 지능형 기기와 연동되어 데이터를 처리하고 실시간으로 분석하고 결과를 활용해 지능적으로 행동하게 될 것이다. 스마트 기술이 서로 융합되고 연결되면서 우리가 상상하지 못한 새로운 서비스들이 등장하게 될 것이다. 셋째, 가상현실(VR, Virtual Reality)과 증강현실(AR, Augmented Reality) 등의 가상화를 가능하게 하는 기술 기반으로 초현실사회(Hyper-Reality)가 될 것이다. 이처럼 가상현실과 증강현실 기술은 교육, 의학, 유통, 쇼핑 등 사회 전반의 다양한 부분에서 변화를 일으킬 것이다. 초현실사회는 시공간을 뛰어 넘어 가상과 현실의 경계가 없어진 메타버스(Metaverse) 세계를 형성하게 될 것이다.

스마트사회에서는 모든 기술이 융합되는 기술 융합의 사회이다. 초연결성, 초지능화, 초현실사회로 귀결되는 스마트사회의 특징에서 미래사회는 사회 전반에 걸쳐 혁명적인 변화가 예상된다.

제3절   스마트사회의 주요 변화동인(Drivers of changes)

스마트사회가 도래하게 되는 원인을 살펴보면, 많은 미래 전망 보고서들은 사회·경제적 측면과 기술적 측면의 변화동인으로 인해 일어나게 될 것으로 전망하고 있다. 특히 "The Future of Jobs(WEF, 2016)" 보고서는 업무환경 및 업무 방식의 변화, 신흥시장에서의 중산층 등장 및 기후변화 등이 사회·경제적 측면에서의 주요 변화동인이고, 과학기술적 측면에서는 모바일 인터넷, 클라우드 기술, 연산능력과 빅데이터, 새로운 에너지 공급 및 에너지 기술, 공유경제, 크라우드소싱(crowdsourcing), 로보틱스와 자율운송, 인공지능, 스마트제조와 3D 프린팅 및 스마트소재와 생명공학 등의 기술이 주요 변화동인이 될 것으로 보고 있다.

보스톤 컨설팅 그룹(Boston Consulting Group), 옥스퍼드 대학(Oxford Univ.)의 Martin School의 미래 전망 기관 및 CEDA(Canadian Engineering Development Association) 등 대학 및 연구기관과 주요 컨설팅 기업들도 미래사회의 변화원인과 미래사회 변화에 대한 연구를 수행하였다. 그들이 내놓은 보고서들에서는 상기 기술들과 함께 반도체, 초고속 인터넷, 로봇기술, 증강/가상현실, 드론, 센서기술 및 나노/바이오 기술들도 포함하고 있다. 이러한 기술들은 정보통신기술들을 바탕으로 크게 변화될 것으로 전망되고 있다. 4차 산업혁명 시대에는 이러한 기술들이 상호 유기적으로 결합되고, 여기에 인공지능 기술이 융합되어 지금까지 우리가 경험하지 못한 새로운 서비스를 창출해 내게 되는 것이다.

보스톤 컨설팅 그룹은 독일의 "인더스트리 4.0(Industry 4.0)"에 기반하여 독일 제조업 분야에서 나타나는 노동시장의 변화를 연구하였다. 빅데이터, 로봇 및 자동화 등 기술적 측면의 변화동인들이 제조업에 영향을 미쳐 생산성이 크게 향상될 것으로 전망했다[41]. 옥스퍼드 대학(Oxford Univ.)의 Martin School은 유럽에서의 미래 일자리 지형 변화를 연구하였다. 유럽 노동시장이 글로벌화와 기술적 혁신으로 인해 단순 업무뿐만 아니라 복잡한 업무까지 자동화시켜 일자리와 업무 영역에서도 커다란 변화가 일어날 것으로 전망하였다. 특히 정보통신기술의 발달로 업무영역이 자동화되고, 자율주행기술 및 3D 프린팅 기술 등의 등장으로 일자리 지형이 크게 영향을 받을 것으로 예측했다[42]. CEDA는 호주 노동시장의 미래변화에 대한 연구를 수행하였다. 과학기술 측면의 변화동인으로 클라우드 서비스, 사물인터넷(IoT), 빅데이터, 인공지능 및 로봇기술 등이 제시되었고, 과학기술 외적으로는 글로벌화, 인구통계학적 변화, 사회변화 및 에너지 부족 등이 변화동인으로 제시되었다[43].

다양한 미래전망보고서를 종합하면, 기술적 측면에서 스마트사회의 변화동인은 ICBM기반의 기술이 될 것이다. ICBM은 IoT의 I, Cloud의 C, Big Data의 B, Mobile의 M의 이니셜을 모아 만든 신조어이다. 데이터는 사물인터넷(IoT:

---

41) https://www.bcg.com/publications/2015/growth-lean-manufacturing-innovation-in-2015

42) The Technology at Work v2.0, Oxford Martin School & Citi Research, 2016

43) Australia's Future Workforce, CEDA, 2015

▼ 그림 3-1 The Future of Jobs's가 전망한 4차 산업혁명의 주요 변화 동인

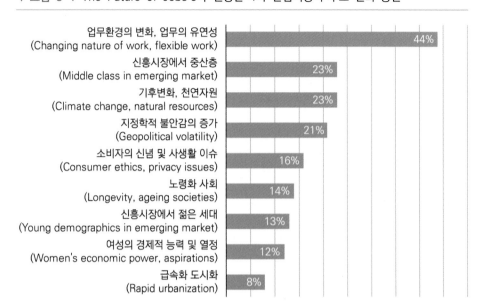

업무환경의 변화, 업무의 유연성
(Changing nature of work, flexible work) ... 44%
신흥시장에서 중산층
(Middle class in emerging market) ... 23%
기후변화, 천연자원
(Climate change, natural resources) ... 23%
지정학적 불안감의 증가
(Geopolitical volatility) ... 21%
소비자의 신념 및 사생활 이슈
(Consumer ethics, privacy issues) ... 16%
노령화 사회
(Longevity, ageing societies) ... 14%
신흥시장에서 젊은 세대
(Young demographics in emerging market) ... 13%
여성의 경제적 능력 및 열정
(Women's economic power, aspirations) ... 12%
급속화 도시화
(Rapid urbanization) ... 8%

(a) 사회-경제학적 주요 변화동인

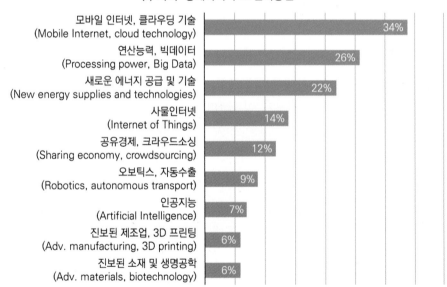

모바일 인터넷, 클라우딩 기술
(Mobile Internet, cloud technology) ... 34%
연산능력, 빅데이터
(Processing power, Big Data) ... 26%
새로운 에너지 공급 및 기술
(New energy supplies and technologies) ... 22%
사물인터넷
(Internet of Things) ... 14%
공유경제, 크라우드소싱
(Sharing economy, crowdsourcing) ... 12%
오보틱스, 자동수출
(Robotics, autonomous transport) ... 9%
인공지능
(Artificial Intelligence) ... 7%
진보된 제조업, 3D 프린팅
(Adv. manufacturing, 3D printing) ... 6%
진보된 소재 및 생명공학
(Adv. materials, biotechnology) ... 6%

(b) 기술적 주요 변화동인

출처: WEF, "The Future of Jobs-Employments, Skills and Workforce Strategy for the Fourth Industrial Revolution", 2016.1.

Internet of Things)으로부터 생성되고, 생성된 데이터는 언제 어디서든 데이터에 접근과 공유가 가능한 클라우드(Cloud) 공간에 저장되며, 빅데이터(Big Data) 분석 기술을 통한 새로운 가치와 지식을 창출하고, 이동 자유성이 보장된 모바일(Mobile) 플랫폼 기반으로 서비스가 제공된다는 것이다. 이러한 핵심 기술의 중심축에 인공지능(AI)이 있다. 'ICBM'과 함께 인공지능(AI), 블록체인(Block Chain), 클라우드(Cloud), 데이터(Data)로부터 'ABCD'라는 용어도 많이 사용되고 있다[44].

이제 스마트사회를 미리 예견하는 목소리에 귀 기울여 긍정적 혹은 부정적 영향을 파악하고 미리 준비하는 혜안을 가져 국가/기업/개인이 새로운 스마트사회에서 핵심적인 역할을 수행할 수 있도록 미리 대비해야 할 것이다.

미국, 영국, 핀란드 등 선진국들은 미래사회의 급속한 변화에서 낙오하지 않고 주도권을 잡기 위해 미래의 변화를 예측하고 준비하는데 주력하고 있다. 미국은 NIC(National Intelligence Council)를 중심으로 '글로벌 트렌드 리포트'를 주기적으로 발간하며 지구촌의 변화를 이끌만한 주요 글로벌 트렌드의 영향력과 파급효과를 분석하고 있다. 영국은 미래 전략처(Strategy Unit)를 설치하여 총리에게 신뢰성 있는 정책자문과 분석을 제공하고 있으며, 다양한 글로벌 이슈 연구와 영국 중장기 발전전략 마련에 집중하고 있다. 핀란드는 국회에서 장기적 정책개발 로드맵 요구에 따라 '국가미래전략'을 만들도록 법으로 정하고 있다. 우리나라의 경우 산업사회에서 정보사회로 변환하는 과정에서 발빠르게 대응하여 세계 최고의 정보 선도국으로 성장하였고, 이제 정보사회를 넘어 스마트사회로 진화하기 위해 4차 산업혁명위원회를 두고 산하에 스마트시티 특별위원회를 구성하여 적극적으로 대응하고 있다.

미래는 다양한 가능성을 향해 열려있는 시간이다. 미래를 어떻게 설계하고 준비하느냐에 따라 결과는 천양지차로 달라질 수 있으므로 미래의 가능성에 대해서 '상상력'과 '희망'을 가지고 넓게, 다양하게, 멀리 준비하는 지혜가 절실하다.

---

44) 김미혜 외(2019), "4차 산업혁명 기반 기술의 이해", 경기: 연두에디션

제4절 미래 스마트사회의 모습

다음 <그림 3-2>는 1965년에 원로 만화가 이정문옹이 그린 만평 '앞으로 365일 우리의 생활은 얼마나 달라질까?'이고, <그림 3-3>는 한국인터넷진흥원에서 광복 100주년인 2045년 대한민국이 어떤 모습인지를 예측한 그림이다. 이정문옹이 그린 만평을 50여년 훨씬 전에 그렸는데도 지금 생활과 거의 흡사하게 묘사되어 있어 놀랍다. 환경공해로부터 자유로운 전기자동차를 타고 다니고 각 가정의 지붕은 태양열 패널을 사용하고 있다. 원격교육과 원격진료가 가능한 모습이 그려져 있으며, '움직이는 도로'는 지하철역이나 공항 등에서 이용하는 무빙워크를 연상하게 한다. 컴퓨터가 우리 일상생활에 보편화될 것이라는 전망은 물론이고 컴퓨터나 TV로 신문을 보는 모습과 로봇청소기까지 지금 생활을 대부분 예상해냈다. 다만 현실화되지 않은 내용이 있다면, 우주선을 타고 달나라로 수학여행을 가는 정도다. 이것 또한 2021년 7월 20일 아마존 창업자 제프 베이조스씨가 사상 최고령의 82세 여성 등과 함께 민간 우주여행이 성공하는 최근의 모습을 보면 개인에게 이루어지는 그 날도 이제 얼마 남지 않은 것 같다.

▼ 그림 3-2 서기 2000년대의 생활 이모저모 ▼ 그림 3-3 2045년 미래사회 모습

출처: https://m.blog.naver.com/businessinsi
ght/221106002680

출처: https://www.yna.co.kr/view/AKR20160
420100300017

이 화백이 그림을 그릴 1965년은 우리나라의 1인당 국민소득은 105달러에 불과했다. 또한 참고할 만한 연구소 하나 없던 시기이다. 그럼에도 이 화백의 그림이 이처럼 미래를 정확하게 예측할 수 있었던 데는 이유가 있었다. 당시 24세였던 이 화백은 정초가 되면 미래학자들이 미래사회를 전망한 신문기사를 오려 놓고, 항상 미래 관련 기사와 뉴스를 관심 있게 지켜보며 미래변화의 방향과 의미를 이해하려고 노력하였기 때문이다.

한국인터넷진흥원에서 그린 '2045년 미래사회 모습'에는 시속 6000㎞로 달리는 하이퍼루프(Hyperloop) 진공관 튜브 형태의 열차가 등장해 6시간이면 전 세계 어느 곳이든 도착할 수 있고, 인간 수명이 평균 120세로 늘어나게 된다. 자율주행차가 일상화되고 택시도 운전자 없는 자율주행택시로 대체돼 자동차로 어디든 안전하고 편안하게 이동할 수 있다. 집안에 있는 모든 물건들은 사물인터넷(IoT)으로 연결되어 편리하고 안전한 생활을 영위할 수 있으며, 각종 시스템들도 거주자의 생활패턴을 인지해 자동으로 조정된다. 개나 고양이 대신 애완로봇을 키우는 인구가 1000만 명 가까이 이르게 되어, 이를 수리하는 기술자가 인기 직종이 될 것으로 보인다. 또 전투로봇, 드론과 무인기가 국방을 담당하면서 징병제가 모병제로 바뀐다. VR/AR 기술과 3D 기술이 발달해 집에서 원격진료 및 교육, 게임 활동 등을 수행하게 되며, 전 세계 통용되는 대부분의 언어를 실시간으로 번역하는 기기가 등장해 외국어 교육 스트레스에서 해방될 것이다.

미래학자 레이 커즈와일에 의하면 2045년 이후 인공지능이 진화를 거듭해 전 인류 지능의 총합마저 크게 앞서는 '기술적 특이점(technological singularity, TS)[45]'시대가 도래할 것이라고 예측하는데 이때 이후 우리의 미래는 어떻게 변화될지 예측할 수 없다고 한다. 특이점이 오게 되면, 인간이 더 이상 기계나 기술을 제어할 수 있는 한계를 넘어서게 된다. 즉, 기술이 기술을 진화시켜 나가게 되는데, 인간은 기술을 컨트롤하기는 커녕 이해할 수 조차 없는 상황에 처하게 된다. 미국의 유명한 다큐멘터리 작가 제임스 바랏이 인공지능(AI)을 '인류 최후

---

45) 기술적 특이점(技術的 特異點)은 인공지능(AI)의 발전이 가속화되어 전체 인류의 지성을 합한 것보다 더 뛰어난 초인공지능이 나타나는 시점을 말한다. 즉, 특이점이란 미래학에서 문명의 미래 발전에 가상 지점을 뜻하는 용어로서, 미래에 기술 변화 속도가 가속화함으로써 그 영향력이 커져 인간의 생활이 되돌릴 수 없도록 변화되는 기점을 뜻한다.

의 발명품'이라 부른 것도 이 같은 이유에서다. 이러한 논쟁에 신뢰를 더한 예가 이세돌 9단과 인공지능 알파고의 세기적인 바둑 대결이다. 그 이후 특이점이 오는 시기가 더욱 앞당겨질 것이라는 예측이 많다. 그러나 특이점에 관한 다양한 의견이 존재하고 혹자는 부분적으로 기계가 인간의 한계를 넘어서는 경우가 발생할 수 있지만 인간의 총합적인 측면에서 기계는 결코 인간을 뛰어 넘을 수 없을 것이라고 예측하는 학자들도 많이 있다.

미래 스마트사회는 우리가 예측하기 힘들 만큼 많은 변화가 예상된다. 많은 미래학자들과 전망 보고서들은 미래사회가 기술 및 산업구조, 고용구조 그리고 직무역량의 측면에서 크게 변화가 나타날 것으로 예측하고 있다. 미래 스마트사회는 기술의 발전에 따른 생산성 향상 등 긍정적인 변화도 나타나는 반면, 로봇과 AI의 등장으로 일자리가 감소하는 부정적인 변화도 전망된다. 따라서 미래 스마트사회의 다양한 변화를 주의깊게 살펴 우리나라에 적합한 대응방안을 마련하는 것이 필요할 것이다.

기술 및 산업구조의 변화는 기술 및 산업 간 연계·융합을 통해 산업구조를 변화시키고 새로운 비즈니스 모델을 창출시킬 것으로 예측된다. 대표적인 사례로 제시되고 있는 것이 스마트팩토리(smart factory)일 것이다. 이처럼 제조업 분야에서 인간의 노동력 필요성이 점점 낮아지게 되면서 저렴한 인건비를 이유로 해외로 공장을 옮겼던 '국외 이전'(오프쇼어링: off-shoring)에서 국내로 다시 돌아오는 '국내 복귀'(리쇼어링: reshoring) 현상이 나타나는 등 산업 생태계가 변하고 있다. 또한 사물인터넷(IoT), 클라우드 등 초연결성에 기반한 플랫폼 기술 발전으로 O2O(Online to Offline: 오프라인과 온라인이 연계)[46) 등 새로운 스마트 비즈니스 모델이 일반화될 것으로 전망된다.

최근 온라인과 오프라인의 경계가 허물어져 밀접한 관계를 이루고 있다. 음식점을 찾기 위해 스마트폰을 검색하거나, 오프라인 매장에서 구경한 상품이 온라인에서는 가격이 얼마인지 실시간 확인이 가능하다. 이제는 O2O를 넘어

---

46) O2O는 온라인과 오프라인 시장을 유기적으로 융합하여 고객에게 편리한 최적의 서비스를 제공하는 온라인과 오프라인 연계 비즈니스의 총칭을 의미한다. 상품의 구매는 온라인에서 이루어지고 실제 서비스는 오프라인에서 이루어지는 서비스 형태를 말한다.

O4O(Online for Offline: 오프라인을 위한 온라인) 서비스로 진화되어 가고 있다. O2O가 단순히 온라인과 오프라인을 연결하는 서비스라면, O4O는 오프라인에 중점을 두어 온라인에서 축적된 지식을 바탕으로 오프라인 사업을 운영하면서 시장 혁신을 주도한다는 측면에서 다소 차이가 있다. 오프라인 시장을 활성화시키기 위해 온라인 사용자를 오프라인으로 유도하는 것이 O4O서비스의 핵심이다. 온라인을 활용한 간편 주문 등으로 오프라인을 연결하던 기존 방식의 문제는 직접 품질을 확인할 수 없다는 점이다. 반면에 O4O서비스는 고객에게 체험을 할 수 있는 공간을 직접 제공하여 소비자들이 직접 제품을 확인하고 온라인에서 구매할 수 있도록 하여 만족도를 높이는 것이다[47].

기업은 온라인에서 확보한 데이터를 통해 기존 유통기업과 다른 차별화된 매장을 선보일 수 있다. O4O서비스는 상품계산대가 없이 모든 상품은 스마트폰 앱을 통해 구매하고, 고객은 오프라인 매장에서 상품을 가지고 나오면서 앱을 통해 결제만 하면 된다. 아마존닷컴(Amazon.com)이 최근 '아마존 고(AmazonGo)'라는 오프라인 매장이 대표적인 사례가 되겠다.

▼ 그림 3-4 스마트팩토리

출처: http://www.engjournal.co.kr/news/articleView.html?idxno=236

---

47) 소비자평가(http://www.iconsumer.or.kr) O4O

▼ 그림 3-5 O4O, 온라인을 넘어 오프라인으로

출처: http://www.iconsumer.or.kr/news/articleView.html?idxno=5598

경제학자 제레미 리프킨(Jeremy Rifkin)의 '소유의 종말'에서 "앞으로 경제 생활에 대한 우리의 의식을 지배하는 것은 물건에 대한 소유가 아니라 서비스와 경험에 대한 접속이 될 것이다. 소유권의 시대는 막을 내리고 접속의 시대가 열릴 것이다."라고 말하였다. 소유의 개념이 아니라 공동 소비의 개념인 공유경제 (Sharing Economy)[48]와 플랫폼과 기술력을 가진 회사가 수요자의 요구에 즉각 대응하여 제품 및 서비스를 제공하는 온디맨드 경제(On Demand Economy)[49] 등이 새롭게 조명받으면서 소비자 경험 및 데이터 중심의 서비스 및 새로운 형태의 산업간 협업 등으로 이어지고, ICT와 초연결성에 기반한 새로운 스마트 비즈니스 모델이 등장할 것으로 예상된다. 대표적인 모델로 자신의 방이나 집, 별장 등 사람이 지낼 수 있는 모든 공간을 임대해주는 숙박 공유서비스인 에어비앤비 (Airbnb)이다. 2008년 8월 시작된 세계 최대의 숙박 공유 서비스이다. 또한 승객과 차량을 모바일 앱을 통해 중개하는 우버(Uber)의 승차 공유 서비스이다. 현재 전 세계 많은 도시에서 서비스를 제공하고 있다.

48) 공유경제란 물건이나 공간, 서비스 등을 소유의 개념이 아닌 서로 대여해 주고 나누어 사용하는 공동소비의 개념을 의미한다.
49) 온디맨드 경제란 기술력과 플랫폼을 가진 회사가 소비자의 요구에 즉각 대응하여 제품과 서비스를 제공하는 것

▼ 그림 3-6 에어비엔비 로고 　　　　 ▼ 그림 3-7 우버 관련 그림

출처: https://www.evolvemag.co/2020/03/26/airbnb-to-provide-free-housing-for-100000-covid
　　-19-healthcare-workers/
출처: https://www.businessinsider.com/how-to-get-a-car-with-uber

　　누구나 아이디어만 있으면 생산자가 될 수 있는 메이커운동(maker movement)
도 새로운 비즈니스 모델로 주목받고 있다. 뭔가를 만드는 사람을 메이커라고
한다. 발명가, 공예가, 기술자 등 기존의 제작자 카테고리에 얽매이지 않으면서,
공동체 공간을 통해 공동의 관심사와 다양한 공구 등을 공유하며, 폭넓은 만들
기 활동을 하는 운동으로, 메이커들이 스스로 만들어 공유하여 공유경제를 만드
는 운동이다.

　　고용구조 또한 로봇과 인공지능 등의 영향으로 많은 변화가 예상된다. 2016
년 다보스 포럼에서 현재 초등학생의 65%는 현존하지 않는 직업에 종사하게 될
것이라고 예고했다. 향후 첨단기술종사자 등의 수요는 증가할 것으로 예상되지
만, 스마트팩토리 확산 등 자동화 진전에 따라 제조업의 많은 직종들은 일자리
가 감소할 것으로 보인다. 점점 진화하고 있는 인공지능은 단순하고 반복적인
사무행정직이나 숙련도가 낮은 업무와 관련된 일자리의 많은 부분을 대체할 수
있고 전문직종에 해당되는 의료, 법률, 금융 등의 고숙련 고임금 직업의 상당수
도 대체될 수 있을 것이다. 급격한 고용구조 변화에 능동적으로 대처하도록 미
래 AI와 대결할 지금의 10대 그리고 미래의 후손을 위해 창의성을 함양할 수 있
는 교육이 뒷받침되어야 할 것이다. 그러기 위해서는 지금의 교육체계를 대폭
혁신할 필요가 있다. 이를 위해 제3편에서 보다 상세한 스마트사회의 직무역량

변화와 관련된 내용과 스마트사회에 요구되는 필요한 역량과 대표 직업들을 소개하도록 하겠다.

▼ 그림 3-8 메이커 운동

출처: http://m.blog.daum.net/asgi2/18353574

PART

02

기반기술

CHAPTER
04

스마트사회의 기반기술

제1절　4차 산업혁명의 핵심 기술

4차 산업혁명은 3차 산업혁명의 결과인 디지털 혁명을 기반으로 물리적, 디지털적, 생물학적 영역 간의 경계가 모호해지는 기술 융합시대임을 살펴보았다. 슈밥은 그의 저서 '4차 산업혁명'에서 4차 산업혁명을 이끌 기반기술 중 주요 핵심기술을 물리학, 디지털 및 생물학 3개 영역으로 구분하여 <표 4-1>과 같이 제시하였다.

3차 산업혁명이 정보통신기술(ICT)의 기반으로 이루어졌다면 4차 산업혁명은 정보와 지능의 결합이라 할 수 있다. 스마트사회란 4차 산업혁명의 시대로 정보화사회인 3차 산업혁명의 정보통신기술(ICT)을 기반으로 4차 산업혁명 기반기술인 물리학 기술, 디지털 기술, 생물학 기술이 연결되고 융합되어 산업분야 뿐만아니라 사회 전반적인 기술혁명으로 이루어가는 사회이다.

제2편 스마트사회의 기반기술에서는 클라우스 슈밥이 제시한 4차 산업혁명의 핵심기술과 또 다른 기반기술들을 정리해 보고자 한다. 정리하는 순서는 위 <표 4-1> 클라우스 슈밥이 제시한 4차 산업혁명의 핵심기술의 표기 순서에 의하지 않고 사물인터넷을 비롯한 디지털 기술, 자율주행차를 비롯한 물리학 기술, 유전학을 비롯한 생물학 기술 영역 차례로 정리하고자 한다.

〈표 4-1〉 클라우스 슈밥이 제시한 4차 산업혁명의 핵심기술

분류	기술	내용
물리학 (Physical)	자율주행차 (autonomous vehicles)	• 센스와 인공지능의 발달로 트럭, 드론, 항공기 및 보트를 포함한 다양한 종류의 자율주행차 기능이 빠른 속도로 향상
	3D 프린팅 (3D printing)	• 3D 프린팅은 회로 기판과 심지어 인간의 세포, 기관과 같은 통합 전자부품을 만들어 내기 위해 더욱 보편화될 것이고 이미 4D에 대한 연구도 시작됨
	로봇공학 (advanced robotics)	• 로봇은 모든 분야에 걸친 광범위한 업무에 사용될 것이며 인간과 기계가 협력하는 일상의 현실이 될 것임 • 로봇은 클라우드를 통해 원격 정보에 접근 가능하며, 이로 인해 다른 로봇과 네트워킹도 가능
	신소재 (new materials)	• 새로운 기능(자가치유와 자가세척 가능, 형상기억합금, 압전 세라믹 등)을 갖춘 신소재의 등장 • 최첨단 나노 소재(그래핀) 및 재활용이 가능한 폴리헥사하이드로트라이진 소재 등의 등장
디지털 (Digital)	사물인터넷 (IoT: Internet of Things)	• 더 작고 저렴한 스마트해진 센서들은 제조 공정뿐만 아니라 집, 의류, 엑세서리, 도시 운송망, 에너지 분야 등 모든 산업 분야에 내장되어 활용되며 사물인터넷의 급진적 발전과 확산 예고 • 향후 몇 년 안에 사물인터넷에 연결된 기기의 수는 수조에 이를 것으로 전망
	블록체인 (blockchain)	• 기술의 발달로 코드화할 수 있는 모든 종류의 거래가 비트코인과 같은 블록체인 시스템을 통해 서비스 가능 예고
	플랫폼 (platform)	• 온디맨드경제 및 공유경제의 실현 • 디지털 플랫폼 비즈니스의 급격한 성장
생물학 (Biological)	유전학 (genetics)	• 유전자 연구 활성화 및 유전자 편집 기술이 가능
	합성생물학 (synthetic biology)	• 의학과 농업에 대안을 제시하는 합성생물학의 발전 • 유전공학 연구 활성화, 바이오프린팅 기술, 신경과학 기술, 생물공학 기술 등의 발전

제2절 디지털 기술

디지털은 물질의 특성을 0과 1의 조합으로 바꾸는 과정이자 그 결과다. 디지털은 0과 1로 이루어지는 이진법 논리를 사용해서 0과 1의 각종 조합을 만든 후 그것의 조작과 처리를 통해 여러 가지 정보를 생산·유통·전달할 수 있도록 만든다. 물질이나 물질에서 나온 신호는 연속적인 데 반해 그것을 디지털로 바꾼 디지털 신호는 0(꺼짐) 아니면 1(켜짐)로 이루어지는 단절적 신호의 집합으로 이루어진다. 전기를 통해 기호화된 디지털 신호는 소프트웨어와 하드웨어의 결합을 통해 0과 1로 이루어진 기호들의 집합으로 처리되면서, 새로운 기호의 집합을 만든다. 모든 물질의 아날로그 정보는 디지털로 전환될 수 있다. 디지털 컴퓨터의 발명으로 물질세계를 이루는 아날로그 정보가 0과 1의 조합으로 이루어진 디지털의 세상으로 전환될 수 있게 되었다[1].

디지털 기술은 디지털로 정보를 생산하고 저장하고 전송하는 장치를 연구, 개발하는 것에 관한 기술이라 할 수 있다. 여기 제2절 디지털 기술에서는 1. 사물인터넷(IoT), 2. 클라우드컴퓨팅(Cloud computing), 3. 빅데이터(Big Data), 4. 인공지능(AI: Artificial Intelligence), 5. 플랫폼(Platform), 6. 5G, 7. 현실세계와 가상세계의 결합 기술, 8. 블록체인(Blockchain)에 대하여 정리해 보고자 한다.

1. 사물인터넷(IoT)

(1) 사물인터넷(IoT)이란?

사물인터넷이란 각종 사물에 센서와 통신 기능을 내장하여 인터넷에 연결하는 기술로 인터넷을 기반으로 가능한 사물(제품, 서비스, 장소, 자동차, 각종 기기, 자동화된 시스템 등)을 연결하여 사람과 사물, 사물과 사물 간에 정보를 주고받는 지능형 기술 및 서비스를 말한다. 사물인터넷은 4차 산업혁명의 핵심기술이자 4차 산업혁명의 시작점이며 인공지능과 함께 양대 축을 이루는 중심 인프라 기술이다.

---

1) https://terms.naver.com/entry.naver?docId=1526266&cid=42171&categoryId=42176

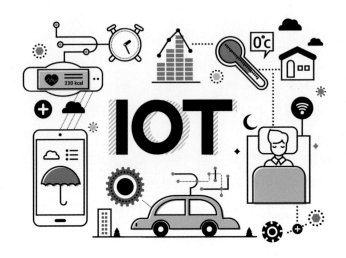

출처: 게티이미지 뱅크

　사물인터넷은 사물과 디지털의 연계를 가능하게 한 대표적인 4차 산업혁명의 디지털 기술로 사물과 인간과의 접속 뿐만 아니라 사물에 센서를 부착해서 사물과 사물간에 실시간 데이터를 네트워크로 주고받을 수 있으며, 인간의 개입 없이 사물 상호간에 정보를 직접 교환하며, 필요에 따라 정보를 분석하고 그 분석 결과에 따라 스스로 작동하기도 한다.

　사물인터넷에서 사물이란 유무선통신 기술이 적용되어 사물 자신이 유일하게 인식될 수 있는 인터넷 프로토콜 주소를 가지고 있으며 센서와 통신장비를 통해 특정된 일을 수행할 수 있어 자신이 사람과 다른 사물 간에 소통이 가능한 것을 말한다.

　실생활과 네트워크를 연결해주는 센서와 장비들은 공장 뿐 아니라 가전제품, 액세서리, 교통, 운송망, 에너지 분야에까지 활용되고 있다. 스마트폰과 태블릿, 컴퓨터처럼 인터넷과 연결된 기기는 셀 수 없이 많다. 시간이 지날수록 그 수는 기하급수적으로 늘어나서 수십 억에서 수 조에 이를 것으로 보인다. 이는 매우 세밀하게 우리 삶에 들어와 우리의 자산과 활동을 모니터링하고 활용을 극대화시켜 줄 것이다. 이로 인해 공급망의 관리방식은 근본적으로 변화할 것이며 이

과정에서 제조업은 물론 사회기반시설 및 보건의료까지 모든 산업이 영향을 받을 것이다.

사물인터넷이 가장 광범위하게 활용되는 원격 모니터링 기술을 살펴보자. 기업은 모든 화물 컨테이너에 센서와 송신기, 전자태그를 부착하여 공급망에 따라 이동할 때마다 위치 및 상태를 추적할 수 있다. 소비자도 역시 자신의 물류 상황을 실시간으로 파악할 수 있다. 이는 물류 이동 경로가 길고 물류 이송 방법이 다양한 분야에서 사업을 하는 경우일수록 사물인터넷 원격 모니터링 기술의 적용이 더 효율적일 것이다.

사물인터넷을 간단히 정리하면 세상 모든 물건에 통신 기능이 장착된 것을 뜻한다. 즉, 생활 속 사물들을 유무선 네트워크로 연결해 정보를 공유하는 환경을 말한다. 지난날에는 사물간의 소통에 인위적으로 개입되어야 했지만, 현재는 인터넷에 연결된 기기는 사물과 사물간에 서로 알아서 사람의 도움 없이 정보를 주고받아 소통을 할 수 있게 되었다. 즉, 각종 사물들에 센서, 통신 기능을 내장해 인간의 개입 없이 상호 협력해 서비스를 제공하는 시스템이 생긴 것이다.

사람과 사물, 사물과 사물 간의 인터넷 기반 상호 소통을 이루면서 이를 통해 가전제품과 전자기기는 물론 스마트팩토리, 헬스케어, 원격검침, 스마트홈, 스마트카, 스마트시티 등 다양한 분야에서 사물을 네트워크로 연결해 정보를 공유할 수 있는 것이다.

세상의 모든 사물들이 네트워크로 연결되어 서로 소통하는 것인데, 인터넷 이후 가장 획기적인 소통방식의 변화로 간주되고 있다. 2015년 세계경제포럼에서 당시 구글 회장이던 에릭 슈미트(Eric Schmidt)는 "조만간 인터넷이 필요 없는 세상이 될 것이다."라고 말하였다. 모든 분야에 인터넷이 연결되는 세상이 되어 마치 공기와 같이 되는데 굳이 인터넷이 따로 있을 필요가 없을 것이라는 뜻이다.

일반적인 사물인터넷 서비스는 스마트홈이다. 집 안에 있는 가전제품을 하나의 통신망으로 연결해 관리하는 것을 의미한다. 외부에서도 가전제품을 관리할 수 있다. 자율주행 자동차도 사물인터넷 기술이 들어간다. 차량 곳곳에 있는 센서를 통해 스스로 장애물을 파악하고 피해서 운행을 한다. 또한, 네트워크 기술을 이용해 탑승자의 목적지를 입력하고 가장 빠른 길도 찾는다. 이처럼 사물인터넷은 빅데이터와 클라우드 등의 상호발전과 더불어 우리 주변의 여러 사물로

▼ 그림 4-2 사물인터넷(IoT): 블루 스마트

출처: https://ko.aliexpress.com/item/32900839766.html?gatewayAdapt=glo2kor

확대되고 있다. 스마트워치와 밴드로 건강관리에 활용하고 있고, 스마트시티도 주요 분야로 주목받고 있다. 농업 분야에서도 온도, 습도, 일조량 등을 센서로 파악해 농작물 관리와 수확 등에 활용하는 사례도 있다.

　　기업들의 사물인터넷 비즈니스도 점차 확대되고 있으며, 아마존은 아마존웹서비스라는 클라우드 서비스로 선도해 나가고 있다. 물류배송시스템에도 사물인터넷을 연결해 물류 배송시간과 정확도를 높였다. 그리고 '에코'라는 인공지능 스피커를 통해 가정 내 전자제품을 연결해서 이용할 뿐만 아니라 물건을 주문할 수도 있다. 구글과 애플, MS 등 주요 IT기업들도 각자가 개발한 인공지능 가상 비서를 통해 난방이나 조명을 음성으로 조절하고 음악을 듣는 중 가정 내 기기들을 사물인터넷으로 연결해 준다.

　　우리나라의 사물인터넷 시장은 점점 커지고 있다. 2020년도 9월 기준 과학기술정보통신부의 사물인터넷 실태조사에 의하면 사물인터넷 사업을 영위하는 "국내 사업체수는 2,502개사로 사업체 종사자수는 293,475명이고 매출액은 13조 4,636억 원"으로 추산하였다. 이는 2018년 9월 기준 과학기술정보통신부의 사물인터넷 실태조사 자료에 사물인터넷 사업을 영위하는 "국내 사업체수는 2,204개사로 사업체 종사자수는 281,660명이고 매출액은 8조 6,081억 원"과 비교해보면 사물인터넷의 시장의 성장세를 가늠할 수 있을 것 같다.

(2) 사물인터넷의 등장 배경

오늘날 자주 회자되는 사물인터넷(Internet of Things)이라는 용어의 탄생은 1999년으로 거슬러 올라간다. 인터넷(Internet)이 탄생한 지 정확히 30년 후의 일이다. 당시 비누, 샴푸, 칫솔 등 다양한 종류의 소비재를 제조 및 판매했던 P&G에서 브랜드 매니저로 근무하던 캐빈 애시턴(Kevin Ashton)이 이 용어를 처음으로 사용하였는데, 자사의 제품들에 RFID 태그를 부착함으로써 제품들의 가시성을 확보할 수 있는 것처럼 세상에 존재하는 모든 사물이 서로 연결될 수 있다면 새로운 세상이 펼쳐질 것이라는 생각에서 기인했다.

사물인터넷(Internet of Things) 등장 배경 중 기술 용어를 살펴보면 1988년 마크 와이저(Mark Weiser)박사에 의해 유비쿼터스 센서 네트워크(USN: Ubiquitous Sensor Network) 용어가 처음 사용되었으며 1990년대 초반부터 사물지능통신(M2M: Machine to Machine)이 유럽을 중심으로 자연스럽게 사용되기 시작했다.

유비쿼터스 센서 네트워크에서 유비쿼터스(Ubiquitous)라는 용어는 '언제 어디에서든 공기처럼 시공간을 초월해 존재한다'는 뜻의 라틴어이다. 유비쿼터스 컴퓨팅(Ubiquitous Computing)이란 '언제 어디에서든 사용자가 편리한 방식으로 인간, 사물, 정보 간의 네트워크를 통하여 원하는 작업이나 업무를 처리할 수 있는 최적의 컴퓨팅 환경'을 말한다. 유비쿼터스 센서 네트워크(USN)는 모든 사물에 컴퓨터와 네트워크 기능을 부여하고, RFID 또는 센싱 기술을 무선소형장치를 접목하여 실시간으로 특정 환경과 상황을 자동으로 인지하여 정보를 획득하고 처리하여 수요자에게 제공하기 위한 네트워크 시스템이다.

유비쿼터스 센서 네트워크(USN)는 사물인터넷과 같이 센서를 통한 정보를 수집하고 연결 네트워크를 통해 사물을 연결하여 서비스를 제공하는 점은 유사하나 자율적 운영이 아닌 사람의 개입이 필요한 점과 상호간 소통이 아닌 단방향 통신이라는 점이 다르다.

사물지능통신은 사물 간 센싱, 제어, 정보교환 및 처리가 가능한 기술을 일컫는다. M2M은 사물인터넷과 혼용하여 사용하고 있으나 M2M과 사물인터넷의 차이를 구분하면 M2M은 '기계' 중심의 연결을 의미하나 사물인터넷은 '환경' 중심의 연결을 의미하는 것으로 해석할 수 있다. M2M에서는 기계가 사물 간의 연결을 매개하는데 반하여 사물인터넷에서는 사람과 사물을 둘러싼 환경이 그 연결 주체가 됨으로써 확대된다는 것을 의미한다.

M2M은 수동적으로 기계가 정보를 수집하고 가공하여 인간에게 전달하였다면, 사물인터넷에서는 모든 사물이 스스로 정보를 생성하고 가공하는데서 나아가 공유하고 사람과 상호작용하는 지능적인 역할까지를 수행할 수 있다.

M2M에서는 사람과 사물 간 연결은 되어있으나 그 연결의 정도는 통신에 불과한 수준에 그치는데 반하여, 사물인터넷에서는 사물이 사람의 주변 환경을 인지하고 정보를 생성, 공유함으로써 소통과 교감, 즉 상호작용이 가능해진다는 것을 의미한다. M2M은 유무선 네트워크를 사용하는 개념인데 반하여 사물인터넷은 공공 혹은 민간의 IP(Internet Protocol)를 사용하는 것이라 할 수 있으며, 특히 M2M이 무선통신을 넘어 인터넷에 적용될 때 사물인터넷으로 변모한다고 보는 관점도 존재하였다.

이 외에도 M2M과 사물인터넷의 차별적 특성은 그 개념의 범위와 확장가능성에 따라서 구분이 된다는 논의도 존재하였는데, 이는 M2M은 하나의 '기술'인데 반하여 사물인터넷은 '환경 혹은 서비스'로 정의가 가능하다는 것이다. 다시 말하면, M2M은 하나의 기술로써 존재하며 M2M을 통하여 사물 간 센싱, 제어, 정보교환 및 처리가 가능하게 되고 이 기술이 활용되는 서비스가 사물인터넷이다[2].

사물인터넷(Internet of Things)이 등장하게 된 기술적 배경을 유럽연합은 1960년대 인터넷의 탄생을 시작점으로 제시하였다. 1969년 미국 고등연구계획국에서 ARPANET을 개발하여 세계 최초의 패킷 스위칭[3] 네트워크로 현재의 인터넷의 원형으로 제한된 데이터 교환기능을 가진 간단한 메시지 전송 시대를 열었다. 1989년 3월 유럽의 입자물리학연구소에서 얻어지는 연구자료를 효율적으로 공유하기 위해 팀버너스리(영국컴퓨터과학자, Tim Berners-Lee)의 제안으로 WWW.(World wide Web)의 탄생으로 인터넷 상에서 쉽게 정보를 찾을 수 있도

---

2) 네이버 지식백과-M2M[Machine to Machine]-엠투엠, 사물 통신(지형 공간정보체계 용어사전)
3) 수신처를 지정한 패킷을 사용하여 데이터 전송의 경로를 정해 전송처리하는 방식

록 고안된 세계적인 인터넷 망의 시대를 열게 된다.

2007년 1월 9일 애플의 공동 창립자 스티브 잡스 소개하고 2007년 6월 29일 애플(Apple Inc.)이 판매한 최초의 스마트폰 아이폰의 등장은 인터넷 범용 통신플랫폼을 활성화하는 계기가 되었다. 아이폰은 iOS 1.0 운영체제를 기반으로 한 스마트폰이며, 아이팟(iPod), 휴대폰, 인터넷 및 이메일 등 크게 세 가지 기능을 겸비한 기기로 세계 최초로 멀티터치 기술을 구현하였다. 이는 사용자가 직접 제작한 콘텐츠(UCC: User created contents)를 이용한 소셜미디어를 통한 음성, 동영상, 사진 등의 정보 콘텐츠 전송시대를 열게 되었다. 이러한 기술의 발달이 사물인터넷의 등장 배경이며 이는 오늘날 사람과 사람, 사물과 사물, 사람과 사물이 상호 소통하는 사물인터넷(Internet of Things)시대로 진행하고 있다.

(3) 사물인터넷 기술

사물인터넷의 기술적 측면에서 보면 인터넷 구현에 필요한 기술은 나날이 발전하여 사물인터넷을 활성화하게 한다. 사물인터넷 기술에서는 오늘날 인터넷기술 발전에 공헌한 기술인 사물인터넷 센서 기술, 스마트 디바이스(Smart Device), 사물인터넷 장치 기술, 사물인터넷 통신 기술에 대하여 설명하고자 한다.

1) 사물인터넷(Internet of Things) 센서 기술

센서(Sensor)란 환경적인 값이나 물리적인 값을 감지해 전기적인 신호로 변환해 주는 장치를 말하며 사물인터넷 서비스의 시작점이며 사물인터넷의 핵심기술이다. 센서의 종류는 환경 센서(온도, 조도, 습도, 열, 가스, 기압 센서 등)와 생체정보 센서(소리, 혈당, 맥박, 지문, 홍채 센서 등), 동작인식센서(GPS, 방향, 나침반 센서 등의 위치 센서, 가속도, 중력, 자이로스코프, 이미지 영상, 터치, 제스처 센서 등)와 실제로 존재하지 않지만 다른 실제 센서가 측정한 값을 결합해 새로운 정보를 제공하는 센서로 예를 들면 온도센서의 온도와 습도센서의 습도를 더하여 불쾌지수 센서를 만드는 가상센서(Virtual Sensor) 등을 들 수 있다.

2) 스마트 디바이스(Smart Device)

인터넷 기술에 가장 중요한 기술이 주변 환경을 감지하여 유무선 통신, 자동접속, 상호 연동, 자율 판단하여 행동하는 스마트 디바이스(Smart Device)일 것이다. 스마트 디바이스(Smart Device)란 센서를 탑재하고 사물인터넷의 기본 기능을 수행할 수 있도록 마이크로 컨트롤러 기능을 갖춘 기기를 말한다. 스마트 디바이스의 구성요소를 보면 센싱기능의 정보를 수집할 수 있는 센서, 통신기능의 데이터를 송수신할 수 있는 통신 모듈, 저장 기능의 데이터 저장할 수 있는 메모리 칩, 전력기능인 데이터 수집 및 전송을 위한 저전력 소형 배터리로 되어 있다.

스마트 디바이스의 예로는 소형가전, 모바일 액세서리, 컴퓨터 주변기기, 퍼스널 오디오, 웨어러블 디바이스, 스마트 헬스케어 디바이스, 스마트 모빌리티 등을 들 수 있다. 이러한 스마트 디바이스에 사용된 사물인터넷의 장치기술의 특징을 보면 ① 소형경량화, ② 저전력화, ③ 저가격화, ④ 표준화를 들 수 있다.

① 소형경량화

현미경에 의하지 않고는 형체를 알 수 없을 정도로 작은 기계가 현실 기계에 장착되어 각종 센서, 뇌나 신경에 해당하는 논리회로, 팔과 다리에 해당하는 마이크로 메커니즘, 그것을 움직이게 하는 액츄에이터 등에 적용되는 마이크로 시스템인 초소형 정밀 기계기술 MEMS나 나노기술과 같은 반도체 기술 발전은 사물인터넷 기기의 크기를 극적으로 소형경량화하여 사물인터넷을 활성화하는 데 기여하고 있다.

② 저전력화

사물인터넷을 연결하기 위해 배터리와 같은 전력이 필요하다. 사물인터넷의 다양한 기기들이 경량화 소형화로 전력 소비가 줄어들었을 뿐만 아니라 저전력 블루투스 기술의 채택과 배터리 수명의 연장으로 사물인터넷을 활성화하는 데 기여하고 있다.

③ 저가격화

사물인터넷 기기들이 소형, 경량화되고 적합한 기능에 맞춘 저렴한 임베디드 장치기술(아두이노, 라즈베리파이, 비글보드)의 발달과 반도체 가격의 안정으로 가격이 저렴화 된 것도 사물인터넷을 활성화하는 데 기여하고 있다.

④ 표준화

무선랜의 표준화 등 국가간 표준화된 무선통신방식이나 개방형 표준 인터넷 기술의 발달과 필요시 쉽게 접근하여 기계를 만들 수 있게 한 표준형 디바이스의 출현은 사물인터넷을 활성화하는 데 기여하고 있다.

3) 사물인터넷(Internet of Things) 장치기술

사물인터넷(Internet of Things) 장치기술은 사물인터넷의 발달에 크게 이바지한 분야라 볼 수 있다. 사물인터넷이 지속적으로 유지 발전되어 가는 기술 중하나인 장치기술은 기계나 기타 제어가 필요한 시스템에 대해, 제어를 위한 특정 기능을 수행하는 컴퓨터 시스템으로 장치 내에 존재하는 전자기기를 말한다. 그 예로 ① 아두이노, ② 라즈베리파이, ③ 비글보드 등을 들 수 있다.

① 아두이노(Arduino)

아두이노는 물리적인 세계를 감지하고 제어할 수 있는 인터랙티브 객체들과 디지털 장치를 만들기 위한 도구로, 간단한 마이크로컨트롤러(Microcontroller) 보드이다. 아두이노는 다양한 스위치나 센서로부터 입력 값을 받아들여 LED나 모터와 같은 전자 장치들로 출력을 제어함으로써 환경과 상호작용이 가능한 물건을 제작하는 데 사용된다. 아두이노는 단순한 로봇, 온 습도계, 동작 감지기, 음악 및 사운드 장치, 스마트 홈 장치, 유아용 장난감 및 로봇, 교육 프로그램 등다양한 제품과 프로그램에 사용이 가능하다.

▼ 그림 4-3 아두이노(Arduino)

② 라즈베리파이(Raspberry Pi)

라즈베리파이(Raspberry Pi)는 영국의 라즈베리파이재단(Raspberry Pi Foundation)이 학교에서 기초 컴퓨터 과학 교육을 증진하기 위해 만든 싱글 보드의 소형 컴퓨터이다.

▼ 그림 4-4 Pi 1 Model B

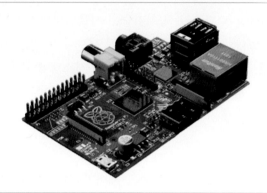

③ 비글보드(BeagleBoard)

비글보드(BeagleBoard)는 저전력 오픈 소스 하드웨어로 교육용으로 전 세계 대학에서 오픈 소스 하드웨어와 오픈 소스 소프트웨어 역량을 키우기 위해 개발되었다.

▼ 그림 4-5 비글보드(BeagleBoard)

4) 사물인터넷 통신기술

사물인터넷의 통신 기술적 측면에서 보면 인터넷 구현에 필요한 기술은 나날이 발전하여 사물인터넷을 활성화하게 한다. 그중 인터넷기술 발전에 공헌한 기술, 무선 센서 네트워크(Wireless Sensor Network), M2M(Machine-to-Machine) 통신기술, 지그비(Zigbee), 와이파이(WiFi), 블루투스(Bluetooth), RFID와 NFC, 인터넷(Internet) 기술에 대하여 설명하고자 한다.

① 무선 센서 네트워크(Wireless Sensor Network)

WSN(Wireless Sensor Network)이라고도 불리는 무선 센서 네트워크는 근거리 무선 통신 기능을 포함하고 있는 소형의 센서 장치들이 결합하여 산불 감시, 하천 범람, 건물 내 온도 분포 등 특정 장소의 상태 및 환경 변화 정보를 종합적으로 수집하여 관리하기 위한 기술이다.

② M2M(Machine-to-Machine)

M2M(Machine-to-Machine) 기술은 이동통신 기술을 이용하여 멀리 떨어져 있는 기계장치와 기계장치를 연결함으로써 효율적으로 장치를 운용하는 기술이다. 병원에서는 응급상황, 환자의 상태 모니터링, 의학 데이터 등을 연결하여 건강관리 시스템을 구축하기도 한다. 은행의 현금지급기(ATM)나 택시에 설치된

▼ 그림 4-6 M2M(Machine-to-Machine) 기술

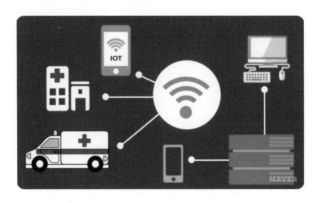

출처: 네이버 지식백과

카드 결제기가 대표적인 예에 해당한다[4].

③ 지그비(Zigbee)

지그비(Zigbee)는 사물인터넷의 무선망 연결 기술로 저속통신을 위한 저전력, 저비용을 목적으로 하는 근거리 통신(Personal Area Network, PAN)기술이다. 주로 조명, 스위치, 온도 조절 장치 등의 제어에 사용한다. 주로 양방향 무선 개인 영역 통신망(WPAN) 기반의 홈 네트워크 및 무선 센서망에서 사용되는 기술로 홈 오토메이션 및 데이터 네트워크를 위한 표준 기술. 버튼 하나로 하나의 동작을 잡아 집안 어느 곳에서나 전등 제어 및 홈 보안 시스템 VCR on/off 등을 할 수 있다. 인터넷을 통한 전화 접속으로 홈 오토메이션을 더욱 편리하게 이용하려는 것에서부터 출발한 기술이다.

④ 와이파이(WiFi)

와이파이(Wi-Fi, WiFi)는 전자기기들이 무선랜(WLAN)에 연결할 수 있게 하는 비교적 좁은 지역에서 고성능 무선통신을 가능하게 하는 통신기술이다. 즉, 무선 환경에서도 유선 인터넷과 같은 높은 수준의 통신 품질을 제공하기 위해 개발된 무선 통신 기술을 말한다. 스마트폰의 인터넷 접속시 주로 사용하는 것으로 식당, 가정, 사무실 등에서 무선 인터넷 공유기 설치만으로 AP(Access Point)를 설치해 반경 10~20M 거리까지 무선 통신을 쓸 수 있다. 무선랜은 일반적으로 암호로 보호되어 있지만, 대역 내에 위치한 어느 장치라도 무선랜 네트워크의 자원에 접근할 수 있도록 개방도 가능하다.

⑤ 블루투스(Bluetooth)

블루투스(Bluetooth)는 10세기경 스칸디나비아 지역을 통일한 덴마크와 노르웨이의 국왕 "Harald Bluetooth"이름에서 명명하였다 한다. 블루투스(Bluetooth)는 와이파이와 유사하지만 중앙네트워크를 사용하지 않고 기기 간 직접 통신(peer-to-peer)을 위해 고안된 기술이다. 이동전화, 컴퓨터, PDA 등이 전화나 컴퓨터들에 접속하기 위한 근거리 무선접속 통신 방식으로 휴대폰, 이어폰 등의

---

4) https://terms.naver.com/entry.naver?docId=3386811&categoryId=58369&cid=58369

휴대기기를 서로 연결해 정보를 교환하는 주로 10미터 안팎의 단거리 무선연결에 사용되는 근거리 무선통신기술이다.

WiFi와 동일하게 Zigbee 대비 높은 전력 소모와 가격, 또 페어링의 단점으로 인하여 한동안 사물인터넷에서 제외되었던 기술이다. 하지만, 전력 소모와 가격을 개선한 Bluetooth 4.0 single mode의 출시와 함께 다양한 의료기기, 생체 센서 및 스마트홈 솔루션에 적용되어 스마트폰과 함께 사용되고 있다.

⑥ 전자태그(RFID)와 근거리무선통신(NFC)

RFID(Radio Frequency Identification)는 주파수를 이용하여 사물, 사람 등의 ID를 식별하는 비접촉 무선 인식 기술을 말한다. 인식 거리는 최대 100m 내외로 '전자태그'라 하기도 한다. 사물에 초소형 칩(전자태그)을 부착하여 전파 신호를 통한 정보 처리 기술로 교통카드, 하이패스카드, 물류재고파악, 전자출입증 등에 사용한다.

NFC(Near Field Communication)은 전자태그(Radio Frequency IDentification, RFID)는 일본의 소니와 네덜란드의 NXP 반도체가 공동 개발한 근거리 무선통신 기술이다. 13.56MHz 대역 주파수를 사용해 약 10cm 내 근거리에서 단말기 간에 데이터를 교환할 수 있는 양방향 무선 통신을 가능하게 해주는 RFID 기술로 블루투스와 달리 복잡한 연결 과정이 필요없으며 인식속도가 빠르고 암호와 기술 적용이 가능하다. 비접촉식 무선통신 기술로서 스마트폰 등에 내장되어 교통카드, 신용카드, 멤버십카드, 쿠폰, 신분증 등 다양한 분야에서 활용될 수 있는 성장 잠재력이 큰 기술이다.

⑦ 인터넷(Internet)

1969년 아르파넷(ARPANET)으로 시작된 인터넷은 "TCP/IP(Transmission Control Protocol/Internet Protocol)라는 고유한 프로토콜을 기반으로 구축된 전 세계적인 네트워크들의 네트워크 또는 이를 통해 구성되는 전 세계적인 사람들과 자원들의 집합체"라 정의된다(이재현, 1999). 이런 정의는 다음 네 가지 측면을 포함하고 있다.

첫째, 기술적 측면에서 인터넷은 TCP/IP라는 프로토콜을 기반으로 하는 네트워크들의 네트워크다. TCP/IP에 기반한다는 점에서 인터넷은 다른 프로토콜을 사용하는 컴퓨터 매개 커뮤니케이션(computer-mediated communication, CMC)과 구별되며, 네트워크들의 네트워크라는 점에서 근거리 통신망(Local Area Network, LAN)이나 기업 통신망에 의해 구축되는 단일 네트워크들과 구별된다.

둘째, 사회적·측면에서 인터넷은 이러한 네트워크들을 이용하고 발전시켜 나가는 사람들의 '공동체(community)' 내지 집합체다. 사람들은 인터넷이라는 매체를 이용해 시간적, 공간적으로 떨어져 있음에도 불구하고 자유롭게 커뮤니케이션할 수 있고, 이를 통해 공통의 관심사나 이해관계를 갖고 있는 사람들 사이에 집단이 구성될 수 있다.

셋째, 정보적 측면에서 인터넷은 이러한 네트워크들에서 얻을 수 있는 자원들(resources)의 집합이기도 하다. 여기서 자원이라 함은 단순히 지식이나 정보뿐만 아니라 정서나 감정, 그리고 대인관계, 나아가서는 인터넷을 통해 행사할 수 있는 사회적 권력까지도 포함하는 것이다.

넷째, 커뮤니케이션 범위 측면에서 인터넷은 전 세계적(global)인 네트워크다. 방송과 같은 전자커뮤니케이션의 등장으로 커뮤니케이션의 범위가 전 세계적으로 확장되어 왔지만, 인터넷의 등장으로 비로소 매클루언이 말하는 "지구촌" 시대가 명실상부하게 도래하고 있는 것이다[5].

현재 인터넷에 사용되고 있는 IP(Internet Protocol)는 인터넷 상의 모든 시스템들이 갖는 고유한 숫자로 표시된 식별자로 두 개의 주소 체계인 IPv4: 32bits 주소 체계(약 43억 개 주소 지정 가능)와, IPv6: 128bits 주소 체계(약 3.42x1038개 주소 지정 가능)로 혼용하여 사용하고 있다.

사물인터넷(IoT)은 대부분 인터넷에 통신하여야하는 기능을 가진 기기이다. 사물인터넷(IoT)은 인터넷을 사용해야 하므로 IETF(Internet Engineering Task Force, 국제인터넷표준화기구)에서 제정한 TCP/IP를 시초로 하는 인터넷의 표준 프로토콜의 집합인 인터넷 프로토콜 슈트(Internet protocol suite)를 따라야 한다.

그러나 현재 인터넷에 사용되고 있는 IP(Internet Protocol)의 인터넷은 전통적으로 많은 전력과 메모리, 연결 옵션을 갖는 리소스가 풍부한 기기들을 연결해 왔다. 이와 같은 프로토콜은 오늘날 IoT에서 전반적으로 애플리케이션에 적용하

---

5) 출처: https://terms.naver.com/entry.naver?docId=1691374&cid=42171&categoryId=42184

기에는 너무 무겁다.

IoT의 또 다른 측면들이 IETF(Internet Engineering Task Force, 국제인터넷표준화기구)의 작업에 새로운 전환을 요구하고 있다. 특히 IoT 최종 노드 네트워크는 매우 적은 전력을 사용하면서 제한된 리소스를 갖고 있고 장시간 수명을 요구한다. 이러한 요구를 충족시키기 위하여 IBM은 유전 장비와의 위성 통신을 위해 MQTT(메시지 큐잉 텔레메트리 트랜스포트, Message Queuing Telemetry Transport)를 개발했다. MQTT는 기본적으로 신뢰성과 저전력을 특징으로 하므로 IoT 네트워크에 적용하기 적합하다.

또한 IETF는 IoT의 중요성이 증가하면서 경량 메시징을 위한 CoAP(Constrained Application Protocol, 코앱)를 정의했다. IETF의 정의에 따르면, CoAP는 제약이 있는 동일한 네트워크(예: 저전력, 손실 네트워크)의 장치들 간에, 장치와 인터넷 상의 일반 노드 간에, 또 인터넷을 접속시 제약이 있는 각기 다른 네트워크 상의 장치 간에 사용하기 위해 설계되었다.

오늘날 사물인터넷(IoT)를 위한 표준 프로토콜은 MQTT(Message Queuing Telemetry Transport-IBM)와 CoAP(Constrained Application Protocol-국제인터넷표준화기구)를 사용하고 있다.

(4) 사물인터넷의 구조

일반적으로 사물인터넷의 서비스 구조는 위 그림과 같이 4단계로 설명할 수 있다. 정보를 수집하여 데이터를 생성하는 영역, 수집된 정보를 빠르게 전송하고 연결하는 네트워크 연결영역, 이를 가공, 분석처리하는 데이터 처리 영역, 마지막으로 사용자에게 서비스를 제공하는 영역으로 구성되어 있다.

1) 데이터 생성영역

데이터를 생성하는 영역에서는 센서(Sensor), 액츄에이터(Actuator, 전기적인 신호를 이용해 제어될 수 있는 기기, 스피커, LED, LCD 등을 제어가 가능한 것)를 통해 주변의 환경이나 물리적, 화학적 변화를 인지하여 데이터를 수집하고 센싱을 통해 만들어진 데이터 또는 사용자들의 다양한 활동에 의해 생성된 데이터는 디지털 데이터로 변환이 된다.

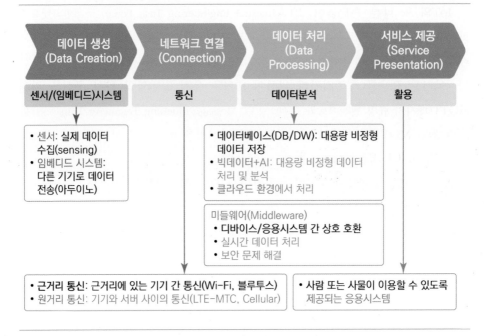

출처: 김미혜 외(2019), "4차 산업혁명 기반 기술의 이해", 경기: 연두에디션

데이터 생성의 주요 기능을 보면 ① 센싱을 통해 데이터를 수집하여 생성하는 기능, ② 생성된 데이터를 수집하고 전달하는 기능, ③ 자신과 함께 연결되어 있는 다른 디바이스를 제어하는 기능으로 이 기능의 예를 들면 스마트 홈 시스템에서 거실에 설치된 온도센서가 실내온도를 감지하여 적정온도에 따라 작동하게 해 둔 냉난방시스템의 가동과 정지를 제어하는 것을 들 수 있으며, ④ 데이터나 제어정보를 서브나 플랫폼으로 송수신하는 네트워크 기능, ⑤ 생성된 데이터를 실시간 서브로 전송되는 경우가 많지만 데이터 전송의 효율성을 위해 일정시간 동안 자체 기기에 저장한 후 필요시 일괄 전송하기 위해 수집된 정보를 저장하는 기능을 들 수 있다. 이 때에 주로 사용하는 기술이 센서 기술과 인터넷 장치기술, 스마트 디바이스 기술이다.

2) 네트워크 연결영역

네트워크 연결영역에서는 센서(Sensor), 액츄에이터(Actuator), 인터넷 장치기술, 임베디드 기술 및 스마트 디바이스 기술로 수집되어 생성된 데이터를 인터넷상의 서브로 유무선 근거리 또는 원거리 통신기술을 통하여 다른 디바이스나 서브, 플랫폼 등으로 전송하는 통신기능영역이다. 즉 통신 프로토콜(Protocol)인 연결 설정 – 데이터 전송 – 연결해제의 순서에 의해 사물인터넷 서비스 전체를 관장하는 컴퓨터 시스템인 서브에 데이터를 주고받는 수행 일을 하는 네트워크 연결영역이다. 이때 주로 사용되는 기술은 근거리 통신기술인 와이파이(Wi-Fi), 블루투스(Bluetooth), 지그비(Zigbee) 등으로 근거리에 있는 기기 간 데이터를 송수신하고, 원거리 통신기술인 5G 모바일통신기술, 위성통신기술 등으로 원거리에 있는 서버와 기기 간 송수신한다.

3) 데이터 처리영역

데이터 처리영역은 수집되고 생성되어 서브로 전송된 정형화 되지 않는 대용량의 데이터를 저장하고 저장된 정보를 빅데이터 분석이나 클라우드 환경을 이용하고 딥러닝, 머신러닝 등의 인공지능을 통하여 분석, 가공하여 서비스 정보를 추출하는 영역이다. 데이터 처리영역에는 분산 컴퓨팅 환경에서 서로 다른 기종의 하드웨어나 프로토콜, 통신환경 등을 연결하여, 응용프로그램과 그 프로그램이 운영되는 환경 간에 원만한 통신이 이루어질 수 있게 하는 소프트웨어인 미들웨어(Middleware)기능을 가지고 있다.

미들웨어(Middleware)의 기능은 서로 다른 디바이스 간이나 응용시스템 간에 상호 호환이 될 수 있도록 하는 인터페이스 역할을 하고 사물인터넷에서 수많은 센서들로부터 생성된 대용량의 데이터를 실시간 처리하는 것이다. 또한 저장, 가공된 정보의 보안문제를 해결하기 위해 미들웨어에는 데이터 전송 중에 발생할 수 있는 데이터 유출이나 해커의 침입, 사생활의 침해 등과 같은 보안문제를 해결할 수 있는 기능도 포함되어 있다.

4) 서비스 제공영역

서비스 제공영역은 데이터 처리영역에서 추출한 데이터를 수요자나 다른 기기가 사용할 수 있도록 실제 서비스하는 영역이다. 일반적으로 디바이스를 통해 응용시스템에 적합하게 서비스가 이루어진다. 예를 들면 스마트교통시스템에서

출처: 게티이미지 뱅크

버스의 위치추적을 들 수 있다. 또 다른 서비스로 사물인터넷에 연결된 다른 디바이스를 관리하고 제어하는 기능을 수행한다. 예를 들면 스마트홈시스템을 들수 있다. 센서를 통해 수집 저장된 데이터는 클라우드 컴퓨팅 환경에서 저장되고 인공지능과 연계한 빅데이터 분석을 통해 자동화된 지능형 서비스로 제공될 것이다.

(5) 사물인터넷 서비스 적용 사례

오늘날 사회적, 경제적으로 모든 분야에서 사물인터넷에서 분리된 삶을 할수 있기에는 부적합한 세상이 되었다. 지금까지 공부한 사물인터넷의 적용사례로 1) 스마트홈(Smart Home), 2) 스마트 리테일(Smart Retail), 3) 스마트팜(Smart Farm), 4) 자율 주행차(Self-Driving Car)를 알아보고자 한다.

1) 스마트홈(Smart Home)

스마트홈(Smart Home)이란 가전제품을 포함하여 사물인터넷 기능이 포함된 다양한 가정 내 기기들이 센서와 유무선 네트워크로 연결되어 스스로 정보를 생산하여 주고받으며 가정 구성원의 수요를 파악하거나 예측하여 자율적이고 지능적으로 주어진 역할을 수행함으로써 "주거 생활의 질을 높여주는 시스템", "자동화를 지원하는 개인 주택", "인텔리전트 하우스 또는 IT하우스" 말 그대로 똑똑한 집이다.

스마트홈 산업은 가전, 안전·보안, 에너지, 헬스케어, 엔터테인먼트 등 여러 산업분야의 발전과 더불어 발전할 것이며 스마트 디바이스, 초고속 무선통신기술, 4차 산업혁명 핵심기술의 융합으로 향후 고성장을 이룰 IoT 서비스 분야로 예측된다. 스마트홈 시스템으로 방문객과 영상통화, 홈디바이스 원격 ON/OFF, 가족 출입시 안전 및 비상 알림 서비스와 에너지 절감 등을 할 수 있다. 스마트홈 서비스 사례로는 국내 가전제품 회사인 삼성전자 '스마트패밀리 허브(Smart Family Hub)와 LG의 '스마트 씽크큐(Smart ThinkQ)'를 들 수 있다.

2) 스마트 리테일(Smart Retail)

우리가 대형마트나 편의점 등에서 물건을 구매할 때 계산대 위로 구매한 물건을 올리고 계산이 끝난 물건들을 다시 장바구니에 넣는 동안 우리에게 '줄'이라는 것이 생긴다. 긴 줄은 구매자에게 불편함을 만들게 한다. 이러한 것을 해결하기 위해 무인 소매점인 스마트 리테일이 생겨 났다. 그 시초가 아마존 고(Amazon Go)이다.

▼ 그림 4-9 아마존 고 매장

출처: https://blog.naver.com/kavekr/222280075842

아마존 고는 미국 최대 전자상거래 기업 아마존(Amazon)이 운영하는 세계 최초의 무인 슈퍼마켓으로, 계산대와 계산원이 없다. 아마존 미국 시애틀 본사에 위치하고 있으며 주로 식료품을 취급한다. 2016년 12월 문을 열고 직원들을 대상으로 시험 운행하다 2018년 1월 22일(현지시간)부터 일반인에게 개방됐다. 이 매장에는 사물인터넷을 활용하고 인공지능(AI), 머신러닝, 컴퓨터 비전(컴퓨터가 사람의 눈 같이 이미지를 인식하는 기술) 등 첨단기술이 활용됐다.

이 매장을 이용하기 위해서는 아마존 회원 가입을 하고 스마트폰에 애플리케이션(앱)을 다운로드하면 된다. 그리고 매장에 들어가기 전 앱을 켜고 QR코드를 출입문에 댄다. 이후 사고 싶은 상품을 들면 천장에 달린 수많은 카메라와 블랙박스 센서(저스트 워크 아웃 테크놀로지)들이 소비자가 어떤 상품을 선택했는지 자동 감지하고 앱에 연결된 신용카드로 비용을 청구한다. 쇼핑을 하다가 골랐던 물건을 다시 진열대에 가져다 놓으면 계산에서 제외되며 반품이나 환불도 앱을 통해 가능하다[6]

3) 스마트팜(Smart Farm)

▼ 그림 4-10 스마트팜(Smart Farm)

출처: https://bizn.donga.com/3/all/20211118/110309614/2

---

6) https://terms.naver.com/entry.naver?docId=3557879&cid=43667&categoryId=43667(출처: 네이버 지식백과)

스마트팜(Smart Farm)은 IoT, AI 등의 ICT 신기술을 농작물 및 가축 생산환경에 접목하여, 자동화·지능화·연결화 등 원격제어 및 자동관리 시스템이 도입된 농장을 의미한다. 즉, 작업장 환경 정보(온도, 습도, 조도, 관수상태, 이산화탄소량, 토양 등)를 실시간 모니터링하여 관리하는 스마트 농장으로 사물인터넷, 빅데이터, 인공지능 등의 기술을 이용하여 농작물, 가축 및 수산물 등의 생육 환경을 적정하게 유지, 관리하여 생산의 효율성뿐만 아니라 편리성도 높일 수 있는 시스템이다.

ICT 기술을 활용한 스마트팜 기술을 통해 환경 정보(온도, 습도, 조도, 이산화탄소량, 토양 등) 및 생육 정보에 대한 정확한 데이터를 기반으로 생육 단계별 정밀한 관리와 예측 등이 가능하여 수확량, 품질 등을 향상시켜 수익성을 높일 수 있다. 또한, 노동력과 에너지를 효율적으로 관리함으로써 생산비를 절감할 수 있다. 예를 들면, 기존에는 작물에 관수할 때 직접 밸브를 열고 모터를 작동해야 했다면, 스마트팜에서는 전자밸브가 설정값에 맞춰 자동으로 관수를 한다. 생산물의 상세한 생산 정보 이력을 관리하는 스마트팜은 소비자로부터 생산물에 대한 신뢰를 받을 수 있어 생산물의 판매가 용이하게 한다. 스마트팜은 응용 분야에 따라 스마트 농장, 스마트 온실, 스마트 축사, 스마트 양식장 등의 이름으로 사용되고 있다.

4) 스마트팩토리(Smart Factory)

스마트팩토리(Smart Factory)는 제품의 생산과정에 사물인터넷 등의 4차 산업혁명의 기반 기술을 적용하여 생산성, 품질, 고객만족도를 향상시키는 지능형 생산공장을 말한다. 즉, 공장의 레이아웃 점검에서부터 제어 설계, 생산 시뮬레이션, 가동 모니터링을 하나의 패키지로 시스템화하고 고객 주문에 맞는 맞춤형 생산관리, 재고관리, 유통관리 및 AS까지 End—to—End 엔지니어링을 실현하고 운영하는 것을 말한다.

위와 같이 사물인터넷의 적용 사례를 살펴 본 것 외에 제3절 물리학 기술에서 다룰 자율주행차, 드론 등과 아마존 닷컴의 스마트물류시스템을 추가 적용 사례로 들 수 있으며 그 적용 예는 수 없이 많을 것이다. 사물인터넷 시장의 미래는 사물인터넷 기기에 연결된 디바이스의 수가 급속히 성장할 것이므로 기하

급수적으로 성장할 것으로 전망된다.

2. 클라우드 컴퓨팅(Cloud computing)

(1) 클라우드 컴퓨팅이란?

클라우드 컴퓨팅은 "하드웨어나 소프트웨어와 같은 컴퓨터 시스템을 구매하는 대신 빌려 쓰는 개념으로 정보처리를 자신의 컴퓨터가 아닌 인터넷으로 연결된 다른 컴퓨터로 처리하는 기술"을 말한다. 구름(cloud)과 같이 무형의 형태로 존재하는 하드웨어·소프트웨어 등의 컴퓨팅 자원을 자신이 필요한 만큼 빌려 쓰고 이에 대한 사용요금을 지급하는 방식의 컴퓨팅 서비스로, 서로 다른 물리적인 위치에 존재하는 컴퓨팅 자원을 가상화 기술로 통합해 제공하는 기술을 말한다. 클라우드로 표현되는 인터넷상의 서버에서 데이터 저장, 처리, 네트워크, 콘텐츠 사용 등 IT 관련 서비스를 한번에 제공하는 혁신적인 컴퓨팅 기술인 클라우드 컴퓨팅은 '인터넷을 이용한 IT 자원의 주문형 아웃소싱 서비스'라고 정의되기도 한다[7].

---

7) https://terms.naver.com/entry.naver?docId=1350825&cid=40942&categoryId=32828

출처: 국립중앙과학관

　미래학자이자 책 "생각하지 않는 사람들" 저자인 니콜라스 카(Nicholas Carr)의 정의에 따르면 "클라우드 컴퓨팅은 IT 자원을 구매하거나 소유할 필요 없이 필요한 만큼 사용료를 주고 쓰는 서비스"를 말한다. "중앙 집중화된 대형 데이터센터에서 서비스를 받고 소프트웨어나 프로그램을 인터넷을 통해 자유롭게 빌려 쓰는 방식"을 가리킨다. "최초의 클라우드 컴퓨팅 서비스는 1995년 미국 제너럴 매직(General Magic)에서 AT&T 등 다른 여러 통신사와 제휴를 맺으면서 시작했다". 그러나 제대로 자리 잡기까지는 10여 년이 걸렸다. 2005년이 되어서야 특정 소프트웨어를 필요한 시기에 인터넷으로 접속해 쓰고, 사용한 만큼 요금을 내는 제도가 정착됐다.

　최근의 클라우드 컴퓨팅 기술은 빅데이터의 저장, 처리, 분석을 지원할 수 있는 핵심 기반기술로 부각되고 있으며 4차 산업혁명의 구현과 실현을 위해 필수적으로 요구 되는 기반기술 중의 하나이다. 4차 산업혁명의 핵심인 사물인터넷은 각 사물에서 센싱한 데이터를 수집하고 이에 대한 분석을 거쳐 가치 있는 정보를 추출하는 과정에서 기존의 처리 방식으로는 빅데이트 규모에 맞는 신속하고 유연한 자원 제공이 불가능하다. 따라서 사물인터넷의 센싱 데이트를 포함한 빅데이터의 수집, 관리, 분석을 유연하게 처리할 수 있는 기반 인프라가 필요하며 이를 해결할 수 있는 기술 중에 하나가 바로 클라우드 기술이다.

IoT, Cloud, Big Data, Mobile의 첫 글자를 따서 만든 신조어 ICBM에서 클라우드의 역할에 대해서 좀 더 자세히 살펴보자. IoT와 Mobile 기술의 발전에 따라 다양한 사물로부터 즉, 인간을 포함하여 CCTV, 자동차, 가전기기, 의료건강 기기 등 다양한 사물로부터 데이터의 수집이 이루어지고 있다. 이러한 데이터는 정보처리능력의 고도화로 통해서 데이터 분석 및 저장이 이루어지며, 이때, 클라우드와 빅데이트 기술이 데이터분석 및 저장 기능을 담당하다. 클라우드와 빅데이터 기술에 의해 분석 처리된 데이터는 인공지능 기술을 활용하여 기계가 이들 데이터를 빠르게 학습하고 새로운 지능정보를 창출하는데 활용된다. 이러한 과정을 통한 결과는 예를 들어 스마트 공장에서는 생산비용을 절감하고 자율자동차 분야에서는 교통사고를 감소시킬 수 있으며, 스마트 홈 분야에서는 인간의 생활 편의성을 향상하는데 활용할 수 있다. 따라서 IoT와 Mobile기술과 인공지능 기술 사이에 데이터 분석 및 저장을 위한 인프라 제공 기능을 바로 클라우드가 담당하고 있다.

따라서 클라우드는 인공지능을 포함한 ICBM의 여러 기술들과 유기적 관계 속에 없어서는 안 될 필수적 기술로 IoT 기술이 모든 사람, 사물로부터 데이터를 수집하면, 이때 클라우드는 가치를 지닌 데이터의 분석, 처리, 융합을 위한 계산이나 저장 인프라를 제공한다[8].

(2) 클라우드 컴퓨팅의 특징

클라우드 방식을 활용할 경우에 얻어지는 장점은 빅데이터의 저장, 처리, 분석에 필요한 컴퓨터 기능을 실시간으로 제공받을 수 있으며 장점은 인프라와 플랫폼 구축에 소용되는 비용과 시간 절감을 얻을 수 있다. 또한 서비스 운영 시에 탄력적으로 자원을 제공받을 수 있어서 서비스 품질(quality of services)향상에 기여할 수 있다. 이러한 이유 때문에 최근 스마트사회 핵심 기술인 인공지능(Artificial intelligence), 사물인터넷(Internet of Things), 자율주행차(Autonomous vehicle)등이 클라우드 환경 위에서 개발, 운영되고 있다.

---

8) 김미혜 외(2019), "4차 산업혁명 기반 기술의 이해", 경기: 연두에디션, pp.137−140.

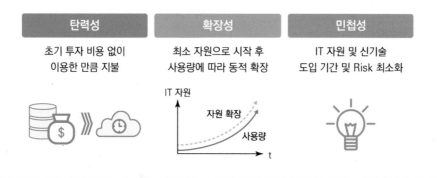

출처: 김미혜 외 5인(2019), 『4차 산업혁명 기반기술의 이해』, 연두에디션

이러한 환경의 클라우드 컴퓨팅 기술의 특징을 살펴보면 그림에서 나타낸 3가지 기본적인 특징으로 설명할 수 있다. 첫 번째 특징은 탄력성(elasticity)이다. 클라우드는 초기 투자 비용 없이 이용한 만큼 요금을 지불하는 형태의 IT지원 임대 서비스이며, 더 많은 자원이 필요하면 비용 지불을 통해 추가 지원을 확보하여 사용할 수 있다. 반대로 더 이상 자원이 필요 없으면 그 자원을 반납할 수도 있다. 그래서 자원 활용 측면에서 탄력적 운용이 가능하다. 두 번째 특징은 확장성(scalability)이다. 클라우드는 최소 자원으로 원하는 서비스를 시작한 후 사용량에 따라 동적 확장이 가능하다는 장점이 있기 때문이다. 서비스 중간에 갑자기 사용량이 증가하더라도 서비스 중지 없이 용량 확장이 바로 가능하다는 점이 클라우드의 특징이다. 세 번째 특징은 민첩성(agility)이다. IT 자원 및 신기술 도입에 따른 도입 기간을 단축시켜 서비스의 신규 구성과 기술 적용에 따른 위험을 최소화할 수 있다는 점이다. 이러한 클라우드의 고유 장점들로 인하여 4차 산업혁명의 필수기술의 구현에 필요한 대용량, 고처리의 컴퓨팅 파워와 저장 공간 등의 인프라를 클라우드가 제공할 수 있다. 따라서 4차 산업혁명 시대에 클라우드 기술은 없어서는 안 될 필수적 기반기술이다[9].

---

9) 김미혜 외(2019), "4차 산업혁명 기반 기술의 이해", 경기: 연두에디션, pp.137−140

(3) 클라우드 컴퓨팅 서비스 유형

클라우드 컴퓨팅은 하드웨어나 소프트웨어와 같은 컴퓨터 시스템상의 자산을 구매하지 않고 임차하여 사용하는 개념이다. 어떠한 요소를 임차하느냐에 따라 "소프트웨어 서비스(SaaS, software as a service), 플랫폼 서비스(PaaS, Platform as a service), 인프라 서비스(IaaS, infrastructure as a service)"로 구분한다. 최초 클라우드 서비스는 '지메일(Gmail)'이나 '드롭박스(Dropbox)', '네이버 클라우드' 처럼 소프트웨어를 웹에서 쓸 수 있는 SaaS(Software as a Service, 서비스로서의 소프트웨어)가 대부분이었다. 그러다가 서버와 스토리지, 네트워크 장비 등의 IT 인프라 장비를 빌려주는 IaaS(Infrastructure as a Service, 서비스로서의 인프라 스트럭처), 플랫폼을 빌려주는 PaaS(Platform as a Service, 서비스로서의 플랫폼)으로 늘어났다. 클라우드 서비스는 어떤 자원을 제공하느냐에 따라 이처럼 크게 3가지로 나뉜다[10].

SaaS는 클라우드 환경에서 운영되는 애플리케이션 서비스로 모든 서비스가 클라우드에서 이뤄지며 소프트웨어를 구입해서 PC에 설치하지 않아도 웹에서 소프트웨어를 빌려 쓸 수 있는 것이고, IaaS는 인터넷을 통해 서버와 스토리지 등 데이터센터 자원을 빌려 쓸 수 있는 서비스로 이용자는 직접 데이터센터를 구축할 필요 없이 클라우드 환경에서 필요한 인프라를 꺼내 쓰고 이렇게 빌려온 인프라에서 사용자는 운영체제를 설치하고, 애플리케이션 등을 설치한 다음 원하는 서비스를 운영할 수 있는 것이며 PaaS는 소프트웨어 서비스를 개발할 때 필요한 플랫폼을 제공하는 서비스로 사용자는 PaaS에서 필요한 서비스를 선택해 애플리케이션을 개발하면 되고 PaaS 운영 업체는 개발자가 소프트웨어를 개발할 때 필요한 API를 제공해 개발자가 좀 더 편하게 앱을 개발할 수 있게 돕는다[11].

---

10) https://terms.naver.com/entry.naver?docId=3580686&cid=59088&categoryId=59 096

11) https://terms.naver.com/entry.naver?docId=3580686&cid=59088&categoryId=59 096에서 요약

3. 빅데이터(Big Data)

(1) 빅데이터란?

먼저 빅데이터가 무엇인지 사전적 의미부터 살펴보면 우리 국어사전에서는 빅데이터를 "기존 데이터에 비해 너무 방대해 이전 방법이나 도구로 수집, 저장, 검색, 분석, 시각화 등이 어려운 정형 또는 비정형 데이터 세트를 의미한다"라고 설명하고 있다. 또한 네이버사전에서는 "디지털 경제의 확산으로 우리 주변에는 규모를 가늠할 수 없을 정도로 많은 정보와 데이터가 생산되는 '빅데이터(Big Data)' 환경이 도래하고 있으며 빅데이터란 과거 아날로그 환경에서 생성되던 데이터에 비하면 그 규모가 방대하고, 생성 주기도 짧고, 형태도 수치 데이터뿐 아니라 문자와 영상 데이터를 포함하는 대규모 데이터"라고 설명하고 있다.

한편 세계인들이 즐겨 찾는 위키백과(WIKPEDIA)사전에서는 "기존 데이터베이스 관리도구로 데이터를 수집, 저장, 관리 분석할 수 있는 역량을 넘어서는 대량의 정형 또는 비정형 데이터 집합 및 이러한 데이터로부터 가치를 추출하고 결과를 분석하는 기술을 의미한다"라고 설명하고 있다. 이런 빅데이터의 사전적 의미들을 종합하여 고려해 보면 규모면에서 방대하고, 정형, 반정형 비정형 등 데이터의 종류는 다양하고 저장, 유통, 수집, 분석 등 정보의 처리 속도는 신속하여 새로운 가치창출의 엔진이라는 의미와 새로운 솔루션으로서의 의미도 발

▼ 그림 4-14 빅데이터 개념도

출처: https://www.hse.ru/ba/ir/data_culture

견할 수 있게 된다.

글로벌 컨설팅 전문업체인 Mckinsey는 빅데이터를 설명함에 있어서 데이터의 규모에 초점을 맞추어 기존 데이터베이스 관리 도구의 데이터 수집, 저장, 관리, 분석 역량을 넘어서는 데이터로 정의한 바 있다. IDC(Internet data center)는 업무수행방식에 초점을 맞추어 다양한 종류의 대규모 데이터로부터 저렴한 비용으로 가치를 추출하고 데이터의 빠른 수집, 발굴, 분석을 지원할 수 있도록 고안된 차세대 기술 및 아키텍쳐로 정의하고 있다[12].

영국의 경제주간지 '이코노미스트(Economist)'는 2017년 5월 "세상에서 가장 가치 있는 자원은 더 이상 석유가 아닌 데이터이다. 데이터 경제가 도래하였다." 고 하였다. 빅데이터는 21세기의 석유다. 며칠만에 인류가 전 역사를 통해 생성한 양만큼의 데이터가 생성되는 사물인터넷 환경에서 빅데이터의 가치는 갈수록 강조되고 있다. 데이터의 기하급수적 증가 속도로 인해 사람이 인지하고 처리할 수 없는 규모의 빅데이터를 다루는 프로그래밍 도구와 인공지능 기계학습의 도움으로 빅데이터의 가치는 더 주목받고 있다[13]. 스마트폰과 인터넷은 데이터를 더 가치 있고 풍부하게 만들었다. 그리고 자동차를 비롯한 각종 기기들이 인터넷에 연결되면서 데이터의 양은 점점 더 늘어나고 있다.

미국의 자문회사인 가트너(Gartner)[14]는 미래가 밝은 IT 기업으로 구글, 애플, 페이스북, 아마존 등을 거론하였다. 모두가 데이터를 수집하고 있는 회사들이다. 구글은 모바일 검색시장을 점령하고 있고, 애플은 전 세계 2억 명 이상에게 아이폰을 팔았다. 페이스북은 20억 명에 달하는 가입자들이 매일 수많은 사진과 동영상, 글을 올려주고 있어 쉽게 데이터를 쌓고 있다. 아마존도 온라인과 오프라인 거래 데이터를 축적하고 있다.

과거의 빅데이터는 거대한 데이터 집합 자체만을 이야기하는 양적 개념이었다. 하지만 지금은 기존 데이터의 분석 역량을 넘어서는 분량의 방대한 데이터를 필요한 목적에 맞게 가공하고 분석해 새로운 결론을 얻고, 이를 통한 최적의 답안을 제시하거나 생성된 지식을 바탕으로 능동적으로 대응하면서 변화를 예

---

12) 김미혜 외 5인 『4차 산업혁명 기반기술의 이해』, 연두에디션, 2019, pp.199-201.
13) http://www.hani.co.kr/arti/science/future/884154.html#csidx1aaa8921e590fd99170
75861f87ca18
14) 미국 코네티컷주에 본사를 둔 IT분야의 리서치 기업.

측하기 위한 기술로 개념이 확정되었다.

빅데이터가 활용되는 분야는 다양하다. 구글에서 제공하는 언어 자동번역서비스인 구글번역은 빅데이터 기술을 활용한다. 수억 건의 문장과 번역문을 바탕으로 추론해 나가는 통계적 기법을 빅데이터 기술을 활용해 개발하였다. 아마존은 모든 고객들의 구매내역을 데이터베이스에 기록하고, 이 기록을 분석해서 소비자의 소비취향과 관심사를 파악하고 있다. 이를 활용하여 고객별 추천 상품을 표시한다. 고객 한 사람 한 사람의 취미나 독서 경향을 찾아 일치한다고 생각되는 상품을 메일이나 홈페이지 상에서 중점적으로 고객에게 노출을 시킨다. 아마존의 방식으로 구글과 페이스북도 이용자의 검색조건, 사진이나 동영상과 같은 비정형 데이터 사용을 처리해서 이용자에게 맞춤형 광고를 제공하는 등 빅데이터의 활용을 증대시키고 있다.

의료와 기상정보 등 과학 분야에서의 활용도 커지고 있다. 환자의 진료내용과 진단서 등의 정보가 하나의 서버에 저장이 되어있기 때문에 어느 병원에 가더라도 의사가 환자의 정보를 확인할 수 있다. 정치 분야에도 2008년 버락 오바마는 다양한 형태의 유권자 데이터베이스를 확보하고 이를 토대로 인종, 종교, 나이, 가구 형태, 소비수준과 같은 단순한 정보를 넘어 과거 투표 여부, 구독하는 잡지, 마시는 음료 등의 유권자 성향까지 파악해서 이를 분석하여 '유권자 맞춤형 선거전략'에 빅데이터 기술을 활용하였다.

이처럼 빅데이터는 정치, 경제, 사회, 문화, 과학기술 등 전 영역에 걸쳐서 영향력을 키우고 있다. 세계경제포럼(WEF)은 빅데이터 기술을 떠오르는 10대 기술 중 첫 번째로 선정하였다. 하지만 빅데이터는 장점만 있는 것이 아니고 약점도 있다. 최대 약점으로 사생활 침해나 개인정보의 유출로 반사회적 문제가 일어날 수 있다는 점이다. 빅데이터는 수많은 개인들의 집합이다. 이 과정에서 개인들의 사적인 정보까지 수집하여 관리하는 빅브라더(Big Brother)의 모습이 될 수도 있다. 데이터가 가져다 줄 이익을 높이기 위해서는 윤리적 책임과 신뢰를 구축하는 것이 중요하다. 데이터 수집은 많은 가치를 지니지만 데이터 수집 기관이나 사람을 신뢰할 수 있어야 한다. 데이터 암호화나 익명처리로 특정 데이터가 누구에 해당하는지 모르게 하는 기술도 있지만, 그것으로도 충분하지 않다. 조직과 개인 간에 데이터가 어떻게 사용될 것인지에 대한 투명성 제고, 데이터 관리를 위한 모범사례 수립, 경계의 설정, 정부 또는 업계 주도의 감독 및 규제 마련이 되어야 할 것이다[15].

(2) 빅데이터의 특징-3V

스마트사회의 특징인 초연결 사회(hyper-connected society)에서 사물인터넷에서 다룬 각각의 사물(things)은 센스 등을 통해 많은 양의 데이터를 생성시키는데 이들 데이터는 양적 측면에서 대용량이고 빠르게 생성되며 다양한 형식을 갖추고 있다. 이러한 양상의 자료를 장, 유통, 수집, 분석 처리하여 양질의 자료를 수용자에게 공급하는 빅데이터의 특징으로는 "크기(Volume), 속도(Velocity), 다양성(Variety)"을 들 수 있다.

크기는 일반적으로 수십 테라바이트 혹은 수십 페타바이트 이상 규모의 데이터 속성을 의미하며 속도는 대용량의 데이터를 빠르게 처리하고 분석할 수 있는 속성을 의미하며 융복합 환경에서 디지털 데이터는 매우 빠른 속도로 생산되므로 이를 실시간으로 저장, 유통, 수집, 분석처리가 가능한 성능을 의미하고 다양성(Variety)은 다양한 종류의 데이터를 의미하며 정형화의 종류에 따라 정형, 반정형, 비정형 데이터로 분류할 수 있다[16].

▼ 그림 4-15 빅데이터 특징

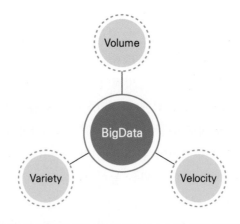

출처: 국립중앙과학관-빅데이터

15) 이철환, 『인공지능과 미래경제: AI가 경제를 만나다.』, 다락방, 2018 pp.122-132.
16) https://terms.naver.com/entry.naver?docId=3386304&cid=58370&categoryId=58
370

(3) 빅데이터의 기술: 하둡(Hadoop)

하둡은 여러 개의 컴퓨터를 연결하여 하나인 것처럼 묶어 대용량 데이터를 처리하는 기술이다. "하둡은 수 천대의 분산된 x86 장비에 대용량 파일을 저장할 수 있는 기능을 제공하는 분산파일 시스템과, 저장된 파일 데이터를 분산된 서버의 CPU와 메모리 자원을 이용해 쉽고 빠르게 분석할 수 있는 컴퓨팅 플랫폼인 맵리듀스(MapReduce)[17]로 구성돼 있다. 하둡은 아파치 루씬 창시자로 유명한 더그 커팅이 만들었다. 커팅은 이렇게 개발한 기술을 다른 개발자도 자유롭게 가져다 쓰고 발전시킬 수 있도록 소스 코드를 공개했다. 이름이 '하둡'인 점은 커팅의 딸이 가지고 놀던 봉제인형 이름이 '하둡'이었다는 얘기도 있고, 딸이 코끼리란 단어를 '하둡'이라고 발음해 '하둡'이라고 지었다는 설도 있다.

하둡이 등장하기 전까지 데이터 처리 시스템 하단은 분석 대상을 저장할 스토리지와 분석 처리에 필요한 메모리, 분석 연산을 수행하는 컴퓨팅 유닛으로 구성돼 있었다. 시스템 기본 인프라 위에 데이터를 저장하는 데이터베이스 솔루션과 스토리지, 데이터베이스의 데이터를 이용해 실제 분석을 수행하는 분석 프로그램이 탑재되는 식이었다.

지금까지 수많은 기업들이 적잖은 비용을 지불하고 오라클이나 IBM이 개발한 데이터 분석 솔루션을 구축해 데이터를 분석했다. 하지만 빅데이터에 포함된 데이터는 기존 데이터에 비해 크기는 크지만 덜 중요한 데이터가 상당수였다. 이런 데이터를 처리하고자 비싼 비용을 지불하며 매번 솔루션을 도입하겠다는 기업은 드물었다.

▼ 그림 4-16 하둡 로고

---

17) 맵리듀스(MapReduce)는 구글이 수집한 문서와 로그 등 방대한 데이터들을 분석하기 위해 2004년에 발표한 분산 컴퓨팅(distributed computing)에서 대용량 데이터를 병렬 처리(parallel processing)하기 위해 개발된 소프트웨어 프레임워크다.

하둡 생태계가 뜬 이유가 바로 여기에 있다. 하둡은 저렴하면서도 방대한 데이터를 분석할 수 있게 돕는다. 기업은 하둡을 활용해 빅데이터 분석에 들어가는 초기 비용을 줄이면서 자사 데이터 시스템과의 호환 문제도 손쉽게 해결할 수 있다. 하둡 프레임워크는 대용량 데이터를 값싸고 빠르게 분석할 수 있게 돕는다. 기존에는 슈퍼컴퓨터를 며칠씩 돌려야 했던 데이터도 하둡을 이용하면 x86 서버로 실시간 분석이 가능해졌다. 이런 장점들이 알려지며 하둡은 빅데이터 처리와 분석을 위한 플랫폼 시장에서 사실상 표준으로 자리 잡기 시작했다[18].

4. 인공지능(AI · Artificial Intelligence)

(1) 인공지능(AI)

지능이란 본능적으로 무엇인가를 하는 것이 아니라, 생각하고 이해하는 능력을 말하며 생각이란 문제를 고려하거나 아이디어를 만들기 위하여 두뇌를 사용하는 행위를 말한다. 지능을 다시 정의하면 배우고 이해하여 문제를 해결하며 의사를 결정할 수 있는 능력을 말한다. 이에 인공지능(AI)을 정의해 보면 인간의 학습능력, 추론능력, 지각능력, 자연언어의 이해능력 등과 같은 인간 고유의 지식 활동을 컴퓨터 프로그램으로 실현한 기술로 '기계로 구현한 지능'이다.

인공지능(AI)은 인간의 학습능력, 추론능력, 지각능력을 인공적으로 구현하려는 컴퓨터 과학의 세부분야의 하나로 인프라 기술이 아닌 과학 분야를 지칭하기도 한다. 인간을 포함한 동물이 갖고 있는 지능 즉, natural intelligence와는 다른 개념이다. 인공지능은 지능을 갖고 있는 기능을 갖춘 컴퓨터 시스템이며, 인간의 지능을 기계 등에 인공적으로 구현한 것이다. 일반적으로 범용 컴퓨터에 적용한다고 가정한다. 기존의 컴퓨터와 같이 프로그래밍된 순서 안에서만 작업하는 것이 아니라 스스로 학습(기계학습: Machine learning, 딥러닝: Deep learning)[19]하면서 더 유연한 문제 해결을 지원하는 점이 특징이다.

---

18) https://terms.naver.com/entry.naver?docId=3577519&cid=59088&categoryId=59096

19) • 기계학습(Machine learning): 컴퓨터가 데이터를 분석하고 스스로 학습하는 과정을 거치고 나면 패턴을 인식할 수 있는 능력을 갖추게 되고, 입력하지 않은 정보에

인공지능은 크게 둘로 나뉜다. '약한(Weak) AI'와 '강한(Strong) AI'다. 약한 AI 는 특정 영역의 문제를 푸는 기술이다. '단어를 입력하면 검색 결과를 보여라', '음성을 듣고 무슨 말인지 인식하라' 같은 문제를 푸는 것이다. 특정 영역의 주 어진 문제만 해결할 수 있고 자의식이 없다. 예를 들면 딥마인드의 알파고, CCTV의 안면 인식시스템 등을 들 수 있다.

강한 AI는 이와 달리 문제의 영역을 좁혀주지 않아도 어떤 문제든 해결할 수 있는 기술 수준, 사람이 인식하는 것과 같은 모든 영역에 적용할 수 있는 것을 말한다. 강한 AI는 터미네이터의 스카이넷이나, 아이언맨 시리즈의 자비스, 어벤 저스2의 울트론처럼 흔히 영화 속에서 볼 수 있는 로봇들이다. 현재 단계에서는 약한 AI가 많이 쓰이고 있다. 강한 AI를 만들려면 아직 멀었다는 게 과학계 중 론이다.

현존하는 인공지능 기술의 수준은 꿀벌, 개미, 거머리 등의 뇌 수준에 버금가 는 약한(Weak) AI 정도다. 다만 해당 문제 풀이에 특화했기 때문에 특정 영역에 서는 인간의 능력을 넘어설 수 있다. 흔히 사용하는 번역기나 음성인식도 약한 인공지능을 응용한 사례다. 오늘날 인공지능은 데이터를 분석하여 예측하는 데 뛰어난 성능을 가지고 있다. 인공지능이 예측하면 사람인 의사결정자들이 그 결 과를 취하고 진행 방향을 결정하고 있다.

그러나 앞으로는 인공지능이 다음에 일어날 상황을 예측할 뿐만 아니라 그 정보를 기반으로 행동까지 할 수 있을 것으로 기대된다.

대해서도 판단하고 결정할 수 있게 된다. 방대한 양의 데이터를 학습한 내용을 기 반으로 분류 및 식별을 하고, 그 결과로부터 판단이나 예측을 수행하기 위한 기술 이다. 예를 들어 분석 과정에서 만약 치즈과자를 오렌지로 잘못 인식을 했다면 시 스템의 패턴 인식 기능은 마치 인간처럼 스스로 오류를 수정하고, 그 실수로부터 학습하며 정확도를 높여 나간다.
• 딥 러닝(Deep learning): 컴퓨터가 여러 데이터를 이용해 마치 사람처럼 스스로 학습할 수 있게 하기 위해 인공신경망(ANN: Artificial Neural Network)을 기반으 로 구축한 기계학습 기술이다. 딥러닝은 인간의 두뇌가 수많은 데이터 속에서 패 턴을 발견하고 사물을 구분하는 정보처리 방식을 모방하여 컴퓨터가 사물을 분별 하도록 기계를 학습시킨다. 딥러닝 기술을 적용하면 사람이 모든 판단 기준을 정 해주지 않아도 컴퓨터가 스스로 인지, 추론, 판단할 수 있게 된다. 음성, 이미지 인 식과 사진 분석에 주로 활용이 된다. 구글의 알파고도 딥러닝 기술에 기반한 컴퓨 터 프로그램이다.

(2) 인공지능의 역사

알파고(영어: AlphaGo)는 구글의 딥마인드가 개발한 인공지능 바둑 프로그램이다. 알파고 대 이세돌의 딥마인드챌린지매치(Google Deepmind Challenge match)는 2016년 3월 9일부터 15일까지, 하루 한 차례의 대국으로 총 5회에 걸쳐 서울의 포시즌스호텔에서 진행된 이세돌과 알파고(AlphaGo) 간의 세기적 바둑 대결을 하였다. 최고의 바둑 실력자인 이세돌 9단과 바둑 인공지능 프로그램인 알파고와의 대결은 승자는 100만 달러의 상금을 차지하며, 알파고가 이기면 유니세프에 상금 전액을 기부하는 조건으로 성사되어 세계적으로 비상한 관심을 가졌다.

결과는 놀라운 학습능력을 보여준 알파고가 4승 이세돌이 1승으로 나눠 가져 알파고가 승리하였다. 알파고가 승리하면서 인공지능 세계의 역사적인 순간이었으며 인공지능이 인간의 정신적 세계를 초월할 수 있다는 것을 보여 준 대국이었다.

이러한 알파고의 놀라운 학습능력을 설명하기 앞서서 인공지능(AI: Artificial Intelligence)이 어떻게 발달해 왔는지 되짚어 살펴볼 필요가 있다. 인간의 지능을 가진 생각하는 기계를 만들겠다는 생각은 오랜 역사를 갖는다. 인공지능은 인간이 계산방법을 발전시키면서 자연스럽게 대두되었다. 1943년에 워렌 맥 클론과 월터 피츠가 전기 스위치처럼 켜고 끄는 기초 기능의 인공 신경을 그물망 형태로 연결하면 사람 뇌에서 동작하는 아주 작은 간단한 기능을 흉내 낼 수 있음을 증명한 인공지능 최초 논문 '뇌의 뉴런 모델'을 발표하였다. 이는 뇌의 신경조직

▼ 그림 4-17 알파고와 이세돌

출처: https://news.sbs.co.kr/news/endPage.do?news_id=N1003469192

을 이루는 기본 단위인 뉴런에는 이온 채널이라고 불리는 나노미터 크기의 구멍을 지닌 막이 있는데, 이 막은 받은 자극에 따라 열리고 닫힌다. 이 과정에서 발생하는 이온 흐름은 전류를 생성하며, 이 전류는 뉴런이 서로 통신할 수 있도록 하는 중요한 신호인 활동전위(action potential)를 방출한다. 이와 같은 작업을 인공지능이 할 수도 있다는 것이다.

1950년에는 영국의 수학자 앨런 튜링(Alan Turing)이 기계가 인간과 얼마나 비슷하게 대화할 수 있는지를 기준으로 기계 지능을 판별하는 튜링 테스트를 제안하였다. 튜링테스트는 기계(컴퓨터)가 인공지능을 갖추었는지를 판별하는 실험으로, 인공지능 판별법을 말한다. 1950년 튜링은 <계산기계와 지성 Computing Machinery and Intelligence>이라는 논문을 통하여 기계(컴퓨터)가 사람처럼 생각할 수 있다는 견해를 제시하였다. 그는 이 논문에서 컴퓨터와 대화를 나누어 컴퓨터의 반응을 인간의 반응과 구별할 수 없다면 해당 컴퓨터가 사고(思考)할 수 있는 것으로 간주하여야 한다고 주장하였으며, 50년 뒤에는 보통 사람으로 구성된 질문자들이 5분 동안 대화를 한 뒤 컴퓨터의 진짜 정체를 알아낼 수 있는 확률이 70%를 넘지 않도록 프로그래밍하는 것이 가능해질 것이라고 예견하였다.

이러한 견해는 인공지능(AI: Artificial Intelligence)의 개념적 기반을 제공하였으며, 그의 이름을 딴 '튜링 테스트'는 인공지능을 판별하는 기준이 되었다. 하지만 튜링은 포괄적 논리만 제시하였을 뿐 구체적인 실험 방법과 판별 기준을 제시한 것은 아니다. 현재 통용되는 테스트는 서로 보이지 않는 공간에서 질의자가 인간과 컴퓨터를 대상으로 정해진 시간 안에 대화를 나누는 방식으로 이루어지는데, 대화를 통하여 인간과 컴퓨터를 구별해내지 못하거나 컴퓨터를 인간으로 간주하게 된다면 해당 기계는 인간처럼 사고할 수 있는 것으로 본다[20].

1956년에는 미국 다트머스 대학의 존 매카시(John McCarthy) 교수가 개최한 다트머스 회의(Dartmouth Conference)에서 10명의 과학자가 모여 인공지능 개념을 정의했고, 인공지능 용어를 처음으로 사용했다. 당시의 인공지능 연구 핵심은 추론과 탐색이었다. 1956년 다트머스 컨퍼런스는 AI라는 이름, 목표점, 첫번

---

20) https://terms.naver.com/entry.naver?docId=2718940&cid=40942&categoryId=32
845

째 성공과 이를 이룬 사람들, 그리고 넓은 의미의 AI 탄생을 포함하는 순간이었다. 이 회의에서 다트머스대학교의 수학자이자 컴퓨터 과학자인 존 매커시(John McCarthy)가 "인공지능 하계연구 프로젝트"를 기획했다. 그는 인공지능학에 대해 지능적 기계를 만드는 과학과 기술로 정의했다. 또한 인공지능은 기계가 지식을 가지고 스스로 학습하고 행동할 수 있어야 한다고 했다. 이 회의에 참석한 클로드 섀넌(Claude Shanon)과 마빈 민스키(Marvin Minsky)는 튜링의 '생각하는 기계'를 구체화하고 논리와 형식을 갖춘 시스템으로 이행하는 방안이 논의하였다. 이 회의에 참석한 초기 인공지능학자들은 인공지능의 가능성에 대해 높은 신뢰와 확신을 내비쳤다.

다트머스 컨퍼런스 이후에, AI라는 새로운 영역은 발전의 태동기라 할 수 있다. 이 기간에 만들어진 프로그램은 많은 사람들을 놀랍게 만들었는데, 프로그램은 대수학 문제를 풀었고, 기하학의 정리를 증명했으며 영어를 학습했다. 몇 사람들은 이와 같은 기계의 지능적 행동을 보고 AI로 모든 것이 가능할 것이라 믿었고 연구가들은 개인의 의견 또는 출판물들을 통해 낙관론을 펼쳤고, 완전한 지능을 갖춘 기계가 20년 안에 탄생할 것이라고 예측했다.

1969년 민스키와 페퍼트가 '퍼셉트론즈'라는 책을 통해 퍼셉트론을 발표하였으나 결정적 문제점이 노출되어 신경망 연구 침체기가 시작되었다. 인공지능의 발달은 일반적인 지능 프로그램을 만드는 것이 생각보다 어렵고 정부의 지원마저 끊어지면서 1970년대까지 침체기를 겪는다. 영국의 AI연구소는 해체되고, 미국의 연구재단은 AI 연구 지원을 중단했다. 인공지능 연구로 기대했던 결과를 보여주지 못했기 때문에 상당한 어려움에 봉착하게 되었다. 대규모 투자가 중단되었고, 기존 연구 프로젝트들이 줄줄이 취소되었다. 그리고 이때부터 전문가 시스템으로 연구 방향을 전환하게 되었다.

그러다 1980년대와 인공지능계 최대 화두는 신경망(neural net) 이론으로 인공지능이 재발견되었다. 신경망 이론은 인간의 사고를 두뇌 작용의 산물로 보고 이 두뇌 구조를 분석하고 처리하는 메커니즘을 규명해 생각하는 기계를 만들 수 있다는 이론에서 출발한 이론이다. 지난 단층 퍼셉트론 모델이 다층 퍼셉트론(신경망이 레이어드된 형태)으로 화려하게 컴백할 수 있었다. 다층 퍼셉트론에 쓰이는 역전파 알고리즘(오차를 줄일 수 있음)을 제안했고, 신경망은 패턴인식을 통해 문자, 인식, 영상 등의 인식에 크게 기여했다. 하지만, 데이터의 집합이 크고 복잡한 패턴을 처리하기 위한 방대한 데이터를 관리할 방법이 없어 다시 침체기를 맞았다.

1987년에는 다층 신경망의 제한적 성능과 느린 컴퓨터의 속도로 복잡한 계산이 필요한 신경망 연구가 정체되었다. 적층을 해서 신경망을 늘려도 컴퓨터가 느리기 때문에 이를 해결할 수 없게 되었다. 따라서 미 국방성 등 인공지능 연구 기금이 대폭 축소되었고 인공지능 연구는 두 번째 암흑기를 맞게 되었다. 이때 미국에서는 300개 이상의 상업용 인공지능 관련 회사가 사라지게 되었다. 1990년대 후반 인터넷의 발전으로 인공지능은 부활하게 된다. 검색 엔진 등을 통해 방대한 데이터를 수집할 수 있게 되었고 기계학습을 가능하게 하여 수많은 데이터를 분석하고 인공지능 스스로 학습하는 방식으로 진화할 수 있게 되었다.

2004년에는 제프리 힌튼(Geoffrey Everest Hinton)교수와 연구진은 인공신경망을 더 발전 시킨 컴퓨터가 스스로 학습하는 딥러닝 알고리즘을 개발하였다. 이 개발로 불가능이라 여겨졌던 비지도 학습방법이 가능해졌다. 2011년 2월에는 IBM의 인공지능 왓슨(Watson)이 미국의 텔레비전 방송 프로그램인 <제퍼디(Jeopardy!)> 퀴즈쇼에서 두 명의 참가자들을 누르고 우승을 차지했다. 세계는 기계가 인간을 이겼다는 사실에 놀랐고, 이에 따라 IBM 등이 주도하는 인공지능 개발에 대한 관심도 크게 높아졌다. 2012년 6월 구글과 앤드루 응(Andrew Ng)이 심층신경망(DNN)을 구현하여 고양이 영상인식을 성공시켰다. 기계학습의 한 분야인 딥러닝 알고리즘을 이용해 컴퓨터가 1000만 개의 유튜브 동영상 속에서 고양이 이미지를 74.8%의 정확도로 식별하도록 하는 프로젝트를 성공적으로 수행하면서 커다란 도약의 전환점을 맞게 되었다.

2014년에는 페이스북에서 '딥페이스'라는 얼굴인식 알고리즘을 개발했다. 딥페이스는 97%의 성능으로 사람 얼굴을 구분할 수 있다. 데이터의 양이 많고 정확성을 요구하기 때문에 기술 기업이 딥러닝을 활용하는 분야는 주로 사진과 동영상 등 분류를 하는 역할을 한다. 이에 '페이스북' 기업에서 딥러닝 기술을 적용한 '딥페이스'라는 얼굴인식 알고리즘 개발에 성공했다.

2016년에는 구글 딥마인드의 알파고(AlphaGo)가 이세돌 9단과의 바둑 대국에서 승리했다. 알파고는 인간의 뇌를 모방한 신경망 네트워크(neural networks) 구조로 이루어진 딥러닝(Deep learning) 알고리즘으로 지도학습과 비지도 학습을 동시에 사용하면서 스스로 기계의 한계를 뛰어넘고 더 나은 방향으로 발전함으로써 인공지능의 대미를 장식했다.

인공지능의 발달로 세계 주요 글로벌 기업들과 스타트업 기업들이 인공지능을 미래의 최대 성장 동력으로 보고 있다. 삼성, 현대자동차, 구글, IBM, 마이크로소프트, 애플, 페이스북, 아마존 등이 인공지능개발에 대거 참여하면서 인공지능 적용 분야가 자율주행차, 가전 홈시스템, 의료기술, 유전자 분석, 신약 개발, 금융거래 등으로 빠르게 확대되고 있다.

(3) 인공지능의 기술

앞에서 "인공지능은 지능을 갖고 있는 기능을 갖춘 컴퓨터 시스템이며, 인간의 지능을 기계 등에 인공적으로 구현한 것이다. 기존의 컴퓨터와 같이 프로그래밍된 순서 안에서만 작업하는 것이 아니라 스스로 학습하면서 더 유연한 문제 해결을 지원하는 점이 특징이다."라고 하였다. 여기에서 스스로 학습하고 더 유연한 문제 해결을 지원하는 기술이 인공지능 기술이라 할 수 있다.

기존의 컴퓨터는 인간의 연산능력을 배가하는 것만으로도 인간 사회를 크게 변화시켜 왔다. 더욱이 이는 인간이 작성한 프로그램을 통해서만 이루어졌고 인간이 관여했다. 그런데 컴퓨터가 인간의 관여 없이 스스로 학습해 결정하는 인공지능 능력을 만들어 낸 것이다. 지능은 인간만이 가진 고유한 능력으로 알려져 왔다. 물론 동물의 다른 종도 약간의 지능을 가지고 있지만, 그 정도는 인간에 비교하면 지능이라고 하기는 너무 미약하다. 그런데 이렇게 인간만이 가진 것으로 알았던 지능을 컴퓨터가 스스로 갖게 된 것은 놀라운 일인 것이다. 이는 기계학습(Machine Learning)이라는 방법으로 이루어졌다.

기계학습은 기계가 수학적 최적화 및 통계분석 기법을 기반으로 사람의 도움 없이도 데이터로부터 일정한 신호와 패턴을 배우고, 그것을 바탕으로 다음에 일어날 일을 예측하며 적합한 의사 결정을 내리는 알고리즘을 만드는 일에 주력한다.

2004년에 제프리 힌튼(Geoffrey Everest Hinton)교수와 연구진은 딥러닝 알고리즘을 개발하면서 불가능이라 여겨졌던 비지도 학습방법이 가능해졌다. 이런 기계학습 방법론에 기댄 인공지능 연구 흐름은 급속히 발전하게 된다.

이제 인공지능 기술을 1) 머신러닝(기계학습, Machine learning), 2) 딥러닝 (Deep learning)과 나아가 3) 인공지능 감성 컴퓨팅에 대해 설명하고자 한다.

1) 머신러닝(기계학습, Machine learning)

"머신러닝(기계학습, Machine learning)은 컴퓨터가 데이터를 분석하고 스스로 학습하는 과정을 거치고 나면 패턴을 인식할 수 있는 능력을 갖추게 되고, 입력 하지 않은 정보에 대해서도 판단하고 결정할 수 있게 된다. 방대한 양의 데이터 를 학습한 내용을 기반으로 분류 및 식별을 하고, 그 결과로부터 판단이나 예측 을 수행하기 위한 기술이다."라고 앞에서 각주로 설명하였다.

머신러닝은 인공지능의 하부 분야이다. 1959년 아서 사무엘(Arthur Samuel)은 머신러닝이란 말을 처음 사용하면서 "컴퓨터에 명시적인 프로그램 없이 배울 수 있는 능력을 부여하는 연구 분야"라고 정의하였다. 즉 사람이 학습하듯이 컴퓨 터에도 데이터들을 줘서 학습하게 함으로써 새로운 지식을 얻어내게 하는 분야 이다. 머신러닝이란 인간의 학습 능력과 같은 기능을 컴퓨터에서 실현하고자 하 는 기술을 말한다.

머신러닝은 데이터를 기반으로 패턴을 학습하여 결과를 추론하는 것으로 데 이터 값만 주어지면 스스로 패턴학습이 가능하며 이 패턴학습을 통해 판단을 내 리도록 훈련하는 것이다. 예를 들면, 머신러닝을 통해 수신한 이메일 중 스팸메 일을 가려내는 훈련이다. 머신러닝의 개발절차를 보면 첫째, 머신러닝 개발을 통해 얻고자 하는 것을 파악하고 둘째, 데이터 수집과 탐색을 통해 데이터를 파 악하고 셋째, 데이터를 전처리하고 넷째, 머신러닝 모델을 선정하여 모델 학습 하고 다섯째 모델 평가로 결과에 따라 위 프로세스 반복하며 마지막으로 평가 결과가 좋으면 실제 업무에 적용한다[21]. 머신러닝의 종류는 대표적으로 ① 지도 학습, ② 비지도학습, ③ 강화학습으로 구분할 수 있다.

① 지도학습(Supervised Learning)

지도학습은 인간이 정답을 알려주고 기계를 훈련시키는 방법이다. 즉 훈련용 으로 입력된 데이터에 대한 정답, 오답을 사전에 주고 그 입력에 대한 처리 결

---

21) https://blog.naver.com/gomdorij/222481867848

과와 비교해서 처리 정확도를 높이는 학습법이다. 예를 들면 고양이 사진을 주고(input data), '이 사진은 고양이(정답지－label data)다', 사자 사진을 주고, '이 사진은 사자다'라고 알려주는 학습 방식이다. 따라서 기계가 정답을 맞췄는지 아닌지 쉽게 알 수 있다.

② 비지도학습(Unsupervised Learning)

주어진 훈련용 데이터에는 정답과 오답이 존재하지 않고 데이터가 가진 구조와 특징을 추출하는 것을 목적으로 학습시키는 수법으로 정답을 따로 알려주지 않고 비슷한 데이터들을 군집화하는 것이다. 데이터는 있으나 맞춰야 할 값이 정해져 있지 않음으로 스스로 사물을 군집화하여 예측에 영향을 최대한 주지 않기 위해 변수를 축소하는 것이 비지도학습이다. 예를 들어 고양이, 병아리, 기린, 호랑이 사진을 비지도학습 시킨다고 해보자. 각 사진이 무슨 동물인지 Label(예측하거나 분류해야 하는 값)을 알려주지 않았기 때문에 이 동물이 '무엇'이라고 기계가 정의는 할 수 없지만 비슷한 단위로 군집화해준다. 즉, 다리가 4개인 고양이와 호랑이를 한 분류로 묶고, 다리가 4개지만 목이 긴 기린은 다른 분류로, 다리가 얇고 몸통이 둥그런 병아리는 또 다른 분류로 나누어 놓을 것이다. 실무에서는 지도학습에서의 적절한 feature(예측하거나 분류해야 하는 데이터의 특성, 속성값)를 찾아내기 위한 전처리 방법으로 비지도 학습을 쓰기도 한다[22].

③ 강화학습(Reinforcement Learning)

강화학습은 머신러닝의 한 종류로 어떠한 환경에서 어떤 행동을 했을 때 그 행동에 대해 보상을 줌으로써 스스로 학습하게 하는 분야이다. 즉 배움을 통해서 실력을 향상시키는 지도학습과는 달리 수많은 시행착오(경험)를 통해서 실력을 키워나가는 것이 강화학습이다. 기계에 부여하는 훈련용 데이터를 처리한 결과에 대해 보수를 줌으로써 보수를 많이 받을 수 있는 방법을 학습하는 수법으로 어떤 환경 안에서 정의된 에이전트(주어진 문제 상황에서 행동하는 주체. 예: 바둑게임을 펼친 알파고)가 현재의 상태를 인식하여, 선택 가능한 행동 중 보상을 최대화하는 행동 혹은 행동 순서를 정하는 방법이다. 한마디로 인간이 규칙을

---

22) 출처: https://marobiana.tistory.com/155 [Take Action]

가르치지 않아도 자동으로 학습하는 것이다[23].

강화학습은 알고리즘이 여러 가지 방법으로 어떠한 행위를 함으로써 얻고자 하는 최적의 결과를 찾아내는 방식이다. 가령 우리는 아이에게 걸음마를 가르칠 때 다리를 어떤 각도로 얼마만큼 벌려 몇 초 동안 움직이라고 알려주지 않는다. 아이는 여러 번 직접 걸으며 어떤 방식으로 움직여야 넘어지지 않고 걷는지 몸으로 익힌 다음 제대로 걷는 것과 유사하다. 기계학습을 수식으로 설명해보자.

$y = 3x$라는 함수를 예로 든다. (x, y)의 집합 중 $(1, 3)$, $(3, 9)$, $(4, 12)$, $(6, 18)$의 데이터가 있다고 하자. 해당 함수를 컴퓨터가 모르더라도 앞의 데이터들을 컴퓨터에 입력하면 컴퓨터가 학습한 후에 $(8, ?)$, $(10, ?)$ 등의 질문을 던지면 그 y에 대한 답을 컴퓨터가 할 수 있도록 만드는 것이 기계학습인 것이다. 즉 $y = 3x$란 함수를 프로그래밍하지 않아도 답을 얻게 된다. 아래의 예처럼 하나의 함수를 유추하려는 방법을 지도 학습(Supervised Learning), x의 데이터가 어떻게 분포되었는지를 파악하는 방법을 비지도 학습(Unsupervised Larning)이라 한다.

기계학습은 아래 그림처럼 교실의 선생님(경험전달)과 학생(컴퓨터)이라 생각할 수 있다.

▼ 그림 4-18 오레곤주립대 토마스 디트리히 교수의 기계학습 설명만화

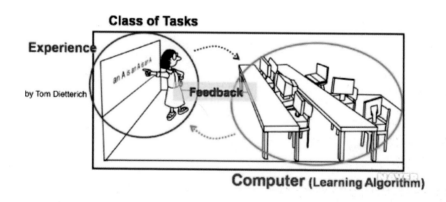

출처: https://terms.naver.com/entry.naver?docId=3386834&cid=58369&categoryId=58369

---

23) 출처: https://ko.wikipedia.org/wiki/%EA%B0%95%ED%99%94_%ED%95%99%EC%8A%B5

2) 딥러닝(Deep learning)

"딥러닝(Deep learning)은 컴퓨터가 여러 데이터를 이용해 마치 사람처럼 스스로 학습할 수 있게 하기 위해 인공신경망(ANN: Artificial Neural Network)을 기반으로 구축한 기계학습 기술이다. 딥러닝은 인간의 두뇌가 수많은 데이터 속에서 패턴을 발견하고 사물을 구분하는 정보처리 방식을 모방하여 컴퓨터가 사물을 분별하도록 기계를 학습시킨다. 딥러닝 기술을 적용하면 사람이 모든 판단 기준을 정해주지 않아도 컴퓨터가 스스로 인지, 추론, 판단할 수 있게 된다. 음성, 이미지 인식과 사진 분석에 주로 활용이 된다. 구글의 알파고도 딥러닝 기술에 기반한 컴퓨터 프로그램이다."라고 앞에서 각주로 설명하였다.

딥러닝(Deep learning)은 인간의 뇌 신경망을 기계로 만든 인공신경망을 통한 학습방법으로 인공지능의 하부 기술인 머신러닝(기계학습, Machine learning)의 하부 기술 종류이다. 인체의 뇌는 1,000억 개가 넘는 신경세포인 뉴런과 이 뉴런을 연결하는 100조 개 이상의 시냅스를 통해 병렬적으로 연결되어 정교한 망을 이루고 있고, 이 망의 뉴런은 수상돌기를 통해 다른 뉴런에서 입력신호를 받아서 축색돌기를 통해 다른 뉴런으로 신호를 전달한다. 뉴런은 다른 여러개의 뉴런으로부터 입력값을 받아서 세포체에 저장하다가 자신의 용량을 초과하면 외부로 출력값을 내보내는 것이 생물학적 뇌 신경망이라고 한다.

이러한 생물학적 뇌 신경망을 기계에 인용한 인공신경망을 통해 학습하는 딥러닝은 사물이나 데이터를 군집화하거나 분류하는 데 사용하는 기술이다. 예를 들어 컴퓨터는 사진만으로 개와 고양이를 구분하지 못한다. 하지만 사람은 아주 쉽게 구분할 수 있다. 이를 위해 '기계학습(Machine Learning)'이라는 방법이 고안됐다. 많은 데이터를 컴퓨터에 입력하고 비슷한 것끼리 분류하도록 하는 기술이다. 저장된 개 사진과 비슷한 사진이 입력되면, 이를 개 사진이라고 컴퓨터가 분류하도록 한 것이다.

데이터를 어떻게 분류할 것인가를 놓고 이미 많은 기계학습 알고리즘이 등장했다. '의사결정나무'나 '베이지안망', '서포트벡터머신(SVM)', '인공신경망' 등이 대표적이다. 이 중 딥러닝은 인공신경망의 후예다. 딥러닝은 인공신경망의 한계를 극복하기 위해 제안된 기계학습 방법이다. 딥러닝의 시작은 인공신경망 역사와 맞닿아 있기 때문이다. 1943년, 미국 일리노이 의대 정신과 부교수였던 워렌 맥컬록은 '신경 활동에 내재한 개념들의 논리적 계산'이라는 제목의 논문을 발표한다. 이 논문은 인공신경망을 개념화한 최초의 논문이다.

딥러닝이 부활의 신호탄을 쏘아 올리게 된 건 2004년이다. 제프리 힌튼 교수가 RBM이라는 새로운 딥러닝 기반의 학습 알고리즘을 제안하면서 주목을 받기 시작했다. 곧바로 드롭아웃[24]이라는 알고리즘도 등장해 고질적으로 비판받는 과적합 등을 해결할 수 있게 됐다.

딥러닝의 핵심은 분류를 통한 예측이다. 수많은 데이터 속에서 패턴을 발견해 인간이 사물을 구분하듯 컴퓨터가 데이터를 나눈다. 이 같은 분별 방식은 두 가지로 나뉜다. '지도학습(supervised learning)'과 '비지도 학습(unsupervised learning)'이다. 기존 기계학습 알고리즘은 대부분 지도 학습에 기초한다. 지도학습 방식은 컴퓨터에 먼저 정보를 가르치는 방법이다. 예를 들어 사진을 주고 "이 사진은 고양이"라고 알려주는 식이다. 컴퓨터는 미리 학습된 결과를 바탕으로 고양이 사진을 구분하게 된다. 비지도 학습은 이 배움의 과정이 없다. "이 사진이 고양이"라는 배움의 과정 없이 "이 사진이 고양이군"이라고 컴퓨터가 스스로 학습하게 된다. 지도학습과 비교해 진보한 기술이며, 컴퓨터의 높은 연산능력이 요구된다.

구글이 현재 비지도 학습 방식으로 유튜브에 등록된 동영상 중 고양이 동영상을 식별하는 딥러닝 기술을 개발한 상태다. 구글은 음성인식과 번역을 비롯해 로봇의 인공지능 시스템 개발에도 딥러닝 기술을 도입하고 있다.

대표적인 SNS 업체 페이스북은 딥러닝을 뉴스피드와 이미지 인식 분야에 적용하고 있다. 페이스북은 딥러닝 기술을 적용해 '딥페이스'라는 얼굴인식 알고리즘을 2014년 3월 개발했다. 이 알고리즘 개발을 주도한 조직이 얀 리쿤 교수가 이끌고 있는 인공지능 그룹이다. 페이스북은 딥페이스 알고리즘으로 전세계 이용자의 얼굴을 인식하고 있다. 인식 정확도는 97.25%로 인간 눈과 거의 차이가 없다. 인간의 눈은 97.53%의 정확도를 지닌 것으로 알려졌다. 페이스북은 이용자가 올린 이미지의 얼굴의 옆면만 봐도, 어떤 이용자인지 판별해낼 수 있다.

MS도 딥러닝 기술로 재미있는 연구를 진행하는 중이다. MS는 2014년 7월 개최한 'MS 리서치 학술회의 2014'에서 개 품종을 컴퓨터가 분류하는 딥러닝 기술을 공개했다. 윈도우폰의 지능형 음성 비서 '코르타나'와 연동해 사용자가 스

---

24) 딥러닝 모델을 학습시키는 동안 무작위로 유닛의 일부를 누락시킴으로써 딥러닝 모델이 일부 특정 정보만 가지고 결론을 도출하지 못하도록 규제하는 학습 방법

마트폰으로 찍은 개 사진을 보고 컴퓨터가 품종을 알려주는 기술이다. MS 리서치는 이 기술에 '프로젝트 아담'이라는 이름을 붙였다. 프로젝트 아담의 바탕이 되는 개 사진은 약 1400만장 정도다. MS는 구글이 소개한 DNN 기술과 비교해 약 50배나 더 빠른 분석 속도를 낸다고 설명했다.

국내에서도 딥러닝 연구가 활발하다. 네이버가 그 중심에 있다. 네이버는 음성인식을 비롯해 테스트 단계의 뉴스 요약, 이미지 분석에 딥러닝 기술을 적용하고 있다. 이미 네이버는 딥러닝 알고리즘으로 음성인식의 오류 확률을 25%나 개선했다. 네이버 딥러닝랩의 김정희 부장은 지난해 열린 개발자 행사 '데뷰 2013'에서 딥러닝을 적용하기 전과 후를 "청동기 시대와 철기 시대와 같다"로 비유하기도 했다. 그만큼 성능 향상이 뚜렷했다는 의미다. 네이버는 야후의 썸리와 같은 뉴스 요약 서비스에도 딥러닝을 적용해 실험하고 있다. 기사에 제목이 있을 경우와 없을 경우를 분리해 기사를 정확히 요약해낼 수 있는 알고리즘을 개발하는 데 이 방식이 활용되고 있다.[25]

3) 인공지능 감성 컴퓨팅 기술

감성 컴퓨팅은 감성을 인지, 해석, 처리할 수 있는 시스템과 장치를 설계하는 것과 관련된 인공지능을 연구하고 개발하는 분야이며, 컴퓨터 과학, 심리학, 인지과학[26] 분야에 걸쳐 있다. 일상에서 사람들의 상호간 의사전달에서 언어 외적인 방법이 많다는 점을 파악하여 몸짓, 음성, 표정 등을 활용하여 기분을 파악한다. 사람의 행동으로 기분을 파악하는 것은 어려운 기술이지만 최근 AI의 감성 컴퓨팅 기술의 수준은 빠르게 발전하고 있다. 사람의 표정이나 몸짓에서 감정을 읽어 낼 수 있을 뿐만 아니라 사람과 대화를 할 때 자연스럽게 말할 수 있도록 감정도 구현해 내는 것도 여기에 포함된다. 또한, 인공지능, 머신러닝, 빅데이터

---

25) https://terms.naver.com/entry.naver?docId=3578519&cid=59088&categoryId=590 96(네이버지식백과).

26) 인간의 마음과 동물 및 인공적 지적 시스템(artificial intelligent systems)에서 정보처리가 어떻게 일어나는가를 연구하는 학문이다. 인지과학은 심리학, 철학, 신경과학, 언어학, 인류학, 전산학, 학습과학, 교육학, 사회학, 생물학, 로보틱스 등의 여러 학문과 연관되어 있다. 인지과학이라는 말은 크리스토퍼 롱게히긴스가 1973년에 처음 사용하였다.

▼ 그림 4-19 눈물 연기하는 로봇 키보

출처: https://100.daum.net/encyclopedia/view/73XXXXKS4873(Daum백과).

를 포괄하면서 즉, 감성 컴퓨터의 주요 기술을 ① 감성인식 기술, ② 감정생성 기술, ③ 감정표현 기술로 정리할 수 있다.

① 감성인식 기술

감성 컴퓨팅은 어떤 방식으로 사람의 감정을 파악하는 것일까? 크게 네 가지로 분류할 수 있다. 첫째, 사람의 '표정'을 인식해 분석하는 방법이다. 애플의 자회사 '이모션트'는 사진, 영상 속의 인물 이미지를 분석해 감정을 파악하는 시스템을 개발했다. 둘째, '음성'으로 감정을 분석하는 방법도 있다. 음성의 높낮이, 억양, 어휘 등을 종합적으로 분석해 감정을 파악하는 방법이다. 이스라엘 스타트업 '비욘드 버벌(Beyond Verbal)'은 사람의 음성을 분석해 감정을 파악하는 기술을 개발했다. 셋째 방법은 사람의 '행동'으로 감정을 파악하는 것이다. 인텔의 리얼센스(Real Sens)라는 기술인데, 사람의 움직임을 인식할 수 있는 적외선 카메라를 탑재하고, 이를 인식해 감정을 파악할 수 있다. 벨기에의 스타트업 '소프트키네틱(Softkinetic)' 회사 또한, 3차원 카메라를 이용해 사람의 몸짓을 분석한 후 감정을 파악하는 기술을 개발했다. 넷째 방법은 '생체 신호'로 기분을 파악할 수 있다. 뇌파, 호흡, 심장박동 등이 이에 해당한다. 이슬람 아자드 대학교(Islamic Azad University)의 '세이드 아베드 호세이니(Seyyed Abed Hosseini)' 교수는 뇌파를 통해 더욱 사람의 감정을 더 잘 파악할 수 있는 기술을 개발한 바 있다[27].

② 감정생성 기술

기계에 감정을 입히는 기술이다. 미국 MIT(Massachusetts Institute of Technology)에서는 기쁨, 놀람, 화 등 9개의 감정 상태를 표현할 수 있고 물체를 감지하는 능력, 시선 고정 등 정교한 표현이 가능한 지능형 로봇인 Kismet을 개발하였다. Kismet은 인간과 인간 사이에서 의사소통하는 방식을 채택하여 사람과 상호작용할 수 있도록 설계되었는데 이때 사람의 감정 상태를 이해하는데 감정 컴퓨팅 기술을 사용하였다. 또 MIT에서는 아스퍼거 증후군 환자를 위한 컴퓨터 코치 '매치(My Automated Conversation coacH, MACH)'를 개발하였다. 매치는 얼굴, 음성, 몸짓 등을 종합적으로 분석해 면접 등의 자리에서 적절한 행동에 대한 코치를 해주는 시스템인데, 대인관계에서 상호작용에 어려움이 있고 관심 분야가 한정되는 특징을 보이는 아스퍼거 증후군 환자들에게 많은 도움을 줄 수 있다고 한다.

③ 감정표현 기술

감정을 표현한다는 것은 스스로 상황에 맞는 감정을 구현해 낼 수 있다는 것이다. 감정표현기술의 발달로 인간처럼 감정을 표현할 수 있는 로봇이 개발됐다. 2011년 10월 29일 '로보월드 2011' 개막식에서 공개된 휴머노이드 로봇 '키보'가 그 주인공이다. 키보(KIBO)는 인간의 모습을 한 휴머노이드 타입의 로봇으로 인간과의 상호 작용을 극대화하기 위한 최적의 연구 플랫폼이다. 풍부한 감정을 자유자재로 표현이 가능한 얼굴과 2족 보행 시스템은 키보의 가장 큰 특징이다. 2011년 3월에 공개된 키보 3.0은 2족 보행이 가능한 휴머노이드 로봇으로 다양한 얼굴 표정과 립싱크 기능, 얼굴 인식, 물체 인식 등의 기능을 통하여 인간과 로봇간의 효율적인 표현과 소통이 가능하다.

한국과학기술연구원(KISTI)이 개발한 키보의 가장 큰 특징은 다른 휴머노이

---

27) 출처: 유성민, "AI는 인간과 교감할 수 있을까?" 『The Science Times』(2020.06.22.), https://www.sciencetimes.co.kr/news/ai%eb%8a%94−%ec%9d%b8%ea%b0%84%ea%b3%bc−%ea%b5%90%ea%b0%90%ed%95%a0−%ec%88%98−%ec%9e%88%ec%9d%84%ea%b9%8c/?cat=29

드 로봇과 달리 감정을 표현할 수 있다는 것이다. 현재 인간의 표정에 따라 반응할 수 있는 수준은 못 미치지만 울거나 웃고 찡그리는 등의 얼굴 표정을 지을 수 있다. 키보는 천장과 바닥에 달린 카메라와 초음파 센서 등을 이용해 사용자의 얼굴과 위치, 움직이는 물체, 음성의 방향을 감지한다. 사람을 인식하면 인사, 악수, 물건을 전달하거나 포옹을 할 수 있게 만들어졌다.

▼ 그림 4-20 키보의 특징

출처: http://www.robocare.co.kr/pages/product05.php

(4) 글로벌 기업의 AI 전략

구글은 2001년 이후 AI 관련 기업을 인수합병하며 인공지능 분야를 선도하고 있다. 2014년에는 영국 AI 기업 '딥마인드 테크놀로지(DeepMind Technologies)'를 6억 달러(6600억 원)에 인수했다. 딥마인드는 이세돌 9단과의 바둑 대결에서 승리해 인공지능에 대한 관심을 불러일으킨 '알파고'를 개발한 회사다. 구글은 또한 2009년부터 자율주행차 개발을 시작하는 등 AI 기술을 활용하는 데 앞장서 왔다. 로봇 분야에서도 앞서고 있다.

구글은 스마트폰 이용자를 위해 이메일을 읽고 이용자의 모든 동작을 파악하며, 묻기도 전에 원하는 것을 알아서 검색하고 그 결과를 이용자가 원하는 상황까지 감안해서 알려 주는 진정한 의미의 사이버 도우미를 개발하는 목표를 세웠다. 그 일환으로 AI 비서 '구글 어시스턴트(Assistant)', 사물인터넷(IoT) 허브 '구글 홈', AI 모바일 메신저 앱 '알로(Allo)' 등 인공지능을 활용한 서비스를 준비하고 있다.

IBM은 '딥블루'와 '왓슨'을 개발해 인공지능의 실제 사례를 보여 주며, 구글과 함께 인공지능 분야를 선도하고 있다. IBM은 각 산업 전반에 접목해 거대한 인공지능 생태계를 만드는 데 주력하고 있다. 왓슨의 데이터 검색 능력과 자연언어 이용 능력을 활용해 개발자들이 다양한 인공지능 서비스를 개발하도록 하는 것이다. IBM은 특히 왓슨을 의료 분야에 적용하는 데 발군의 실력을 보여 주고 있다. 왓슨은 암 환자 치료에 암 환자의 데이터와 각종 의료 데이터를 동원해 암 발견과 최적의 치료를 수행하는 시스템으로 발전하고 있다.

또한 최근에는 왓슨 IoT 기술을 적용한 자율 주행 셔틀버스를 발표했다. 이 버스는 차량 외부에 장착된 센서들로 데이터를 수집하고 이를 활용해 AI가 운전한다. 또 승객과의 일상 대화가 가능해 승객이 목적지를 말하면 목적지와 최적경로를 자동으로 운행한다. 이렇게 IBM은 왓슨을 실제 생활에 접목해 커다란 인공지능 생태계를 구축하고자 한다.

마이크로소프트는 '코타나(Cortana)'를, 이용자가 가장 먼저 의존하는 디지털 개인 비서로 만드는 데 주력하고 있다. 코타나는 자연언어 인식과 기계학습 기능을 갖추고, 검색 엔진 빙(Bing)의 빅데이터를 활용해 정보 검색을 넘어 이용자가 원하는 것을 도와주는 서비스로 발전하고 있다. 마이크로소프트는 모든 기계가 인공지능 기반으로 진화하며, 인간의 언어를 이해하는 컴퓨팅 시대가 되어 '대화'가 인간과 사물의 핵심 커뮤니케이션 수단이 된다는 것으로 보고, 이를 '플랫폼과의 대화' 개념으로 정리하고 있다.

애플은 음성인식 정보검색 서비스인 '시리(Siri)'의 생태계를 확대하는 데 주력하고 있다. AI 시리를 외부의 앱과 연동해 서비스 확장성을 추진한다. 또한 그동안 아이폰과 아이패드 등에서만 작동되던 시리를 PC와 노트북 PC 운영체제(OS)인 맥 OS에도 포함한다고 한다. 페이스북은 뒤늦게 2013년에 AI연구소를 설립하고, AI 채팅플랫폼인 '챗봇(Chatbot)'을 공개했다. 10억 이용자를 기반으로 AI 기반의 생태계를 만들겠다는 목표를 내세웠다.

한편 중국은 거대한 시장과 막대한 자본력을 바탕으로 AI 산업에 적극 나서고 있다. 바이두는 구글의 거의 모든 비즈니스 모델을 따라 하는 것으로 알려져 있다. 따라서 인공지능 분야도 예외가 아니다. 바이두는 구글의 인공지능 분야를 이끌었던 앤드루 응을 영입해 인공지능 연구소의 책임자로 임명했다. 바이두의 인공지능 연구소는 진정한 의미에서 인간의 개입 없이 스스로 학습할 수 있는 지능을 개발하는 목표를 가지고 있다. 이런 인공지능 기술이 바이두의 비즈니스 역량을 향상시킬 것으로 보고 있다.

이렇게 글로벌 기업들은 인공지능 생태계를 만들어 선도하겠다는 공통된 전략을 가지고 있다. 이를 위해 공통적으로 인공지능 소프트웨어 기술을 오픈소스로 공개하고 있다. 이는 기술을 공개해 더 많은 개발자 우군을 확보, 인공지능 생태계 진화를 앞당기기 위한 것이다. MS는 AI 코타나와 스카이프(Skype) 번역음성 인식 기술 등을 오픈소스하고, 구글은 텐서플로(TensorFlow)를 오픈소스했다. 텐서플로는 머신러닝과 딥러닝을 위해 만들어진 것이다. 페이스북도 AI 기술을 위한 오픈소스 하드웨어인 빅서(Big Sur)를 공개했다. 빅서는 머신러닝 데이터를 학습할 때 사용되는 서버로, 데이터 처리 속도를 높였다. 중국의 바이두도 자체 개발한 인공지능 소프트웨어를 오픈소스로 공개했다. 바이두의 인공지능 연구소에서 개발한 AI 기술인 WARP-CTC는 컴퓨터가 사람의 말을 인식하기 위해 필요한 머신러닝 기술에 적용됐다.

이런 환경에 따라 많은 스타트업 기업들도 인공지능 분야에 나서고 있다. 이에 따라 콘텐츠와 쇼핑 등 서비스 이용자들의 취향을 읽어서 상품을 추천해 주는 것부터 글이나 자료 작성, 자율 주행에 이르기까지 인공지능이 널리 활용되기 시작했다. 미국의 유력 일간지 《워싱턴포스트》는 2016년 여름 열린 리우 데자네이루 올림픽 보도에 '헬리오그래프(Heliograf)'라는 인공지능 로봇이 기사를 쓴다고 밝혔다.

알파고의 성공 역시 스타트업인 '디프마인드'의 작품이다. 디프마인드는 인간의 창의성이 작동해 수많은 경우의 수를 다루어야 하는 바둑 게임을 통해 인공지능의 수준을 한 단계 높였다는 평가를 받았다. 바둑의 세계 최고가 된 알파고는 <스타크래프트(Starcraft)> 게임에도 도전하며 계속 진화할 것이라고 한다.

알파고는 바둑 게임용 인공지능이지만 그 이면에는 방대한 양의 빅데이터를 기계가 스스로 학습하고 승리하는 방법을 터득하는 과정과 반복 학습을 통해 지식을 지속적으로 강화하는 과정 등이 핵심 기술로 구현되어 있다. 따라서 이러한 핵심 기술은 다른 많은 분야에 적용되어 활용될 수 있다.

금융 업무도 인공지능이 담당하게 된다. '챗봇'은 AI 기술의 하나로 인간 방식의 대화를 하는 컴퓨터 프로그램이다. 과거 챗봇은 단순 패턴매칭 방식을 사용해 사전에 정의된 키워드만 인식해 입력된 응답을 출력하는 방식이었다. 트윗봇(twittbot)이나 언론사에서 단신기사 작성에 활용 중인 기사봇 등이 대표적이다. 그러나 인공지능에 기반을 둔 챗봇은 더욱 진화해 자연스러운 언어로 질문이나 명령을 하면 맥락을 파악해 응답하는 것이 가능해졌다. 또한 대화가 축적될수록 스스로 학습해서 정확도를 높이는 것이 특징이다. 방대한 양의 금융거래 정보, 경제 지표 등과 같은 전문 정보를 알아서 학습하고 학습된 지식을 스스로 강화해 사람을 대신한 투자 자문 인공지능으로 구현되는 것이다.

최근 개인 간(P2P) 금융 업체인 '8퍼센트'라는 스타트업이 챗봇 '에이다(Aida)'를 개발했다는 보도가 나왔다(전자신문, 2016.7.10). 예컨대 "소득은 3000만 원, 현재 근무 기간은 2년입니다. 1000만 원을 빌리고 싶은데 금리와 대출한도가 얼마일까요"라고 물으면 에이다는 대답과 함께 P2P 대출을 이용할 수 있도록 관련 URL 링크를 안내한다. 이용자들은 웹사이트 접속 또는 전화를 걸지 않고도 메신저에서 대화하듯이 소통하며 필요한 정보를 찾거나 서비스를 이용할 수 있다. 에이다에는 알파고에 적용되었던 딥러닝(deep learning)이 활용되었다.

특히 인공지능이 사물인터넷과 결합해 지금과는 전혀 다른 서비스를 만들어내는데 무궁무진한 잠재력이 있다. 예컨대 다양한 헬스케어 기기들이 왓슨과 같은 지능형 의료 플랫폼에 연결되면 단순한 건강 정보의 수집이나 모니터링을 넘어서 질병의 진단과 처방에 이르는 의료 서비스를 구현할 수 있다.

물론 아직 상용화된 AI는 대부분 서비스 영역에 그치고 있다. AI를 활용한 대규모 사업이 실현되려면 아직 갈 길이 멀다. AI가 아직은 오류를 내고 있는 것도 극복해야 할 문제다. 최근 테슬라 전기자동차의 자율 주행 기능이 트레일러를 인지하지 못해 운전자가 사망한 것이 대표적인 예다. 높은 수준의 신뢰도가 뒷받침되지 않으면 AI가 산업계 전반으로 확산하는 데 한계가 있다. 구글 등이 추진 중인 자율주행차도 신뢰성 문제를 극복하지 못해 일반도로 진입에 제한을 받고 있다.

이런 가운데 인공지능의 개발과 발전에 미국이 앞서 있지만, 중국이 대단한 기세로 추격하고 있는 상황이 주목된다. 중국은 인터넷에 이어서 인공지능을 국가 목표로 설정하고, 인간과 기기 간 상호작용, 빅데이터 분석 및 예측, 자율자동차, 군사·민간용 로봇 등을 개발하는 차이나브레인(China Brain)프로젝트를 13차 5개년계획(2016~2020)에 포함했다(김병운, 2016).

이제 마치 인터넷이 그랬던 것처럼 인공지능은 경제, 사회, 문화를 변화시킬 것으로 예상된다. 우리의 소통 방식을 변화시키는 것은 물론 문화 자체가 바뀐다. 모든 산업 부문에도 인공지능이 연결되어 산업의 지형을 바꿀 것이다. 반면에 인공지능은 인간의 일자리를 빼앗아 고용에 커다란 충격을 줄 것이다. AI는 인터넷이나 스마트폰을 뛰어넘는 충격을 줄 수 있다[28].

5. 플랫폼(Platform)

플랫폼이 오늘날에는 다양한 분야에 적용 가능한 보편적인 개념으로 확대되어 사용되고 있다. 단순하게 플랫폼이라고 하면 기차역이 떠오른다. 이런 의미에서 보면 대중교통을 타고 내릴 수 있는 승강장 정도로 이해할 수 있다. 이러한 승강장의 역할을 보면 플랫폼의 의미에 대해 좀 더 쉽게 이해할 수 있다. 승강장은 기차, 지하철, 버스처럼 교통수단과 승객이 만나는 곳이다. 승객은 돈을 지불하고 운송수단은 승객을 원하는 장소에 데려다 준다. 승강장에는 신문이나 잡지, 먹거리 등을 판매하는 매점이나 자판기가 설치되어 있다. 그리고 크고 작은 상가가 조성되어 있어, 사람의 왕래가 많으며 광고도 즐비하다. 플랫폼이라

---

28) https://terms.naver.com/entry.naver?docId=3581914&cid=42171&categoryId=58698

출처: 게티이미지 뱅크

는 곳을 중심으로 사람들이 몰리면서, 다양한 형태의 비즈니스 모델로 부가적인 수익 창출이 가능해졌다[29]. 공급자는 플랫폼을 기반으로 서비스를 제공하고, 수요자는 플랫폼을 기반으로 서비스를 제공받아 수익이 창출하는 가치교환이 일어났다. 즉, 플랫폼은 공급자와 수요자 간의 거래가 가능하도록 조성된 유무형의 환경이라고 할 수 있다.

플랫폼에 대해 좀 더 넓게 정의를 내리면 다양한 상품을 판매하거나 판매하기 위해 공통적으로 사용하는 기본 구조, 상품 거래나 응용 프로그램을 개발할수 있는 인프라, 반복 작업의 주 공간 또는 구조물, 정치·사회·문화적 합의나규칙으로 정의할 수 있다. 이렇듯 플랫폼은 제품 자체뿐만 아니라 제품을 구성

---

29) 출처: 윤상진, 『플랫폼이란 무엇인가?』, 한빛비즈, 2012

하는 부품이 될 수도 있고, 다른 서비스와 연계를 도와주는 기반 서비스나 소프트웨어 같은 무형의 형태도 포괄하는 개념인 것이다[30].

플랫폼 비즈니스의 대표적인 사례로는 모바일 콘텐츠분야의 애플 앱스토어, SNS 분야의 페이스북, 전자상거래 분야의 아마존의 aStore, R&D 분야의 Innocentive가 있다. 애플의 앱스토어는 외부의 콘텐츠 개발자가 자신의 콘텐츠를 배포하고, 소비자는 자신이 필요한 디지털 콘텐츠를 구입하고 업데이트를 한다. 즉, 앱스토어라는 플랫폼을 통해 콘텐츠 공급과 수요가 이루어지는 것이다. 애플의 앱스토어 플랫폼은 개발자가 애플의 심사를 받아야 한다는 점에서 완전개방형은 아니다[31].

페이스북의 플랫폼 중 기술적·전략적으로 중요한 것은 Facebook Connect이다. 단순히 페이스북의 기능을 외부에서 사용하는 것에 그치지 않고, 외부사이트에서 페이스북의 아이디로 한번에 가입을 한다거나, 외부사이트의 활동을 페이스북에서 보여주거나, 페이스북의 활동자료를 외부사이트로 가져다 활용할 수 있게 해주는 기능이다. 외부사이트와 페이스북의 경계를 허물어 페이스북을 외부사이트로 확장하는 효과가 있다. 어떤 사이트든지 페이스북과 밀접하게 결합이 가능하기 때문에 페이스북이 거의 모든 인터넷으로 확장이 가능한 플랫폼이 되도록 하는 효과가 있다.

아마존은 온라인 서점으로 시작해 이제는 없는 상품이 없을 정도로 전자상거래를 대표하는 공간이 되었다. 아마존과 제휴한 판매자가 아마존 사이트내 자신의 제품을 올려놓고, 판매할 수 있도록 하고 있다. 여기서 한 단계 더 나간 것이 aStore이다. aStore는 아마존 외부 사이트에서 아마존의 제품을 판매하는 것이다. 아마존의 승인을 받은 외부사이트는 자신의 사이트를 아마존과 연동시켜서 제품을 판매할 수 있는데, 이때 외부사이트에서 보이는 제품의 정보, 쇼핑카트, 대금 지불 등의 기능은 해당 사이트에서 이뤄지는 것처럼 보이지만 모두 아마존의 것을 사용한다. 제품이 판매되는 경우에는 일정 비율의 수수료(판매액의 4-10%)를 받는다.

---

30) 출처: 컨버전스 시대의 플랫폼 경쟁(2008년) ≪주간경제≫ 721호.
31) 플랫폼에 대한 사례는 임일, "플랫폼을 개방하라, 윈윈게임이 시작된다," 『DBR』, 111호, 2012년 8월, 참조.

이노센티브(Innocentive)³²⁾는 원천기술이나 제품개발이 필요한 회사가 수요자로, 이러한 기술을 보유한 개인이나 회사가 공급자로 참여하는 R&D를 위한 시장이다. 수요자가 자신들의 요구사항과 성공할 경우 보상금액을 올리면, 공급자가 이에 응해서 필요한 R&D를 수행하고 보상을 받는다. 회사가 필요로 하는 기술은 세계 어딘가에 있는 개인이나 회사가 개발을 했을 가능성이 많다. 과거에는 내가 개발한 기술이 누가 가지고 있는지, 혹은 누가 필요로 하는지를 알 수 있는 방법이 없어 사장되거나 중복 개발되었던 기술을 이노센티브(Innocentive)를 통해 원천기술이나 제품개발을 거래할 수 있게 되었다.

6. 5G

(1) 스마트사회의 핵심 인프라, 5G

5G는 국제전기통신연합(ITU)에서 정의에 의하면 최대 다운로드 속도가 20Gbps, 최저 다운로드 속도가 100Mbps인 차세대 이동통신 기술로 정식 명칭은 'IMT－2020'이다. 4G 이동통신 롱텀에볼루션(LTE)과 비교하면 최대 20배 빠른 전송 속도와 10분의 1 수준의 초저지연 기술을 실현으로 1km² 반경 안에서 최대 백만 개 사물과 연결할 수 있고 기존 기술보다 100배 높아진 전송가능 트래픽 환경을 실현으로 1GB 영화를 10초 만에 다운로드 할 수 있으며 시속 500Km 에서 통신가능한 기술이다. 참고로 1Gbps는 1초에 약 10억비트의 데이터를 전송할 수 있다. 이를 한글의 글자 수로 나타내면 한글은 16비트로 1자를 구성하기에 약 62,500,000자에 해당한다.

4차 산업혁명은 사물인터넷, 클라우드, 빅데이터 등의 ICT가 인공지능 기반의 컴퓨팅 파워와 결합하여 의료, 미디어, 에너지, 제조, 커머스, 교통, 언론, 금융 등 거의 모든 산업으로 확산되면서 이전과는 다른 새로운 산업으로 변모하는 것을 의미한다. 여기서 기술과 기술, 기술과 산업을 연결해 주는 핵심 인프라가 바로 네트워크다.

---

32) 과학자 집단과 전세계 주요 기업을 연결해 각종 연구·개발 과제를 해결해주는 인터넷 비즈니스 회사

4차 산업혁명에서 추구하는 융합산업 구현을 위해서는 기존의 네트워크를 넘어선 '초연결 지능형 네트워크인 5G'가 절대적으로 필요하다. 초연결 지능형 네트워크란 단지 음성, 데이터 등의 정보를 전달하는 것을 넘어서 다양한 융합 서비스와 결합하여 새로운 혁신수요를 창출하는 네트워크를 의미한다. 5G는 현실―가상세계 간의 전면적 융합이 가능한 네트워크 성능과 품질을 제공하고 공통, 단일인프라로 사회 전 분야에 걸친 초연결화를 촉진할 수 있다. 하나의 개별 네트워크 구축만으로 각 분야가 요구하는 속도·저지연·대량연결·보안을 효율적으로 제공할 수 있다. 이런 5G는 제조, 의료, 금융, 에너지 등 모든 산업과 결합하여 산업군 별로 요구하는 다양한 네트워크 사양을 하나의 네트워크로 충족시키는 통합을 이루어낸다. 5G는 이를 통하여 전 산업 부문의 네트워크 인프라 기능을 수행하며 융합 산업과 서비스 기반을 마련한다.

〈표 4-2〉 4차 산업혁명의 핵심인프라로 작용하는 5G

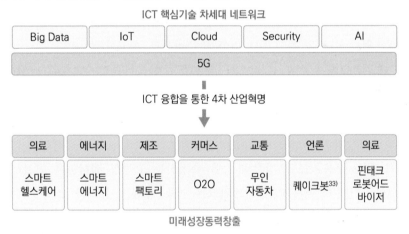

출처: KT경제연구소, 『2018 한국을 바꾸는 10가지 ICT트렌드』, 한스미디어, 2018

---

33) 퀘이크봇이란 지진을 감지하는 본연의 목적과 로봇이란 태생적 특징을 섞어 만든 이름의 소프트웨어다. 지금까지 작성된 기존 뉴스를 요약하고, 나아가 체계적으로 분류 관리하며, 기사 내용을 분석하는 등 계속 추적한다. 또한 기사에 적합한 도표, 사진, 동영상 등 이미지를 제작해 낸다. 스트레이트 기사의 기본 문장 구조가 규격화돼 있기에 적절한 위치에 정확한 데이터만 배치하면 간단한 발문이 생성되는 방식이다. 제목도 동시에 추출된다. (네이버 지식백과)

이로 인해 의료는 스마트 헬스케어, 제조는 스마트팩토리, 커머스는 O2O, 교통은 무인자동차, 금융은 핀테크 등으로 진화, 발전하게 된다. 5G는 ICT 융합서비스 핵심 플랫폼으로서 산업, 교통, 의료 등 기존산업의 혁신을 통해 새로운 가치를 창출할 것으로 전망된다.

(2) 4G와 차별화되는 네트워크 5G의 슬라이싱 기술

5G를 LTE 등 기존의 무선 네트워크와 비교하여 차별화된 지능형 네트워크로 인정받는 이유는 이전과 다른 비교할 수 없을 정도로 빠른 속도에 기반을 둔 초고속, 초저지연성도 있지만 단지 속도만이 5G의 강점은 아니다. 기존 네트워크가 '한 가지 디바이스만을 위한 네트워크'인 반면 5G 네트워크는 '스마트폰을 비롯해 공장기기에 부착된 센서, 차량 등 다양한 디바이스를 위한 네트워크'라는 점이 차별점이다. 기존의 4G 네트워크의 경우, 스마트폰에 최적화된 망구조로, 스마트폰 이외의 다른 특성을 가진 디바이스들을 연결하는 데에는 한계가 있었다. 반면 5G 네트워크는 다양한 디바이스와 그에 기반을 둔 서비스들의 특성에 맞는 네트워크 환경을 각 디바이스에 맞춤형으로 제공할 수 있다.

5G 네트워크에서 이런 서비스가 가능해진 이유는 바로 네트워크 슬라이싱 (Network Slicing)이라는 기술 때문이다. 4차 산업혁명 시대에서는 스마트 공장, 자율주행, 스마트 헬스케어, 에너지, 미디어 및 엔터테인먼트 등 산업 속성에 따라 망의 요구상황이 다르므로 각각의 상황별로 맞춤형 망을 제공하는 것이 필수다. 예를 들어 온도, 습도, 강우량 등을 측정하는 고정형 센서들은 연결하는 매시브 사물인터넷(Massive IoT) 네트워크는 이동 중에도 통화를 유지할 수 있는 핸드오버 기능이나 위치 정보 업데이트 등은 필요로 하지 않지만, 기존 네트워크 보다 저전력을 소모하는 통신규격을 필요로 한다. 자율주행이나 원격 산업용 로봇 제어 등 반응 속도에 민감한 서비스는 기존 네트워크보다 높은 초저지연성을 필요로 한다. 그러나 요구사항에 따라 물리적으로 별도의 망을 구성하는 것은 지나친 비용이 소요되어 현실적으로 어렵다.

그래서 등장한 것이 네트워크 슬라이싱이다. 네트워크 슬라이싱은 하나의 물리적 네트워크를 다수의 가상 네트워크로 분리하여, 분리된 개별의 네트워크가 각각 별도의 디바이스와 서비스를 지원하도록 하는 기술이다. 컴퓨터의 하드디스크를 소프트웨어로 가상 분리해 C드라이브, D드라이브, E드라이브로 나누어 사용하는 개념과 유사하다. 개별 가상 네트워크는 가상화된 서버 및 망자원을 보장받고 서로 분리되어 있기 때문에, 특정 가상 네트워크에 오류나 장애가 발생해도 다른 가상 네트워크 이용에 영향을 주지 않는다.

이 밖에도 5G를 구현하는 핵심기술에는 매시브 MIMO(Massive Multi Input Multi Output)와 모바일 엣지 컴퓨팅 등이 있다. 매시브 MIMO는 대용량 데이터를 고속으로 전송하기 위해 수십 개 이상의 안테나를 사용하는 다중입출력 기술인데, 송수신 안테나 수를 증가시켜 기지국 용량을 획기적으로 늘려 체감 속도 및 수용 인원을 증가시키고 전송오류는 감소시킨다. 기존의 2~4개 안테나만 이용하는 LTE와 달리 100개 이상의 안테나 소자를 활용해 수십 개의 데이터 채널을 동시에 전송함으로써 획기적으로 기지국 용량을 향상시킨다. 또한, 이 매시브 MIMO 기술은 공간 다중화, 공간 다양화, 빔포밍 개념을 포함하고 있다. 5G는 기지국에서 빔을 동시에 할당하는 빔포밍 기술을 활용해 고화질 영상을 여러 번 송수신할 수 있는 대용량 통신을 실현한다.

〈표 4-3〉 매시브 MIMO로 구현 가능한 기술들

공간 다중화 Spatial Multiplexing	다수의 송신 안테나를 통해 여러 개의 정보를 전송하여 전송 속도를 향상
공간 다양화 Space Diversification	다수의 송신 안테나로 똑같은 정보를 여러 번 전송해서 오류를 최소화
빔포밍 Beamforming	원하는 방향으로 전파를 쏴서 간섭을 간소화

모바일 엣지 컴퓨팅 MEC(Mobile Edge Computing)은 데이터 발생원 근처에서 분석 작업을 수행하여 전송 거리 및 네트워크 지연을 줄이고, 신속한 분석과 저지연 통신을 구현한다. 현재는 원거리 클라우드 서버를 경유해 서비스를 구현하는 방식으로 속도가 느리고 지연성이 크지만, 모바일 엣지 컴퓨팅은 서버를 사용자 및 장치 근처로 위치시켜 빠르고 안전한 서비스를 제공한다. 자율 주행차와 같이 조금의 지연이 있으면 사고가 날 수 있는 '미션 크리티컬(Mission Critical)' 서비스의 경우 초저지연 특성이 매우 중요하다.

(3) 5G 상용화를 위한 기술적 요소들

5G의 상용화 규격 책정 계획은 단계적으로 짜여 있다. 우선 2017년 12월에 1단계 개발에서 중요한 역할을 하는 것이 3GPP(3rd Generation Partnership Project)이다. 3GPP는 무선 통신 규격의 사양을 합의에 따라 책정하고 공개하는 표준화 단체이다. 5G의 1단계 사양은 '5G New Radio'라고 되어 있는데, 이 5G NR 사양이 2017년 12월에 정해졌다.

5G NR의 1단계 사양은 현재의 무선통신에서 일반적으로 사용되는 LTE 프로토콜과는 별개이지만 유사점도 있다. 가장 눈에 띄는 차이점은 반송파 대역폭과 주파수 대역이다. 또한, 5G NR 사양에서는 아날로그와 디지털 두 영역에서 새로운 빔포밍 기능이 추가되었다.

미국의 버라이즌 Verizon과 한국의 KT는 3GPP 등 각종 표준화 단체의 동향과는 별도로 5G의 상업적 사용을 조기에 실현하기 위해 독자적으로 사업을 진행하고 있다.

〈표 4-4〉 LTE와 5G NR의 주요 사양 비교

비교항목	LTE	5G NR 1단계
주파수 대역	최고 6GHz	최고 52GHz
대역폭	최대 20MHz	최대 100MHz(6GHz 이하의 경우) 최대 1GHz(6GHz 이상의 경우)
캐리어 어그리게이션	최대 32	최대 16
아날로그 빔포밍 (다이나믹)	지원하지 않음	지원
디지털 빔포밍	최대 8 레이어	최대 12 레이어
서브 캐리어 간격	15 kHz	15 k/30 k/120 k/240 kHz
서브 프레임	지원하지 않음	구현 가능
스펙트럼 점유율	채널 대역폭의 90%	채널 대역폭의 최대 98%

출처: 닛케이BP, KT 경제연구소 재구성

7. 현실세계와 가상세계의 결합 기술

'확장현실(XR: eXpansion Reality)'이란 '가상현실(VR: Virtual Reality)', '증강현실 (AR: Augmented Reality)'과 '혼합현실(MR: Mixed Reality)' 모두를 아우르는 개념이다. 가상현실은 가상의 세계에서 실제와 같은 체험을 하게 해주는 기술이다. 주로 VR게임에서 쉽게 접할 수 있다. 증강현실은 현실 세계위에 가상의 객체를 삽입해 하나의 영상으로 보여주는 기술이다. 혼합현실은 가상현실과 증강현실 보다 상위개념으로 현실세계와 가상세계의 융합을 시도한다. 현실 위에 가상의 세계를 덧입히고 섞어서 인간이 몰입할 수 있는 최대의 환경을 제공하게 된다. 이러한 확장현실은 360도 뷰, 공간음향, 자세추적 등의 요소도 갖춰 실제와 같이 자연스러운 체험을 가능하게 한다. 또한, 영화나 게임과 같은 엔터테인먼트뿐만 아니라 의료, 교육, 제조 등 다양한 분야에 기여할 것이다.

(1) 가상현실(VR: Virtual Reality)

가상현실(Virtual Reality, VR)은 디지털로 구현한 가상의 세계에서 실제 현실과 같은 경험을 할 수 있도록 만들어 주는 기술을 의미한다.

실제와 유사한 공간적, 시간적 체험이 가능하도록 현실에 존재하지 않는 환경에 대한 정보를 디스플레이 장비를 통해 볼 수 있게 하고, 360도 3차원 영상을 통해 완전히 다른 공간에 있는 듯한 경험도 할 수 있다. 눈에 보이는 모든 것이 디지털상의 가상 그래픽일 경우 VR로 정의할 수 있다.

VR은 특수안경이나 기기 등으로 외부 시야를 차단하고 현실과 분리된 상태에서의 가상의 세계를 보여 준다. 이렇게 현실에서 분리된 가상의 공간만 보여지기 때문에 몰입도가 높다는 특징이 있다. 높은 몰입도가 특징인 VR은 게임이나 영화 등의 엔터테인먼트 등에서 많이 활용되고 있다.

초기에는 이반 서덜랜드(Ivan Sutherland)[34]가 천정에 매달아 쓰는 사용자 인터페이스(HMD)를 개발하였다. 이반 서덜랜드의 HMD는 사용자가 모니터 화면이 아니라 컴퓨터 세상에 직접 들어가 여러 프로그램을 제어할 수 있다는 개념

---

34) 미국의 컴퓨터 과학자, 최초로 HMD(Head Mounted Display)를 개발한 사람이다. 부피가 커서 천정에 매달아서 사용하였다.

▼ 그림 4-22 초기의 HMD, '다모클레스의 검'

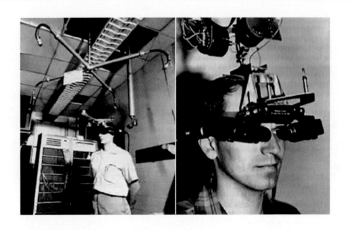

출처: https://it.donga.com/21254/

을 만들어 냈다. 이러한 기술이 점점 발전해 오늘날 가상현실 게임이 탄생하고, 사용자가 가상현실 세계에서 상호작용할 수 있는 센서 기술이 등장하면서 더욱 더 정교해졌다.

　가상현실은 최근에 보다 더 다양한 분야로 확대되고 있다. 의학 분야에서는 수술 및 해부연습, 우울증, 고소공포증, 발표불안 등의 심리치료에 활용되고, 재활의학 분야에서도 활용되고 있다. 미국 워싱턴대학교가 개발한 VR영상게임 '스노우월드(snow world)'는 모르핀 보다 더 나은 진통효과를 보여주었다는 임상결과를 발표하기도 했다.

　항공·군사 분야에서는 비행 조종 훈련에 이용되는 등 각 분야에 도입돼 활발히 응용되고 있다. 자동차 업계에서는 VR을 통해 자동차의 다양한 기능부터 드라이브 테스트까지 경험할 수 있게 하였으며, 관광 업계에서는 수요자가 관광지 및 숙박 시설을 직접 보지 않고 검토할 수 있도록 해준다. 이 밖에도 VR은 건축, 사회, 교육 분야 등에서 활용되고 있다.

　미래창조과학부는 2016년 7월 28일, 가상현실 5대 선도 프로젝트를 수행할 컨소시엄을 최종 확정하고 본격적인 사업 추진에 착수한다고 밝혔다. 당시 발표한 5대 선도 프로젝트는 가상현실과 같은 신산업에서의 생태계 조성이 어렵다는 판단 하에서 연구개발(R&D)과 콘텐츠 개발 등을 동시에 지원하여 국내 기업

간 협력 생태계 조성을 지원하는 사업으로서, VR 서비스 플랫폼, VR 게임 체험, VR 테마파크, 다면상영, 교육유통 분야에 참여하고자 하는 기업들이 사업내용을 자유롭게 제안하는 방식인 자유 공모로 추진되었으며, 가상현실 산업 생태계 조성을 위해 상호 협력하도록 컨소시엄(대−중소기업 및 CPND(콘텐츠, 플랫폼, 네트워크, 디바이스) 기업 간)을 구성하도록 하였다. 이에 SBS, 롯데월드, CJ CGV, 한컴 등이 참여하여 가상현실 초기 시장을 이끌어 왔다. 또한 서울 강남역 인근에 VR 플러스 쇼룸을 두고, 오큘러스리프트, HTC 바이브, 삼성전자 기어 VR, LG전자 360VR과 같은 다양한 체험 기기를 설치하여 가상현실과 복합문화공간을 융합하는 새로운 문화의 형태도 선보이고 있다.

▼ 그림 4-23 가상현실 전투모의 훈련 장면

출처: https://blog.naver.com/rhoony/222588836457

(2) 증강현실(Augmented reality)

증강현실(Augmented Reality, AR)은 우리가 눈으로 보는 현실에 가상의 정보나 이미지를 합쳐서 보여주는 기술이다. 현실 공간 위에 정보가 덧붙여 지는 방식이기 때문에 투명 글라스 혹은 스마트폰 카메라 등이 함께 사용된다. AR 기술은 내비게이션 등에 적용돼 우리 현실에 필요한 정보를 제공해주고 있다. 이는 가상현실(Virtual reality)과는 다소 다르다. 가상현실은 컴퓨터로 만들어진 환경

속에서 상호작용하고 몰입할 수 있도록 만들어진 환경을 의미하지만, 증강현실 (AR)은 일반적으로 우리가 보는 현실에 정보를 추가한다.

1968년 미국 컴퓨터 과학자인 이반 서덜랜드의 "Head Mounted 3차원 디스플레이"를 시초로 연구가 시작되었고, '증강 현실'이란 용어는 1990년 보잉의 톰 코델이 항공기의 전선 조립을 돕기 위해 가상이미지를 실제화면에 중첩시켜 이해하기 쉽게 설명하는 과정에서 최초로 사용하였다. 증강현실 기술은 2000년대 중반까지는 연구개발 및 시험적용 단계에 머물러 있었으나 최근 기술적 환경이 갖춰지면서 실용화 단계에 진입하였다. 현실세계를 가상세계로 보완해주는 증강현실은 사용자가 보고 있는 실사 영상에 3차원 가상영상을 겹침으로써 현실 환경과 가상화면과의 구분이 모호해지도록 한다.

▼ 그림 4-24 가상현실과 증강현실 구현

| 가상현실 | 증강현실 |

출처: 게티이미지 뱅크

증강현실은 종종 일종의 미래 기술로 제시되었지만 그 형태는 수년 동안 존재했었다. 예를 들어, 1990년대까지 전투기의 헤드 업 디스플레이(HUD)는 비행기의 자세, 방향 및 속도에 대한 정보를 보여 주었고, 불과 몇 년 후에는 시야에서 어떤 물체가 목표인지를 알 수 있었다. 또한, 구글은 2013년 구글 글래스 (Google Glass)를 출시하면서 증강현실을 웨어러블 인터페이스로 전환하였다. 구글 글래스는 소형 프로젝터를 통해 사용자의 렌즈 화면에 정보가 표시되며 음성

명령에 반응하여 이미지, 비디오 및 사운드를 화면에 겹치게 한다. 그러나 구글은 구글 글래스에 있는 카메라로 사생활 침해 등을 이유로 2015년 12월 말 구글글래스의 상용화를 철수시켰다.

휴대폰과 태블릿은 증강현실이 대부분의 사람들의 삶에 쉽게 파고 들 수 있게 하였다. 비토 테크놀로지(Vito Technology)의 스타 워크(Star Walk) 앱을 사용하면 태블릿이나 스마트폰의 카메라를 하늘에 대고 이미지에 겹쳐진 별과 행성의 이름을 볼 수 있게 해준다. 라야(Layar)라는 또 다른 앱은 스마트폰의 GPS와 카메라를 사용하여 사용자의 주변 정보를 수집한 이후 근처 식당, 상점 및 관심장소에 대한 정보를 표시한다.

태블릿 및 휴대폰용 일부 앱은 다른 개체와도 작동한다. 디즈니 리서치(Disney Research)는 기존의 책에서 문자로 색칠하고 장치에서 앱을 실행하는 증강현실 색칠 공부를 개발했다. 앱은 카메라를 사용하여 색칠 중인 캐릭터를 감지하고 소프트웨어를 사용하여 화면에서 3D 캐릭터를 다시 만들어 낸다.

증강현실을 일상생활에서 쉽게 접하는 방법 중 하나는 모바일 게임을 이용하는 것이다. 2016년 증강현실 게임인 포켓몬 고(Pokemon Go)는 전 세계적으로 엄청난 돌풍을 일으키며 이용자 수가 1억 명을 넘겼으며, 20억 달러 이상의 수익을 발생시켰다. 이 게임을 통해 사용자는 자신의 지역에서 포켓몬의 캐릭터가 뛰어다니는 것을 볼 수 있으며, 포켓몬스터들을 포획한 다음, 증강현실 체육관에서 다른 사람들과 전투하는 데 사용하는 게임이었다. '해리포터: 호그와트 미

▼ 그림 4-25 증강현실 게임 포켓몬 고(Pokemon Go) & 해리포터: 호그와트 미스터리(Harry Potter: Hogwarts Mystery)

스터리(Harry Potter: Hogwarts Mystery)'는 사용자가 주문을 시전(示展)[35]하고 물약을 사용하며, 호그와트 교사로부터 배울 수 있는 능력을 갖추면서 주변의 호그와트 세계를 볼 수 있는 게임이었다.

현재 VR을 구현하는 기기로 스마트폰과 태플릿의 활용도가 높긴 하지만 스마트폰과 태블릿만이 증강현실의 유일한 사용처가 되는 것은 아니다. 콘택트렌즈 및 기타 웨어러블 장치에 증강현실 기능을 포함시키는 연구가 계속 진행되고 있다. 증강현실의 궁극적인 목표는 편리하고 자연스러운 몰입 감을 만들어내는 것이기 때문에, 증강현실의 사용처는 다양해질 수 있다. 특히 스마트 안경은 시각장애인을 위해 개발되었기 때문에 새로운 형태의 증강현실의 모습을 취할 수 있다[36].

(3) 혼합현실(MR: Mixed Reality)

혼합현실(MR)은 가상현실과 증강현실의 단점을 보완한 기술이다. 현실을 기반으로 가상 정보를 부가하는 증강 현실(AR: Augmented Reality)과 가상 환경에 현실 정보를 부가하는 증강 가상(AV: Augmented Virtuality)의 의미를 포함하고 있다. 즉, 현실 세계에 가상현실(VR)이 접목되어 현실의 물리적 개체와 가상 객체가 상호작용하는 환경을 말한다. 이를 통해 현실과 가상이 자연스럽게 연결된 스마트 환경을 제공하여 사용자가 풍부한 체험이 가능하도록 했다. 예를 들어 사용자의 손바닥에 놓인 가상의 애완동물과 교감한다거나, 현실의 방 안에 가상의 게임 환경을 구축해 게임을 할 수도 있다. 또 집안의 가구를 가상으로 재배치해 본다거나, 원격에 있는 사람들이 함께 모여서 작업하는 듯한 환경도 구축할 수 있다.

MR은 실제 영상에 보이는 사물의 깊이 및 형태를 측정하고 3D 형태로 가상 이미지가 첨가되어 보다 현실감 있게 가상 이미지의 다방면의 형태를 볼 수 있다. 그러므로 VR과는 달리 현실을 배제하지 못하며 어떤 형태로든 현실이 간섭하게 된다. 즉, MR은 VR이 주는 이질감을 완화하고 AR의 낮은 몰입도를 개선해 가상의 이미지를 마치 현실의 일부인 것처럼 느낄 수 있다는 것이다. MR의 장

---

35) 시전은 최근 판타지 소설이나 게임에서 자주 등장하는 단어이다. 아직 국어사전에 등재되지 않은 단어로 기이한 술법 따위의 주문을 말하고, 동시에 그것의 결과가 나타나는 것을 뜻한다.
36) 증강현실이란 무엇인가?, https://sixthfeet.com/14, 2020.6.11

▼ 그림 4-26 매직리프에서 개발한 MR 기기, 원 크리에이터 에디션

출처: https://www.inquirer.com/business/magic-leap-headset-augmented-reality-consumer-2
0220113.html

점은 사용자가 자신의 정확한 물리적 위치를 인식할 수 있어서 사용이 자유롭고
다양한 콘텐츠를 지원할 수 있다는 것이다.

사용자가 시선을 가까운 물체에서 먼 물체로 옮기면 초점도 같이 이동하게
되어 생생한 현실 체험이 가능하며, 현실 세계로 진짜와 같은 가상의 물체를 불
러 낼 수 있기 때문에 많은 사람들이 동시에 체험이 가능하다. 이러한 장점 때
문에 산업현장에 도입을 하게 되면 3D홀로그램과 같은 이미지로 가상의 사물을
보면서 서로 소통이 가능하기 때문에 기존의 업무방식과는 다른 방식으로 일을
할 수 있을 것이다.

앞으로는 MR기기가 스마트폰을 포함해 화면이 있는 모든 기기를 대체할 것
이며, 사람들 간의 소통 및 비즈니스 방식을 완전히 바꿀 차세대 플랫폼이 될
것이다. 시장조사기관 가트너 사의 브라이언 블라우 부사장은 VR과 AR기기들은
사라지고 VR과 AR을 동시에 구현할 수 있는 MR 기기만 남을 것이라고도 주장
했다. MR 시장의 연평균 성장률은 75%로 전망되고, 세계시장은 433억에서
2022년에는 2조 1천억 원으로 폭발적인 성장을 보일 것이라는 예측도 있다. 또
한, 5G와 결합해 하드웨어 중심에서 콘텐츠 중심으로 시장이 성장할 것이다.[37]

---

37) 이성규, "5G 시대엔 혼합현실(MR) 주목하라," 『The Science Times』, (2018.10.24)

(4) 메타버스(Metaverse)

메타버스란 가상, 초월, 가공, 추상을 의미하는 메타(Meta)와 '특정한 유형의 경험 세계'를 의미하는 유니버스(Universe)의 합성어이다.

메타버스(Metaverse)는 가상현실 보다 한 단계 더 진화한 개념으로 사이버 공간에서 자신을 대신하는 캐릭터, 즉 아바타를 활용해 단순히 게임이나 가상현실에 임하는 것이 아니라 실제 현실을 바탕으로 한 교육, 사회, 문화적 활동을 할 수 있도록 하는 온라인상의 3차원 가상세계를 말한다. 이 용어는 1992년 미국 SF 작가 닐 스티븐슨(Neal Stephenson)이 소설 '스노 크래시(Snow Crash)'에 언급하면서 처음 등장하였다.

최초의 메타버스는 2003년 6월 출현한 '세컨드라이프'이다. 세컨드라이프는 소설 스노우크래쉬를 본뜨기는 했지만, 게임 속에 인간이 마음껏 자유롭게 창조할 공간을 만들었다. 세컨드라이프는 이용자에게 3D 물체를 제작하는 도구를 제공했고, 이용자는 그 도구로 자기에게 필요한 의상이나 건물 등 게임 내에서는 '오브젝트'라고 부른 아이템들을 제작하거나 창조했다. 서비스 당시, 미국광고 연맹 보고서가 '2006년 미디어 시장에서 발생한 가장 놀라운 현상'이라고 평할 정도로 돌풍을 일으켰다. 세컨드라이프는 이용자의 자유와 창의성을 강조했

▼ 그림 4-27 메타버스 플랫폼에서 시승 경험을 제공

출처: 현대자동차그룹

다. 이런 자유는 가상화폐가 유통되고 가상회사가 만들어지는 등 메타버스의 경제적 가능성을 보여주기도 했다.

메타버스(Metaverse)는 가상현실에 포함되어 있었으나 코로나19 팬데믹 상황과 MZ 세대의 디지털 친화적 성향으로 그 시장은 지속적으로 성장할 것으로 전망한다. 시장조사업체 스트래티지애널리틱스에 따르면 메타버스 시장은 현재 460억 달러(한화 약 51조 1060억 원) 규모로, 오는 2025년에는 2800억 달러(한화 약 311조 800억 원)까지 성장할 전망이다. 메타버스 시장의 폭발적인 성장 전망에 발맞춰 다양한 기업, 기관 등에서 메타버스를 활용하려는 움직임이 활발하다.

산업분야의 예로 현대자동차의 MZ세대 겨냥한 메타버스 마케팅을 들 수 있다. 현대자동차는 업계 최초로 메타버스 플랫폼에서 자사 차량을 구현해 시승 경험을 제공하는 회사가 됐다. 현대자동차는 또한 자신의 아바타를 이용해 영상과 이미지를 제작할 수 있는 제페토[38]의 비디오 및 포토 부스에서 생산차를 활용할 수 있게 해, MZ세대만의 자동차 콘텐츠 생산과 그로 인한 마케팅 효과를

▼ 그림 4-28 미국의 힙합 가수 트래비스 스콧 포트나이트에서 콘서트 메타버스 화면

출처: http://www.danbinews.com/news/articleView.html?idxno=15158

---

38) 네이버제트(Z)가 운영하는 증강현실(AR) 아바타 서비스로, 메타버스 플랫폼이다.

기대하고 있다.

외국에서의 활용 예로 2017년에 출시된 에픽게임스의 포트나이트 파티로열의 사용자들의 소셜 공간을 들 수 있으며 해당 가입자가 3억 5천만 명을 넘는다. 사용자들이 가상공간에 모여 영화나 콘서트를 즐긴다. 2018년 영화 Ready Player One은 2010년 출간된 동명의 소설을 스티븐 스필버그 감독이 제작한 영화로 2045년을 배경으로 하는 3D 메타버스를 최신의 그래픽 기술을 사용해 구체적으로 표현했다. 2020년 4월 힙합 가수 트래비스 스콧의 콘서트에 동시 접속자가 1,230만 명이었고 5일간 참여자는 2천 700만 명, 그리고 2천만 달러의 수익을 올렸다고 한다.

8. 블록체인(Blockchain)

블록체인은 블록에 데이터를 담아 체인 형태로 연결, 수많은 컴퓨터에 이를 동시에 복제해 저장하는 분산형 데이터 저장 기술이다. 공공 거래 장부라고도 부른다. 중앙 집중형 서버에 거래 기록을 보관하지 않고 거래에 참여하는 모든 사용자에게 거래 내역을 보내 주며, 거래 때마다 모든 거래 참여자들이 정보를

▼ 그림 4-29 블록체인 개념도

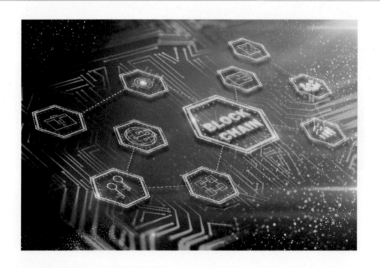

출처: 게티이미지 뱅크

공유하고 이를 대조해 데이터 위조나 변조를 할 수 없도록 되어 있다. 블록체인에 저장하는 정보는 다양하기 때문에 블록체인을 활용할 수 있는 분야도 매우 광범위하다. 대표적으로 우리가 흔히 알고 있는 가상통화에도 사용되는데, 이때는 블록에 금전 거래 내역을 저장해 거래에 참여하는 모든 사용자에게 거래 내역을 보내 주며 거래 때마다 이를 대조해 데이터 위조를 막는 방식을 사용한다.

이 밖에도 전자 결제나 디지털 인증뿐만 아니라 화물 추적 시스템, P2P 대출, 원산지부터 유통까지 전 과정을 추적하거나 예술품의 진품 감정, 위조화폐 방지, 전자투표, 전자시민권 발급, 차량 공유, 부동산 등기부, 병원 간 공유되는 의료기록 관리 등 신뢰성이 요구되는 다양한 분야에 활용할 수 있다.

본래 블록체인은 비트코인(Bitcoin) 거래를 위한 보안기술로 2008년 10월 사토시 나카모토라는 익명의 개발자가 온라인에 올린 <비트코인: P2P 전자 화폐 시스템(Bitcoin: A Peer-to-Peer Electronic Cash System)>이라는 논문에서 처음 등장했다. 사토시 나카모토는 2009년 1월 비트코인을 만들어 공개했다. 비트코인은 온라인에서 사용하는 전자화폐다. 별도의 발행처나 관리기관이 없고 누구나 발행하거나 사용할 수 있다. 은행이나 환전소를 거치지 않고 당사자 간 직거래를 하므로 수수료가 적거나 없다. 다만 상대방을 신뢰할 수 없는 온라인 직거

▼ 그림 4-30 비트코인 채굴 이미지

출처: https://www.wowtv.co.kr/NewsCenter/News/Read?articleId=A202112160043&t=NN

래의 특성상 화폐를 암호화하는 방식을 택했다. 비트코인은 특정한 비밀 키를 가진 사용자만 정보를 확인할 수 있는 공개 키 암호 방식을 사용한다.

거래 내역을 중앙 서버에 저장하는 일반적인 금융기관과 달리, 블록체인은 비트코인을 사용하는 모든 사람의 컴퓨터에 저장된다. 누구나 거래 내역을 확인할 수 있어 '공공 거래 장부'라 불린다. 거래 장부가 공개되어 있고 모든 사용자가 복사본을 가지고 있으므로 해킹을 통한 위조도 의미가 없다. 특히 블록체인은 신용이 필요한 금융거래 등의 서비스를 중앙집중적 시스템 없이 가능하게 했다는 점에서 높은 평가를 받는다. 향후 대표적인 핀테크(FinTech) 기술로 비트코인 이외의 다른 온라인 금융거래에 활용될 가능성도 크다.

제3절　물리학 기술

1. 무인운송수단

자율주행차, 드론, 트럭, 항공기, 보트를 포함한 다양한 무인 운송수단이 등장하고 있다. 상암에는 '상암 자율주행 테스트 베드'[39]를 구축하고 로봇이 택배를 배달하고, 기사와 운전석 없이 자율주행 셔틀버스가 다니고 있다. 센서와 인공지능의 발달로 자율 체계화된 모든 기계의 능력이 빠르게 향상되고 있다. 현재 드론은 주변 환경의 변화를 감지하고 충돌을 피하기 위해 비행경로를 변경하는 등의 기술을 갖추었다. 농업분야에도 이용되면서 이미 온라인에서 농약살포

---

39) 자율주행 차량 시험과 인증 등에 활용되는 시험지구로 자율주행 운행 상황을 실시간 관제하는 자율주행 관제센터, 지능형교통시스템(C−ITS), 차량통신기술(V2X) 장비, 차량 정비·주차 공간, 전기차 충전소 등 자율주행 실증에 필요한 기술과 편의시설을 갖추고 있다. 2019년 9월 서울시는 언맨드솔루션 등 자율주행 관련 국내 25개 기업·대학·연구기관과 "자율주행 등 미래교통 기술 개발 및 실증 지원' 업무협약을 체결했다. 협약을 맺은 모든 기업·대학·기관에 상암 자율주행 테스트베드를 24시간 개방해 미래교통 기술 실증을 지원하고 있다. 기업·학교·기관들은 상암 자율주행 테스트베드에 있는 관제센터, 연구 공간, 주차장 등 모든 편의시설과 장비를 무료로 이용할 수 있다.

용 드론이 판매되고 있다. 드론을 이용하여 농약을 살포하거나, 해충을 잡거나, 경작지를 관리할 수도 있다.

▼ 그림 4-31 상암자율주행 테스트 베드의 자율주행 셔틀과 무인택배 배달로봇

출처: https://gonggam.korea.kr/newsView.do?newsId=GAJMP7IwMDGJM000

(1) 자율주행차

스마트카인 자율주행차(Self-Driving Car)는 운전자가 핸들과 가속페달, 브레이크 등을 조작하지 않아도 정밀한 지도, 위성항법시스템(GPS) 등 차량의 각종 센서로 상황을 파악해 스스로 목적지까지 찾아가는 자동차를 말한다. 엄밀한 의미에서 사람이 타지 않은 상태에서 움직이는 무인자동차(driverless cars)와 다르지만 실제론 혼용되고 있다.

자율주행 시장은 2020년부터 본격적인 성장세에 진입할 것으로 전망되고 있다. 시장조사업체 네비건트리서치에 따르면 세계 자율주행차 시장은 2020년 전체 자동차 시장의 2%인 2000억 달러를 차지한 뒤 2035년까지 1조 2000억 달러에 달할 것으로 추정된다.

자율주행 자동차가 실현되기 위해선 수십 가지의 기술이 필요하다. 그중 사물인터넷이 가장 중요한 기술임에는 틀림없을 것이다. 스마트카 구현을 위한 기술로, 자율주행차를 위해서는 다음과 같은 기술들이 구현되어야 한다.

- 고속도로 주행 지원 시스템(HDA): 자동차 간 거리를 자동으로 유지해 주는 기술
- 후측방 경보 시스템(BSD): 후진 중 주변 차량을 감지, 경보를 울리는 기술

- 자동 긴급 제동 시스템(AEB): 앞차를 인식하지 못할 시 제동 장치를 가동하는 기술
- 차선 이탈 경보 시스템(LDWS)
- 차선 유지 지원 시스템(LKAS): 방향지시등 없이 차선을 벗어나는 것을 보완하는 기술
- 어드밴스드 스마트 크루즈 컨트롤(ASCC): 설정된 속도로 차 간 거리를 유지하며 정속 주행하는 기술 혼잡 구간 주행 지원 시스템(TJA) 등도 필요하다.

▼ 그림 4-32 자율주행 레벨 4 현대자동차 아이오닉 5

출처: 2021 서울 모빌리티쇼

자율주행차의 발달이 어느 정도인지 가늠하기 위해 적정한 척도가 필요하게 됨에 따라 미국자동차기술학회(SAE)는 자율주행자동차의 발달 수준을 레벨 0부터 레벨 5까지 6단계로 나눴다. 이 구분으로 자율주행차의 개발 단계를 일반적으로 사용하고 있다.

- 0단계: 자율주행 기능 없는 일반차량
- 1단계: 자동브레이크, 자동속도조절 등 운전 보조기능
- 2단계: 부분 자율주행, 운전자의 상시 감독 필요

- 3단계: 조건부 자율주행, 자동차가 안전기능 제어, 탑승자 제어가 필요한 경우 신호
- 4단계: 고도 자율주행, 주변환경 관계없이 운전자 제어 불필요
- 5단계: 완전 자율주행, 사람이 타지 않고도 움직이는 무인 주행차[40]로 나누었다.

우리나라의 자율주행차의 현황을 살펴보면 우리나라에서는 2016년 2월 12일 자동차관리법 개정안이 시행되면서 자율주행차의 실제 도로주행이 가능해졌다. 현대자동차의 제네시스는 실제 도로주행을 허가받은 제1호차로, 국토교통부가 지정한 고속도로 1곳과 수도권 5곳 등을 시험운행 중에 있다. 세종시 도담동 일대에서 운전석이 없고 사각형 형태의 버스가 다니는 데 이것이 한국교통연구원(KOTI)이 운행 시험 중인 자율주행 버스이다. 한국교통연구원 연구단은 이번 시연을 위해 2018년 세종특별자치시의 실증 대상지 설계를 거쳐 2019년 중소형버스 2대를 제작해 시험운행을 완료하였다.

완전 자율자동차 시대가 되면 우리 삶과 연관된 많은 부분에도 큰 변화를 가져올 것이다. 자율주행 기술은 도로 환경만 바꾸는 건 아니다. 완전 자율주행 기술이 상용화되면 운전대가 사라지면서 실내 공간 구성과 자동차 이용 행태가 달라지고, 우리의 라이프 스타일도 바뀔 것이다.

(2) 드론(Drone)

드론은 조종사 없이 무선전파의 유도에 의해서 비행 및 조종이 가능한 비행기나 헬리콥터 모양의 군사용무인항공기(UAV·unmanned aerial vehicle/uninhabited aerial vehicle)의 총칭이다. 2010년대를 전후하여 군사적 용도와 다양한 민간 분야에도 활용되고 있다. 대표적인 것이 화산 분화구 촬영처럼 사람이 직접 가서 촬영하기 어려운 장소를 촬영하거나, 인터넷 쇼핑몰의 무인(無人)택배 서비스이다.

'하늘 위의 산업혁명'으로 불리는 드론의 상업용 시대가 열리면서 4차 산업혁

---

40) https://terms.naver.com/entry.naver?docId=2166633&cid=42107&categoryId=42107

명 기술이 다시 한번 우리를 놀라게 했다. 아마 4차 산업혁명이 가져다줄 가장 큰 변화는 물류를 포함한 운송 분야가 될 것이다. 예전에는 뭐 하나를 사더라도 사람이 직접 움직여야 했지만, 온라인 쇼핑몰의 발전에 따라, 클릭 한 번에 제품이 집 앞으로 배달된다. 미국에서는 주부가 저녁 준비를 하다가, 음성비서 제품인 '에코'에게 필요한 재료를 물어보면 에코에 탑재된 인공지능 알렉사가 아마존에 필요한 제품을 주문하고, 아마존 물류창고 로봇인 키바(Kiva)가 주문 제품을 직원에게 갖다 준다고 한다. 드론이 배달할 수 있는 시스템은 준비돼 있지만, 정부 허가를 받지 못해 상용화되지 못할 뿐이다. 특히나 소비자의 욕구가 다양화되고 있는 요즘, 유통, 물류, 제조가 하나의 영역으로 융합되고, 온라인에서는 IT, 오프라인에서는 물류(Logistics)가 합쳐진 O2O(Online to Offline) 기반 라스트 마일(소비자가 구매한 상품을 최종 목적지까지 배송하는 과정) 서비스 확대로 물류가 새로운 플랫폼으로 급부상할 전망이라고 예측하고 있다[41].

▼ 그림 4-33 카메라 장착된 드론

출처: 저자 직접 촬영 대구 상인동 소재 아파트 상공

---

41) 대한민국 정책브리핑 http://www.korea.kr/news/reporterView.do?newsId=148828637

2. 3D 프린팅(3D Printing)

3D 프린팅(3D Printing)은 평면으로 된 문자나 그림을 인쇄하는 것이 아니라 인쇄하듯 기기에 입력된 사물을 인쇄하듯이 3차원 공간에 입체물을 찍어내는 것을 말한다. 3D 프린팅 기술은 30여 년 전인 1983년 시작됐다. 지금도 3D 프린팅 시장에서 선도적 위치에 있는 3D 프린팅 기술 전문 업체 '3D 시스템스(3D Systems)'의 공동 창업자 찰스 헐(Charles W.Hull)이 기술의 주인공이다. 찰스 헐은 시제품 생산 단계에서 3D 프린팅 기술을 고안했다. 제품을 완성하기 전에 시제품을 제작하는 시간을 단축하기 위함이었다.

헐이 처음으로 고안한 방식은 '스테레오리소그래피(SLA, Streolithography Apparatus)' 라고 불린다. 지금도 3D 프린팅 산업 현장에서 자주 쓰이는 기술이다. SLA 방식은 캐드(CAD) 등 3D 모델링 소프트웨어로 설계한 입체 모형을 여러 개의 얇은 층으로 나누는 기술을 말한다. 마치 지도의 등고선을 얇은 층으로 분리한 것 같은 평면을 쌓아 올려 입체감 있는 물체를 완성하는 것이 3D 프린팅 기술의 기본 원리다.

헐의 30여 년 전 바람대로 3D 프린팅 기술은 산업, 특히 제조업 현장에서 매우 유용하다. 3D 프린팅 기술은 실제 제품을 완성하기 전 디자인을 미리 보기 위한 '목업(mock-up, 실물 크기 모형)' 제작 단계를 혁신한다. 3D 프린팅 기술을 활용하지 않는다면, 목업 제작에 걸리는 시간은 일반적으로 수 주에서 한 달이 넘는다. 3D모델링 소프트웨어로 설계한 제품 디자인을 목업 제작 전문가에게 전달한 후에도, 최종 결과물을 받아 보기까지는 디자인이나 세밀한 부분을 수정하는 데 많은 시간이 필요한 탓이다.

이 길고 지루한 과정을 3D 프린팅 기술은 단 몇 시간 안에 끝낼 수 있게 해준다. 시제품 제작에 드는 비용을 절감할 뿐만 아니라 제품의 완성된 디자인이 외부로 유출되는 사고도 방지할 수 있다. 3D 프린팅 기술로 얻을 수 있는 부가가치인 셈이다. 헐의 발명으로 시작된 3D 프린팅 기술은 오늘날 시장을 조직하는 여러 기술개발로 이어졌다. SLS(Selective Laser Sintering, 선택적 레이저 소결) 방식과 FDM(Fused Deposition Modeling, 용융 적층 모델링) 방식의 3D 프린팅 기술이 대표적이다. SLS는 분말을 도포해 굳히는 방식으로 물체를 만드는 것이고, FDM은 플라스틱 소재의 필라멘트를 열로 녹여 압출한 후 상온에서 굳혀 물체

출처: http://www.viva100.com/main/view.php?key=20181022010007507

를 쌓아올리는 것이다[42].

3D 프린팅(3D Printing) 기술은 대형 풍력발전기부터 소형 의료 임플란트에 이르기까지 광범위하게 응용되고 있으며, 자동차, 의료, 생활용품, 자동차 부품, 항공, 우주, 군수 산업까지 활용이 가능하다. 대량생산 제품과는 달리 3D 프린팅 제품은 쉽게 맞춤 생산이 가능하다. 프린터의 크기와 가격, 프린팅 속도가 아주 빠르게 개선되고 있으며 회로판과 같은 통합전자부품에서 심지어는 인간의 세포와 장기까지 만들어 낼 정도로 적용범위가 확장될 것이다.

3D 프린팅의 종류는 만드는 방식에 따라 적층형과 절삭형으로 구분된다. 적층형은 아주 얇은 2차원의 면을 층층이 쌓아 올리는 방식이며, 절삭형은 커다란 덩어리를 조각하듯이 깎아서 만든다. 절삭형의 경우 불필요한 부분을 깎아서 만들기 때문에 재료의 손실이 발생하게 되지만 적층형은 재료의 손실이 없어 현재 보급되는 대부분의 3D 프린팅은 적층형이다.

3D 프린터로 하는 작업은 주로 시제품을 만들기 위해서였다. 시제품을 만들

---

42) https://terms.naver.com/entry.naver?docId=3546214&cid=42171&categoryId=58497

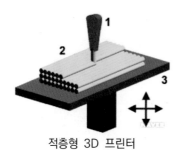

적층형 3D 프린터   절삭형 3D 프린터

출처: https://terms.naver.com/entry.naver?docId=3386848&cid=58369&categoryId=58369

어 보면 제품에 어떤 문제들이 있는지 쉽게 파악이 가능하기 때문이다. 주로 맞춤형 기반의 다품종 소량 생산의 특성을 지닌 제조업 분야에 적용할 수 있었다. 보통 플라스틱 소재를 사용하는데 고무, 금속, 세라믹과 같은 다양한 소재들도 사용되고 있다. 이후 소재분야에서 기술개발이 거듭되면서 그래핀, 기능성 나노입자 등의 나노물질, 친환경 소재나 세포와 같은 바이오 소재 등을 혼합하여 원하는 기능성을 갖는 신소재도 개발되고 있다.

특히 의료분야는 가장 적극적으로 3D 프린팅 기술을 도입하고 있다. 관절, 치아, 두개골, 의수, 인공장기 등을 만드는 데 이용하고 있다. 3D 프린터를 갖춘 병원은 점차 늘고 있는데, 오래전부터 MRI나 컴퓨터 단층촬영(CT)같은 영상장비를 사용해서 3차원 영상에 대한 경험이 충분하기 때문이다. 3차원 영상자료를 보는 것 보다 3D 프린팅을 통해 실제 출력해서 보게 되면 뼈와 장기가 어떤 모양으로 얼마나 손상이 됐는지 쉽게 이해할 수 있기 때문이다.

2002년 미국 캘리포니아 의대 성형외과에서는 100시간이 걸릴 거라던 세쌍둥이 분리수술을 22시간 만에 성공적으로 마쳤다. 세쌍둥이가 붙어있는 부분을 자기공명영상(MRI)로 찍은 뒤 3차원으로 인쇄하였다. 인쇄물에는 두 아이의 내장과 뼈가 마지 진짜처럼 세세히 나타나 있었고, 인쇄물로 예행연습을 통해 성공적으로 수술을 끝낼 수 있었다. 2015년 영국 북아일랜드에서 코가 없이 태어난 아이에게 3D 프린터로 출력한 코를 이식하기도 했다.

▼ 그림 4-36 3D 프린터로 만들어진 인공 관절, 인공 치아, 인공 귀, 인공 동맥

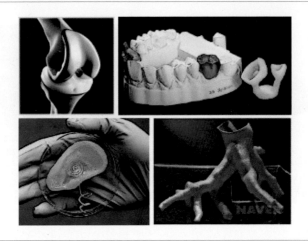

출처: https://terms.naver.com/entry.naver?docId=3386848&cid=58369&categoryId=58369

3. 로봇공학

로봇은 사람과 유사한 모습과 기능을 가진 기계, 또는 무엇인가 스스로 작업하는 능력을 가진 기계로 정의되고 있다. 이러한 정의에 의하면, 로봇은 '로봇'이란 용어가 등장하기 전에도 존재했다고 볼 수 있다. 역사상 최초의 로봇으로는 '탈로스(Talos)'가 꼽히는데, 2017년에 스페인의 팔 로보틱스(PAL Robotics)는 자사의 인간형 로봇(humanoid robot)에 탈로스란 이름을 붙였다. 탈로스는 그리스 신화에 등장하는 인조인간으로 크레타 섬을 지키는 파수병 역할을 했다. 온몸이 청동으로 된 탈로스는 뜨겁게 달아오른 몸뚱이로 적들을 덥석 꺼안아서 죽이기도 했다고 한다.

과거에는 로봇의 역할이 일부 산업에 특정되었지만 현재는 정밀농업에서 환자의 간호까지 광범위한 범위에서 업무를 처리 할 만큼 활용도가 높아지고 있다. 향후 로봇공학의 발달로 인간과 로봇의 협력은 일상화 될 것이다. 다양한 분야에서 발전된 기술로 복잡한 생물학적 구조를 활용할 수 있게 되면서 로봇의 구조 및 기능적 디자인은 훨씬 뛰어난 적응성과 유연성을 갖추어가고 있다.

센서의 발달로 로봇은 주변 환경을 더 잘 이해하고 그에 맞춰 대응도 하며,

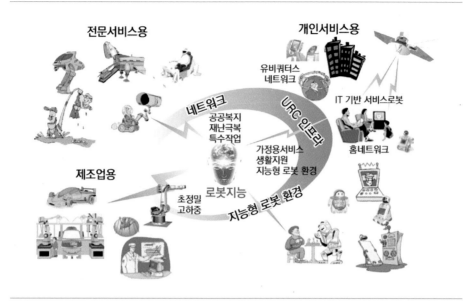

전문서비스용

개인서비스용

유비쿼터스
네트워크

네트워크

공공복지
재난극복
특수작업

URC 인프라

IT 기반 서비스로봇

홈네트워크

제조업용

가정용서비스
생활지원
지능형 로봇 환경

초정밀
고하중

로봇지능

지능형 로봇 환경

출처: https://terms.naver.com/entry.naver?docId=3473029&cid=58468&categoryId=58468

가사 등 폭넓고 다양한 업무를 수행할 수 있게 되었다. 클라우드 서버를 통해
원격 정보에 접근이 가능하고, 다른 로봇들과 네트워크로 연결될 수 있다. 차세
대 로봇은 '인간과 기계의 협업'을 중점으로 개발될 것이다.

로봇연구가 본격화되면서 '협동적인 로봇(collaborative robot)'을 줄인 '코봇
(cobot)', 인간과 대화를 하는 '챗봇(chatbot)', 로봇을 뜻하는 '로보(robo)'와 자산
운용 전문가를 뜻하는 '어드바이저(advisor)'의 합성어인 '로보어드바이저(robo-
advisor)'등과 같은 신조어가 생겨나고 있다.

로봇은 분류 목적에 따라 산업용 로봇, 서비스용 로봇, 특수목적용 로봇으로
구분할 수 있다. 산업용 로봇은 산업현장에서 인간을 대신하여 제품의 조립이나
검사 등을 담당하는 로봇이다. 처음 만들어진 로봇도 반복적이고 위험한 노동에
서 인간 노동력을 대신하기 위한 산업용 로봇이었다. 서비스 로봇은 청소, 환자
보조, 장난감, 교육실습 등과 같이 인간 생활에 다양한 서비스를 제공하는 로봇
이다. 특수 목적용 로봇은 전쟁에서 사용되거나 우주, 심해, 원자로 등에서 극한
작업을 수행할 수 있는 로봇이다.

지능 여부에 따라서는 '일반 로봇'과 '지능 로봇(Intelligent Robots)'으로 구분하기도 한다. 앞서 설명한 로봇은 모두 일반형 로봇이다. 이에 비해 주변 환경을 스스로 인식한 후 자신의 행동을 조절하고 결정하는 로봇을 지능형 로봇이라고 한다. 기존의 로봇과 차별화되는 것은 상황판단 기능과 자율 동작 기능이 추가되었다. 로봇 분야에서 인공지능을 도입하고자 하는 시도는 상당히 오래전부터 시작되어 산업용 로봇이나 서비스 로봇에서 효과를 보고 있다. 로봇 자체의 조작기능이나 제어기능에 중점을 두기보다 사용자와의 상호작용을 중요하게 생각하여, 정보를 제공하거나 감성적인 교감이 가능하도록 했다. 최고 단계의 로봇은 스스로 생각할 수 있는 인공지능과 인간의 몸을 결합한 것이 될 것이다.

로봇 시장은 가정, 복지, 교육, 오락, 의료, 국방, 사회 안전, 해양, 환경 등으로 확대되고 있다. 산업현장에서는 단조로운 반복 작업이나 사람이 직접 하기 어렵고 위험한 일을 대신하고 있다. 따분한 반복적인 일들은 사람보다 로봇이 더 효율적이다. 로봇은 휴식시간 없이 계속 생산할 수 있으며, 일정한 정밀도를 유지하면서 지속적으로 일을 할 수 있어 사람보다 더 효율적이다. 로봇은 사람이 직접 하기 힘든 일이나 방사성물질의 취급, 유독화학 물질을 취급등 위험한 일을 할 수도 있으며 폭발물을 제거하는 일도 직접 할 수 있다. 사람이 일하기에는 너무 덥거나 추운 환경에서도 작업이 가능하며 시간에 구애받지 않고 맡은 일을 처리를 할 수 있다. 우주 공간에서도 인공위성을 수리하거나 유지하는데 사용되기도 하고, 보이저호와 같이 탐사와 발견을 목적으로 먼 천체까지 비행하는 것도 로봇이 한다.[43]

로봇과 달리 '사이보그(cyborg)'는 생물체와 기계의 복합체로 뇌를 제외한 신체의 일부를 기계로 대체한 개조인간 또는 개조 생명체를 말한다. 기계공학과 생명공학을 융합한 사이보그 분야는 의수, 의안, 의족, 인공관절, 인공장기 등에 많이 사용되며 이를 통해 인간이 기계의 도움으로 더 원활한 삶을 살 수 있게 한다. 이 예로는 영국의 우주물리학자 스티븐 호킹 박사를 들 수 있다.

---

43) 이철환, 『인공지능과 매래경제: AI가 경제를 만나다.』, 다락방, 2018, pp.122–132.

4. 신소재

자가 치유와 세척이 가능한 소재, 형상기업합금, 압전세라믹과[44] 구정 등 스마트 소재를 활용한 제품들이 있다. 하지만 신소재 발전이 어떤 방향으로 전개될 것인지는 예상하기 쉽지 않다. 그래핀과 같은 최첨단 나노 소재를 예로 들어보자.

그래핀(graphene)은 강철보다 200배 이상 강하고, 두께는 머리카락의 100만의 1정도로 매우 가늘며, 뛰어난 열과 전기의 전도성을 갖추고 있다. 그래핀이 가격 경쟁력까지 갖추게 된다면[45] 제조업과 인프라 상업의 판도를 바꿀 수도 있다.

▼ 그림 4-38 그래핀

출처: 게티이미지 뱅크

---

44) 물리적 압력이 가해지면 전기가 발생하는 모듈을 세라믹 소자로 구성하는 기술. 유동 인구가 많은 지하철역이나 백화점, 통행 차량이 많은 교량 등에 설치해 전기를 생산하여 활용할 경우, 전기 에너지를 절약할 수 있다. 일본의 경우, 하루 최대 90만 명이 왕래하는 시부야역 바닥에 압전 세라믹 기술을 적용하여 30인치 LCD TV를 4시간가량 시청할 수 있을 정도의 전력을 생산하고 있다.

45) 1마이크로미터 크기의 그래핀 가격은 1,000달러 이상으로 그램으로 환산하게 되면 지구상에서 가장 비싼 물질이다. 클라우스 슈밥, 송경진 옮김, 『클라우스 슈밥의 4차 산업혁명』, 메가스터디, 2016, p.40.

그래핀 나노 소재는 다양한 성능을 가지기에 그 응용 분야는 무궁무진하다. 특히 뛰어난 강도, 열전도율, 전자이동도 등이 요구되는 디스플레이, 2차 전지, 태양 전지, 자동차, 조명 등 다양한 산업에 응용되어 핵심 소재로서 주목받고 있다.

그래핀의 응용 분야로는 디스플레이 및 태양전지, 광학필터 및 전자차폐제, 터치스크린, 방열 필름, 코팅 재료, 초박형 스피커, 바닷물 담수화 필터, 2차전지용 전극, 초고속 충전기 등 다양하다[46].

제4절   생물학 기술

생물학 분야 중 유전학[47]의 혁신은 놀라울 정도다. 유전자 염기서열분석 비용은 줄고 절차는 간소해졌으며, 최근에는 유전자 활성화 및 편집(Edit) 기술까지 가능해졌다. 다음 단계는 합성생물학(Synthetic Biology)[48]이다. 이 기술로 DNA를 기록하여 유기체를 제작할 수 있다. 여기서 발생하는 윤리적 쟁점[49]들이 있지만, 기술적 내용에 초점을 두고 보면, 합성생물학의 발전은 의학 분야에 직접적인 영향을 줄 뿐만 아니라 농업과 바이오 연료 생산에도 해법을 제시할 수 있게 될 것이다.

---

46) [네이버 지식백과] 그래핀 [graphene](화학백과)

47) 생물의 각종 행태나 성질이 자손에게 전해지는 구조와 각 개체에서 어떻게 나타나게 되는지 연구하는 학문

48) 새로운 생물학적 부분, 장치, 시스템을 디자인하고 구축하기 위해 또는 기존에 존재하는 자연 상태의 생물학적 시스템을 새로운 생물학적 시스템이나 인공생명체를 만드는 등 특정 목적으로 재설계하기 위해 사용하는 기술

49) 유전공학의 발전으로 한계를 극복할 수 있게 되면서 윤리적 문제가 대두되었다. "의학 연구와 치료에 유전자 편집 기술이 얼마나 큰 변화를 가져올 것인가?"에 대한 문제다. 소의 유전자를 조작해서 혈우병 환자에게 부족한 혈액응고 요소가 첨가된 우유를 생산하게 될 날이 멀지않았고, 인간에게 이식할 장기를 돼지의 몸 안에서 기르기 위해 유전자를 조작하는 연구도 진행 중이지만 인체의 면역거부 반응과 동물의 질병이 인간에게 전이 될 위험성 때문에 아직까지는 실행 단계에 있지 못하고 있다.

1. 유전학

심장병과 암과 같은 수많은 난치병은 유전적 요소가 있다. 비용대비 효율적인 유전자 서열분석 기기 활용을 통해 효과적인 개인 맞춤형 헬스케어라는 혁신이 일어날 것이다. 암 발병에 관여하는 유전자 구성을 밝힘으로써 의사는 환자에 적합한 암치료법을 결정할 수 있게 될 것이다. 유전표지(Genetic markers)와 질병사이에는 아직 밝혀지지 않은 부분들이 많다. 하지만 데이터가 축적될수록 개인별 맞춤 의료서비스의 정밀 의료가 가능해 질 것이고, 예후가 좋은 표적치료법도 발전할 수 있을 것이다. 이미 IBM의 슈퍼컴퓨터 '왓슨(Watson)'은 몇 분만에 질병과 치료기록, 정밀검사와 유전자 데이터 등을 거의 완벽한 최신 의학지식으로 비교·분석하여 암 환자들에게 개인 맞춤형 치료법을 권해주고 있다[50].

생물학 분야에서 편집이 가능하다는 것은 어떤 종류의 세포에도 이를 적용할 수 있다는 의미다. 인간을 포함한 성체세포를 변형할 수 있을 뿐만 아니라 유전자변형 동식물도 만들어 낼 수 있다는 것이다. 빠르게 발전하고 있는 생물학의 한계는 더 이상 기술적인 문제가 아닌 법, 규제, 윤리의 문제다. 실제로 적용할 수 있는 분야는 매우 넓어져서 동물의 유전자를 변형시켜 보다 경제적이고 지역 환경에 더 적합한 방식으로 기를 수 있게 되었고, 극단적인 기후나 가뭄에서도 자랄 수 있는 식용 작물을 재배할 수도 있다.

2. 합성생물학

유전자 편집 기술이 3D 제조업과 기술이 융합되면서 조직 복구와 재생을 위한 생체조직을 만들어 내기도 했다. 이를 바이오 프린팅(Bioprinting, 생체조직프린팅) 기술이라고 한다. 이미 이 기술을 이용하여 피부와 뼈, 심장과 혈관 조직을 만들어냈다. 간세포를 여러 층으로 쌓아 올린다면 이식용 장기를 만들어 낼 수도 있을 것이다. 우리의 활동량을 모니터하고 혈액화학값을 분석하여 이러한 신체 컨디션이 웰빙과 정신건강, 가정과 직장에서의 생산성에 관계하는지를 알 수

---

50) Ariana Eunjung Cha, "Watson's Next Feat? Taking on Cancer," The Washington Post, 27 June 2015., 클라우스 슈밥, 송경진 옮김, 『클라우스 슈밥의 4차 산업혁명』, (서울: 메가스터디, 2016), p.46.

있게 해주는 기기들을 활용하는 방법도 개발 중이다. 또한, 인간의 뇌 기능에 대해서도 많은 부분이 밝혀졌으며, 신경과학 기술 분야에서도 많은 연구들이 진행 중이다.

생물공학은 다른 분야와는 다르게 사회적 규범과 규제를 만드는데 가장 어려움이 많을 것으로 예상된다. 인간이란 무엇인지, 자신의 신체와 건강관련 데이터를 타인과 공유할 수 있는지, 또는 공유를 해도 되는 것인지, 다음 세대를 생각했을 때 우리에게 유전자 코드를 조작할 권리가 있는 것인지, 그렇다면 우리가 가져야 할 책임감은 무엇인지 등 새로운 질문들이 넘쳐나고 있다.

유전편집 기술로 돌아가서 오늘날에는 생존가능배아(Viable Embryos) 내에서 인간유전체를 만드는 일이 훨씬 쉬워졌다. 다시 말해서 미래에는 특정 유전 특질을 지니거나 특정 질병에 저항력이 있도록 설계된 아기가 태어날 가능성이 있다는 뜻이다. 유전자 기술이 야기할 중대한 사회적, 의학적, 윤리적, 심리적 난제들을 풀어가야 하고, 세상을 바꿀 수 있는 기술의 진보가 계속해서 이루어지고 그 과정에서 최상의 결과가 나올 수 있도록 해야 한다.

스마트사회의 이해
SMART · SOCIAL

PART

03

스마트사회로 진화

CHAPTER
05

스마트사회로 직업 및 역량 변화

제1절   스마트사회 직업 세계의 변화

1. 산업혁명 진화 과정에 따른 직업 변화

세 차례의 산업혁명을 거쳐 4차 산업혁명으로 진행되면서 주요 산업의 변화에 따라 직업 분야에도 많은 변화가 생겼다. 산업혁명 전 사회인 농업사회에서는 주력사업이 가내수공업과 농업으로 생산력은 가축과 인력에 의존했다. 1차 산업혁명에서는 증기기관의 발명으로 기존 농업사회에서 가축과 인력에 의존했던 생산력을 증기기관이 대체하게 되고 가내수공업이 공장제조업으로 전환되면서 가내수공업 종사자들은 줄어들고 공장 노동자들이 증가하게 되었다.

이러한 1차 산업혁명의 직업 변화를 거쳐 2차 산업혁명의 전기 발명, 3차 산업혁명의 정보통신 발전에 따라 기존 직업들이 소형화, 자동화되고 사람이 하던 일을 기계가 대신하게 되면서 직업 세계에도 큰 변화가 생겼다. 그 과정에서 생산의 효율성과 편리성 측면의 변화는 긍정적인 요소로 평가되었으나 많은 일자리가 줄어들거나 사라져 직업의 안정성을 저해하는 부정적인 요소도 발생하였다. 이러한 변화에 반하여 발생한 1차 산업혁명 때의 기계 파괴 운동인 '러다이트 운동'이 이를 보여주는 대표적인 사례라 할 수 있다.

그동안의 산업혁명 과정에서 획득한 경험적인 판단[1])에 의해서 4차 산업혁명에 의한 직업의 변화에 부정적인 예측을 하는 사람도 있다. 1, 2차 산업혁명은 육체노동을 하던 블루칼라 직업군이 직업 변화에 따라 실업으로 타격을 받았다면, 4차 산업혁명에서는 의사, 변호사와 같은 전문직의 화이트칼라 직업군이 그 대상이 될 것이다.

반면에 산업의 발달로 새로운 분야의 일자리가 창출되기 때문에 없어지거나 줄어드는 일자리의 문제를 충분히 해소할 수 있다는 주장도 존재한다. 딜로이트 컨설팅[2]은 2017년에 분석한 자료를 통해 새로운 사업이 조기에 정착되고 단계적으로 자동화가 순조롭게 이루어진다면 오히려 기술이 발전하면서 줄어드는 일자리보다 더 많은 일자리가 창출될 것이라고 전망했다. 피터 디아만디스 교수는 저서 『어번던스(Abundance)』(부제: 미래는 당신이 생각하는 것보다 낫다)에서 "로봇은 인간이 하는 일 중 힘들기만 하고 적절한 보상을 받지 못하는 일들, 즉 반복적이고 육체적으로 부담이 큰 공장 일 등 몇 가지를 맡게 될 것이며, 인간이 새롭고 더 보람 있는 일에 전념할 수 있게 도울 것"이라고 하였다.

일반적으로 산업혁명을 거치면서 기술은 발전했고, 기술이 발전하면서 생산성은 향상되었다. 생산성이 비약적으로 향상되었다는 것은 사람이 하던 일이 기계로 대체되면서 생산량이 증가한 것을 말하는 것으로, 물건을 만들어 내는데 들어가는 노동량이 줄어들었다는 것을 의미한다. 또한, 기계라는 새로운 기술이 도입되면서 기계를 다루고 관리하는 새로운 직업이 생기게 되었는데, 긍정적인 예측을 하는 경우 이와 같은 직업 창출 과정을 토대로 긍정적인 예측을 한 것으로 보인다.

하지만 새로운 직업군이 생긴다고 일자리가 늘어나는 것일까? 10명이 일하던 것을 기계 1대로 대체할 수 있었고, 기계를 다룰 수 있는 1명의 사람만 있으면 10명이 생산하던 것보다 더 많은 생산을 할 수 있게 되었다. 그리고 기존에 생

---

1) 두 가지의 경험적 판단을 할 수 있다. 첫 번째로 기술혁신에서 큰 진전을 보일수록 실업에 대한 두려움도 커진다. 두 번째는 기술혁신은 기존 직업을 소멸시키는 동시에 새로운 직업을 만들어 낸다. 그러나 사라지는 직업에 대한 불안은 새로 등장하는 직업에 대한 기대를 도입한다. 기술에 의해 대체되어 소멸되는 직업은 명확하지만, 새롭게 등장할 직업을 제시하는 것은 상상력을 동원해야 하기 때문일 것이다. 조 원영, "지능정보 사회, 새로 등장 할 유망직업은?" (출처: 과학기술정보통신부, https://blog.naver.com/with_msip/220856579232)

2) 딜로이트컨설팅은 PwC, Ernst & Young, PKMG와 함께 세계 4대 회계법인 중 하나이다. 영국 런던에서 윌리엄 웰치 딜로이트에 의해 창립되었다.

산에 투입되던 사람 중 기계 기술자라는 새로운 직종에 일을 시작하는 사람이 있다고 했을 때, 줄어든 10명의 일자리, 그리고 새로 생겨난 일자리가 1개라고 했을 때, 과연 없어진 일자리를 대체할 수 있을 정도로 새로운 일자리가 생겨난 것일까? 이처럼 4차 산업혁명의 시대에 접어든 이 시점에서 단순하게 없어질 직업의 수와 새롭게 생겨날 직업의 수에 대해서 논의하는 것은 적절하지 못하다. 기계를 생산하는 생산자와 사후 관리하는 서비스업, 기계의 운송업, 제품판매 광고업 등을 고려하여야 할 것이다.

피터 디아만디스(Peter Diamandis)[3]교수는 자동화 속도가 사회적 격변을 초래할 수도 있다고 우려하면서, "기술적 실업이 빠르게 다가오고 있고, 심각한 사회적 불안으로 이어질 가능성이 있다."고 강조하고 앞으로 다가올 변화의 규모보다 변화의 속도에 우려감을 표했다. 과거와는 달리 새로운 일자리가 생겨나기도 전에 수백만 개의 일자리가 순식간에 사라져버릴 정도로 기술이 빠르게 발전하고 있다. 기존의 직업들은 전문화, 세분화될 것이며 융합형 직업과 과학기술을 바탕으로 새로운 직업이 등장할 것이다[4]. 아래 <표 5-1>은 산업혁명 별 핵심변화와 사라진 직업, 새로운 직업을 표한 것이다.

〈표 5-1〉 산업혁명 진화 과정에 따른 직업 변화

1차 산업혁명	• 핵심 변화 증기기관이 공장과 교통수단에 활용되면서 생산과정이 기계화되고, 제품을 이전보다 빠르게 수송할 수 있게 되었다. 이로 인해 기존 가내수공업 중심의 산업이 공장제조업으로 변화. • 사라진 직업 열에너지를 방직기를 움직이는 운동에너지로 전환한 증기기관이 사용되면서 사람의 노동력으로 면직물을 만들 필요가 없게 되어 가내수공업 종사자들이 사라짐. • 새로운 직업 면직물의 대량생산으로 인해 방직기를 운용·관리할 사람들이 필요하게 되면서 일자리를 잃은 가내 수공업자들이 공장 근로자로 전환되었음.

---

3) 구글과 3D 시스템스, 미 항공우주국(NASA)이 후원하는 실리콘밸리 소재 창업교육 기관인 싱귤래리티 대학(Singularity University)의 학장
4) 한국과학기술기획평가원(KISTEP), 『[10년 후 대한민국 미래전략 보고서] 미래 일자리의 길을 찾다』 보고서 요약본, p.2.

2차 산업혁명	• **핵심 변화** 석유자원과 전기에너지를 활용해 강력한 에너지를 얻게 되면서 자동화된 대량생산 체계가 구축. 이로 인해 생산이 표준화되고, 분업화가 가능하게 됨. • **사라진 직업** 볼링장에 핀보이라는 직업이 사라짐. 과거에 자동화되지 않은 볼링 기계로 인해 핀들이 넘어지면 핀보이가 직접 하나하나 세워야 했으나, 전기를 활용한 자동 핀 세터가 발명되면서 핀보이가 핀을 직접 세울 일이 없어짐. • **새로운 직업** 전화교환수라는 직업이 새롭게 생겨남. 전화기가 발명되면서 전화를 교환해줄 사람(상대방에게 연결 해 줄 사람)이 필요했음.
3차 산업혁명	• **핵심 변화** 자동화 및 인터넷 기술의 발달로 컴퓨터를 통해 언제 어디서든 필요한 정보를 송수신할 수 있는 여건이 구축하였음. 특히 인터넷이 대중화되어 정보를 기반으로 한 서비스업이 활성화됨. • **사라진 직업** 항법사가 사라짐. 무선통신기술이 발달하기 이전에는 항법사가 비행에서 꼭 필요한 사람이었으나 GPS 등 관성 항법장치가 도입되면서 자동으로 비행고도와 시간 등을 알려주게 되어 조종사 스스로 비행에 필요한 자료를 얻을 수 있게 되었음. • **새로운 직업** 웹 디자이너 직업이 생겨남. 사람들이 인터넷을 많이 사용하게 되자 웹사이트의 필요성이 증가하고 상업적 가치가 높아지게 되었고, 인터넷 이용자들을 웹사이트로 유인하기 위해 웹디자인의 중요성이 커지면서 이를 전문으로 만드는 직업인이 등장.
4차 산업혁명	• **핵심 변화** 사물인터넷(IoT), 인공지능(AI), 가상현실(VR), 증강현실(AR), 3D 프린팅과 융복합, 생명공학과 바이오 등 핵심기술의 등장으로 이와 관련된 직종의 일자리에 많은 변화가 일어날 것임. • **사라질 직업** 인공지능의 도입으로 기계가 음성을 인식하고, 답하는 것이 가능해짐. 따라서 비용적으로 효율적인 AI를 구입하는 곳이 늘어나면서 텔레마케터가 사라질 전망. • **새로운 직업** 빅데이터 전문가 직업이 생겨남. 사물인터넷(IoT) 등을 통해 많은 데이터가 쌓이게 되고, 이를 수집 가공하여 사용자 편의에 맞게 정보를 추출하여 합리적인 의사결정을 내리는 빅데이터 분석가의 수요가 늘어날 전망.

2. 스마트사회의 직업 특징

구글이 선정한 최고의 미래학자 토머스 프레이는 "미래 일자리 중 60%는 아직 만들어지지도 않았다"고 하였다. 다보스의 세계경제포럼에서 발표된 '일자리의 미래(The Future of The Jobs)' 보고서에 따르면 2016년 초등학교에 입학하는 어린이들의 약 65%가 현재 존재하지도 않는 새로운 직업을 갖게 될 것이다.

1910년대 초, 포드사가 자동차를 대량생산하면서 마차를 끌던 마부는 일자리를 잃게 되었지만, 자동차 운전기사와 자동차 생산에 종사하는 기술자는 급격히 늘었다. 인쇄산업도 활자 인쇄에서 컴퓨터출판으로 인쇄방식이 바뀌면서 활자를 고르는 문선공과 조판공이 사라지고, 편집 디자이너가 새로운 직업으로 자리 잡게 되었다. 또한, 컴퓨터의 출현과 인터넷의 등장으로 컴퓨터 기술자, 소프트웨어 개발자, 프로게이머, 온라인게임 개발자 등 새로운 직업들이 대거 등장하였다. 이와 같은 기술의 발전으로 직업 구조에 많은 변화가 일어나고 있다, 향후 4차 산업혁명이 진화될수록 4차 산업혁명 시대인 스마트사회의 직업 변화는 더욱 빨라질 것이다. 에듀진(Edujin, 인너넷 교육신문)은 이와 같은 기술발전에 따른 직업 변화는 향후 더욱 빨라질 것이라 보고 '기술 발전에 따른 직업 구조 변화'를 4가지 유형으로 설명하였다.

"첫째, 4차 산업혁명의 핵심기술이 산업화되면서 새로운 직업들이 등장하고 있다. 예를 들면, 사물인터넷 전문가, 인공지능 전문가, 자율주행차 개발자 등이 증가하고 있다.

둘째, 기존 직업이 전문화 및 세분화하고 있다. 예를 들면, IT 보안 전문가는 전문 영역에 따라 사물인터넷 보안 전문가, 핀테크 보안 전문가, 자율주행차 보안 전문가 등으로, 로봇공학자는 산업용 로봇개발자, 서비스 로봇개발자, 웨어러블 로봇개발자, 휴머노이드 로봇개발자 등으로 전문화되고 있다.

셋째, 직무 또는 분야 간 융·복합에 따른 직업이 등장하고 있다. 예를 들면, 금융과 IT 지식이 필요한 핀테크 전문가, 의료와 빅데이터, IT 지식이 필요한 의료정보 분석사에 대한 수요가 증가하고 있다.

넷째, 기존 직업 중에서 역할이 더욱 커지는 직업이 등장하고 있다. 인공지능과 사물인터넷(IoT), 블록체인, 자율주행차 등이 모두 데이터에 관계되는데, 이와 같이 데이터 기반의 경제·사회가 되면서 IT 보안 전문가의 역할이 더욱 커지고 있다. 스마트팩토리에 대한 투자와 보급이 증가하면서 생산공정 설계 기술자와 생산관리 기술자, 품질관리 기술자에 대한 역할이 더욱 중요해질 것이다"[5].

4차 산업혁명은 인공지능(AI), 빅데이터(Big Data), 사물인터넷(IoT) 등을 중심으로 한 첨단기술의 등장과 융·복합이라는 특징을 기반으로 새로운 산업과 비즈니스가 등장할 수 있는 환경을 제공하고 있다. 보스톤 컨설팅 그룹의 보고서는 "2025년까지 독일에서 로봇과 컴퓨터 활용이 증가해 조립 및 생산 관련 일자리 61만 개가 감소할 것으로 예상했다. 반면에 IT나 데이터 사이언스 분야에서 96만 개의 일자리가 새로 창출될 것이라고 내다봤다. 소프트웨어 및 IT 인터페이스 활용 증가, IT와 비즈니스 분야에서 데이터의 중요성 증대, 생산과정에 로봇 도입 등으로 IT 솔루션 아키텍트, 사용자인터페이스 설계자, 산업데이터 과학자[6], 로봇 코디네이터[7] 등의 일자리는 증가할 것으로 전망하였다".

기술발전으로 근로자가 하는 일이 기계나 컴퓨터로 대체되면 필연적으로 어떤 직종은 일자리가 줄어들게 되고, 어떤 직종은 일자리가 증가하기도 한다. 한국고용정보원은 2017년에 4차 산업혁명 시대의 유망 직업으로 사물인터넷전문가, 인공지능전문가, 빅데이터 전문가, 가상(증강/혼합) 현실전문가, 3D 프린팅전문가, 드론전문가, 생명공학자, 정보보호전문가, 응용소프트웨어개발자, 로봇공학자 등 10개를 선정하여 발표한 바 있다. 2021년 한국고용정보원에서 개최한 제2회 대한민국 신직업미래직업 공모전의 수상 직업들을 보면 메타버스 데이터 마케터, 직업 신재생 코디네이터, 의료비서, 디지털시밀러 연구원, 어구 관리사·어업폐기물 관리사, 팝업 스토리 텔러, 유튜브 라이너, 우주 건축가, 인공지능 트레시 네트워크 관리사, 범죄예방 환경전문가, 로봇시스템 생활 활용 교육자, 바이오 어번 근로인, 무인 자동차 자율주행 드라이브 코스 운영 관리인, 스페이스 가디언즈가 있다. 이 직업들은 스마트사회의 미래 준비하기 위해 이해해 둘

---

5) EDUJIN, 인터넷 교육신문 https://www.edujin.co.kr/news/articleView.html?idxno = 32998

6) 산업데이터 과학자는 데이터 추출 및 정비, 고급분석, 신상품 및 생산 적용 등의 업무를 수행하며, 생산과정과 IT 시스템에 대한 이해와 프로그래밍 기술이 필요하다.

7) 로봇 코디네이터는 작업장 로봇을 감독하고 오작동이나 오류 신호에 신속히 대응하는 일을 하며, 로봇 고장 시 대체 인력으로 투입되어 생산 중단에 따른 시간과 피해를 최소화하는 역할을 해야 한다.

가치가 있어 소개한다[8].

미래창조과학부 미래준비위원회의 '10년 후 대한민국 미래 일자리의 길을 찾다.(미래전략 보고서)'에 따르면, 미래 직업 변화에 대해 4가지의 트렌드와 특징을 제시하고 있다. 제시한 4가지 트렌드는 (1) 기존 직업의 고부가가치화, (2) 직업의 세분화 및 전문화, (3) 융·복합형 직업의 증가와 (4) 과학기술 기반의 새로운 직업 탄생이다. 이 4가지 트렌드와 특징을 알아보고자 한다.

(1) 기존 직업의 고부가가치화

기계화 및 자동화로 만들어진 새로운 직업들은 기계가 인간을 대체하는 것이 아니라 인간에게 좀 더 창의력과 인간다운 가치판단을 요구하는 형식으로 발전해 갈 것이다. 기계는 인간의 업무영역의 다수 부분을 대체할 것(맥킨지 경영연구

▼ 그림 5-1 미래직업 변화 트렌드

출처: https://blog.naver.com/tippingkorea/221216435326

8) 출처: 한국고용정보원 https://www.keis.or.kr/main/index.do

소의 연구 결과에 따르면, 전체 직업 중 약 60%의 직업이 자동화 비율을 30% 이상 적용할 수 있다.)이고 따라서 기존 직업들은 더 고도화되어야 없어지지 않고 존재할수 있을 것이다. 또한, 사회적 수요가 다양해지고 높은 수준의 서비스가 요구되면서 직업의 세분화·전문화가 진행될 것이다. 스포츠 기사와 주식 기사처럼 단순한 보도는 이미 로봇이 알고리즘을 통해 기사를 작성하고 있다. 간단한 기사의 경우 기자 없이도 기사를 올릴 수 있다는 것이다. 예를 들면 LA타임스는 지진 보도 알고리즘인 퀘이크봇(Quakebot)을 통해 LA지역 주변에서 발생하는 지진정보를 실시간으로 수집하고 진도 3.0 이상의 지진에 대해서는 관련 보도 기사를 퀘이크봇(Quakebot)이 스스로 작성해서 통보하는 역할을 하고 있다. 영국 '가디언(The_Guardian)' 지는 2013년부터 구아봇(GUABOT)이라는 알고리즘을 통해 주간지의 기사를 작성하고 있다.

오늘날 인공지능 로봇은 더욱 똑똑해져 인간의 절대적 영역이라고 확신했던 화가, 작곡가, 상담사(챗봇), 기자 등의 영역까지도 대체하고 있다. 이에 인간이 기계에 직업능력의 우위를 차지하기 위해서는 보다 더 고도의 유연성과 육체적 적응성, 창의성, 공감 능력 등의 전문성으로 기존의 직업을 고부가가치화하여 나가야 할 것이다. 스마트사회에서는 반복적이고 정형화된 업무들은 서서히 로봇으로 대체되고 인간은 창의력이나 고도의 전문성을 발휘하는 고부가가치 업무에 집중하게 될 것이다. 아래 <표 5-2>는 기존 직업의 고부가가치화로 전개한 사례를 나타낸 것이다.

〈표 5-2〉 기존직업의 고부가가치화 사례

금융 서비스	기존 단순 반복 업무 대신 인간의 직관과 의사결정이 필요한 고부가가치 업무 • 모기지(mortgage)전문가 • 고액자산관리자 • 금융공학자 • 전문외환딜러
의료 서비스	빅데이터 패턴 인식, 클라우드 컴퓨팅 등을 활용하여 단순 반복 업무나 진단 업무를 대체하고 처치와 수술 등 의사 본연의 업무 고도화에 집중 • 응급실 의사 • 암진단 의사
언론	신속한 사실 전달과 대량 데이터 분석에서 탈피하여 창의력과 기획력이 필요한 탐사보도 등에서 가치 판단과 심층 취재를 통해 기사의 고급화 추구 • 분야별 전문 기자 • 관련 분야에 대한 통합적 잡지 발행인

(2) 직업의 세분화 및 전문화

인공지능의 발전으로 일자리가 줄어들 것이라는 비관적 전망을 하는 사람들은 단순하게 일하는 반복 노동 직종은 모두 로봇이 대체할 것으로 전망하고 있으며, 지식 기반의 일자리도 인공지능의 발달로 잠식될 것으로 예측하고 있다. 하지만, 직무 다변화를 통해 기존의 일자리는 새롭게 세분화할 것이고, 기술이 발전함에 따라 전문화된 새로운 일자리가 생겨날 것이다.

직업의 세분화 및 전문화의 가능성을 세계 주요 국가 중 하나인 미국과의 직업 수와 비교해 유추할 수 있다. 한국고용정보원이 발간한 '2014 한국직업사전'에 따르면, 2014년 기준으로 우리나라 직업 수는 약 1만 4,900개이지만 미국의 직업 수는 약 3만여 개에 이른다고 한다. 이렇게 큰 차이가 나는 이유는 우리나라 직업 분류가 상대적으로 세분화가 덜 됐기 때문이다. 예를 들면, 국내에 약 10여 개로 분류되는 간호사 관련 직업은 미국의 경우에는 간호하는 대상이나 수행하는 업무에 따라 약 30개가 넘는 직업으로 분류되어 존재한다. 반려동물 관련 직업의 경우에도 미국에는 수의사 이외에 동물 진료를 돕는 동물간호사만 8~9만 명에 이르지만, 우리나라는 아직 직업으로 정착되지 않았다. 현재 반려동물 인구가 천만을 넘어서고 있는 우리나라에서도 관련 직업의 세분화가 충분히 일어날 수 있을 것으로 예측되는 부분이다.

이러한 시각에 따르면 우리가 주목해야 할 것은 직업(job)이 아니라 직무

〈표 5-3〉 직업의 세분화와 전문화

로봇 엔지니어	로봇을 연구하고 개발하는 직업으로 우리의 일상생활에 도움될 수 있도록 전기, 전자, 컴퓨터, 기계 분야에 대한 지식이 필요. 즉, 전기전문가, 전자전문가, 컴퓨터전문가, 기계전문가 등으로 전문화.
노년 플래너	노인들의 건강, 일, 경제, 정서, 죽음 관리 등의 업무를 수행하는 직업. 즉, 건강전문가, 노년 재무설계사, 상담가, 장례전문가(준비부터 마지막까지) 등으로 세분화.
가상 레크리에이션 디자이너	3D 가상현실 레크리에이션을 설계하는 직업. 스토리텔링 능력과 공간 설계 지식이 필요. 스토리텔링 작가, 공간디자이너 등으로 세분화 및 전문화.
기후변화 전문가	지구온난화의 원인을 파악하여 관련 정책을 수립하는 직업으로 물리학, 환경공학, 기후학, 대기과학 등에 대한 전문 지식이 필요.

(task)이다. 하나의 직업은 수많은 작업과 업무가 하나로 합쳐진 다면적이고 다층적인 성격을 갖고 있다[9]. 이처럼 구성된 직업이 많은 직무로 세분화되면 몇몇 직무만 기계가 대체할 수 있을 뿐이고, 그 외의 직무는 여전히 사람이 담당하고 있을 것이다. 새로운 분야 및 기존 직업의 세분화와 전문화는 기계의 역할 변화가 아니라 인간의 역할 변화로 이루어진다는 의미이기도 하다. <표 5-3>은 기존 직업의 세분화와 전문화로 전개한 사례를 나타낸 것이다.

(3) 융합형 직업의 증가

4차 산업혁명에서는 다양한 분야의 지식과 경험을 융·복합할 수 있는 능력이 중요해질 것이다. 융·복합 현상은 직업 세계에서도 전반적으로 일어날 것으로 예상된다. 2007년에 등장한 아이폰은 융·복합의 결과물이었다. 기존의 핸드폰, MP3, 노트북을 융·복합해서 새로운 것을 창조해낸 것이다. 이러한 기술의 융·복합처럼 스마트사회에서는 하나의 전문분야에서만 생각하는 것이 아니라, 자신이 속한 범주를 벗어나 새로운 영역으로 확장시키는 것이 필요하다.

〈표 5-4〉 융합형 직업의 증가와 사례

요리사 농부	직접 농사지은 신선한 재료를 이용하여 요리를 만드는 사람. 도시 사람들이 신선하고 건강한 재료로 만든 음식을 공급받기 위해 과수원과 농장에 주문 생산하는 수요가 요리사와 결합하여 생겨난 직업.
테크니컬 라이터 (Technical Writer)	전문용어를 쉽게 풀어 집필하는 사람. 매뉴얼라이터(manual writer)라고도 함. 일반 사용자들이 쉽게 이해할 수 있도록 SW매뉴얼이나 새로운 기술의 사용법에 관한 사용서를 쉽고 편리하게 작성하는 전문가. 컴퓨터에 관한 기본적인 지식과 문장 전달력을 갖추어야 함.
사용자 경험 디자이너	사용자의 경험을 바탕으로 상품이나 서비스를 생산하는 사람. 사람의 심리와 행동을 이해하는 심리적 지식과 가상현실(VR), 증강현실(AR) 등 스마트 기술에 대한 이해 및 디자인 감각 등이 필요.
홀로그램 전시기획자	'홀로그래피[10]'를 활용한 전시나 공연을 기획하고 운영하는 사람. 홀로그램 전시는 홀로그램 콘텐츠 기획과 제작, 홀로그램 하드웨어 설치 단계로 이루어지는데 전체 과정을 총괄하고 기술에 대한 이해와 인문학적 소양이 기반이 되는 능력이 필요.

9) 이철환, 『인공지능과 미래 경제』, 다락방, 2018, p.317.
10) 두 개의 레이저광이 만나 일으키는 빛의 간섭효과를 통해 3차원 입체효과를 내는 기술

융합형 직업은 사람들의 관심과 소질의 결합, 기술 또는 지식의 융합, 과학기술과 타 영역 간의 융합으로 새로운 직업이 생겨나는 것을 말한다. 빅데이터, 인공지능(AI) 등 4차 산업혁명의 첨단기술의 발달로 인문, 과학기술, 경영 등과의 융·복합이 더욱 용이해 지면서 관련 분야의 새로운 일자리가 생겨날 것이다. <표 5−4>는 이러한 공학적 지식과 인문학적 지식을 결합한 직업을 나타낸 것이다.

(4) 과학기술 기반의 새로운 직업 탄생

과학기술이 발전하면서, 새로운 과학 영역이 만들어지고 이 과학 영역을 책임질 새로운 직업이 탄생할 것이다. 기술혁신을 경제학적으로 얘기하면 한 사람에게 투여되는 자본량이 증가한다는 것을 의미한다. 밭을 갈기 위해 전에는 한 사람에게 삽을 주었다면 이제는 트랙터를 주게 되었다는 것이다.

과학기술의 진보로 인하여 현재 우리의 상상 속에 머물러 있거나 상상할 수 없는 새로운 산업이 육성되고, 이에 따른 많은 직업이 등장할 것이다. 불과 10여 년 전에는 존재하지 않았으나 현재 각광 받는 직업들은 대부분 기술발전으로 인해 새로운 영역을 창출한 경우에 속한다. 예를 들어, 드론 기술이 상용화됨에 따라 드론 조종사는 새로운 직업으로 부상하였다. <표 5−5>는 과학기술 기반의 새로운 직업 탄생과 사례를 정리한 것이다.

〈표 5-5〉 과학기술 기반의 새로운 직업 탄생과 사례

인공 장기 제조 전문가	의학, 유전공학, 기계공학을 융합하여 신체 기능을 보조하고 신체부위별 인공장기를 배양하고 이식해 주는 전문가. 유전자 프로그래머, 생체모방 로봇 개발자, 외골격 로봇 엔지니어 등의 직업이 병행해서 나타날 것이다.
아바타 개발자	인간의 뇌와 컴퓨터 인터페이스 기술을 연계하여 영화에서처럼 인간을 대체하는 아바타를 만들어 가상공간에서 일어나는 다양한 일들을 수행하는 아바타 개발자. 뇌-컴퓨터 인터페이스 전문가, 기억삭제 전문가 등과 같은 직업군이 새롭게 등장할 것이다.
우주여행 가이드	최근 우주관광 여행의 성공 사례가 늘어나면서 우주관광에 대한 관심이 급상승하고 있는데 이런 사람들에게 우주여행 경험을 도와 주기 위한 직업. 우주항공기술 발달로 우주왕복여행이 보편화됨에 따라 나타나는 우주관련 직업군으로 우주여행 가이드, 우주 광부, 우주 청소부, 우주 농부 등 다양한 직업이 나타날 수 있다.

스마트교통시스템 설계 엔지니어	우리 사회의 다양한 도시문제를 해결하기 위해 스마트 기술을 활용하는 다양한 직업군이 생겨날 수 있음. 도시의 심각한 교통문제를 해결하기 위한 스마트 교통 시스템 설계 엔지니어, 빅데이터 분석에 기반한 사회 안전 시스템 디자이너 등과 같은 직업이 탄생할 수 있다.
공유자산 운용 전문가	최근 공유경제 개념이 대두되면서 소유가 아닌 공유 개념으로 자원을 나눠 쓰는 공유자산 운용 전문가 등이 나타날 수 있다.
첨단과학기술 윤리학자	첨단과학기술의 발달에 따라 인간 복제, 유전자 조작 등이 초래할 수 있는 사회적 파급효과를 윤리적 이슈로 다루는 첨단과학기술 윤리학자, 미디어 윤리학자 등의 등장을 전망해 볼 수 있다.

제2절   스마트사회에 필요한 역량

세계경제포럼(WEF)이 2020년, 스마트사회에서 필요한 역량을 주요 기업의 CEO에게 설문 조사를 의뢰했다. 응답자들은 스마트사회에서 필요한 역량으로 복잡한 문제를 해결할 수 있는 능력(Complex Problem Solving, 36%), 사회적 기술 (social skills, 19%), 프로세스 기술(process skill, 18%), 시스템 기술(systems skill, 17%), 인지능력(Cognitive Abilities, 15%), 자원관리 기술(Resource Management Skills, 13%), 기술적 능력(Technical Skills, 12%), 콘텐츠 기술(Content Skills 10%), 신체능력(Physical Abilities, 4%) 순으로 응답을 하였다[11]. 각 역량에 대한 세부적 기술과 능력은 <표 5-6>에서 설명하고 있다.

스마트사회는 단순, 반복적인 노동에 대한 수요가 감소하는 반면, 고도의 문제 해결 능력과 창의성이 요구되는 일자리 수요는 증가하는 등 고용시장 변동이 예상된다. 고정된 지식을 축적하고 활용하는 능력보다 정보를 적절히 활용하여 문제를 발견하고 최적의 의사결정을 내릴 수 있는 역량이 더욱 필요하게 될 것이다.

주어진 정보를 비판적으로 받아들이고, 남과 다른 자신만의 독특한 관점에서 문제를 바라보며, 경계를 넘나들면서 타 분야 전문가와 소통하고 협력하는 능력

---

11) WEF, The Future of Jobs, January, 2016, p.22. 기업의 CHO(Chief Human resources Officers)에게 15개국 10개의 산업분야에서 노동인력이 가장 많은 분야를 선별해 2020년의 고용상황과 요구되는 능력에 대해 예측하도록 하였다.

〈표 5-6〉 핵심 영역 관련 스킬에 대한 정의

핵심 스킬 영역	필요한 능력	정의
복잡한 문제 해결 영역(Complex Problem Solving)	복잡한 문제 해결	복잡한 실제의 환경에서 등장하는 새롭고 정의되지 않은 문제를 해결하기 위한 역량
리소스 관리 스킬 영역 (Resource Management Skills)	재무관리	작업을 수행하는 데 돈이 어떻게 사용될지 결정하고 이러한 지출에 대해 회계처리할 수 있는 능력
	재료자원 관리	특정 작업을 수행하는 데 필요한 장비, 시설 및 자재의 적절한 사용을 확보하고 파악하는 능력
	인적관리	사람들이 일을 할 때 동기 부여를 하거나 개발 및 지도를 하고, 그 일에 가장 적합한 사람을 식별하는 능력
	시간관리	본인의 시간과 다른 사람의 시간을 관리 할 수 있는 능력
사회적 스킬 영역 (social skills)	타인에 대한 조정능력	다른 사람의 행동과 관련된 작업조정 능력
	감성지수	타인의 반응을 의식하고, 그 사람들이 왜 그렇게 행동(표현)을 했는지 이해할 수 있는 능력
	협상	서로 다른 사람들을 하나로 모으고, 차이점을 조정하는 능력
	설득	타인에게 그들의 마음이나 행동을 바꾸도록 설득하는 능력
	서비스 방향 결정	적극적으로 사람들을 도울수 있는 방법을 모색하는 능력
	다른 사람을 훈련하고 가르칠 수 있는 역량	다른 사람에게 무엇인가 할 수 있도록 방향을 지시하고 방법을 교육시키는 것
시스템 스킬 영역 (systems skill)	판단 및 의사결정	잠재적 조치의 상대적 비용과 편익을 고려하여 가장 적절한 조치를 선택할 수 있는 능력
	시스템 분석	어떻게 상황이 변화하고, 결과에 영향을 끼치는지 시스템 작동방식을 결정하고, 시스템 운영과 환경을 결정할 수 있는 능력
기술 영역 (Technical Skills)	장비 유지관리 및 수리	장비에 대한 정기적인 유지보수를 수행하고 유지보수가 필요한 시기와 종류를 결정하거나 필요한 공구를 사용하여 기계 또는 시스템을 수리할 수 있는 능력

핵심 스킬 영역	필요한 능력	정의
	장비 작동 및 제어	기계가 제대로 작동하는지 확인하기 위한 게이지, 다이얼 또는 기타 표시기 등의 장비 시스템을 작동하고 제어 할 수 있는 능력
	프로그래밍	다양한 목적을 위한 컴퓨터 프로그래밍 능력
	품질관리	제품, 서비스 또는 프로세스의 품질 또는 성능을 평가하기 위한 테스트 및 검사를 수행할 수 있는 능력
	기술과 사용자 환경 설계	사용자 요구를 충족하기 위해 장비 및 기술을 생성하거나 조정할 수 있는 능력
	문제 해결	시스템 오류에 대한 조치 및 복잡한 문제들을 종합적으로 진단해 처리할 수 있는 능력

은 인간만이 지닌 것이어서 인공지능 기술이 아무리 발전을 하더라도 따라올 수 없다[12]. 4차 산업혁명으로 기존 일자리 감소와 융합기술 중심의 신산업 분야의 일자리 문제에 대응하기 위해서 신산업에 대응하는 융합지식과 4C 능력[13] 등을 갖춘 인재 양성이 필요한 이유다[14].

새롭고 복잡한 문제 해결능력을 갖춘 스마트사회의 인재가 가져야 할 역량으로 한국과학기술기획평가원(KISTEP), "[10년 후 대한민국 미래전략 보고서] 미래 일자리의 길을 찾다."에서는 스마트사회의 인재가 가져야 할 3대 역량은 기계와 차별된 획일적이지 않은 문제 인식 역량, 다양성의 가치를 조합하는 대안 도출 역량, 기계와의 협력적 소통역량이라고 하였다. 이것을 참고하여 1. 문제 인식 역량, 2. 대안도출 역량, 3. 기계와의 협력적 소통역량의 3대 미래역량에 대하여 알아보겠다.

---

12) 한국과학기술기획평가원(KISTEP), 『[10년 후 대한민국 미래전략 보고서] 미래 일자리의 길을 찾다』, 지식공감, 2017, pp.120－121

13) 4C 능력은 비판적 사고(Critical Thinking), 소통능력(Communication), 창의력(Creativity), 협업능력(Collaboration)을 포함한다.

14) 이용성, "4차 산업혁명 인재상과 핵심역량의 올바른 접근은, "『경인일보』, (2020.01. 06.), http://www.kyeongin.com/main/view.php?key＝20200105010000892(검색일: 2020.08.05)

▼ 그림 5-2 3대 미래 역량과 11대 세부 역량

-교육심리학자인 블룸의 인지과정 분류(Bloom's texonomy)에 따른 핵심 역량 분류-

출처: 한국과학기술기획평가원(KISTEP)

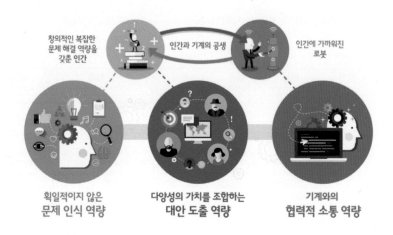

출처: 한국과학기술기획평가원(KISTEP)

1. 문제 인식 역량

스마트 시대에서는 인간은 기존의 지식과 논리, 수학적 사고력으로 AI를 따라갈 수 없다. 대신에 무엇이 문제인지 인지하고 사유하는 능력, 옳고 그름을 판단하고 타인을 공감할 줄 아는 인성역량은 인간 고유의 능력으로 더욱 강조될 것이다. 새로운 것에 대한 호기심과 창의력[15]도 중요해질 것이다. 획일적이지 않은 문제 인식 역량은 창의성을 바탕으로 복잡한 문제를 인식하고 해결할 수

---

15) 인간의 능력 중 인공지능과의 경쟁에서 살아남을 수 있는 것은 창의성이다. 인공지능이 사람이 하는 대부분의 영역을 대체하더라도 비정형화된 요소가 많거나 상대적 가치판단과 창의성이 요구되는 사안들은 계속해서 인간의 영역으로 남아있을 것이다. 창의성에 대한 여러 정의들이 있지만 일반적으로는 새롭고 독창적인 것을 만들어 내는 능력을 의미한다. 동일한 데이터로 다른 사람들이 보지 못하는 것을 볼 수 있는 것이 능력이며 경쟁력이 될 것이다. 또한, 창의성은 기존 관습이나 틀에 얽매이지 않고, 획일적인 것에서 벗어나 새로운 것을 상상하는 능력을 의미하기도 한다. 상상력이 풍부할수록 창의적이고, 창의적일수록 상상력이 높다. 아인슈타인 박사도 "상상력이 지식보다 중요하다. 왜냐하면, 지식은 우리가 현재 알고 있고 이해하고 있는 것에만 국한된 반면, 상상력은 앞으로 알려지고 이해해야 할 모든 세계를 포용하기 때문이다."라고 말하였다. 이철환, 『인공지능과 미래 경제』, 다락방, 2018, p.345.

있는 능력을 말한다. 문제 인식 역량으로 (1) 유연하고 감성적인 인지력, (2) 비판적 상황 해석력, (3) 능동적 자료 탐색 및 학습능력에 대하여 알아보겠다.

(1) 유연하고 감성적인 인지력

유연하고 감성적인 인지력은 인문학적 이해와 감성적 해석을 더 함으로써 복합적인 문제를 보다 유연하게 해석할 수 있는 역량을 의미한다. 한국과학기술기획평가원(KISTEP)의 자료에 의하면 "인지 유연성과 감성 지능이 핵심 단위 역량이다. 인지 유연성 역량이 발휘되기 위해서는 판단력과 의사 결정력, 비판적 사고, 체계분석력, 인적관리 등이 필요하다.

▼ 그림 5-4 유연하고 감성적인 인지력 활용 분야

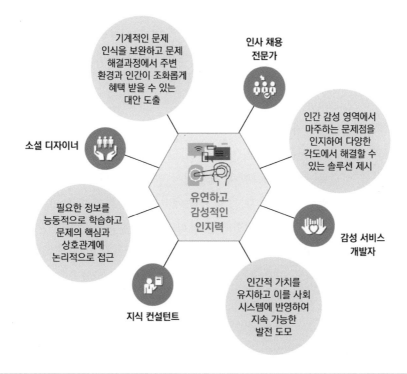

출처: 한국과학기술기획평가원(KISTEP)

또한, 감성 지능을 통한 문제 인식 과정에는 감수성, 능동적 경청, 설득력이 활용될 수 있다. 미래에는 기계화와 자동화, 그리고 인공지능의 발전으로 인해 인간은 더 복잡한 문제와 마주하게 될 것이다. 초연결사회로 진입하면서 수많은 전통적 경계들이 붕괴하거나 흐려지고 있다. 미래의 인재는 현재까지 접해 보지 못한 복잡한 문제를 접하게 될 것이고, 이에 대한 해결 방안을 찾아낼 수 있어야 할 것이다. 인간이 풀어야 하는 문제가 더욱 복잡해짐에 따라 기계와 차별적이거나 기계를 보완하는 방식으로 문제의 핵심을 인지하는 능력은 더욱 중요해질 것이다[16].

(2) 비판적 상황 해석력

'비판적 상황 해석력'은 일반적이지 않은 시각으로, 때로는 삐딱하게 문제의 본질을 해석해 보는 역량을 의미한다. 즉, 기존의 틀에서 벗어나 다소 엉뚱하게 문제의 핵심을 보려고 함으로써 복합적인 문제 해결과 창의력의 기반을 갖게 해주는 역량이다. 비판적 사고가 핵심 단위 역량이며 다양하게 생각하는 능력을 키우는 것이 필요하다. 능동적 학습, 체계적 분석력, 협동기술 등도 도움이 되는 요소이다.

한국과학기술기획평가원(KISTEP) 자료에 의하면 "기술이 발달된 미래에서는 빅데이터와 인공지능 등을 활용하여 사회의 많은 부문을 일반화된 패턴으로 구분할 수 있을 것으로 전망된다. 현재 사회에서 발생하는 다양한 문제의 해결 방안을 세분화할 수 있으며, 현재의 기술 수준에서 비정형적이라고 여겨지는 상당 부분은 기계가 처리할 수 있는 정형화된 방식으로 재분류될 수 있을 것이다. '비판적 상황 해석력'을 활용하면, 기계가 흉내 낼 수 있는 논리적 방식을 벗어나, 인간의 뇌 속 빅데이터를 활용하는 알고리즘을 확장하여, 상황을 보다 면밀하게 살피며 숨겨진 핵심 신호나 맥락을 찾아내는 시도를 할 수 있다. 인공지능의 발달로 인해 기계도 일정 수준의 지식을 창출할 수 있지만, 기존의 틀에서 벗어난 비판적 사고능력을 잘 활용한다면 인간은 기계와는 차원이 다른 지식과 해결 방안을 만들어 낼 수 있을 것이다"라고 제시하고 있다.

---

16) 한국과학기술기획평가원(KISTEP), 『[10년 후 대한민국 미래전략 보고서] 미래 일자리의 길을 찾다』, 지식공감, 2017, pp.123-125.

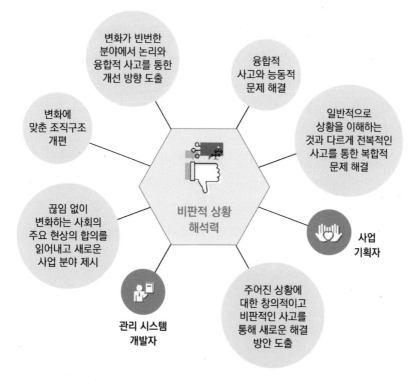

변화가 빈번한 분야에서 논리와 융합적 사고를 통한 개선 방향 도출

융합적 사고와 능동적 문제 해결

일반적으로 상황을 이해하는 것과 다르게 전복적인 사고를 통한 복합적 문제 해결

변화에 맞춘 조직구조 개편

비판적 상황 해석력

사업 기획자

끊임 없이 변화하는 사회의 주요 현상의 합의를 읽어내고 새로운 사업 분야 제시

관리 시스템 개발자

주어진 상황에 대한 창의적이고 비판적인 사고를 통해 새로운 해결 방안 도출

출처: 한국과학기술기획평가원(KISTEP)

한국의 스타트업이 개발한 만지는 시계, '브래들리 타임피스(Bradley Timepiece) 는 고정관념을 깨고 새로운 발상으로 접근한 좋은 사례이다. 브래들리 타임피스 는 "시계는 눈으로 보아야 한다."라는 고정관념을 깨고 더 다양한 방법으로 시 간을 확인할 수 있게 했다. 어두운 극장이나 회의 시간 중에 시계를 확인하기가 어려울 때, 또는 시각장애로 인해 시계를 보지 못하더라도 시간을 만져서 알 수 있도록 하는 새로운 발상으로 접근했다[17].

---

17) 한국과학기술기획평가원(KISTEP), 『[10년 후 대한민국 미래전략 보고서] 미래 일자 리의 길을 찾다』, 지식공감, 2017, pp.126 – 128.

(3) 능동적 자료 탐색 및 학습

능동적 자료 탐색 및 학습능력은 상황 인식에 관련성이 있는 다양한 자료를 자기 주도적으로 탐색하고 학습을 통해 문제와 관련성을 찾을 수 있는 역량을 의미한다. '능동적 학습'이 핵심이 되는 단위 역량이며, '체계분석력', '글로벌 문해력', '판단력과 의사결정력' 등이 함께 발휘하여, 복합적 문제를 창의적으로 인식하는 데 도움을 준다. 미래 사회에서 문제를 제대로 인식하기 위해서는 기존에 보유하고 있던 정보와 경험뿐만 아니라 상황 인식과 관련된 다양한 자료를 탐색할 수 있는 역량이 필수적이다. 정보 탐색을 기반으로 하여 주어진 문제와 관련성을 찾아내는 역량은 모든 문제를 새롭게 인식할 수 있는 출발점을 제공한다.

미래학자 토니 와그너(Tony Wagner) 교수는 "21세기를 살아가는 혁신가의 7가지 능력 중 하나로 유용한 정보 탐색 및 분석 능력을 강조했다." 2016년 개최

▼ 그림 5-6 능동적 자료 탐색 및 학습 능력

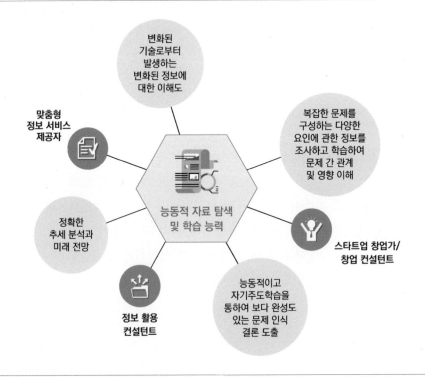

출처: 한국과학기술기획평가원(KISTEP)

된 OECD 포럼 '미래 역량(Skills for the future)'에서도 자료 수집력을 미래 일자리의 필요 역량으로 강조하고 있다.

'능동적 자료 탐색 및 학습능력'은 앞서 언급된 '유연하고 감성적인 인지력'과 '비판적 상황 해석력'을 보완하고 지지할 수 있다. 관련 자료를 탐색하고 학습하면서 더욱 완성도 있는 결론을 도출할 수 있도록 도와줄 뿐만 아니라 관련 교육과 훈련 프로그램 등을 통해 미래 직업 환경에서의 자생력을 강화시키기 때문이다. 또한, '능동적 자료 탐색 및 학습능력'은 빠른 기술 변화로 야기되는 일자리 환경 변화에 대한 대응력을 높여줄 수 있다. 새로운 기술의 도입 등으로 인해 나타날 수 있는 경영 환경과 생산 현장의 변화에 대응하기 위해 '능동적 자료 탐색 및 학습능력'을 갖춘 인재의 중요성은 더욱 강조될 것이다. 경험적인 분석만으로 정확한 목표와 전략을 도출하기 어려워짐에 따라 수시로 가격 요건이나 수요의 변동 등을 면밀하게 예측하여 대응할 수 있는 맞춤형 정보 서비스 제공자 등의 직업도 활성화될 것이다[18].

2. 대안도출 역량

인간과 기계의 공생을 통해 인간 개개인이 갖는 다양성을 조합하여 기계와 차별화된 대안을 탐색하고 도출할 수 있는 능력을 말한다.

(1) 구조화/설계된 휴먼모니터링 능력

구조화/설계된 휴먼 모니터링 능력은 필요로 하는 전문성과 경험의 관점에서 자신 및 타인을 계획적으로 모니터링하는 능력이다. '자기 모니터링 및 타인 모니터링'이 핵심역량이며, 능동적 경청, 협동기술, 설득력, 협상력, 감성지능 등은 '구조화/설계된 휴먼 모니터링 능력'의 발휘에 도움이 된다.

미래 사회의 변화로 인해 휴먼네트워크의 중요성은 더욱 높아질 것이다. 업무의 상당 부분을 기계가 대신하는 프로세스가 일반화되고, 이로 인해 인간은 보다 민첩한 대응과 고도의 지식노동을 요구받게 되기 때문이다. 각 개인의 역

---

18) 한국과학기술기획평가원(KISTEP), 『[10년 후 대한민국 미래전략 보고서] 미래 일자리의 길을 찾다』, 지식공감, 2017, pp.129-131.

량 강화 노력에도 불구하고 혼자만의 힘으로 이러한 환경에 적응하는 데는 한계가 있을 수밖에 없다.

전문성을 활용하여 민첩하게 대응하기 위해서는 상시적으로 의견을 묻고 도움을 받을 수 있는 각 분야별 전문가들과의 관계 유지가 매우 중요하다. 필요로 하는 문제에 관련된 전문가들을 보다 계획적이고 구조적으로 관리하면서 관계를 유지할 수 있어야 하며, 자신의 역량과 경험에 대해서도 함께 관리되어야 할 것이다.

'구조화/설계된 휴먼 모니터링 능력'은 사회의 변화에 따라 더욱 중요해질 전망이다. 미래에는 1인 가구의 증가, 개인화의 심화 등으로 스스로 문제 해결 능력을 갖추지 못하거나, 가족 및 이웃의 도움을 받기 어려운 개인들이 많아질 것

▼ 그림 5-7 구조화 · 설계된 휴먼 모니터링 능력

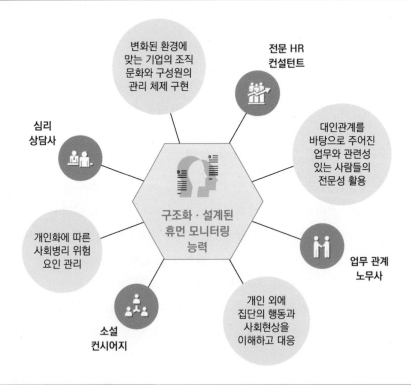

출처: 한국과학기술기획평가원(KISTEP)

이다. 이러한 현상으로 발생하는 사회 병리 위험을 해결하기 위한 분야의 직업 수요도 증가될 것이다[19].

(2) 유인형 협력 능력

'유인형(pulling) 협력 능력'은 다양한 사람들에게 창의적 의견과 지식을 추출(유인)하여 협업할 수 있게 하는 능력을 의미한다. 핵심이 되는 단위 역량은 '협동기술'이며, '인지유연성'과 '능동적 학습'은 '협동기술'이 '유인형 협력 능력'으로 발전하는 데 도움이 된다.

▼ 그림 5-8 유인형 협력 능력 활용 분야

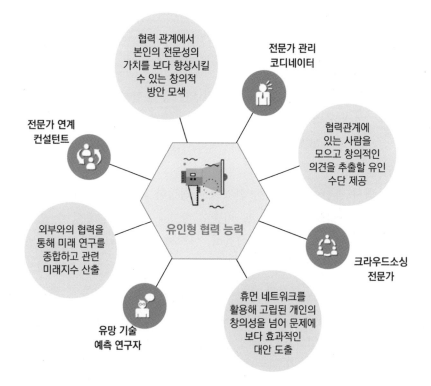

출처: 한국과학기술기획평가원(KISTEP)

19) 한국과학기술기획평가원(KISTEP), 『[10년 후 대한민국 미래전략 보고서] 미래 일자리의 길을 찾다』, 지식공감, 2017, pp.132-134.

초연결로 지능화된 미래 사회에 인간은 더 고도화된 지식노동을 요구받게 될 것이다. 그러나 개인이 가진 능력만으로는 창의적 문제 해결 방안을 도출하는 데 한계가 있을 수밖에 없다. '유인형 협력 능력'은 휴먼네트워크로 연결된 많은 사람들이 서로 협력하거나 경쟁을 통해 집단적 창의성을 만들어 낼 수 있게 한다. 협력 관계에 있는 사람들을 모으고, 이들로부터 창의적 의견과 지식이 추출될 수 있도록 유인 수단을 제공하는 것이다.

'유인형 협력 능력'은 혁신 기술 및 제품의 개발 분야에서 중요성이 더욱 커질 것이다. 신기술이나 제품 개발 과정에서 나타난 문제를 해결하기 위해 여러 사람의 지혜를 모으는 집단 지성을 활용할 수 있기 때문이다. 최근 등장한 크라우드소싱(crowdsourcing)이 바로 그 예가 될 수 있다. 집단 지성을 활용한 문제 해결 방식인 크라우드소싱이 커짐에 따라 관련된 크라우드소싱 전문가에 대한 수요도 증가할 것으로 전망된다[20].

(3) 협력적 의사결정력

'협력적 의사결정력'은 다양한 사람들의 의견을 종합하여 결론을 도출하는 기준과 과정을 설계할 수 있는 역량을 의미한다. '협력적 의사결정력'의 핵심이 되는 단위 역량은 '판단력'과 '의사결정력'이고, '인적관리'와 '능동적 경청' 등도 함께 요구된다.

'협력적 의사 결정력'은 복잡한 환경에서 적절한 의사결정을 내리는 데 큰 도움이 된다. 빅데이터와 인공지능 등 기술의 발달로 인간이 활용할 수 있는 데이터와 정보의 양이 매우 많아지고 있으며, 업무에 참여하는 사람들과의 관계 또는 근무 방식 변화, 자가 고용자 증가 등 업무 수행 환경도 다변화될 것으로 전망된다. 결국, 단계별로 분석된 정보를 바탕으로 다양한 사람들의 의견을 종합하여 의사결정을 내리는 작업이 더욱 많아짐에 따라 연관된 일자리 수요도 증가될 것이다. 대표적 직업으로는 협력 관계에 있는 다양한 사람들을 모아 효과적 대안을 결정하는 리더를 키우는 리더 양성가, 복잡한 사회 환경과 관련되어 적절한 의사결정을 유도하는 사회 문제 해결사나 정책을 결정하는 공무원, 생산·

---

20) 한국과학기술기획평가원(KISTEP), 『[10년 후 대한민국 미래전략 보고서] 미래 일자리의 길을 찾다』, 지식공감, 2017, pp.135 – 137.

유통·판매·재무 등 종합적 관점으로 기업의 전략 방향을 결정하는 기업의 전략부서 근무자 등을 들 수 있다.

또한, 갈수록 복잡하고 예측이 어려워지는 업무 프로세스로 인해 예상 밖의 문제가 발생할 경우, 대응 매뉴얼에 없는 각종 안전사고와 소비자 불만이 발생할 가능성이 높아지고 있다. '협력적 의사 결정력'은 예상 밖의 문제가 발생했을 경우 이해관계자와 소비자가 적절히 대응할 수 있도록 지원한다[21].

▼ 그림 5-9 협력적 의사결정력 활용 분야

복잡 다단한 사회 환경에 적절한 의사 결정을 유도

컴플라이언스 전문가

사회문제 해결사

제품의 생산, 유통, 판매에 이르는 각 분야의 종사자 간 협력적 의사 교환을 통해 담당 단계의 업무 결정

협력 관계의 다양한 사람들이 가지는 다양성을 종합하여 가장 효과적인 대안 결정

협력적 의사 결정력

산업안전 관리자

제품 생산 단계에 따른 종합적인 평가를 통해 효과적인 방법 도출

리더 양성가

출처: 한국과학기술기획평가원(KISTEP)

---

21) 한국과학기술기획평가원(KISTEP), 『[10년 후 대한민국 미래전략 보고서] 미래 일자리의 길을 찾다』, 지식공감, 2017, pp.138-140.

(4) 휴먼 클라우드 활용 능력

휴먼 클라우드 활용 능력은 다양한 휴먼 네트워크의 인적자원을 활용해 역할을 분담하고 대안을 실행해 나갈 수 있는 역량을 의미한다. '인적자원관리'가 핵심 역량이며, 휴먼 네트워크 유지를 위한 '자기 모니터링과 타인 모니터링', 휴먼 네트워크 활용을 위한 '체계 분석력', '판단력과 의사결정력'이 함께 요구된다.

미래 일자리 변화 중 하나는 1인 기업 또는 프리랜서와의 협력 관계가 점차 증가해 간다는 점이다. 이러한 변화의 대응 방안으로 휴먼네트워크를 활용해 업무를 전문적으로 분담하고 효율적으로 수행하는 '휴먼 클라우드 활용 능력'이 더욱 중요해질 것으로 예상된다.

휴먼 클라우드 활용 능력은 정확한 업무 파악을 바탕으로 이에 적합한 내·

▼ 그림 5-10 휴먼클라우드 활용 능력의 활용 분야

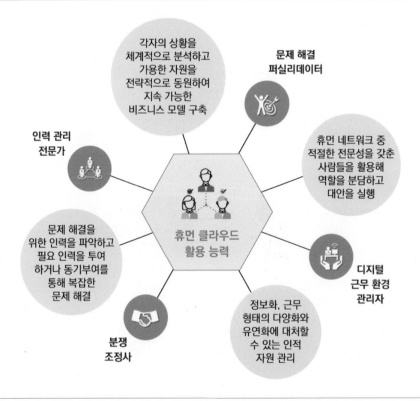

각자의 상황을 체계적으로 분석하고 가용한 자원을 전략적으로 동원하여 지속 가능한 비즈니스 모델 구축

문제 해결 퍼실리데이터

인력 관리 전문가

휴먼 네트워크 중 적절한 전문성을 갖춘 사람들을 활용해 역할을 분담하고 대안을 실행

휴먼 클라우드 활용 능력

문제 해결을 위한 인력을 파악하고 필요 인력을 투여하거나 동기부여를 통해 복잡한 문제 해결

디지털 근무 환경 관리자

분쟁 조정사

정보화, 근무 형태의 다양화와 유연화에 대처할 수 있는 인적 자원 관리

출처: 한국과학기술기획평가원(KISTEP)

외부 인력을 선발하여 이들에게 과제를 전달하고, 동기부여를 통해 정확한 임무를 수행할 수 있도록 하는 것이다. 이 같은 역량은 수평적 형태에서 프로젝트 기반의 일 처리가 보편화될 것으로 예상되는 미래 기업 근로자에게 더욱 필요한 역량이 될 것으로 예상되고 있다. '휴먼 클라우드 활용 능력'과 관련 있는 직업으로는 디지털 근무환경 관리자, 인적자원 관리자와 인적자원을 전략적으로 활용하여 문제의 대안을 제시하는 문제 해결 퍼실리데이터(facilitator) 등을 꼽을 수 있다.

'휴먼 클라우드 활용 능력'은 스타트업 기업을 책임지고 있는 기업가에게도 매우 중요한 요소이다. 특히, 종사자 수는 많지 않지만, 고객 수와 매출이 큰 기업(exponential company)으로 발전해 갈 잠재력이 있는 기업의 경우에는 외부 전문가를 활용하는 능력이 절대적으로 필요하다. 또한, 외부 인력과의 협력 과정에서 발생할 수 있는 다양한 분쟁에 대해 해결책을 제시하는 분쟁 조정사도 이러한 '휴먼 클라우드 활용 능력'이 잘 발휘될 수 있는 직업이라고 할 수 있다[22].

(5) 시스템적 사고

'시스템적 사고'는 다양한 유형의 정보를 체계적으로 조합하여 지식을 창출해내는 역량을 의미한다. 핵심이 되는 단위 역량은 '능동적 학습'과 '체계분석력'이다. 능동적 학습을 통해 지식 조합에 필요한 논리력을 축적하고, 체계분석력을 통해 다양한 정보 간 관계를 설정할 수 있다.

미래에는 목적에 맞는 정보와 데이터를 취합하고 맥락에 맞추어 조합하는 능력이 점차 중요해질 것이다. 빅데이터를 기반으로 한 맞춤형 서비스가 증가하고, 사물인터넷 발달에 따라 데이터를 생산하는 주체가 사람뿐만 아니라 사물로 확대되면서 데이터의 양이 폭발적으로 증가할 것이기 때문이다.

즉, 많은 데이터를 체계적으로 연결하고 이를 검토하는 능력을 갖추어야 한다. '시스템적 사고'는 다양한 유형과 출처의 데이터를 스스로 조합하여 다른 사람들이 설득력 있게 수용하고 전달할 수 있도록 새로운 지식을 만들어 낼 수 있게 한다.

---

22) 한국과학기술기획평가원(KISTEP), 『[10년 후 대한민국 미래전략 보고서] 미래 일자리의 길을 찾다』, 지식공감, 2017, pp.141-143.

'시스템적 사고'는 문제 해결의 기반이 되는 여러 요인들을 체계적으로 분석하고, 문제 해결과 의사결정을 위한 새로운 정보를 이해할 수 있도록 도와주면서 종합적인 해결 방안을 제시할 수 있게 한다[23].

▼ 그림 5-11 시스템적 사고 활용 분야

많은 데이터를 체계적으로 연결하고 리뷰하는 정보 편집력

조직 진단 전문가

자신만의 논리 구조를 가지고 정보를 편집하여 모두가 수긍할 수 있는 답을 만들어 내는 능력

빅데이터 사이언티스트

시스템적 사고

다양한 유형과 소스의 정보를 체계적으로 조합하여 새로운 지식 창출

기술 변화에 대응한 업무 환경 설계 전문가

빅데이터 활용 전문 경영인

복합 문제에 대한 선후 영향 관계에 있는 여러 요인들을 체계적으로 분석하고 종합적인 해결 방안 제안

출처: 한국과학기술기획평가원(KISTEP)

3. 기계와의 협력적 소통역량

기계와 협력하고 소통할 수 있는 역량이다. 스마트 시대의 인재는 접해 보지 않은 복잡한 문제와 마주 했을 때, 문제를 구성하는 다양한 내용을 정확하게 이해하는 동시에 남과 다른 시선으로 분석하여 창의적 대안을 도출하고 실행해 나

---

23) 한국과학기술기획평가원(KISTEP), 『[10년 후 대한민국 미래전략 보고서] 미래 일자리의 길을 찾다』, 지식공감, 2017, pp.144－146.

갈 수 있어야 한다. 그 과정에서 기계와 협력하고 소통함으로써 더 큰 가치를 창출할 수 있어야 한다.

사람과 협력하면서 쉽게 학습 할 수 있도록 설계된 로봇들은 노인 간호나 손님접대 또는 안내 서비스에 이미 사용되고 있다. 이제 이러한 로봇들이 용접, 페인팅, 작업물 이동처럼 사람의 지적능력과 판단능력이 필요한 제조현장에서도 사용할 수 있게 되었다. 이러한 로봇의 가격은 계속 하락하면서 아마존 창고에는 선반을 사람이 포장하는 곳으로 이동하는 작업을 하는 로봇들이 수천대가 움직이고 있다24). 이처럼 이미 정형화된 직업의 산업현장에는 로봇과 기계들이 사람을 대체해 나가고 있다. 이러한 현장에서 사람이 기계와 로봇을 조작하고, 교육하고, 이해할 수 있는 능력은 무엇보다 중요하다.

(1) 디지털 문해력

'디지털 문해력'은 정보통신기술 기기의 특성과 그로부터 발생하는 디지털 정보를 이해하고 활용할 수 있는 역량을 의미한다. 핵심이 되는 단위 역량은 정보통신기술(ICT) 이해도이다. 품질 관리, 장비 작동과 제어, 기술 및 사용자 경험 디자인(user experience design, UXdesign) 등의 역량은 기기 특성을 이해하는 데 도움이 될 수 있다. 또한, 체계분석력과 능동적 학습, 논리력은 디지털 정보를 스스로 이해하고 활용할 수 있는 능력을 갖추는 데 도움이 되고, 자기 모니터링과 타인 모니터링, 협동기술과 연관되어 휴먼 네트워크 활용 능력을 향상시킬 수 있다.

인간의 일이 점차 기계로 대체되더라도, 인간이 기계를 이용하는 주체로 역할을 하기 위해서는 기계에 대한 보다 폭넓은 이해가 필요하다. 생활가전 등 간단한 기계를 활용할 때는 원리나 작동 방식을 자세히 몰라도 이용에 문제가 없었다. 오히려 완벽한 이해가 없이도 이용할 수 있도록 신제품의 기능이 개선되는 추세다. 하지만 미래의 일자리에서 인간의 역할을 대체하기 위해 등장하는 기계에 대해서는 그 동작이나 분석 과정에 대해 보다 심도 있는 이해가 필요할 것이다.

최신 기술과 기계를 통해 창출할 수 있는 데이터의 의미를 이해하고 활용할 수 있게 되면, 기술의 활용 범위와 기계 분석 과정의 한계를 판단할 수 있게 된

---

24) 김은 외, 『4차 산업혁명과 제조업의 귀환』, 클라우드나인, 2017, 김영훈, 이태진, "제4장 스마트 제조," p.211.

다. 이를 통해 인간 고유의 감성적이고 비판적인 역량을 활용해야 할 영역도 결정할 수 있다.

'디지털 문해력'은 사물인터넷, 인공지능 등 기계가 일상화된 미래의 모든 사람들에게 필요한 역량이다. 예를 들어, 지능화된 통합 공정 관리자가 기계의 작동 및 분석 원리를 이해하게 되면, 기계가 자발적으로 수용하지 못하는 내용이 발생할 경우 새로운 해결 방안을 찾아낼 수 있다[25].

▼ 그림 5-12 디지털 문해력 활용 분야

출처: 한국과학기술기획평가원(KISTEP)

(2) 정교한 첨단기술 조작 역량

'정교한 첨단기술 조작 역량'은 첨단기술·기기를 정교하게 조작하거나 감수·보정할 수 있는 능력을 의미한다. 핵심이 되는 단위 역량은 신체 동작의 정교

---

25) 한국과학기술기획평가원(KISTEP), 『[10년 후 대한민국 미래전략 보고서] 미래 일자리의 길을 찾다』, 지식공감, 2017, pp.147－150.

함과 정확성이고, '정교한 첨단기술 조작 역량'은 인적관리, 협동기술, 능동적 학습, 체계분석력 등이 이에 도움이 되는 역량들이다.

인간의 일이 기계로 대체되는 업무 환경에서 인간에게 주어질 수 있는 업무는 보다 고도의 지식노동이 요구되는 일이 될 것이다. 인간이 기계로 대체되지 않기 위해서는 보다 고도화된 지식노동을 통해 기계의 부족함과 오류를 감수할 수 있고, 보완 방안도 제시할 수 있어야 한다. 이러한 보완 방안은 아직까지 기계가 수행할 수 없는 매우 세밀한 부문에서 나올 수 있다. 기계의 분석 과정과 움직임을 세밀하게 조작하고, 보완하기 위해서는 인간의 신체적 활동의 정확함과 정교함이 요구된다.

'정교한 첨단기술 조작 역량'은 작업팀 내에서 이루어지는 조직적 학습을 통

▼ 그림 5-13 정교한 첨단기술 조작 역량의 활용 분야

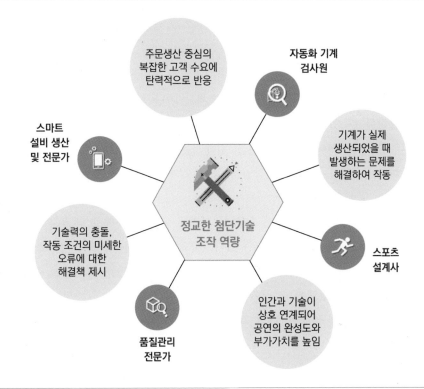

출처: 한국과학기술기획평가원(KISTEP)

해 맞춤형 생산 역량을 확보할 수 있게 한다. '정교한 첨단기술 조작 역량'은 특히 고부가가치 다품종 소량 생산 산업에서 중요한데, 이는 자동화된 기계의 동작 및 분석 과정을 이해하고 기계의 움직임을 세밀하게 조작함으로써 시장의 세분화된 수요에 탄력적으로 반응할 수 있게 한다.

'정교한 첨단기술 조작 역량'은 기계를 많이 활용하는 생산 환경에서 자동화나 전산이 대체할 수 없는 미시적 문제를 발견하고 이를 직접 해결하거나 솔루션을 개발할 수 있게 한다. 세부적으로는 기계·기술력의 충돌, 작동 조건의 미세한 오류 등을 발견하여 이에 대한 해결책을 제시함으로써 생산, 서비스 등에서 발생할 수 있는 문제를 해결할 수 있다. 이와 관련된 대표적 관련 직업으로는 작업 환경을 모니터링하고 오류를 해결하는 품질관리 전문가, 자동화 기계 검사원, 스마트 설비 생산 및 설치 전문가 등을 들 수 있다[26].

(3) 휴먼-컴퓨터 조합력

'휴먼-컴퓨터(human-computer) 조합력'은 기계로부터 얻을 수 있는 정보와 사람의 의견을 체계적으로 연결하고 종합할 수 있는 역량을 의미한다. 필요한 역량으로는 '체계분석력'과 '판단력과 의사결정력'이며, 'ICT 이해'도 필요하다.

기술 진보로 인하여 기계의 역할이 크게 늘어난 환경에서 인간은 기계와 조화롭게 협력할 수 있어야 하며, 적절한 역할 분담을 통해서 기계를 이용하는 주체적 지위를 놓지 않아야 한다. 이를 위해서는 사람의 지성과 기계의 인공지능이 조합하고, 사람의 신체적 움직임을 통해 기계의 동작을 세밀하게 보완할 수 있는 관계가 형성되어야 한다.

사람과 기계의 조화로운 조합 능력이 성과로 나타난 사례로 레고사의 디지털 디자이너(digital designer)를 꼽을 수 있다. 레고의 디지털 디자이너는 제품을 직접 구매하지 않아도 사용자들이 스스로 본인들만의 레고 블록 제품을 온라인상에서 만들어 볼 수 있도록 지원한다. 3차원 작품을 만들기 위해서 사용자들은 다양한 크기와 모양, 색상을 가진 200개 이상의 가상 블록들을 연결할 수 있는 공간을 활용할 수 있다. 자발적 디자이너들은 스스로 본인의 아이디어에 가상

---

26) 한국과학기술기획평가원(KISTEP), 『[10년 후 대한민국 미래전략 보고서] 미래 일자리의 길을 찾다』, 지식공감, 2017, pp.150-153.

▼ 그림 5-14 휴먼-컴퓨터 조합력의 활용 분야

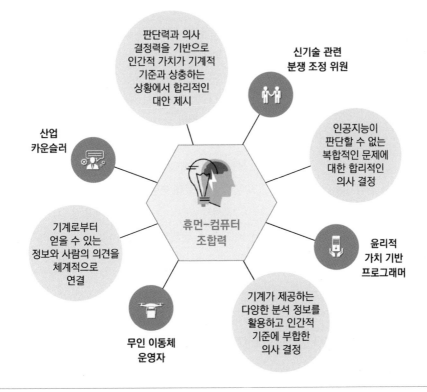

판단력과 의사 결정력을 기반으로 인간적 가치가 기계적 기준과 상충하는 상황에서 합리적인 대안 제시

신기술 관련 분쟁 조정 위원

산업 카운슬러

인공지능이 판단할 수 없는 복합적인 문제에 대한 합리적인 의사 결정

기계로부터 얻을 수 있는 정보와 사람의 의견을 체계적으로 연결

휴먼-컴퓨터 조합력

윤리적 가치 기반 프로그래머

무인 이동체 운영자

기계가 제공하는 다양한 분석 정보를 활용하고 인간적 기준에 부합한 의사 결정

출처: 한국과학기술기획평가원(KISTEP)

블록을 활용하여 수많은 아이디어를 만들어 냈고, 이 중 일부가 실제 상품화와 연결되는 등 여러 성과를 거두고 있다.

　이러한 '휴먼–컴퓨터 조합력'은 기계와 인간이 일을 함께 수행하면서 발생할 수 있는 여러 상황에서 새로운 대안을 제시할 수 있게 한다. 특히 인간적 가치가 기계적 기준과 상충하는 상황에서 합리적 대안을 제시하는 데 도움을 줄 수 있을 것으로 보인다. 대표적인 관련 직업으로 신기술 활용 범위 결정, 신기술 관련 갈등 및 분쟁 조정 등에 관여하는 신기술 분쟁 발생 조정 전문가, 공공행정전문가 등을 들 수 있다. 또한, 인간과 기계의 연관 관계를 연구하는 인지과학 연구원도 이러한 역량이 필요한 직업이라 할 수 있다[27].

---

27) 한국과학기술기획평가원(KISTEP), 『[10년 후 대한민국 미래전략 보고서] 미래 일자

〈표 5-7〉 기업에서 요구하는 역량 변화[28]

NO	현재 요구되는 역량	수요증가가 예상되는 역량	수요감소가 예상되는 역량
1	분석적 사고력 및 혁신역량	분석적 사고력 및 혁신역량	반복적 스킬, 인내력
2	복합적 문제 해결력	능동적 학습(설계) 역량	기억력, 언어 구사력
3	비판적 사고력 및 분석력	창의성, 인간 고유 스킬	재정 및 자원관리 역량
4	능동적 학습(설계) 역량	테크놀로지 디자인 및 프로그래밍	기초적 기술 설치 및 유지관리
5	창의성, 인간 고유 스킬	비판적 사고력 및 분석력	읽기, 쓰기, 수학, 듣기 역량
6	신뢰성	복합적 문제해결력	인력관리 역량
7	감성지능(EI)	리더십 및 사회적 역량	품질관리 및 안전관리
8	이성적 판단력, 문제해결력	감성지능(EI)	협업역량 및 시간관리 능력
9	리더십 및 사회적 역량	이성적 판단력, 문제해결력	시각, 청각, 말하기 역량
10	협업역량 및 시간관리 능력	시스템 분석 및 평가역량	기초적 기술 활용, 감독관리

제3절   스마트사회에서 대표적인 직업

2016년 한국고용정보원에서는 국내 주요 직업 중 인공지능 및 로봇에 의해 대체될 직업은 단순생산 및 가공직, 택배원, 주유원, 청소원 등 단순·반복적이며 몸을 쓰는 일은 로봇에 의해 대체될 확률이 90% 이상이었다. 그리고 선장, 일반의, 관제사 등의 전문직의 경우에도 인공지능에 대체될 확률이 높은 것으로 나타났다. 반면에 예술가, 문학작가, 배우, 디자이너, 대학교수, 연구원 등은 대체될 확률이 1% 미만이었다.[29] 일자리의 미래 2018 보고서에서는 500만개 이상의 일자리가 사라질 것이라는 2016년 보고서와는 다르게 사라지는 일자리를 충분히 상쇄하고도 남을 만큼의 일자리가 새로 생겨날 것이라고 예측하였다[30].

리의 길을 찾다』, 지식공감, 2017, pp.153-156.
28) WEF, The Future of Jobs, 2018.
29) 이철환, 『인공지능과 미래 경제』, 다락방, 2018, p.315.
30) WEF, The Future of Jobs, 2018.

〈표 5-8〉 자동화에 따른 고위험 직업군과 저위험 직업군

분류	직업
고위험 직업군	텔레마케터
	세무대리인
	보험조정인
	스포츠 심판
	법률비서
	레스토랑, 커피숍의 종업원
	부동산 사업자(부동산 중개업자)
	외국인 노동자 농장 계약자(정부의 승인을 받아 외국인 체류자들이 농장에서 일할 수 있도록 계약을 진행하는 사람)
	비서직(법률, 의학, 경영 임원이 비서직은 제외)
	배달직
저위험 직업군	정신 건강 및 약물남용치료 사회복지사
	안무가
	내과, 외과 의사
	심리학자
	HR매니저
	컴퓨터 시스템 분석가
	인류학자, 고고학자
	선박기관사, 조선기사
	세일즈 매니저
	전문 경영인

    또한, 직업과 일자리에서의 급진적인 변화는 향후 몇 년간 고용지형에 큰 영
향을 미칠 것이다. 현재 글로벌 산업에 영향을 미치는 혁신의 주요동인들 중 상
당수는 일자리 창출과 감소, 노동 생산성 향상과 기술격차 확대 등 일자리에 상
당한 영향을 미칠 것으로 예상하고 있다. 많은 산업과 국가에서 현재 수요가 많
은 직업을 살펴보면 10년 전이나 심지어 5년 전만 해도 존재하지 않았다. 그만
큼 변화의 속도는 가속화될 전망이다. 한 가지 일반적인 추정치에 따르면 오늘
날 초등학교에 입학하는 아이들의 65%는 결국 아직 존재하지 않는 완전히 새로
운 직업 유형에서 일하게 될 것이다[31].

제3절 스마트사회의 대표적인 직업에서는 '기술'과 '역량'으로 구분해서 대표 직업을 살펴볼 것이다. 기술발전으로 새롭게 등장하는 직업으로 크게 감지분야, 지능화 분야, 인터페이스 분야로 구분하여 대표 직업을 제시하였으며, 역량은 앞서 2절에서 제시한 3대 역량으로 기계와 차별된 획일적이지 않은 문제 인식 역량, 다양성의 가치를 조합하는 대안도출 역량, 기계와의 협력적 소통역량으로 구분하여 대표 직업을 제시하였다.

1. 기술별 대표직업

기술이 발전하면서 유망 직종으로 떠오르는 분야는 감지분야(sening), 지능화 기술 분야(intellectualization), 인터페이스 분야(UI)가 있다[32].

▼ 그림 5-15 인공지능 시대의 유망 직종

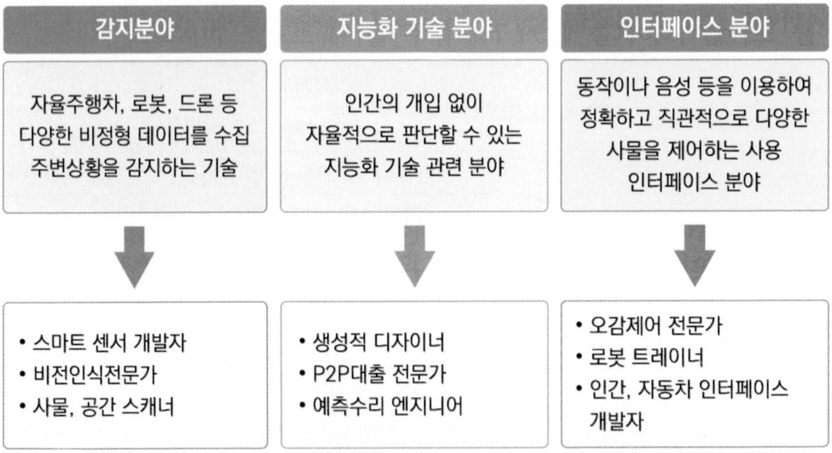

감지분야	지능화 기술 분야	인터페이스 분야
자율주행차, 로봇, 드론 등 다양한 비정형 데이터를 수집 주변상황을 감지하는 기술	인간의 개입 없이 자율적으로 판단할 수 있는 지능화 기술 관련 분야	동작이나 음성 등을 이용하여 정확하고 직관적으로 다양한 사물을 제어하는 사용 인터페이스 분야
• 스마트 센서 개발자 • 비전인식전문가 • 사물, 공간 스캐너	• 생성적 디자이너 • P2P대출 전문가 • 예측수리 엔지니어	• 오감제어 전문가 • 로봇 트레이너 • 인간, 자동차 인터페이스 개발자

---

31) WEF, The Future of Jobs, 2016.
32) 이철환, 『인공지능과 미래 경제』, 다락방, 2018. p.315 그림 참조.

(1) 감지 기술분야

첫 번째로, 감지관련 분야에서는 감지관련 기술을 개발하고 활용하는 직업이 필요해 질 것이다. 스마트팩토리가 문제없이 움직이고, 자율주행차, 로봇, 드론 등이 올바르게 작동을 하려면 주변의 사람과 지형지물, 교통신호와 같은 다양한 비정형 데이터를 수집하여 주변상황을 정확하게 감지할 수 있어야 한다. 이러한 감지분야의 대표적인 직업으로는 스마트센서 개발자, 비전인식 전문가, 사물·공간 스캐너가 있다. 센서는 측정 대상물로부터, 압력, 온도, 속도, 생체 신호 등의 정보를 감지해 전기적 신호로 변환해 주는 장치를 말한다. 일반적인 센서 기능에 데이터 처리, 자가 진단, 자동 보정, 의사결정, 통신 등의 신호처리 기능을 결합해 스스로 필요한 정보를 얻고 판단을 내리는 수준으로 지능화된 것이 스마트센서이다.

기존의 센서들이 이뤄내지 못한 소형화 경량화, 다기능, 고편의성, 고부가가치를 실현한 스마트 센서는 생활속 사물들을 유·무선 네트워크로 연결해 정보를 공유하는 IoT의 핵심 요소 중 하나이다. 스마트 센서 개발자는 자율주행차,

▼ 그림 5-16 감지분야 직업의 예시[33]

출처: 과학기술정보통신부 블로그

33) 조 원영, "지능정보 사회, 새로 등장 할 유망직업은?," 과학기술정보통신부 블로그, https://blog.naver.com/with_msip/220856579232(검색일: 2020.08.08)

로봇, 드론 등을 악천후, 심야에도 사용할 수 있도록 인식률이 높은 고감도 센서 (카메라, 라이다[34], 레이더 등)를 개발한다. 뿐만 아니라 각종 반도체소자의 특성과 구조를 연구·분석하며, 열, 빛, 습기, 압력 등을 가하였을 때 발생하는 물리적·화학적 특성 등을 연구하여 온도 센서, 습도 센서, 초음파 센서, 가속도 센서, 적외선 센서, 바이오 센서, 이미지 센서 등도 개발한다. 인텔리전트 센서 (Intelligent Sensor) 등 정보나 수치를 스스로 계산하고 판단·처리하는 보다 높은 기능의 센서를 개발하기도 한다.

IoT 기술이 제조, 모바일, 자동차, 의료, 헬스케어, 로봇, 환경 등 다양한 분야에 적용되고 있고, 자율주행차나 스마트홈 관련 기기 등의 개발이 활발해 지고 있어, 스마트 센서의 수요가 기하급수적으로 증가하고, 스마트 센서 관리자를 필요로 하는 분야도 더욱 많아질 전망이다. 진출 가능분야로는 IoT기기 제조업체, 스마트센서 개발 전문업체, 기업 부설 연구소 센서 개발팀이 있다[35].

비전인식 기술이란 컴퓨터, 로봇, 인공지능에게 사람의 시각과 같은 능력을 부여해 물체와 장면을 인식하고 처리할 수 있도록 하는 기술이다. 카메라를 통해 입력된 영상에서 의미 있는 정보를 추출해 내는 인공지능의 주요한 분야 중 하나이다. 시각지능을 로봇에게 심은 딥뷰 기능과 딥러닝 기술이 접목해 자율주행차, 산업용로봇, 의료영상 진단, 스마트홈, 지능형 CCTV, 출입통제, 안면인식, 공장 자율화 같은 다양한 산업에서 괄목할 만한 성과를 내고 있다.

비전인식 전문가는 자율주행차, 로봇 등이 도심이나 가정에서 수신호, 차선 등 각종 영상 데이터를 인식하고 의미를 해석하기 위한 알고리즘을 개발하는 전문가이다. 최근 비정형 데이터 분석과 정제부터 딥러닝 알고리즘 적용까지 기술의 영역이 확장되고 심화되면서 비전인식 전문가는 딥러닝, 이러닝, 스마트홈, 스마트 빌딩, 자율주행차, 웨어러블, 안면인식, 영상감시 등의 분야에 진출할 수 있다[36].

---

34) 라이다는 레이저를 목표물에 비춰 사물과의 거리 및 다양한 물성을 감지할 수 있는 기술이다. 주변 사물, 지형지물 등을 감지하고 이를 3D 영상으로 모델링할 수 있다. 스스로 운행하는 자율주행차가 현실화되면서 자율주행차의 눈 역할을 해줄 기술로 '라이다(LIDAR)' 센서가 주목받고 있다.

35) SBA, "미래직업, 스마트센서 관리자," https://sbasncc.tistory.com/1442?category=780847 (검색일: 2020.08.05)

사물·공간 스캐너는 사물을 스캔하여 3D 프린팅에 필요한 디지털 파일을 만들거나, 현실공간을 스캔하여 가상공간(VR)을 생성하는 기술을 말한다. 회의실이나 갤러리, 무대나 경기장 같은 실제 위에 다차원의 가상 환경을 설계하고 디자인하는 전문가이다. VR 디자이너의 상상력과 감각에 따라 콘텐츠 전달력이나 결과물이 크게 달라질 수 있어서 VR 디자이너의 역할이 더욱 커질 것으로 전망하고 있다. 특히, 교육, 게임, 여행, 예술, 마케팅, 부동산, 뉴스, 쇼핑, 헬스케어 등 다양한 분야에 접목될 수 있다.

VR 공간 디자이너는 3D 모델링과 그래픽 툴, 프로그래밍에 대한 이해와 함께 창의력과 디자인 감각을 겸비해야 한다. 시각디자인 기사, 컴퓨터그래픽스 운용기사 등의 자격증이 도움이 될 수 있다. 진출 가능한 분야로는 AR쇼핑 플랫폼, VR 에듀 크리에이터, VR 다큐멘터리 및 영화, 건축 및 인테리어 등이 있다[37].

(2) 지능화 기술분야

인간의 개입 없이 자율적으로 판단할 수 있는 지능화 관련 직업의 수요가 증가할 것이다. 사물로부터 24시간 끊임없이 수집되는 엄청난 양의 데이터를 사람이 일일이 분석하고 판단하는 것은 사실상 불가능하다. 더구나 개인 맞춤형 서비스의 증가로 데이터의 양은 기하급수적으로 늘어날 전망이다.

생성적 디자이너(Generative Design)는 제품의 강도, 유연성, 사이즈 등 성능 목표를 설정하면 스스로 디자인을 만들어 내는 생성적 디자인 소프트웨어를 이용하여, 사용자의 취향이나 사용 환경에 맞춘 전자제품, 자동차, 운동용품 등을 디자인할 것이다. 생성적 디자인은 기존 산업혁명처럼 더 많은 업무를 자동화해 디자이너 역할을 생산자에서 큐레이터로 바꿀 것으로 보인다. '100: 10: 1 방법론'은 100개의 아이디어에서 10개, 그리고 다시 그중 1개를 추려내는 디자인 방법론이다. 그런데 이 100개의 아이디어를 내는 과정에 생성적 디자인의 도움을 받아 공학적으로도 견고한 디자인을 재빠르게 뽑아낼 수 있다면, 디자인 작업에

---

36) SBA, "미래직업, 비전인식 전문가," https://sbasncc.tistory.com/1435?category=780847 (검색일: 2020.08.05)

37) SBA, "미래직업, VR 공간디자이너," https://sbasncc.tistory.com/1431?category=780847 (검색일: 2020.08.05)

들어가는 시간을 획기적으로 절감할 수 있을 것이다.

▼ 그림 5-17 지능화 기술활용 직업의 예시[38]

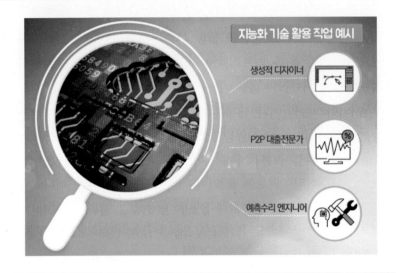

출처: 과학기술정보통신부 블로그

생성적 디자인에 3D 프린터처럼 작은 공간에서 짧은 시간 안에 복잡한 시제품을 제작할 수 있는 기술(Additive Manufacturing, AM)을 더해, 한때 사람의 명령을 수행하는 것에만 그쳤던 컴퓨터 프로그램은 이미 인간이 따라갈 수 없는 속도와 상상을 초월하는 성능을 지닌 디자인을 선보이고 있다. 더 리빙(The Living) 스튜디오의 바이오닉 파티션(Bionic Partition)이 대표적인 예다. 에어버스 항공기 격벽에 사용되는 부품을 재디자인한 것인데, 기존 부품 대비 절반 정도 무게만 나가지만 강도는 더 올렸다. 이렇듯 생성적 디자인은 기존 산업혁명처럼 더 많은 업무를 자동화해 디자이너 역할을 생산자에서 큐레이터로 바꿀 것으로 보인다[39]. P2P 대출전문가는 대출 희망자의 소득, 부동산, 금융거래 실적 외에 SNS,

---

38) 조 원영, "지능정보 사회, 새로 등장 할 유망직업은?," 과학기술정보통신부 블로그, https://blog.naver.com/with_msip/220856579232(검색일: 2020.08.08)

39) 오세용, "디자인의 진화 그리고 프론트엔드 디발자,"『IT 조선』, (2018.07.25). http://it.chosun.com/site/data/html_dir/2018/07/24/2018072402322.html(검색일: 2020.08.

대출신청서의 문장 특성 등을 인공지능으로 분석하여 신용도를 평가하고 대출 심사 결정 및 이자율을 결정한다.

소규모 상점이나 기업을 운영하는 경우, 사업운영 자금이 필요한데 창업한 지 얼마 안 된 상황이라면 소득증빙이 어렵거나 담보가 없기 때문에 은행으로부터 대출을 못 받는 경우가 많다. 그렇기 때문에 상환 능력이 있음에도 불구하고 여러 상황들 때문에 은행 대출이 아니라 저축은행이나 대부업체를 통해 고금리 대출을 하는 경우가 많다. 그런데 이러한 상환능력이 있는 이들에게 저렴하게 돈을 빌려주고 돈을 빌려주는 사람들에게는 그 대가로 은행에서 받는 것보다는 높은 이자를 지불하도록 한다면, 돈을 필요로 하는 사람과 돈을 빌려 준 사람 모두에게 이익이 될 수 있다. 이와 같은 발상에서 시작된 것이 P2P(Peer−to−Peer) 대출이다. 온라인을 통해 개인과 개인이 자금을 대출하고 차입하는 거래를 하는데, 투자자와 수요자들에게 개인간(P2P)대출을 중개하는 사람이 P2P 대출전문가다. 개인은 물론, 기업을 위해 대출 전반에 관한 직무를 수행하는 직업으로, 금융과 IT 지식이 필요하다. 특히 2016년 1월부터 스타트업 등이 온라인으로 다수 소액투자자로부터 자금을 원활히 조달할 수 있는 '크라우드 펀딩' 제도가 시행되면서 주목을 받기 시작했고, 지금은 부동산 투자도 가능해졌다.

예측 수리 엔지니어는 인공지능 기술을 활용하여 설비의 상태 및 교체 시기를 파악하고, 이상 징후가 감지된 설비를 고장 전에 유지·보수하여 설비가동을 개선하는 직업이다. 설비가 복잡해지고, 공기 단축이 필요할수록 예측 수리 엔지니어의 필요성도 증가한다.

(3) 인터페이스 기술 분야

동작이나 음성 등을 이용하여 정확하고 직관적으로 다양한 사물을 제어하는 사용자 인터페이스 분야이다. 스마트폰이 대중화되면서 음성이나 화면 터치를 통해 기기를 조작하는 방식이 일상화되었듯, 앞으로는 모든 사물이 연결되고 지능화되어, 인간의 통제영역에 놓이게 되면 인터페이스 분야의 혁신이 활발해질 것이다. 이 분야의 대표적인 직업은 오감제어 전문가, 로봇트레이너, 인간·자동

---

05) 디발자는 디자이너와 개발자의 합성어로 디자인하는 개발자, 혹은 개발하는 디자이너라고 할 수 있다.

▼ 그림 5-18 인터페이스 분야 직업의 예시[40]

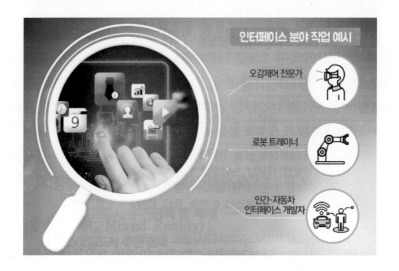

출처: 과학기술정보통신부 블로그

차 인터페이스 개발자가 있다.

오감제어 전문가(오감 인터랙션 개발자)는 ICT를 기반으로 가상공간에서도 시각, 청각 촉각 등을 통해 실제와 유사하게 느낄 수 있게 하고, 가상공간 내 사물을 이질감 없이 조작할 수 있는 기술을 개발하는 사람이다. 오감 인터랙션 소프트웨어는 사용자의 행동에 실시간으로 반응하여 시각, 청각, 촉각, 후각과 미각등 사용자의 감각을 자극하고 몰입감과 현장감을 극대화하는 실감 콘텐츠 및 미디어 제작, 전송, 처리 기술 등의 분야를 총칭한다.

VR과 AR이 발전하면서 TV, 영화, 게임 등을 즐길 때 그 콘텐츠 안에 들어가 있는 듯한 생생한 느낌을 받게 하는 미래 콘텐츠로써 대중의 관심 또한 증가할 것으로 기대하고 있다. 성장하는 VR시장에 따라 오감 인터랙션이 적용된 소프트웨어의 개발이 필수요소로 자리를 잡으면서 오감 인터랙션 개발자에 대한 수요도 증가할 것이다.

---

40) 조 원영, "지능정보 사회, 새로 등장 할 유망직업은?," 과학기술정보통신부 블로그, https://blog.naver.com/with_msip/220856579232(검색일: 2020.08.08)

다양한 오감 인터랙션 소프트웨어를 개발하기 위해서는 3D 콘텐츠와 VR, AR, 나아가 UI와 UX 기술에 대한 이해도 필요하다. 더불어 상상력과 창의성, 그리고 이를 구체화 할 수 있는 끈기와 의지도 필수 덕목이라 할 수 있다. 지금은 주로 영화나 게임 등 문화 콘텐츠 사업에 활용도가 높지만, 앞으로는 스포츠, 의학, 재활 등 다양한 분야에서 활용이 가능할 것으로 전망된다. 진출 가능 분야로는 AR콘텐츠 개발자, 인터랙션 소프트웨어 적용이 가능한 디바이스 개발자, 모션캡쳐 장비개발자, 인터랙션 소프트웨어 공급망 구축 등이 있다.[41]

로봇 트레이너는 객관적인 방식을 이용하여 로봇에게 주어진 업무를 교육·훈련하여 현장에 투입한다. 인간이 배움을 통해서 성장을 하듯이 기계도 더 발달된 인지능력을 갖추기 이해서는 학습을 필요로 한다. 기계가 학습을 통해서 인간과 같은 추론 및 인지능력을 갖추는 것을 머신러닝이라고 부른다. 그리고 기계가 지식을 효율적으로 습득할 수 있도록 지도하는 직업이 '머신러닝 엔지니어'다.

머신러닝 엔지니어는 기계가 편향된 지식을 습득하고 있지는 않은지, 학습량이 부족하지는 않은지 등을 평가하여 기계의 학습을 지도한다. 더 나아가 교육 과정을 조정하고, 학습 조건, 학습 목표 등을 설정하는 것도 머신러닝 엔지니어의 역할이다. 기계는 학습을 통해 자율주행, 공장 자율화 등 다방면에 활용되고 있으며, 기계에 어떠한 업무를 설정하고 교육하는 가에 따라 더 다양한 분야에서 활용될 수 있다.

진출 가능 분야로는 스마트팩토리(설비 예방 정비, 공정간 연계 제어, 공정 최적화 등), 물류 시스템 최적화(물류 유동량 분석 및 예측, 배송 최적 경로 탐지, 배송 시간 예측 등), 금융자산 관리(투자 수익 예측, 리밸런싱을 통한 분산 투자 등)가 있다[42].

인간·자동차 인터페이스 개발자는 자동차와 인간이 소통할 수 있게 해 줄 것이다. 테슬라의 반자율 주행기술 구현으로 운전대가 없는 자동차 시대가 열릴

---

41) SBA, "미래직업, 오감 인터랙션 개발자," https://sbasncc.tistory.com/1447?category =780847(검색일: 2020.08.05)

42) SBA, "미래직업, 머신러닝 엔지니어," https://sbasncc.tistory.com/1434?category=7 80847(검색일: 2020.08.05)

것으로 기대하고 있다. 이미 자율주행 완성단계에 들어와 있으며, 상용화까지 오랜 시간이 걸리지 않을 것으로 보고 있다. 자율주행으로 운전자가 더 이상 운전할 필요가 없어지면 운전자의 역할이 차량에 탑승한 다른 동승자와 크게 다를게 없어질 것이다. 그렇게 되면 운전자가 운전 중의 안전을 확보함과 동시에 다른 기능을 조작하기 위해 사용했던 음성 인터페이스에 대한 의존도도 낮아질 것이다. 음성 인터페이스에 대한 의존도가 낮아졌다는 것은 다른 인터페이스에 대해 자유롭게 조작이 가능하다는 것이고, 다른 인터랙션[43) 수단을 통해 사용자 의도를 보다 효과적으로 자동차에 전달할 수 있을 것이다. 자율주행 모드에서 운행하던 자동차가 단순한 자동차 기능 수행뿐 아니라 감정을 공유하고 소통하는 수준까지 발전할 것으로 기대하고 있다. 자율주행 모드에서 운행하는 자동차는 운전자의 감정을 파악하고 그에 맞는 환경을 제공할 수 있게 될 것이다.

2. 역량별 대표직업

(1) 문제인식 역량 활용분야

문제인식 역량은 유연하고 감성적인 인지력, 비판적 상황 해석력, 능동적 자료 탐색 및 학습능력이라는 3가지 하위 세부역량을 포함하고 있다. 이러한 세부역량의 공통된 부분은 창의성이라는 인간 고유의 영역이다. 이러한 창의성을 중심으로 어떠한 변화들을 요구하는지, 그리고 직업군에 대해서 검토해 보고자 한다.

로봇이나 컴퓨터, 인공지능 등의 기술이 사람이 하는 일을 대체할 가능성, 즉 '기술 대체 가능성'이 높다는 것은 하는 일의 일부가 컴퓨터나 기계로 대체되어 해당 직업의 일자리 중 일부가 감소한다는 것을 의미한다. 기술 대체 가능성이 너무 높아 업무 전체가 컴퓨터나 기계로 대체되면 해당 직업의 일자리 전체가 사라질 수 있다. 기술 대체 가능성은 해당 직업이 수행하는 일(task)의 정형화 정

---

43) 인터랙션이란 인간과 인간, 인간과 물질, 인간과 시스템, 시스템과 시스템을 위한 커뮤니케이션에서 일어나는 일종의 양식이라 할 수 있다. 단어로 풀이해 보면 inter(상호)와 action(동작, 작동)의 합성어로 '상호＋동작'을 위한 디자인이라고 할 수 있다. 사용자 간 커뮤니케이션뿐만 아니라 서로 간 행위의 소통 자체를 위한 디자인이다. [네이버 지식백과]

도에 영향을 받는다. 수행하는 일이 일정한 매뉴얼에 따라 규칙적일 경우 정형화 정도가 높다고 할 수 있다. 정형화 정도가 높을수록 창의력의 요구는 낮아진다. 그만큼 일정한 반복된 일을 할 수 있는 기술로도 충분히 대체할 수 있다는 것이다. 예를 들어, 버스기사, 창고관리원, 시설안내원, 계산원, 텔레마케터, 제조생산직(조립, 포장, 품질관리) 등과 같이 일정한 방식에 따라 규칙적으로 하는 업무 비중이 높은 경우에는 기술로 일자리가 대체될 가능성이 높다.

숙련 직종이라고 해서 기술 대체로부터 안전한 것은 아니다. 전문직이라고 하더라도 정해진 절차에 따라 반복적인 업무를 한다면 정교한 알고리즘으로 자동화될 가능성이 높다. 예를 들면 법률사무원(또는 저숙련 초급 변호사), 회계사무원(또는 저숙련 초급 회계사), 영상의학 전문의와 같은 직종이 그러하다. 최근 우리나라에도 고도의 유연성(flexibility)과 적응성(physical)을 지닌 인공지능 변호사(Law−Bo)가 도입되어 소송에 관련된 판례나 법령, 논문 등의 검색 업무를 담당하는 법률비서(법률사무원)의 일자리가 위협받고 있다.

기계에 따른 일자리 대체 가능성은 고급 지식과 기술이 필요한 고숙련 직종인 경우에 저숙련 직종에 비해 상대적으로 낮다. 엔지니어나 과학자는 기술 대체 가능성이 낮은데, 이는 업무 수행 시 요구되는 높은 수준의 창조적 능력 때문이다. 또 고숙련 변호사도 저위험군에 속하는데, 이는 변호사에게 필요한 사회지식(사회와 인간에 대한 이해, 법정 변론), 통찰력(새로운 법리 해석), 영업력(의뢰인 상담) 등의 능력이 기계로 대체되기 어렵기 때문이다. 또한 기술 대체에 따른 일자리 감소보다는 사회가 복잡화됨에 따른 고숙련 변호사에 대한 수요 증가가 변호사 일자리를 결정할 것이다.

또한, 고도의 유연성(flexibility)과 육체적 적응성(physical adaptability), 환경 변화에 유연하게 대응하는 창의성, 공감능력 등이 필요한 의료, 서비스 및 상담 등의 직종은 컴퓨터와 기계화에 영향을 덜 받을 것이다. 예를 들어, 환자의 일상생활을 도와주는 간병인이나 어린아이를 돌봐주는 육아도우미(베이비시터)는 숙련 수준은 낮아도 기계로 대체하기 어려운 직종이다. 교사의 업무 중 지식전달 업무는 MOOC(온라인 공개 수업, Massive Open Online Course)나 인공지능으로 대체될 수 있지만, 학생들의 학업관리, 학습방법 지도, 생활 상담, 사회화 지도, 진로코칭 등에 대한 업무는 기술로 대체되기 어렵다.

<표 5-9> 획일적이지 않은 문제인식 역량 활용분야

유연하고 감성적인 인지력	• 소셜 디자이너 환경 문제 및 사회 범죄 예방 등 더 나은 사회로의 문제 해결 방안 제시 • 감성 서비스 개발자 감성이 사람의 마음에 미치는 영향을 인지하여 다양한 감성 서비스 개발
비판적 상황 해석력	• 사업 기획자 끊임없이 변화하는 사회에 맞는 새로운 사업 분야를 제시 • 관리 시스템 개발자 인간의 역량을 대체하는 기술적 시스템의 개발 및 활용
능동적 자료 탐색 및 학습 능력	• 스타트업 창업가 새로운 정보의 생성과 흐름을 먼저 파악하고 사업 기회를 포착 • 정보 활용 컨설턴트 문제에 따른 정보를 조합하여 문제 해결을 위한 맞춤형 정보 제공

그러나 명심할 것은 업무가 자동화와 로봇으로 대체될 수 있다고 해서 직업 자체가 곧바로 사라지거나 일자리가 급격히 축소되지는 않는다는 것이다. 직업 자체가 소멸하기 위해서는 그 직업이 수행하는 모든 직무(tasks)가 기술로 대체되어야 하기 때문이다. 기술 대체는 기술발전만으로 이루어지는 것은 아니다. 인공지능 등 특정기술이 어느 정도 완성되었다고 해도 상품과 서비스로 소비자에게 제공되기 위해서는 다른 기술과의 충돌 등 검증을 통과해야 산업화가 가능하다. 또 경제성, 사회적 합의와 윤리, 정부정책 등에 따라 복합적으로 결정된다. 교사 일자리가 감소한다면 이는 인공지능 로봇이 아닌 학령인구 감소가 원인이 될 것이다. 공장자동화는 기존 근로자와의 합의에 따라 순차적으로 이루어지는 경우가 많다. 기술발전으로 업무를 대체할 수 있다고 해도 근로자 임금보다 기계 도입 비용이 더 크다면 산업현장에 기술 도입은 어렵다.

(2) 대안도출 역량 활용분야

인간 개개인이 갖는 다양성을 조합하여 기계와 차별화된 대안을 탐색하고 도출할 수 있는 능력이다. 대안도출 역량은 사회적 기술(social skills)을 구성하는 '감성지수', '협상', '설득', '서비스 방향 결정' 등 다양성의 가치를 인정하고 조합하는 역량들이 기본적으로 필요하다. 이는 기계가 할 수 없는 인간 고유의 영역

〈표 5-10〉 다양성의 가치를 조합하는 대안도출 역량 활용 분야

구조화,
설계된
휴먼 모니터링
능력
	• 소셜 컨시어지
	  SNS, 디지털 기술 등을 활용하여 고객 요구에 맞춰 솔루션 해결
	• 심리 상담사
	  개인화의 심화 등으로 발생하는 심리적인 문제를 전문 지식으로 해결

협력적 의사
결정력
	• 리더 양성가
	  협력 관계에 있는 다양한 사람들을 모아 효과적 대응을 결정하는 리더 양성
	• 전략 부서 근무자
	  생산 · 유통 · 판매 · 재무 등 종합적 관점으로 기업의 전략 방향 결정

시스템적 사고	• 빅데이터 사이언티스트
	  수많은 정보를 자신만의 논리 구조로 편집하고 종합하여 수요자의 요구에 최적의 해답을 도출
	• 업무 환경 설계 전문가
	  복잡한 기술 변화에 대응해 민첩하게 업무를 수행할 수 있도록 업무 환경 설계

유인형 협력
능력
	• 미래 예측 연구자
	  외부와의 협력을 통해 미래 연구를 종합하고 관련 미래지수 산출
	• 전문가 관리 코디네이터
	  협력 관계를 통해 전문성을 향상시킬 수 있는 창의적 방안 모색

휴먼 클라우드
능력
	• 문제 해결 도우미
	  인적자원을 전략적으로 활용하여 문제의 대안 제시
	• 분쟁조정사
	  협력 과정에서 발생할 수 있는 분쟁에 대한 해결책 제시

으로 인간 대 인간, 인간 대 기계의 관계에 있어 문제점이 발생했을 때 창의성과 감성, 경험에 의한 판단과 조언을 기초로 하는 대안제시가 가능할 것이다.

설득력, 감성 지능, 타인 가르침과 같은 사회적 기술은 프로그래밍이나 장비운영과 통제와 같은 좁은 기술력보다 산업 전반에 걸쳐 수요가 더 많을 것이다. 콘텐츠 스킬(ICT 리터러시 및 능동적 학습 포함), 인지 능력(창의성, 수학적 추론 등) 및 프로세스 능력(능동적 경청, 비판적 사고 등)은 많은 업종의 핵심 스킬 요건의 증가하는 부분이 될 것이다.[44]

대안도출 역량 활용분야는 '구조화·설계된 휴먼모니터링 능력', '협력적 의사 결정력', '시스템적 사고', '유인형 협력 능력', '휴먼클라우드 능력'으로 세분화할

---

44) WEF, *The Future of Jobs*, 2016.

수 있다. 기계나 사물, 사람의 문제점을 파악하고 해결을 제시하는 대안도출 역량은 다방면에서 활용이 가능하다.

(3) 기계와 협력적 소통역량 활용분야

"인간에게 어려운 일은 로봇에게 쉽고, 인간에게 쉬운 일은 로봇에게 어렵다"는 말이 있다. 이것을 '모라벡의 역설'이라고 하는데, 미국 로봇공학자인 한스 모라벡(Hans Moravec)이 1970년대에 처음 한 말이다. 수십만 년 동안 진화해온 걷기나 잡기, 듣기, 보기, 의사소통 등 인간의 일상적인 행위는 로봇에게 어렵고, 인간에게 어려운 복잡한 수학 계산이나 논리 분석은 컴퓨터가 순식간에 해낼 수 있는 일이다. 하지만 이 '모라벡의 역설'도 옛날 얘기가 되고 있다. 로봇이 인공지능(AI)과 결합하면서 점점 똑똑해지고 정교해지고 있다. 산업용 로봇이 공장에서 자동차를 만든 지 오래되었고, 이제는 인공지능을 탑재한 협업로봇(코봇, collaborative robot)이 사람과 함께 전자부품을 조립하고 연구 과정을 보조하기도 한다. 사람의 모습을 한 휴머노이드 로봇은 호텔 접객원, 백화점 판매원, 노인시설 복지사, 병원 간호사 등 서비스 직종에서 일부 역할을 맡고 있다. 웨어러블 로봇(wearable robot, 착용 로봇)은 노약자나 장애인, 근로자가 몸에 착용해 신체 기능을 강화하고 보조하는 역할을 한다.

최근에는 로봇이 인간의 신체적 기능을 대신하는 것을 넘어 인지능력(지식, 이해력, 사고력, 문제해결력, 창의력 등) 영역까지 넘어오는 사례가 등장하고 있다. 고도의 컴퓨터 알고리즘과 빅데이터를 기반으로 한 온라인 자산관리 서비스인 로보 어드바이저(robo-advisor)는 인간 프라이빗 뱅커(PB)가 하던 자산관리 서비스는 물론이고, 적극적인 투자에도 활용되고 있다. 인공지능 왓슨은 환자의 영상자료를 보고 의사보다 더 정확한 확률로 각종 암 여부를 판독해 의사를 도와 환자의 병을 진단하는 데 큰 역할을 한다. 인공지능 변호사 로스(Ross)는 1초당 10억 장의 판례를 검색해 사건에 맞는 가장 적절한 판례를 추천해 주고 있다. 앞으로도 인공지능의 적용은 교통, 공공안전, 제조, 의료, 금융·보험·주식 투자, 교육, 사무행정 및 경영, 법률 등으로 더욱 확산될 것이다. 통역 및 번역분야도 이미 상당한 수준의 발전을 이루었다. 뿐만 아니라 인간만의 영역이라고 믿었던 화가, 작곡가, 상담(챗봇), 기자 등의 영역까지도 인공지능 로봇이 진출하고 있다. 홍콩의 투자 금융회사 딥 놀리지 벤처스(Deep Knowledge Ventures)는 생명과학, 암 연구, 노화방지 등의 분야에서 투자를 담당하는 인공지능 이사 '바이탈'을 공개해 화제가 되었다.

BBVA리서치가 실시한 세계 인공지능 전문가 대상의 조사 결과에 따르면, 2040년경에는 인공지능이 데이터의 일반적 이용단계(2단계)에 도달할 것으로 예측되었다[45].

1980년대에 컴퓨터 사용은 일부 전문가 집단이나 서류 작성을 전문으로 하는 컴퓨터 타자수에 국한되었다. 하지만 1990년대 들어 개인용 컴퓨터가 보급되면서 사무직을 중심으로 컴퓨터 활용 능력은 기본이 되기 시작했다. 워드프로세서나 엑셀 등 컴퓨터 활용 능력이 떨어지는 사람은 직업능력 전체를 의심받기 시작하였다. 4차 산업혁명으로 근로자의 일하는 방식과 도구에 또 한 번 변화가 예고되고 있다. 4차 산업혁명의 핵심기술 즉, 로봇, 인공지능(AI), 빅데이터, 가상현실(VR)·증강현실(AR), 3D 프린팅, 클라우드(cloud), 사물인터넷(IoT) 등의 첨단기술들이 기존 기술 분야와 융·복합되고 연계되면서 빠르게 발전하고 있다. 이러한 속도가 산업현장과 직업현장에 반영되어 생산공정과 생산 장비가 혁신되면서 근로자의 일하는 내용도 빠르게 바뀌고 있다. 현재의 청소년들이 사회에 진출하게 되는 10년 후에는 사람이 직접 제품을 조립하고 검사하고 적재하는 일은 적어도 기계도입 비용을 감당할 수 있는 중견기업 이상에서는 거의 없어질 가능성이 크다.

근로자들은 생산시스템과 로봇을 관리하고, 작동 이상을 발견하면 신속하게 조치하는 유지보수 업무를 하게 될 것이다. 건물청소원들도 모바일로 청소로봇들을 작동하고 관리하는 일을 하게 될 것이다. 건물경비원은 CCTV와 지능화영상분석시스템, 경비로봇을 관리하고 통제하는 일을 할 것이다. 기존에 사람들이 하던 업무의 상당 부분을 인공지능 탑재 컴퓨터가 담당하면서 금융전문가들은 사전에 축적되고 분석된 데이터 결과를 종합하여 주로 의사결정을 하게 될 것이다. 병원에서도 의료서비스 로봇이 복도를 쉴 새 없이 움직이고, 의사들은 대형 모니터를 보면서 인공지능 '왓슨'이 분석한 데이터 결과를 환자들에게 설명하고 왓슨이 제안한 치료방법을 더 정교하게 결정하는 일을 하게 될 것이다.

---

45) 윤우진, 『신디지털 경제논쟁과 시사점』, 산업연구원, 2018.

변호사들도 '인공지능 변호사'를 얼마나 효과적으로 활용하느냐에 따라 유능함을 인정받게 될 것이다. 이상과 같이 부품조립이나 창고관리, 일상적 행정사무 등 단순반복적인 일은 로봇과 무인운반차, 자동화 컴퓨터가 맡고, 근로자는 생산시설의 유지관리나 품질관리, 보수, 데이터 분석, 대인서비스 등의 종합적이고 통제적인 일을 주로 할 전망이다. 그렇지 않으면 기계화가 어렵거나 비용 문제로 남겨진 일을 맡게 될 것이다. 직업현장에서 수행되는 업무 수준이 양극화되고, 따라서 근로자에게 요구되는 직업능력도 양극화될 것이다.

가까운 미래에는 제조공장이나 건설현장, 사무실 등 직업현장에서 근로자들은 인공지능이 탑재된 컴퓨터와 코봇(협업로봇, collaborative robot), VR·AR 기기, 스마트글러브, 3D 프린터 등의 첨단기기를 일상적으로 사용할 것이다. 건설기술자는 종이로 된 도면이 아닌 모바일 PC나 가상현실 글래스 등 디지털 장비를 착용하고 일할 것이다. 미래 근로자들은 업무 수행을 위해 각종 소프트웨어와 디지털 장비를 능숙하게 다루고, 기계에 대한 기본적 유지보수를 해야 한다. 또 생산 제품이나 서비스의 기술 활용도가 더욱 커질 것이기 때문에 근로자들에게 IT, 전기, 전자, 기계 등 다양한 분야에 대한 기초지식과 기술을 요구하게 될 것이다. <표 5-11>은 기계와의 협력적 소통역량 활용 분야를 정리한 것이다.

〈표 5-11〉 기계와의 협력적 소통역량 활용분야

디지털 문해력	• 자동화생산공정관리자 지능화 기반의 자동화 공정을 이해하고 시스템 모니터링 실행 • 클라우드 기반 정보 서비스 제공 사업자 업무 현장에서 발생하는 대량의 정보를 체계적으로 전달
정교한 첨단 기술 조작 역량	• 자동화기계검사원 기계 작동 조건의 미세한 오류를 발견하여 생산·서비스에서 발생할 수 있는 문제 해결 • 공연설계사 인간의 퍼포먼스에 신기술을 결합하여 공연의 완성도와 부가가치를 높임
휴먼-컴퓨터 조합력	• 무인이동체개발 및 운영자 기계로부터 얻을 수 있는 정보와 사람의 의견을 체계적으로 연결 • 윤리가치기반 프로그래머 기계가 제공하는 다양한 분석 정보를 활용하고 인간적 기준에 부합한 의사결정

CHAPTER
06

스마트사회로의 진화

제1절 인프라 환경 변화

1. 전세계적 네트워트화의 경향

(1) 네트워크의 변화

19세기 오스만 남작[1]에 의한 파리 대개조가 일어나기 전의 파리는 중세 도시의 모습을 벗어나지 못하고 좁은 길들이 미로같이 얽혀있는 곳이었다. '라미제라블' 영화를 보면 혁명군과 프랑스군이 대치하는 장면에서 좁은 도로에 바리케이드를 높게 쌓아 프랑스군이 쉽게 접근할 수 없게 막을 수 있었다. 또한, 상수도와 하수도 체계가 갖추어져 있지 않았으며 주거지 인근에 녹지는 거의 찾아볼 수 없었다. 이는 생활상의 불편이었을 뿐만 아니라 전염병 창궐과 같은 심각한 위생 문제를 야기했다. 이런 문제를 해결하기 위해 오스만은 도시 기반 시설부터 도로 체계, 녹지 조성, 미관 관리, 도시 행정에 이르는 도시의 건설과 운영

---

[1] 조르주외젠 오스만 남작(프랑스어: Baron Georges‒Eugène Haussmann, 1809년 3월 27일‒1891년 1월 11일)은 나폴레옹 3세가 주도한 파리 개조 사업에 공이 컸던 인물이다. 개조 사업은 처음에는 국민들로부터 막대한 공사 비용 때문에 비난을 받았으나 준공 이후, 영국 등의 다른 나라들이 파리에 대한 찬사를 보냈다.
https://ko.wikipedia.org/wiki/%EC%A1%B0%EB%A5%B4%EC%A3%BC%EC%99%B8%EC%A0%A0_%EC%98%A4%EC%8A%A4%EB%A7%8C

에 관련된 모든 것들을 간과하지 않고 중세 도시 파리와는 전혀 다른 근대화된 파리를 창조했다. 기차역과 주요 광장들을 직선으로 연결하는 방사선 대도로망이 만들어지면서 물리적 네트워크가 구축되었다. 이를 통해 중세시대 유럽인을 괴롭혔던 페스트와 콜레라 등의 전염병으로부터 안전한 도시를 유지할 수 있게 되었다. 이로써 많은 부유한 유럽인들이 안전한 파리로 이주하길 원했고, 파리는 자연스럽게 경제적, 문화예술적으로 융성할 수 있는 기반을 갖추게 되었다. 미국의 경우 1차 산업혁명으로 증기기관이 만들어지고 증기기관차를 운행할 철도가 놓이면서 서부 개척의 역사가 시작되었고, 미국 전역의 대륙횡단철도 네트워크가 연결되면서 하나의 미국을 건설하는 원동력이 되었다.

물리적 공간 한계를 뛰어넘게 된 계기는 1992년 미국 대통령 선거에서 클린턴과 고어 진영에서 선거공약으로 제창한 '정보고속도로(Information Highway)' 구축이었다. 정보고속도로의 구축으로 시간과 장소의 제약을 벗어나 상시접속환경이 구축되었다. 1950년대 미국 전역을 연결하는 고속도로 네트워크의 건설이 미국의 경제적 번영의 기초가 되어 1960년대부터 1980년대까지 미국의 급성장을 이끌었듯이, 정보의 원활한 유통을 위해 정보고속도로를 구축하여 국가 경쟁력을 키우겠다는 구상이었다. 이후 정보고속도로는 정보사회로 가는 핵심적인 사회 기반으로 인식되게 되었다.

이에 따라 세계 각국은 자국의 정보통신 네트워크 고도화를 위해 별도의 초고속정보통신망 구축 프로젝트를 펼쳤다. 이 개념을 처음 제창한 미국은 전국정보인프라스트럭처(National Information Infrastructure: NII)의 구축을 2010년까지 완료하였으며, 유럽 각국은 국가 차원의 정보고속도로 외에 유럽연합(EU) 차원의 범유럽정보통신망인 TEN(Trans European Network) 계획을 추진 중이다. 한국은 미국의 NII와 유사한 '초고속정보통신망 구축계획(KII)'을 1994년 4월에 입안하여, 2015년까지 3단계로 나누어 21세기 고도정보화사회를 위해 산학연 공동으로 추진하여 지금은 세계 최고수준의 정보통신 네트워크를 구축하고 있다. 초고속정보통신망의 핵심은 광케이블망을 주축으로 영상과 음성, 문자 등 멀티미디어 정보를 쌍방향으로 오갈 수 있다는 것이다. 일반 사진은 물론 비디오와 오디오 정보도 실시간으로 전송할 수 있으며, 영상전화나 원격의료, 원격화상회의 등도 가능한 시대가 되었다[2]. 현재 코로나19 펜데믹시대에 네트워크로서의 역할을 톡톡히 수행하고 있다. 이처럼 방사선 도로망과 철도망 등 물리적 네트워크에서 유선 정보통신 네트워크로 변화되었고 이제는 무선 네트워크로 진화되어 가고 있다.

(2) 연결경제(Connected Economy) 시대 대두

네크워크의 발달로 시간과 공간의 제약에서 벗어나게 됨에 따라 생산과 소비 또한 세계화, 단기화되는 경향을 보이고 있다. 적자생존의 치열한 경쟁구도 속에 제품의 설계에서 부속품 조립, 생산조립라인 등 단가를 최소화할 수 있는 치열한 경쟁을 통해 국제적 구성원들에 의해 생산되는 체제로 재편되었다. 이를 다국적기업이라고 하며, 일반적으로 수개국에 걸쳐 영업 및 제조거점을 가지고 국가적, 정치적 경계에 구애됨이 없이 세계적 범위와 규모로 영업을 하는 기업을 말한다.

하드웨어(설비, 기기)로 승부하는 시대는 지나갔다. 이제는 소프트웨어(프로그램), 시스템, 플랫폼이 중심이 될 것이다. 하드웨어는 이제 업체별로 큰 차이가 나지 않는다. 다들 비슷한 규격, 비슷한 수준의 설비를 갖고 있어 경쟁력은 하드웨어가 아닌 소프트웨어에서 결정된다. 축적된 빅데이터를 가지고 어떤 맞춤형 프로그램으로 갈 것인가가 중요할 것이다. 아이폰과 아이패드 돌풍으로 세계 IT산업 판도를 바꾼 애플의 힘은 바로 '사용자 경험'이었다. 이런 빅데이터의 활용, IoT를 통한 많은 정보를 어떻게 활용할 것인가? 여기에 답이 있는 것이다. 그러나 소프트웨어는 효용기간이 짧고 어설프게 대응하다간 바로 퇴출되는 냉혹한 정보생태계의 속성을 가지고 있다는 것을 늘 주의해야 할 것이다.

4차 산업혁명의 주요특징은 초연결성, 초지능화, 초현실화에 기반하여 모든 것이 상호 연결되고 보다 지능화된 사회로 변화한다는 특징이 있다고 앞 장에서 언급되었다. 따라서 스마트사회는 연결경제가 대세를 이루게 될 것이다. 연결경제시대에 언제 어디서나 연결을 원하는 신 노마드족이 대두될 것이다. 노마드(nomad)라고 하면 '유목민, 정착하지 않고 떠돌아다니는 사람'이란 의미로 정보기술의 발달로 등장한 21세기형 신인류를 뜻한다. '신 노마드족'은 휴대폰, 아이

---

2) [네이버 지식백과] 초고속정보통신망 [information superhighway, 超高速情報通信網] (두산백과)

패드, 노트북 등 첨단 기기를 활용해 시간과 공간에 구애받지 않고 인터넷에 접속해 필요한 정보를 찾고 쌍방 커뮤니케이션을 통해 세상과 소통하는 사람들을 말한다.

언어의 장벽은 AI(인공지능)의 발달로 조만간 해결될 것이다. 최근 AI가 인간처럼 생각하고, 학습, 판단하여 논리적으로 결과를 끌어낼 수 있도록 알파고 제로에서 봤던 것처럼 5G 첨단기술을 활용한 머신러닝, 딥러닝 등을 통해 학습시킴에 따라 인공지능이 인간을 대신하여 인간의 언어에 가까운 말투로 문장을 번역해 줄 것이다. 사람의 억양, 어조 등을 파악해 물음표나 느낌표까지 표현하는 음성인식기술까지 가능하게 될 것 같다. 과거에는 단어나 문맥을 제대로 파악하지 못해 오역되거나 해석할 수 없어, 자연스럽지 않은 번역의 티가 많이 났었다. 하지만, 지금은 '인공 신경망(NMT)' 기반으로 기술이 발달하면서 실생활에서 활용될 만한 수준의 통번역을 해주고 있어 조만간 언어의 부담에서 우리 모두가 해방될 수 있을 것 같다. 이미 언급한 것처럼 전 세계가 네트워크로 연결되면서 자연스럽게 사물과 인간, 사물과 사물간에 커뮤니케이션이 가능한 IoT시대가 도래했다.

2. 새로운 유형의 사회 도래

앞으로 우리 미래사회의 모습은 어떠할까? 특히 코로나19로 인해 사회는 더 스마트화 되어질 것 같다. 코로나19가 사회, 경제, 과학기술 등 다양한 영역에서 변화의 바람을 불러일으킬 것이라고 많은 학자들은 말하고 있다. 2020년 이후 코로나19로 전 세계적인 위기를 맞고 있는데 일본 전 수상 아베는 코로나19와의 싸움을 '제3차 세계대전'으로 규정한 채 대응하기도 했다. 이런 위기는 거꾸로 사회 변화를 촉발시키기도 한다. 중세 시대 유럽을 뒤흔든 흑사병이 르네상스 발현의 원동력이 되었듯이, 위기를 극복하는 과정은 기회가 되기도 한다. 코로나19 이후 4차 산업혁명 관련 기술들은 급속도로 발전할 것이라 예측되며, 특히 5G, 인공지능, 빅데이터, 증강현실 등의 기술이 우리 사회 모든 부분으로 전파되어 모든 공장, 기업, 가정에 보급될 것이라 전망된다. 이번 코로나19로 인해 사회적 거리두기 정책에 따라 외출이 제한된 장년과 노년층은 젊은 층의 전유물처럼 여겨지던 온라인, 비대면 경제활동이 생각보다 훨씬 편리하고 효율적이라는 것을 알게 됐을 것이다. 재택근무든, 온라인 쇼핑이든 진입장벽이 한번 무너지면 바이러스처럼 걷잡을 수 없이 확산될 것이라고 생각된다. 앞으로 디지털 경제로 가속화되고, 유통산업도 온라인으로 빠르게 재편될 것 같고, 기업들의 공급망도 매우 다변화될 것 같다. 우리 일상활동에서 온라인 결혼식, 재택근무로 인한 화상회의, 비대면 컨퍼런스 등의 활성화, 일상생활에 각종 앱을 활용하고 온라인 배달, 온라인게임 스포츠 등이 증가할 것이다.

코로나19 확산으로 메타버스에 대한 관심이 증가하면서 '3차원 초현실 세계', '가상세계 속에서 사회, 문화, 경제적 가치가 창출되는 세상'이 도래할 것이다. 코로나19 사태는 비대면·언택트 시대를 피할 수 없이 받아들였다. 젠슨 황 엔비디아 최고경영자(CEO)는 2020년 10월 '그래픽 테크놀로지스 콘퍼런스(GTC) 2020' 기조연설에서 '메타버스가 오고 있다'며 메타버스의 중요성을 강조했다. 그는 2021년 4월 'GTC 2021'에서 기업 내 분산된 전문가들이 가상세계에서 협업해 프로젝트를 진행할 수 있는 '엔비디아 옴니버스 엔터프라이즈'를 공개했다. 페이스북, 구글을 비롯해 주요 글로벌 기업 모두 메타버스에 관심을 갖고 투자를 늘리고 있다. 국내에서는 플랫폼 기업과 통신사, 게임사, 전문 개발사가 메타버스를 새로운 기회로 인식, 비즈니스 모델(BM)을 찾고 있다. 메타버스는 데이터·네트워크·인공지능(D·N·A) 기술과 XR[3] 기술이 융합돼 이뤄진다. 빅데이터, 5G, 인공지능(AI) 등 각각의 기술이 산업에 미치는 영향이 지대한 만큼 사회, 경제, 문화예술 전반에 메타버스가 혁신적 변화를 몰고 올 것으로 전망된다[4].

교육 분야에서도 변화의 바람이 불 듯하다. 우리나라 대학들은 그동안 원격수업에 굉장히 소홀했던 것이 사실이라 원격수업 확대가 한국 교육에 어떤 영향을 미칠지 생각해볼 필요가 있다. 대학 입장에서는 비용 절감을, 학생 입장에서

---

3) XR기술은 2010년 이후에는 5세대(5G) 이동통신 상용화 등 통신 기술이 발달하면서 VR, AR, 혼합현실(MR) 등 확장현실(XR, 가상융합기술로도 부름) 기술이 동시에 발달했다. XR는 메타버스 핵심 기술이다. XR 부상은 메타버스가 다시 주목받는 계기가 됐다.

4) 전자신문(2021.05.09.) 이슈분석: 메타버스, 새로운 세상이 열린다. https://m.etnews.com/20210507000036

는 시간·공간의 제약 없이 고품질의 강의를 들을 수 있다는 장점이 있는 반면에 실제 교수들을 대상으로 물어본 결과 자신의 강의가 외부에 공개된다는 것에 대한 거부감이 심한 것으로 나타났다. 학습자 역시 비대면 원격수업에 대한 교육 효과를 불신하는 목소리 또한 있는 것 같다. 장단점을 잘 파악하여 적절한 조화가 필요할 것이다.

또 스마트 워크, 원격 의료, 자율주행자동차 등에 대한 의식변화도 커져서 기존의 기득권층과의 다툼에서 다소 유리해 질 수도 있을 것 같다. 작금의 변화는 ICT산업은 물론 경제 전반을 혁신적으로 변화시키는 경제혁명이며, 개인의 일상생활과 사회는 물론, 인간 자체의 성향마저 바꾸는 사회혁명이다. 이렇게 거대한 변화의 한가운데에서 그 변화의 의미와 방향을 이해하고 대안을 제시할 수 있다면, 즉 변화혁신을 적극적으로 받아들여 이에 대한 대비를 한 개인과 기업, 국가와 그렇지 않은 개인, 기업, 국가 간에는 분명한 격차가 생길 것이다.

제2절   통신환경 변화

1. 아고라, 인터넷, 모바일

(1) 아고라란?

아고라는 고대 그리스의 도시국가인 폴리스의 중심지에 있는 광장이다. 정치적인 광장의 역할과 시장을 겸한 독특한 것으로 그 주변에는 관청과 신정 등 공공건물이 많이 세워져 있었다. 따라서 아고라는 장소적 의미뿐만 아니라 상징적인 의미를 모두 가진다. 그리스인들은 이곳에서 민회(民會)와 재판, 상업, 사교 등의 다양한 활동을 하였다. '아고라(Agora)'의 어원은 '아고라조(Agorazo: 모이다)'에서 비롯된 것으로 사람들의 모임이나 모이는 장소를 의미한다. 아고라가 시장의 기능뿐만 아니라 정치, 경제, 사회, 문화 등 시민들의 일상 생활의 중심이 되면서 폴리스 시민들은 집 밖의 공공생활을 즐겼으며 하루의 대부분을 아고라에 모여 정치와 사상을 토론하는 등 아고라가 일상생활의 중심이 되었다. 그리스의 도시국가에서 신전(神殿)과 주요 관공서가 있는 아크로폴리스(acropolis) 가 정치와 종교의 중심지였다면, 아고라는 일상적인 활동이 활발히 이루어지는 시민생활의 중심지였다. 아고라는 시장으로 경제 활동의 중심지였으며, 시민들 이 사교 활동을 하면서 여론을 형성하던 의사소통의 중심지였다. 학문과 사상 등에 대한 토론이 이루어지던 문화와 예술의 중심지였으며, 시민들이 민회(民會) 를 열어 국방이나 정치 문제를 토론하던 정치의 중심지이기도 했다. 또한, 연극 무대와 운동장으로도 쓰였다. 아고라는 그리스와 헬레니즘 시대의 도시국가에서 특징적으로 나타나며, 로마에서는 포럼(forum)이라는 명칭으로 계승되었다.

아고라는 고대 그리스 도시국가의 개방된 소통의 장소였다. 그래서 오늘날에 도 사회의 공적인 의사소통이나 직접민주주의가 이루어지는 공간이나 그러한 행위 자체를 상징하는 말로 널리 사용된다. 아고라가 고대 그리스 도시국가의 생활에 중요한 역할을 한 것처럼, 오늘날 그 역할을 물려받은 것은 인터넷과 모 바일이며, 이는 21세기 사회에서 중요한 소통의 역할을 담당하고 있다.

▼ 그림 6-1 아테네 아고라

(2) 인터넷의 등장

인터넷(Interne)은 컴퓨터로 연결하여 'TCP/IP(Transmission Control Protocol/ Internet Protocol)'라는 통신 연결 과정을 이용해 정보를 주고받는 컴퓨터 네트워 크이다. 인터넷이라는 명칭은 1973년 TCP/IP를 확립한 빈튼 서프(Vinton Gray

Cerf)와 밥 간(Bob Khan)이 '네트워크의 네트워크'를 구현하여 모든 컴퓨터를 하나의 통신망 안에 연결(Inter Network)하고자 하는 취지에서 이를 간추려서 인터넷(Internet)이라고 처음 명명하였던 데에 그 어원을 두고 있다[5]. 인터넷의 유래는 1960~1970년대 미국 국방부 산하에 개발된 연구용 네트워크가 시초이다. 동서냉전이 한창이던 때에 소련이 최초로 1957년 10월 4일 인공위성 스푸트니크 1호(러시아어: Спутник-1) 발사를 성공하자 이에 충격을 받은 미국 대통령 드와이트 아이젠하워(Dwight Eisenhower)는 1958년 2월에 새로운 정부 기구를 창설하였다. 혁신과 창의적인 사고의 중심지로서, 미래에 지대한 영향을 끼칠 기발한 최신 기술을 개발하기 위한 목적으로 미국 국방부 고등계획국(ARPA, Advanced Research Projects Agency)을 창설하였다. 이곳에서 핵전쟁 등의 급박한 상황에서도 살아남을 수 있는 네트워크를 구축하기 위한 연구를 진행했다. 그 결과 기존의 회선 교환방식보다 패킷 교환방식이 훨씬 견고하고 생존성이 높다는 것을 발견하게 된다.

연결지점 간의 최초의 상호연결은 1969년 10월 29일 UCLA와 SRI연구소간에 연결이다. 이 통신망을 아르파넷(ARPAnet)이라고 하며, 이는 현재의 인터넷망의 시초이다. 현재와 같이 TCP/IP 기반의 네트워크가 된 것은 1983년 1월 1일 'ARPAnet'이 NCP(Network Control Protocol) 패킷 송출을 중단했기 때문이다. 'ARPAnet'와는 별개로 1986년 미국과학재단에서는 다섯 군데의 슈퍼컴퓨터 센터를 연결하여 'NSFnet(National Science Foundation Network)'을 만들었는데, 1980년대 말에 이르러 'ARPAnet'이 흡수 통합되면서 대학, 연구소, 정부기관, 기업 등 전 세계 모든 곳을 연결하는 국제 통신망으로 발전하였다. 이처럼 'NSFnet'의 등장은 네트워크 기술이 정부나 공공기관뿐만 아니라 민간부문까지도 확대되는 결과를 가져왔다.

이후 1989년에는 그래픽 환경이 향상되고 '월드와이드웹(World Wide Web)'이 출현하면서 네트워크 기술에 있어서 한 단계 발전하게 되었다. 이를 통해 기존의 교육이나 공공목적으로 주요 사용되던 네트워크 기술들이 민간기업의 참여로 인해 상업적 목적의 온라인 서비스가 추가되었고, 사용자층 또한 사회의 여러 계층으로 확산되면서 인터넷은 세상에서 보편화되어 갔다. 이를 통해 인터넷

---

5) 공병훈, 변화물결을 이끄는 모바일의 충격, 인터넷 교보문고, 2016

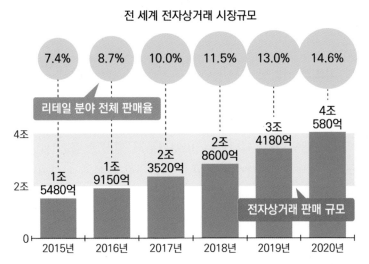

전 세계 전자상거래 시장규모

* 자료: 시장조사업체 이마케터 닷컴

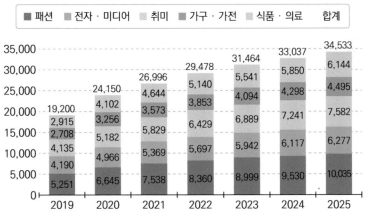

세계 전자상거래 매출 전망 (2019-2025, 억 달러)

출처: 스태티스타

의 상업적 이용이 증대되고, 인터넷을 보다 편리하게 사용할 수 있는 브라우저로서 1993년 '모자이크(Mosaic)'가 출시되면서 사용자가 폭발적으로 증가하였다.

또한, 1994년에는 세계적인 포털 엔진 사이트인 '야후(Yahoo)'가 등장하였다. 그 이듬해에는 미국의 대표적 온라인 통신업체인 '컴퓨서브(CompuServe)', '아메

리카 온라인(AOL: America Online)', 그리고 한때는 마이크로소프트사의 익스플로러와 양대 웹브라우저로 간주되었던 넷스케이프(Netscape)가 선을 보였다[6]. 현재는 전 세계적으로 수많은 나라의 컴퓨터 네트워크와 수천만대 이상의 호스트 컴퓨터들이 연결되어 있다.

우리나라 최초의 인터넷은 1982년 5월 15일 전길남 박사가 서울대학교와 협력하여 당시 한국전자기술연구소(현 ETRI) 간에 구축한 네트워크 시스템이다[7]. 이를 통해 우리나라는 미국 다음으로 무려 세계에서 두 번째로 인터넷 연결에 성공한 나라로 거듭났다. 우리나라는 1993년부터 인터넷 접속 서비스를 제공하였고, 1990년대 후반부터는 PC와 초고속 인터넷이 빠르게 보급되었고, 이에 따라 우리나라 국민 대부분은 초고속 인터넷을 이용할 수 있게 되었다. 과학기술정보통신부의 '2020년 인터넷이용실태'에 의하면 코로나19 확산·사회적 거리두기로 비대면이 일상 속에 자리 잡고 있는 환경을 고려하여 조사한 결과, 가구 인터넷 접속률(99.7%)과 국민 이용률(91.9%)은 2019년과 거의 같았으나, 개인별 이용시간이 주평균 20.1시간으로 지난해보다 2.7시간 늘어난 것으로 조사되었다.

(3) 모바일의 출현

모바일(mobile)이란 정보통신에서 이동성을 가진 것의 총칭으로 사용되는 용어이다. 정보통신에서의 모바일은 스마트폰(smartphone)과 태블릿(tablet)PC 등과 같이 이동 중에도 사용이 가능한 컴퓨터 환경을 뜻한다. 일반적으로는 사람이 휴대하면서 사용할 수 있는 소형화 된 전자 기기, 즉 모바일 기기 혹은 단말을 나타낸다. 이러한 모바일 기기는 손으로 들고 다니므로 작고 가벼운 것이 특징이다. 무선 인터넷이나 멀티미디어 이용을 주목적으로 하는 모바일 인터넷 기기(MID, mobile internet device)나 모바일 웹 사용에 초점을 둔 태블릿 컴퓨터, 휴대용 게임 기기, 스마트 워치(smartwatch)와 같은 웨어러블(wearable) 컴퓨터와 같은 다양한 모바일 기기들이 연구 및 개발되어 왔다. 기술 개발 초기에는 입력장치와 디스플레이 기능이 떨어지고 확장성이 부족하며, 전력 공급이 원활하지 않

---

6) 오택섭 외. 미디어와 정보사회 257-258p. 나남신서. 2003.
7) 한세희 기자, "우리나라 최초 인터넷 연결, 1982년 5월", 전자신문, 2012년 09월 17일

다는 약점이 있었으나, 현재는 저장 및 배터리 기술, 휘어지거나 투명한 플렉서블(flexible) 디스플레이 기술, 그리고 웨어러블(wearable) 컴퓨팅 기술의 발달을 통해 기존의 문제점과 한계들을 극복해 나가고 있다[8].

모바일 기기가 처음으로 개발되었던 것은 1990년대 초반이다. 그 당시에 모바일이라는 용어는 좁은 의미로 스마트폰의 전신인 휴대정보기기 PDA(Personal Digital Assistant)를 의미하는 경우가 많았다. 그러나 2000년대 이후 스마트폰의 사용이 본격적으로 활성화되면서 다양한 모바일 기술 및 모바일 비즈니스가 생겨났다. 휴대전화로 인터넷에 접속하여 입출금 등의 은행 업무를 보는 모바일 뱅킹, 게임을 지원하는 모바일 게임, 영화를 실시간으로 보는 모바일 영화, 모바일 TV 및 모바일 잡지 등 다양한 서비스가 제공되고 있다. 또한, 모바일 비즈니스와 모바일 마케팅, 모바일 전자화폐, 모바일 전자정부 등 다양한 모바일 서비스가 나날이 생겨나고 있다[9].

이동통신의 변화는 1984 1G 때는 '벽돌같이 생긴 폰'을 특정 계층의 사용자만 사용했고 주로 음성통화만 가능했다. 1990 중반 2G 때는 폰 크기가 작아지면서 음성통화 외에 문자 송수신도 가능하게 됐다. 2천년대 초 3G 때는 스마트폰이 등장하면서 인터넷 접속과 멀티미디어 사용이 가능했다. 2010년대 4G는 언제 어디서든 인터넷 접속이 가능하고, 실시간으로 동영상도 시청할 수 있으면서 스마트폰 핵심 서비스가 동영상으로 자리 잡았다. 그리고 이동통신 기술을 활용해 SNS나 다양한 O2O서비스(차량공유 SOCA, 숙박공유 Airbnb 등), 금융, 건강, 교통 등 생활 곳곳에 새롭고 편리한 서비스가 생겨났다. 이처럼 이동통신의 진화는 우리가 사용하는 콘텐츠나 서비스를 변화시키면서 좀 더 많은 일을 가능하게 하고 있다. 2019년 서비스가 시작된 5G는 어떨까? 콘텐츠 측면에서는 실시간 동영상이 지금보다 훨씬 강화될 것이고, 초고화질 영상 전송이 가능하기에 가상현실(VR), 증강현실(AR), 홀로그램 등의 영상 방식이 대세로 자리 잡을 것이다. 자율주행이나 공장자동화 등 4G 때는 상대적으로 활용도가 낮았던 산업군에서도 지금보다 훨씬 더 활발하게 통신기술을 활용할 것이다. 무엇보다 폭발적

---

8) https://terms.naver.com/entry.nhn?docId=1221168&cid=40942&categoryId=3284
9(검색일: 2020.07.08)
9) lbid.

으로 증가하는 센서와 센서로부터 수집되는 데이터(IoT)를 이용해서 인공지능(AI)과 결합된 다양한 서비스들을 접할 수도 있다.

▼ 그림 6-3 이동통신의 진화

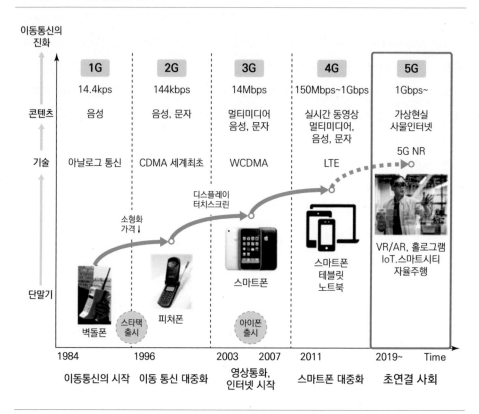

출처: https://youtu.be/tiA-fgRCMGw

5G의 특성과 4G와의 차이점은 5G에는 3가지 기술적 특성이 있다. '초고속/대용량', '초저지연', '초연결'이 그것이다. 4G와 비교하면 이해가 쉽다. 초고속은 전통적으로 이동통신이 진화한 축인데, 속도의 진화는 곧 콘텐츠의 진화를 의미한다. 기존에는 동영상만 가능했다면, 이제는 품질에 전혀 문제가 없는 초고화질의 실시간 동영상 시청이 가능하며, 빠른 속도가 필요한 VR이나 AR 서비스도 가능하다. 초저지연은 '응답시간'을 의미하는데, 주로 자율주행, 드론 등 안전과

관련된 서비스에 응용될 수 있다. 자율주행 서비스의 핵심은 '안전'인데, 결국 차가 보행자나 장애물을 감지하고 얼마나 빠르게 대응하느냐(멈추거나 피함)가 관건이다. 5G의 초저지연이 현실화되면, 사람보다 훨씬 민감한 응답시간으로 장애물을 감지하고 대응할 수 있다. 실시간 반응속도 향상으로 기기들에 대한 신뢰도가 상승할 것이다. 초연결은 단순히 스마트폰 이용자 급증에도 인터넷이나 동영상을 안정적으로 이용하는 것만 의미하지 않는다. 센서 발달로 인해 네트워크에 연결되는 사물들이 폭발적으로 늘어나고, 인공지능과 연동해 수많은 데이터를 분석해 사람에게 필요한 정보를 미리 알려줄 수 있다.

(4) 유무선 네트워크의 전망

<그림 6−4>은 한국의 2017년과 2022년의 인터넷 트래픽에 대한 개요이다. 인터넷 사용 인구는 이미 2017년에 95.5%이고 2022년에 97.7%에 도달할 것

▼ 그림 6-4 글로벌 vs 한국 인터넷 환경 개요

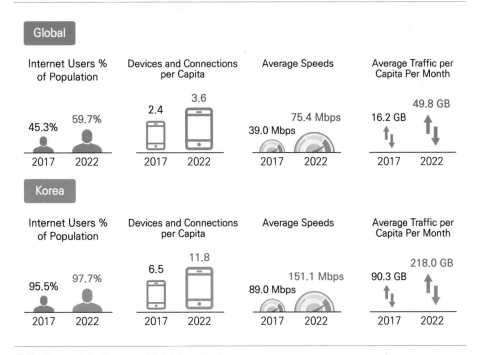

출처: Cisco VNI Forecast Highlights Tool

이다. 인터넷에 연결되는 기기 수, 평균 속도는 2배 가까이, 월 평균 인터넷 트래픽은 2배 넘게 성장할 것이라고 예측되고 있다. 특히 글로벌 수치와 비교하면 한국이 인터넷 강국임을 알 수 있다. 2022년 예측치 기준으로 인터넷에 연결되는 기기수는 4배, 평균 속도는 2배, 평균 월 트래픽은 4배 이상 앞서고 있다.

<그림 6-5>의 왼쪽이 유선, 오른쪽이 무선 인터넷 트래픽이다. 유선과 무선 모두 월별 트래픽 양은 2022년에 늘어나지만 유선은 68%, 무선은 188%로 그 증가폭에서 차이가 3배 가까이 난다. 전체 트래픽에서 유선이 차지하는 비중은 2017년 42%에서 2022년 28%로 14%나 줄어드는 반면 무선은 2017년 51%에서 2022년 61%로 10%가 증가한다. Cisco VNI(Visual Networking Index)의 전망치만 보면 향후 유선 인터넷보다 무선 인터넷의 비중이 더 커질 것이라는 것을 알 수 있다.

▼ 그림 6-5 한국의 유선 vs 무선 인터넷 트래픽 전망

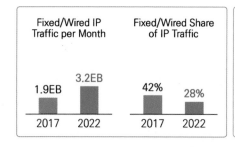
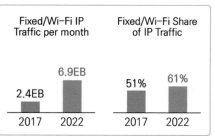

출처: Cisco VNI Forecast Highlights Tool

무선 네트워크 환경 비중이 증가하면 체감할 수 있는 것은 사무실 어디에 있든 인터넷 이용이 가능하기 때문에 자유로운 자리 이동이 가능하다. 또한, 노트북, 스마트폰, 태블릿 PC 등 다양한 모바일 기기로 사내 네트워크에 접속해서 업무를 처리할 수 있다. 가상 사설 네트워크(Virtual Private Network: VPN)10)를

---

10) 가상 사설 네트워크(Virtual Private Network)는 암호화된 터널을 통해 인터넷에 연결함으로써 온라인 프라이버시를 확보하고 민감한 데이터를 보호하는 서비스이다. VPN은 일반적으로 공용 Wi-FI 핫스팟에서 연결을 보호하고, IP 주소를 숨겨서 검

활용해 외부에서, 이동 중에도 업무를 처리할 수 있게 되고, 한층 자유로운 업무 환경이 갖춰지게 된다. 그리고 만약 무선 네트워크 환경이 갖춰진 다른 기업을 방문했다면 인터넷을 위해 특정 장소로 이동할 필요 없이 내가 가진 기기로 기업의 Guest Wi-Fi를 통해 인터넷에 접속할 수 있다. 유선에서 무선으로 네트워크 환경이 바뀌게 되면 사용자 입장에서는 업무 편의성이 비약적으로 상승하게 된다고 할 수 있다. 관리자 입장에서도 관리해야 할 시스템에 접근할 때 반드시 기업의 내 자리 혹은 서버실에 갈 필요 없이 내가 사용하는 모바일 기기를 통해 무선으로 접근해서 관리할 수 있으니 관리 편의성 역시 올라간다. 유선 환경일 경우 사용자가 100명이라면 관리해야 할 네트워크 관리 포인트 역시 100개가 되지만 무선 환경이라면 다수의 사용자가 연결되어 있는 소수의 무선 AP만 관리하면 되니 관리포인트가 대폭 줄어든다. 때문에 네트워크에 문제가 생겼을 때 어디에 문제가 생겼는지 전보다 빨리 파악할 수 있다.

유무선 네트워크의 발전에 따라 공간과 시간의 관계성이 재구성되고 생활의 변화와 기업활동의 변화가 나타났다. 유무선 네트워크가 생활양식 및 기업활동 변화에 미치는 영향은 혁명적이나 신속하게, 소리없이 그리고 대부분의 사람들에게는 보이지 않게 진행되었다. 네트워크의 발달로 인한 재택근무가 가능하게 되고 이는 상호작용, 생산, 소비에 이용되는 많은 도구가 축소, 비물질화되고 고정장소라는 제약조건으로부터 자유로워졌다.

(5) 인터넷과 모바일이 가지고 온 변화

우리 생활에 인터넷과 모바일이 스며들면서 우리 인간들의 삶은 인터넷과 모바일이 없었던 때에 비해 엄청난 변화가 나타났다. 가상적인 공간에서의 활동이 크게 늘어났으며, 스마트 워크 구축으로 회사에 출근하지 않고도 일을 할 수 있는 재택근무의 실행도 많이 늘어났다. 특히 이번 코로나19 사태로 인해 급속히 재택근무가 진행되었다. 또한 백화점이나 은행에 직접 가지 않고도 언제 어디에서든 필요한 물건들을 구입하고 결제하는 방식이 이제는 일상으로 자리 잡았다. 향후에는 학교에 직접 등교하지 않더라도 교육을 받을 수 있는 원격수업이 보편

색 활동의 프라이버시를 보호하기 위하여 사용된다.

화될 것이며, 이제 곧 심각한 병이 아니라면 굳이 병원을 찾아가지 않고도 화상통화를 통해 진료를 받는 원격진료가 일반화될 것이다. 종이 신문의 영향력은 과거에 비해 현저히 줄어들어 인터넷 신문은 이미 종이 신문의 대안매체로서의 자리를 확고히 했다. 요즘 아이들은 모임장소(gathering place)를 어느 사이트에서 보자며 online으로 모임장소가 대체되고, 지역사회(community)도 다양한 동호회들이 online으로 조직되고 운영되면서 가끔 정모형식으로 현실공간에서 모이곤 한다. 이처럼 접속장소와 시간에 구애받지 않는 환경으로 인해 사회생활에 대한 개념들을 급격히 다시 규정하고 많은 우리 생활들이 변화하고 있다. 인터넷과 모바일은 전통적 도시의 공공장소와는 물리적으로 다른 구조를 가지며, 그 안에서 일어나는 활동을 규제하는 법칙도 매우 다르다.

인터넷과 모바일은 직접 민주주의의 실현을 가능하게 만들었다. 인터넷과 모바일을 통해 사용자 모두가 어떠한 차별 없이 자유로이 직접 민주정치에 참여할 수 있게 된 것이다. 전자 민주주의의 특징은 유권자 상호간의 쌍방향적 정보교환 및 공유가 가능하고, 열린 의사소통의 가능성이 있다. 게다가, 열린 정치나 새로운 수평적 접근의 정치를 가능하게 하였다. 이처럼 인터넷과 모바일에 대한 전망은 비교적 우리에게 밝은 미래를 열어줄 것이라는 낙관적 전망이 주류를 이루고 있다. 1980년대 학교 운동장에서 있었던 선거유세는 고대 그리스 로마 시대의 아고라와 같은 형태로 많은 사람들이 한 공간에 모여서 직접 커뮤니케이션을 통한 전달로 이루어졌다. 이것은 1990년대 TV와 라디오 등 공중매체들의 등장으로 인해 TV토론으로 대체되었다. 인터넷의 발달에 따라 2000년대에는 인터넷 카페, 인터넷 댓글, 블로그, 다음 아고라 등으로 진화하였으며, 2010년대부터 현재까지 SNS(Social Networking Service)가 결정적 변수가 되고 있다. 운동장 유세와 TV토론, 인터넷, 모바일로 진화되면서 메시지 전달과 피드백의 속도 차이 또한 매우 빨라졌으며 정확해졌다. 2020년 4.15 국회의원 선거에서도 많은 후보들이 선거유세 동영상이나 선거홍보 내용을 핸드폰, 카톡, 밴드, SNS로 실시간 보내졌다. 그런데 지역구가 다르고 투표권도 없는 사람에게도 무작위로 보내짐으로써 많은 문제를 야기하기도 했다.

인터넷이나 모바일로 인한 변화는 선거유세뿐만 아니라 상업적인 측면에서도 볼 수 있다. 인터넷과 모바일을 통한 전자 상거래는 수요·공급 시장에 엄청

오프라인 쇼핑 품목

3개월 내 구입 경험률

2019	2020	2021
81.7%	79.3%	78.9%

품목	값	증감
식료품	80.6	-1.7
패션의류	60.2	-4.9
개인용 생활용품	58.8	+1.6
패션잡화	58.6	-0.2
가정용 생활용품	55.4	-1.7
문구/취미/반려동물 용품	43.2	+0.6
화장품/향수	41.3	-3.2
서적/미디어	38.7	-3.3
가구/인테리어/주방용품	31.9	+1.3
스포츠/레저용품	27.8	0.0
전자제품	23.6	-0.1
유/아동용품	17.0	-0.9
티켓/쿠폰	15.0	+2.1

[Base: 3개월 내 오프라인 채널 구매자, N=789, 복수응답, %]

온라인/모바일 쇼핑 품목

3개월 내 구입 경험률

2019	2020	2021
95.9%	96.9%	96.8%

품목	값	증감
패션의류	59.6	-0.6
패션잡화	58.0	-1.3
식료품	56.8	0.0
개인용 생활용품	54.5	+7.5
가정용 생활용품	52.6	+3.6
화장품/향수	42.3	+2.0
서적/미디어	39.5	-4.7
문구/취미/반려동물 용품	31.0	+0.9
스포츠/레저용품	24.7	+0.2
티켓/쿠폰	24.2	+3.7
가구/인테리어/주방용품	24.2	+2.3
전자제품	23.5	0.0
유/아동용품	16.6	-1.6

[Base: 3개월 내 온라인/모바일 채널 구매자, N=968, 복수응답, %]

온라인/모바일 구입 증가 품목(오프라인 대비)

품목	값	증감(vs.20년)
가정용 생활용품	43.2	+4.0
개인용 생활용품	42.6	+3.1
패션의류	38.4	+2.6
식료품	36.5	+2.0
패션잡화	34.4	+1.6
서적/미디어	26.8	-1.8
화장품/향수	26.3	+1.1
문구/취미/반려동물 용품	16.9	+0.1
티켓/쿠폰	15.0	+1.6
전자제품	14.7	0.0
스포츠/레저용품	13.6	-0.3
유/아동용품	12.5	-1.4
가구/인테리어/주방용품	11.5	-0.7
특별히 온라인 구입 증가 품목 없음	8.7	+3.1

[Base: 3개월 내 온라인/모바일 채널 구매자, N=968, 복수응답, %]

출처: 2021 모바일 쇼핑 트렌드 리포트(https://www.opensurvey.co.kr/)

난 변화를 일으켰다. 전자상거래는 기존 판매 방식의 한계를 뛰어 넘어 시공간적 제약이 없는 새로운 시장을 창출하였다. 인터넷 서점 아마존의 성공은 이러한 사실을 잘 보여주는 예라고 할 수 있다. 전자상거래는 인터넷과 모바일 상에서 생산자와 소비자가 직간접적으로 연결되어 중간 유통단계가 없는 시장이고 디지털 화폐(전자지불 시스템)를 통해 거래가 이루어지는 시장을 말한다. 이처럼 인터넷과 모바일을 중심으로 한 디지털 경제는 매우 편리하며 효율적이다.

상거래에서의 변화를 살펴보면 이 또한 연도별 특징을 발견할 수 있다. 1980년대에는 방문판매, 1990년대에는 TV 홈쇼핑이 주를 이루었고, 2000년대로부터는 인터넷 쇼핑, 2010년대에는 모바일 쇼핑이 가장 큰 비율을 차지하게 되었다.

모바일 쇼핑 트렌드 리포트(2021)에 따르면 코로나19 확산 이후 더욱 활성화된 모바일 쇼핑 경험률이 90% 수준으로 꾸준히 유지되고 있다고 한다. 또 코로나19로 모바일을 통한 식료품 구입이 급증한데 이어 2021년에는 개인 및 가정용 생활용품 구매가 확대되고 있는 것으로 나타났다. 모바일 리서치 전문 기관인 오픈서베이가 전국 성인 남녀(만 20~49세) 1,000명을 대상으로 조사한 결과, 20대에서 40대 국민 10명 중 9명은 모바일로 쇼핑을 하고 있다. 코로나19로 인한 외출 자제 지속으로 개인용/가정용 생활용품 구입이 온라인으로 더욱 확대되는 양상을 보여주고 있다. 또한 오프라인 쇼핑은 전반적으로 이용률이 감소하고 있다. 향후 코로나 종식이 오더라도 온라인, 모바일 중심의 쇼핑 형태는 지속적으로 유지될 것으로 예상된다. 또한 신규 특징으로 모바일 이용자 10명 중 6명이 새벽배송 서비스 경험이 있으며, 전년 대비 큰 폭으로 증가하였고, 쇼핑몰 이용에 대한 영향력도 크게 작용하였다. 온라인, 모바일 쇼핑 이용자 10명 중 7~8명이 카카오 쇼핑과 선물하기 구입 경험이 있는 것으로 조사되었다. 주로 '카카오 선물하기'를 이용하며 특히 여성, 20대 층에서 이용률이 높게 나타났다.

오프라인에서만 구매와 판매가 가능하던 시대를 지나, 이젠 TV방송, 인터넷을 거쳐 모바일로 간단하게 구매가 가능해졌다. 콘텐츠 전달망에서도 많은 변화를 보여준다. 직접 공연을 보거나 만나야만 볼 수 있던 것들이 TV와 라디오가 생기면서 수용가능한 콘텐츠가 생겼고, 유선 인터넷이 발전하면서 조간, 석간으로 보던 신문이 포털 인터넷 뉴스로 바뀌어 간 것은, 신문 회사들이 종이신문에서 인터넷신문으로의 변화를 초래하였다. 또한 일방적 소통이던 그 전의 방송과는 다르게 쌍방소통과 일대다, 다대다 소통 또한 가능해지도록 하였다. 이런 모든 것들이 모바일로 진화해 나가며 집에서뿐만 아니라 밖에서도 편하게 가능해진 것이다. 어디에서든 쉽게 사용할 수 있는 Wi-fi, 5G의 발달로 상시 접속가능한 환경이 만들어짐에 따라 콘텐츠 전달에 큰 변화를 준 것이 확실하다. 인터넷과 모바일이 발달하면서 가장 빠른 뉴스 전달경쟁이 심화되고, 네티즌끼리 전달되는 뉴스가 일간지와 방송사 뉴스보다 앞서게 되었다. 이를 이용해 서울에 폭우가 내렸을 때에 지하철 운행 중단 및 재개 상황, 주변 간선도로 침수 상황과 우면산의 산사태 등을 가장 먼저 알릴 수 있었다. 이번 코로나19 전염병이 만연했을 때도 실시간 확진자 발생 현황을 알 수 있는 모바일 앱을 개발하여 많은 국민들이 활용하였다. 실시간 교통상황은 이전의 DMB(Digital Multimedia Broadcasting) 교통방송에서 지도 앱(T맵, 카카오 내비게이션 등)으로 바뀌었다. TV로만 가능하였던 방송프로그램 시청은 컴퓨터와 모바일로 실시간 시청 및 저장과 휴대가 용이해 졌다.

(6) 본격적인 1인 콘텐츠 시대의 개막

인터넷과 모바일이 발전함에 따라 콘텐츠가 다양해지면서 새로운 비즈니스의 길이 열렸다. 마침내 1인 방송국이란 시대가 도래했다. 국내에서 1인 미디어가 시작된 역사는 2000년대 초반으로 판도라TV(2004년), 아프리카TV(2006년)부터 잡고 있다. 당시 개인들이 만든 콘텐츠가 UCC 및 UGC라는 명칭으로 유통되어졌다. 2007년 아프리카TV에서 별풍선 서비스를 시작하면서 그 징조가 속칭 '아프리카BJ'라는 사람들에 의해서 보였다. 이 무렵부터 아마추어 영상 제작자들이 1인 미디어를 통해 돈을 벌고 하나의 직업으로 분류되기 시작했다. 점점 그렇게 시대의 조류와 방송계의 시류가 바뀌더니 이제는 유튜브가 방점을 찍었다. 본격적인 1인 미디어 산업이 형성되기 시작한 시기는 2010년대 이후라고 한다. 유튜브에서 크리에이터(Creator)들에게 수익을 배분하기 시작한 것이 2007년이지만 국내에서 MCN(Multi Channel Network: 다중채널네트워크)[11] 비즈니스가 본

---

11) MCN은 유튜브에서 인기가 높아지고 수익을 내는 채널이 많이 생기자, 이들을 묶어 관리해주는 곳이 생긴 것이 출발이다. 여러 유튜브 채널이 제휴해 구성한 MCN은 일반적으로 제품, 프로그램 기획, 결제, 교차 프로모션, 파트너 관리, 디지털 저작권

▼ 그림 6-7 미디어 변화 과정

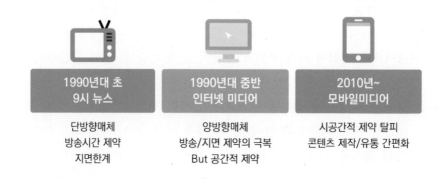

격적으로 출범한 것은 2015년쯤으로 국내에서 1인 미디어가 '산업'으로 형성된 것은 불과 수년 정도밖에 안되었다는 이야기다[12]. 2019년 현재 MCN 기업에 속해 활동하는 크리에이터들은 3,200여 팀에 이르고, MCN 기업은 2019년 현재 100개로 추정되고 있다.

1인 콘텐츠란, 콘텐츠 제작 및 유통, 출연 등등을 한 사람이 다 하는 것으로, 드는 비용과 시간을 감소시킬 수 있다는 장점이 있어 많은 사람들이 요즘 1인 콘텐츠를 시도하고 이용한다. Producer와 comsumer의 합성어로 새로 등장한 "프로슈머(prosumer)"가 등장하면서 누구나 콘텐츠 만드는 세상이 도래하며 진짜 모바일 혁명을 이루었다.

1990년대 초에는 9시 뉴스로 단방향매체 방송시간의 제약 때문에 지면 한계가 있었으며, 1990년대 중반에는 인터넷 미디어로 양방향 매체 방송이 시작되고, 지면 제약을 극복하였지만, 공간적 제약은 여전히 한계로 남아있었다. 2010

관리, 수익창출, 판매 및 잠재고객 개발 등의 영역을 콘텐츠 제작자에게 지원하는 역할을 맡고 있다. SM이나 YG, JYP 등이 소속 가수를 발굴해 육성하고 방송활동을 지원하듯 MCN은 인플루언서들의 기획사라고 할 수 있다. 인터넷 스타들의 콘텐츠를 유통하고, 저작권을 관리해 주고, 광고를 유치하는 일을 대신해 준다. 일종의 매니저 역할을 맡는다.

12) 김해원, 2019년 1인 미디어 산업동향 분석과 2020년 전망
http://www.videoplus.co.kr/board_view.php?idx=106387&boardIndex=26&data=idx%3D106387&pc=(검색일 2020.07.20)

년에 드디어 모바일미디어가 발전함에 따라 시공간적 제약 모두 탈피했고, 콘텐츠 제작과 유통 또한 간편화되었다.

4차 산업 혁명의 중심에 인공지능(AI), 사물인터넷(IoT) 등 인간 지능을 넘어선 신기술이 등장함으로써 상상, 몰입, 혁신 등 창의적인 콘텐츠들이 부각되고 있다. 혁명의 소용돌이 속에서 사회가 초연결, 초지능으로 진화하고, 그 결과 미래 콘텐츠는 그 스스로 인식하여 지적, 분석, 그리고 해석하는 '컨시어지' 콘텐츠로 발전할 것으로 보인다. 예술 창작의 '감성' 영역과 콘텐츠 제작의 '유통' 영역을 구조적으로 어떻게 결합할 것인가가 중요하다고 본다. 2020년 한국언론진흥재단이 발표한 조사 결과를 보면 온라인 동영상 플랫폼 이용률은 2018년(33.6%), 2019년(47.1%)에 이어 2020년에 66.2%로 급격하게 증가하였다. 코로나19 확산의 영향이 크게 작용한 것 같다. 60세 이상에서도 2019년 17.7%, 2020년 39.3%로 두 배 이상 증가하였다. 온라인 동영상 플랫폼을 매일 이용한다는 응답도 27.0%로 2019년 대비 2020년에 두 배 이상 늘어났으며, 이용자 대상 온라인 동영상 플랫폼 이용률의 경우, 유튜브가 98.6%로 두 번째인 네이버TV(15.8%)에 비해 6배 이상 높은 것으로 나타났다. 넷플릭스의 이용률이 2019년 대비 급상승(2.2%→11.0%/이용자 기준)했으며, 특히 2~30대에서 이용률 향상이 두드러졌다(20대: 2019년 3.9%→2020년 24.0%, 30대: 3.3%→18.5%/이용자 기준).

▼ 그림 6-8 온라인 동영상 플랫폼 이용 빈도 추이(2018~2020년)

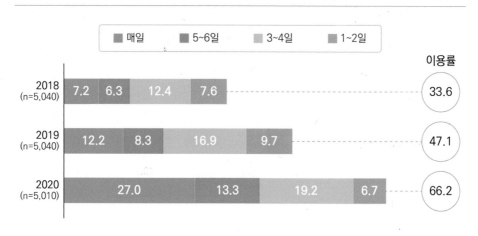

출처: https://www.kpf.or.kr/front/board/boardContentsView(검색: 2021.12.09)

1인 미디어 산업의 중심에는 유튜브가 있다. 유튜브가 압도적인 위상을 가지게 되었다. 1인 미디어는 일반인들이 직접 콘텐츠를 기획, 제작, 유통까지 진행하면서 이제는 대세 미디어로 자리를 잡고 있다. 최근 1인 미디어가 트렌드로 자리 잡으면서 '나만의 콘텐츠 만들기'가 단순한 취미를 넘어 '돈이 되는 시대'로 바뀌고 있다. 대표적인 콘텐츠 유통 채널이자 플랫폼인 유튜브를 중심으로 한 1인 방송 동영상 콘텐츠의 인기는 1인 크리에이터의 성장과 함께 기존 미디어 시장과 콘텐츠 산업을 재편하고 있다. 시장이 커지자 1인 콘텐츠 창작자들은 '크리에이터'로 불리며 성취감과 개인의 브랜드 가치를 얻는 데서 한 단계 더 나아가 수익을 내기에 이르렀다. 여기에 다양한 1인 미디어 지원 사업이 더해져 신입 크리에이터들도 1인 미디어 시장에 보다 쉽게 진입하고, 양질의 콘텐츠를 제작할 수 있는 환경이 됐다. 또 이렇게 제작된 콘텐츠들은 지리적, 문화적, 언어적 한계를 뛰어넘어 전 세계의 시청자들에게 사랑받고 있다. 접속자들의 이용시간과 접속장소들을 살펴보면, 유선 인터넷인 경우에는 집과 회사, 학교 등에서 주로 저녁시간에 이용하는 현황을 보였고, 모바일 인터넷인 경우에는 시간과 장소의 제한없이, 상시 접속하는 것으로 보였다.

▼ 그림 6-9 우리나라 1인 미디어 top 5

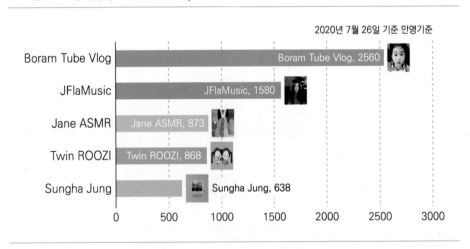

<그림 6-9>는 2020년 7월 26일기준 우리나라 1인 미디어 top 5를 보여주

고 있다. 유튜브 채널 '보람튜브 브이로그'와 '보람튜브 토이리뷰' 등에 영상 콘텐츠를 제작하는 보람 양의 가족회사인 '보람패밀리'가 구독자수 2560만 명을 보유하고 있으며 국내 개인 유튜버 중 1위이다. 유튜버 보람 양이 출연하는 영상마다 세계 각국의 언어들로 댓글이 달리는 전세계적 인기스타다. 미국의 유튜브 분석 사이트인 소셜블레이드에 따르면 2019년 7월 기준 '보람튜브 토이리뷰'의 광고수익은 월 160만 달러(약 19억 원)에 육박하고, 또 다른 채널 '보람튜브 브이로그'의 경우 월 150만 달러(약 17억 8,000만 원)으로 추정된다. 기타 수익까지 합치면 보람패밀리는 매달 최소 37억 원 이상의 매출을 올리는 셈이며 연 매출로 환산하면 400억 원을 넘는다[13]. 우리나라 유튜버 2위는 뮤직 크리에이터인 제이플라(J.Fla) 뮤직이 차지하고 있다. 구독자 수는 1,580만 명을 넘어서고 있으며, 조회수 역시 현재 20억 뷰를 넘었다. 연간 수익 역시 유튜버 운영수입 20억 원(추정)을 포함하여 60억 원이 넘는다고 하니 크리에이터들 사이에서는 대기업이라고 할 수 있다[14].

2. 공간의 연결과 확장

(1) 공간의 확장

유클리드 공간, 물리적 공간, 확률 공간, 벡터 공간, 위상 공간, 인터넷 공간 등 수 많은 종류의 공간이 존재한다. 도대체 공간의 개념은 무엇인가? 공간은 상식적으로 접근 가능하며 사물을 담는 용기라고 보는 물리적 공간이 일반적이다. 물리적 공간은 일반적으로 통용되어 온 전통적 공간의 개념으로 기하학적, 또는 계량적 공간개념으로 특징지을 수 있다.

스마트사회에서 공간은 물리적 공간 개념에서 철저히 벗어나야 이해가 가능하다. 즉 인터넷과 모바일로 연결된 환경에서 공간의 성격과 구조가 어떻게 바뀌어 가고 있는지 이해하는 것이 중요하다. 우리는 인터넷과 모바일을 통해 시간과 장소에 구애받지 않고 많은 것을 할 수 있게 되었다. 온라인 쇼핑, 온라인 뱅크, 재택근무, 원격진료 등 물리적 공간의 제약을 넘어 훨씬 편리하고 효율적

---

13) https://news.joins.com/article/23533654(검색일: 2020.07.28)
14) https://m.blog.naver.com/law39/221444572800(검색일: 2020.07.28)

이라고 표현할 수 있다. 사람들을 모으고 제품을 진열하고 메시지(콘텐츠)를 전달하는 공간의 개념은, 이제 콘텐츠를 연결하고 공유하고 확산하는 '네트워크'의 개념으로 통째로 바뀌고 있다[15]. 즉 쉬운 이해를 위해 네트워크의 확장이 곧 공간의 확장이다.

'junghkim@~'는 내 메일 주소이고 '010~'은 대부분의 모바일 폰 앞 번호이다. 인터넷과 모바일의 성장과 함께 나타나는 인터넷 공간속에서는 개인의 정체, 주관성이 동시에 새롭게 정의되고 있다. 인터넷과 모바일은 환경이며 공간적으로 다소 자유롭다. 또한, 이는 인터넷 공간상에서 일어나는 것이므로 실체가 없다. 구체적으로 어디에도 존재하지 않으면서 동시에 어디에나 존재하며, 당신이 그곳으로 가는 것이 아니라 그곳을 당신이 있는 곳으로 불러들이는 것이다. 메일주소나 모바일 번호는 장소에 무관하며 ID와 암호, 유무선 컴퓨터 네트워크 설비만 있으면 어디서나 사용이 가능하다. 인터넷과 모바일의 공간 자유성(Wherever) 즉 인터넷 공간 세계는 사회 구성원의 정체를 쉽게 알 수 있는 공간의 전통적인 차원을 제거하게 된다. 서울과 지방, 강남과 강북, 비벌리힐스, 차이나타운, 케임브리지 간의 차이가 없다. 더 나은 메일주소나 모바일 번호란 존재하지 않으며, 더 좋은 집단, 더 좋은 장소에 대한 구분도 없다.

공간이란 우리가 서로 상호작용하기 위해 반드시 필요한 환경이며, 인간에게 존재감을 확인시켜주는 상징적인 의미를 지닌다. 인간의 공간에 대한 인식은 네트워크의 발전에 따라 끊임없이 변화, 발전하고 있다. 공간과 시간성은 사회적·관계적 경험의 형태인 것이다. 그리고 특정 사회가 경험하고 소통하는 구조 속에서 필연적으로 진화하기 마련이다[16]. 공간 개념의 확장은 인간 사회활동에 인터넷과 모바일이 지속적으로 진화하면서 극명하게 드러나고 있는데 이는 사회적 관계의 확장이라는 측면에서 이해할 수 있다. 이와 같은 관점은 온라인 공간이 오프라인의 관계를 지속, 유지, 관리하는 공간으로 실제로 검증되면서 최근 온라인 공간을 사회적 연결망으로 해석하고 있다[17].

---

15) https://organicmedialab.com/2013/02/01/space-is-network/
16) 공간 이론 참고: Michel Foucault, Des espaces autres, 1984. (번역본), Gaston Bachelard, La poésie de l'espace, 1958.
17) 윤지영 외, 인터넷의 진화와 공간개념의 변화, 경영논집, 제43권, 통합호, 2009년 12

인터넷 환경은 순수 물질 세계인 물리적 공간과는 다르다. 인터넷에는 사람들과 콘텐츠의 연결 관계만 있을 뿐 물리적 실체는 없다. 순수히 사용자들의 활동을 통해서만 만들어지는 '관계적 공간'이다. 오직 인간의 사회적 활동을 통해서만 형성되는 공간은 근본적으로 물질 공간에 기반을 두고 있지만 실제로 물리적 실체를 갖지는 않는다. 우리는 실제로 진공상태에 살고 있지 않다. 개인과 사물들은 서로 위치를 규정하는 일련의 관계를 통해서만 설명 가능하다. '여기'라는 곳은 상대적으로 '저기'가 있기 때문에 인지 가능하다. 멀다, 가깝다, 공간이 크다, 작다, 어디에 있다 등은 모두 상대적인 관계를 통해서만 설명 가능하다.

일반적으로 우리가 인지하는 사회적 관계 또한 이러한 공간 인식에서 실제로 구조화된다. 쉽게 연락이 닿고 자주 소통할 수 있는 환경에 놓인 사람들은 더 가깝게 느껴진다. 동호회나 강의실에서 주기적으로 만나는 사람들의 모임은 그곳이 어디든 관계없다. 그들이 한자리에 모이는 것 자체가 소속감을 느끼는 사회적 공간을 만들기 때문이다.

관계적 공간에 대한 다양한 관점을 한마디로 요약하기는 물론 어렵다. 다만, 모든 개체는 관계를 통해서만 존재한다는 것이고, 그렇다면 공간은 비어 있거나 채워야 하는 대상이 아니라 우리의 체험과 삶을 통해 '생산'해가는 산물로 풀이될 수 있다. 공간은 이렇다, 저렇다, 해석의 대상이 아니라 우리의 체험(즉 사회적 상호작용)을 통해 만들어 내는 것이라는 뜻이다. 이러한 연결 관계가 지금의 인터넷 시장을 장악해가고 있다고 해도 과언이 아니다. 페이스북이 그렇고 트위터가 그렇고 아마존의 구매자 리뷰와 신뢰관계가 구축한 플랫폼이 그렇다. 결과적으로 인터넷 환경에서는 상호작용을 통해 얻어지는 산물, 즉 '연결의 결과'가 바로 공간이 되는 셈이다. 사회적 공간은 인간활동에 의해 창조된 공간으로서 인간들에게 의미를 가지는 공간이다. 사람들이 공간에 대해 생각하고 공간을 이용하고 있는 방식의 산물로서의 공간인 것이다.

(2) 시간의 확장

동시적 혹은 비동시적이란 실시간이냐 아니냐의 의미이다. 동시적 사건 즉

월. p.78

실시간으로 일어나는 일들이란 주로 만찬, 세미나, 회의, 전화, 무전기 이런 것들이 실시간으로 상호 커뮤니케이션을 하는 것일 것이다. 비동시적 커뮤니케이션이란 편지, 팩스, 자동응답기, 음성사서함 체계, 전자우편, 게시판, 아이튠즈의 인터넷 방송 팟캐스트, 1인 미디어방송 등 시간과 분리되는 비동시적 커뮤니케이션이 가능한 도구들을 통해 다양한 콘텐츠들이 만들어지는 것을 의미한다. 비동시적 양식(asynchronous)이란 말해진 이후에 재생되는 것을 듣기 때문에, 응답은 즉각적이지 않다. 대면(對面) 대화에서의 시공간적 통합이 분해되는 양식을 말한다.

동시성에 적합한 도시형태와 공간이란 레스토랑, 카페는 정해진 시간 동안 문을 열고 사람들은 그 시간에만 그곳을 이용한다. 직장인들은 정해진 출퇴근 시간에 맞추어 이동하기 때문에 러시아워가 언제인지 예상할 수 있다. 버스와 기차는 운행시간표에 따라 움직이고, 약속과 회의는 특정한 시간대에 배정되며, 연극 공연, TV 프로그램, 대학 강의는 특정한 시간대에 배치된다. 모든 도시는 자기 나름의 독특한 공간구조를 가질 뿐 아니라 저마다 독특한 하루의 리듬, 한 주의 리듬, 계절의 리듬을 가진다. 그러나 비동시적 도시는 어떤 일이든 언제든지 일어날 수가 있다(Anything can happen at any moment!!). 우리는 이러한 시대 이러한 도시에 살고 있다.

(3) 전송속도의 확대

전통적인 도시구조에서는 부동산의 값어치는 입지에 의해 결정된다. 그동안 땅값이 제일 높은 곳은 그 땅의 입지가 어디냐에 의해 결정된다는 말이다. 반면에 인터넷 접속의 값어치는 네트워크 속도에 의해 결정된다고 할 수 있다. 전송속도는 중심도로의 차선수와 같은 개념이다. 속도가 무지하게 느렸던 1990년대 중반만 해도 인터넷의 인자는 우스개말로 참을 인(忍)의 인터넷이라고 할 만큼 느렸었다. 인터넷을 통해 거리마찰이 제거됨에 따라 제주에 본사를 입지하는 새로운 형태의 토지이용과 실시간 교통정보를 통한 도로의 효율적 활용 등 새로운 교통개념이 출현하게 되었다. 스마트폰을 통한 모바일 이용은 시간과 장소와 무관하게 언제 어디서나 사용이 가능하게 되었다. 따라서 모든 지역에 동일한 서비스를 제공하기에는 시설 설치 비용이 많이 들기 때문에 농촌, 빈곤지역에 열악한 전송속도를 가진 사람들은 새로운 빈민으로 대두될 수 있다. 인터넷으로 인한 새로운 형태의 기회와 한계를 창출하기도 한다.

(4) 참여의 확대

눈팅이란 인터넷 커뮤니티 등에서 의견을 개진하거나 어떤 활동을 하지 않고 묵묵히 구경만 하는 것을 가리키는 말이다. 이러한 사람들을 눈팅족이라고 한다. 인터넷상에서는 나이, 성별, 지역에 상관없이 여러 사람들이 한 장소에서 모인다는 장점 덕분에 사소한 발언 하나만 가지고도 상대방에게 상처를 줄 가능성이 있다[18]. 최근 정보통신기술의 발달로 인테넷을 통한 여론 수렴, 사이버상의 선거 캠페인 및 홍보, 온라인 투표, 전자 의회, 전자공청회 등이 확대되고 있다. 인터넷 및 전자매체를 통한 시민들의 직접적인 정치과정 참여는 종래의 대의 민주주의가 갖는 한계를 보완할 수 있는 대안으로 지목되고 있다[19]. 다시 말하면 단순 보기보다는 참여환경이 훨씬 쉬워졌다는 것을 의미한다. 단순한 구경자가 아니라 참여자가 될 수 있는 환경이 확대되었다.

또한 전자상호작용을 보충하는 다양한 장치를 만들어 직접 참여가 가능한 방법들이 확대되고 있다. 센서(sensor), 동작을 보충하는 기계, 냄새, 촉각 등의 감각을 느낄 수 있도록 하는 장치 등을 만들어 직접 참여가 가능하다. 그러다 보니 장자의 호접지몽[20]과 같이 현실(real) 3차원 세계와 컴퓨터로 구성된 가상(virtual)세계의 구분이 모호해 질 수도 있다.

(5) 소유에서 접속의 시대로

전통적 도시공간에서는 접근가능성을 극대화하고 집적의 효율이 높은 도시공간구조로 구성되어 있다. 소유권과 개인재산권 범위내에서 울타리와 담에 의

---

18) https://namu.wiki/눈팅

19) https://ko.wikipedia.org/wiki/전자민주주의

20) 장자가 꿈속에서 나비가 되어 꽃들 사이를 유유히 날아다니다 문득 깨어보니 나비가 아니라 장자 자신 아닌가? 장자가 꿈에서 나비가 된 건지 원래 나비인데 꿈속에서 장자가 된 건지 알 수 없었다는 말에서 유래되었다. 약해서 호접몽(胡蝶夢)이라고도 한다.

해 보금자리, 동네, 구역으로 구분된다. 소유주의 입장에서 개인소유 울타리 안으로 들어서는 행위(손님, 여행자, 불법침입자, 난입자)에는 상징적, 사회적, 법적 문제가 발생할 수 있다. 인터넷에 있는 사이버공간(Cyberspace)안의 장소들은 소프트웨어 건물 즉 가상영역 운영체제의 데스크탑과 파일폴더, 전자우편의 우체통과 게시판, 길거리나 광장처럼 공적인 성격이 강하다. 물리적인 길이 아닌 논리적인 연쇄를 따라 장소를 이동하게 된다. 가상공간을 클릭(click), 클릭하는 것, 이것이 디지털 시대를 경험하는 새로운 방식이 되었다.

이제 소유의 시대에서 접속의 시대로 전환하고 있다. "앞으로의 경제 생활에 대한 우리의 의식을 지배하는 것은 물건에 대한 소유가 아니라 서비스와 경험에 대한 접속이 될 것이다. 소유권의 시대는 막을 내리고 접속의 시대가 열릴 것이다". '소유의 종말'을 쓴 제러미 리프킨의 이야기이다. 소유권의 시대는 끝나고 접속의 시대가 도래했다. 언제 어디서든 접속하고, 클라우드에 저장하고 필요할 때 꺼내 쓰는 시대를 말한다. 이제는 음악 소비자들이 음악을 소유하는 것보다

▼ 그림 6-10 소유의 시대에서 접속의 시대로

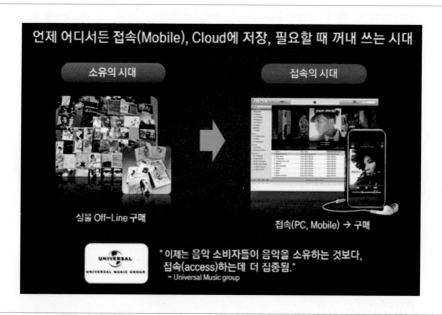

출처: https://youtu.be/5jr6n83gBJE
　　　PC통신부터 인스타그램까지…'접속'의 변천사/YTN

접속하는데 더 집중하게 될 것이다.

앞으로 우리가 살아갈 미래 도시는 유무선 네트워크 위에서 펼쳐지게 될 것이다. 네트워크는 우리들 앞에 놓여진 도시공간(urban site)이다. 인접성과 지가보다는 접속속도, 접속장소, 접속시간이 지배하는 세상이 될 것이다. 동시적 통신이 주를 이루며, 익명의 대리인의 집합체들과 실체를 확인하기 어려운 분산된 주체들이 점유하게 될 것이다. 도시 활동장소는 돌이나 나무라는 물질재 대신 소프트웨어를 통한 플랫폼을 지배하는 자에 의해 만들어지고 문, 복도, 거리가 아니라 논리적 연계에 의해 연결될 것이다.

3. 스마트 기술을 통한 융합

스마트사회란 '초연결화된 지능형 사회'를 의미하며, 다음과 같은 몇 가지 특징을 보인다. 첫째, 인간과 사물 간 의사소통에서 사물과 사물 간 의사소통까지 확장된다. IT산업끼리 융합에서 나아가 타 산업과 융합하며, 스마트폰, 스마트 TV, 스마트패드 등 지능형 기기를 활용한다. 둘째, 일하는 방식 및 생활양식, 사회문화 등 국가 사회 전반의 혁신을 통해 새로운 가치를 창출하게 된다. 셋째, 스마트사회의 핵심 기술 요소로는 사물인터넷(IoT), 빅데이터(Bigdata), 5G, 클라우드 컴퓨팅(Cloud computing), 컨버전스(Convergence), 인공지능(AI) 등이 있다.

앞서 살펴 본 스마트사회를 확립·유지하기 위해서는 방송, 정보통신 인프라와 스마트 그리드로 대표되는 지능형 전력·에너지망, 스마트 자동차와 지능형 교통체계(ITS)와 같은 도시나 국가 전체의 스마트 네트워크를 위한 스마트사회 간접자본(SSOC: Smart Social Overhead Capital)이 필요하다. 스마트사회 간접자본은 무엇일까? 먼저, SOC(사회간접자본: Social Overhead Capital)을 살펴보면 여러 가지 생산활동에 직접 기여하는 자본으로 도로, 교통, 항만, 통신, 전력, 공공서비스 등을 말한다. 직접적으로 사회기반에 영향을 주지는 않지만, 생산 활동에 필요한 자본임에도 불구하고 직접 비용을 지불하지 않아도 되는 자본이다. 그렇기 때문에 민간기업의 투자를 증진시킴으로써 경기의 순환을 조절하거나 국제 경쟁력을 높여서 국가 경제 기반에 중요한 역할을 담당하고 있다.

스마트사회간접자본사업은 기존 토목건축 중심의 SOC 사업의미에 인공지능

(AI), 사물인터넷(IOT), 정보통신기술(ICT) 등 스마트 기반기술을 적용하는 것이다. 제조업, 금융산업, 유통, 의료, 법률 등이 사물인터넷(IoT: Internet of Thing) 기반의 플랫폼으로 연결되어 인간 대 인간, 인간 대 사물, 사물 대 사물 간의 소통과 통신이 가능해지는 초연결 사회가 만들어 질 것이다. 스마트사회로 나아가기 위해서 스마트사회간접자본의 마련이 필수적이다.

(1) 제조업 변화

스마트 기술이 제조업과 융합되면서 생산방식과 공정을 혁신시키고 있다. 즉, 대량생산, 대량공급이라는 자동화공장에서 소비자의 수요에 맞춘 지능화 공장으로 진화하고 있다. 이는 IoT, 빅데이터, 인공지능이 접목된 '스마트팩토리'로 차별화한 제품을 대량생산하는 제품의 가격에 맞춰 개인 맞춤형 제품을 제공할 수 있다.

제품 수요에 대해 다양한 개인의 의견을 반영하면서 비용 상승 없이 생산을 할 수 있는 유연하고 가벼운 생산구조인 것이다. 이러한 제조업의 변화는 단순한 공장자동화가 아니며, 업무 효율성의 극대화라는 의미를 뛰어넘는 수준의 변화이다. 비용절감 또는 새로운 가치창출 과정으로써 자리 잡을 것이다. 3D 프린터가 공장에 들어가면서 공장에서 줄어든 인력이, 오히려 3D 프린터 수요가 증가하면서 3D 프린터 생산에 투입될 수도 있다. 또한, 이전에는 생산비용을 낮추기 위해 제3세계 국가에 공장을 지었다면, 이제는 적절한 규모로 소비자 근처에 공장을 짓는 것이 가능해졌다. 제조시설의 유턴현상으로 국내 일자리가 생길 수도 있는 것이다. 제조업이 스마트 기술을 만나면서 가공, 생산과 같은 단순한 업무는 빅데이터 혹은 로봇으로 대체되면서 인력 수요는 줄어들 것이고, 주요 부품·소프트웨어 설계, 정보보안, 프로그래밍을 위한 인력 수요는 늘어날 전망이다.

스마트팩토리는 제품을 조립하고, 포장하고, 기계를 점검하는 전 과정이 자동으로 이뤄지는 공장으로 모든 설비와 장치가 무선통신으로 연결되어 있다. 그렇기 때문에 실시간으로 모니터링이 가능하고, 전 공정의 데이터를 수집해서 플랫폼에 저장하여 분석을 할 수 있다. 이를 통해 어디에서 문제가 발생했고, 불량품이 나왔는지 인공지능이 파악하여 전체 공정을 제어하게 된다. 데이터를 정밀하게 수집하여 분석할 수 있기 때문에 원인을 몰랐던 돌발장애라든지 품질 불량의 원인을 알아내는 것도 간편하다. 불량률을 크게 줄일 수 있게 된다. 이전에는 제품이 완성된 이후에 테스트로 불량을 선별했지만 스마트팩토리는 생산라인마다 센서를 두고 품질관리시스템을 적용해 자동으로 제품을 파악하고 불량유무를 확인해서 불량품 생산을 사전에 막는다.

그동안 제조업은 공장에서 생산한 제품을 단순히 판매하는 것에 그쳤다. 일회성 판매에 의존하는 산업구조 때문에 새로운 시장을 찾거나, 기존 소비자의 교체 수요에 의존해야만 했다. 하지만 서비스의 상품화를 의미하는 서비타이제이션(Servitization)21)의 개념이 대두되면서 판매 이후에 비즈니스 흐름과 소비자 욕구와 수요에 맞는 서비스를 부가적인 가치를 지속적으로 창출하기도 한다. 처음 제품 설계 당시부터 어떤 서비스를 제공할지 목적을 분명히 하여 생산된 제품으로 지속적으로 수익을 낼 수 있다. 이는 개별적인 제품과 서비스를 별개로 구매하고 소비하는 것보다 소비자와 기업 모두에게 도움이 된다.

대표적인 것이 GE의 서비타이제이션이다. GE의 서비타이제이션은 IoT센서를 부착한 비행기 제트엔진이다. 이전에는 엔진을 팔기만 했지만, 이제는 엔진을 리스형태로 제공하고 센서로 이상 징후를 감지해 알려주는 서비스를 통해 부가적인 수수료도 벌고 있다. 항공사 입장에서도 엔진은 무엇보다 중요한 부분 중 하나이다. 하지만 센서를 통해 안전진단이 꾸준하게 이뤄지는 서비스도 무시하지 못하는 부분이다. 이렇듯 미래의 제조업은 소프트웨어 기반의 서비스에 데이터(소비자의 성향, 제조과정의 데이터, 부가적인 서비스)를 축적하고 인공지능을 더한 서비타이제이션이 되어야 할 것이다22).

(2) 금융산업 변화

금융권도 인공지능에 대한 투자를 늘리면서 여러 방면에 걸쳐 폭넓게 접목되고 있다. 콜센터의 인공지능 텔러와 챗봇, 금융상담서비스인 로보 어드바이저

---

21) 제품과 서비스의 결합(product servitization), 서비스의 상품화(service productization), 그리고 기존 서비스와 신규 서비스의 결합 현상을 포괄하는 개념이다. 제품에 서비스를 결합하는 대표 사례는 자동차에 스마트환경을 구현해 주는 정보기술이 있으며, 서비스의 상품화는 농촌 체험마을 관광 상품을 들 수 있다.

22) 이철환, 『인공지능과 미래경제: AI가 경제를 만나다.』, 다락방, 2018, pp.180-186.

(Robo-Advisor)와 같은 서비스가 쉽게 접할 수 있는 서비스였고, 금융사별로 인공지능 금융시스템도 구축해 나가고 있다. '24시간 인공지능 콜센터'의 도입으로 상담에 시간제한이 사라졌다. 금융 챗봇은 자동이체나 공과금 납부 등을 알려줘 개인비서와 같은 일을 한다. 또한, 카드사용내역 등을 자동으로 분석하여 신용도를 평가하여 대출상품과 상환기간에 맞춘 재테크를 설계해 주기도 한다. 로보어드바이저는 고객의 위험성향과 목적을 구분하여 투자를 운용할 수 있게 하는 맞춤형 포트폴리오 서비스를 제공한다.

국내 주요 금융사들의 인공지능 금융시스템을 살펴보면, 신한금융의 경우 아마존 AI의 안면인식, 음성인식 기술을 활용해 아마존 GO와 같은 새로운 금융점포를 만드는 사업과 차세대 플랫폼 개발을 추진 중이다. 하나금융은 전 세계 금융기관, 유통회사, 포인트 사업자가 각자 운영하고 있는 디지털플랫폼을 하나의 네트워크로 연결하여 포인트, 마일리지와 같은 디지털 자산이나 전자화폐를 서로 자유롭게 교환하고 사용할 수 있도록 통합 플랫폼 네트워크 구축 계획을 추진 중이다. 우리금융은 2016년 10월부터 소프트뱅크에서 만든 감정인식 로봇 페퍼(Pepper-robot)를 도입해 운영 중이다. 그리고 국내 최초로 음성과 텍스트 입력만으로 금융거래가 가능한 음성인식 인공지능 뱅킹인 소리(SORI), 음성명령만으로 전자금융 상담이 가능한 챗봇 서비스인 '위비봇' 서비스를 제공 중이다. KB금융은 2015년부터 핀테크 허브센터를 운영하며 핀테크 스타트업에 전략적으로 투자를 하고 있다. 허브센터에 입주한 업체들은 빅데이터 분석, 지급결제서비스, 블록체인 등 핀테크 기술을 전문적으로 개발하며 KB금융과 협업하고 있다. 2018년에 들어서는 딥러닝 기반 AI 로보어드바이저 서비스인 케이봇 쌤(KBotSAM)을 독자 개발해서 운용 중이다.

향후 금융산업은 인공지능 기술의 활용으로 비용 및 리스크 절감 등 생산성 증대, 고객맞춤서비스 강화, 신규사업모델 개발 등 다양한 장점을 발현할 것으로 기대하고 있다. 하지만 자격이 없는 사람이 로보어드바이저를 이용해 다른 사람에게 트레이딩 및 투자자문서비스를 제공하는 위험성도 있다. 그리고 인공지능에 의한 시세조정, 허위정보 유포, 내부정보 수집 및 이용거래와 같은 불공정 거래 내지 시장질서 교란행위의 위험성도 높아질 수 있다. 또한, 인공지능 기반의 자동화 기술 개발로 은행원, 펀드매니저 등 전문직을 중심으로 금융산업

인력대체도 문제로 거론되고 있다[23].

〈표 6-1〉 인공지능 AI 금융산업 적용 사례

분야	기능 및 효과
투자자문 및 트레이딩	• 경제 및 금융시장 분석 • 알고리즘을 통한 트레이딩
신용평가	• 대출 신청자에 대한 신용도 분석
개인금융 비서	• 개인화된 금융비서 기능 • 송금, 잔액 확인 등의 뱅킹 업무
이상 금융거래 탐지	• FDS(Fraud Detection System, 이상 금융거래 탐지시스템)에 적용하여 사기 거래를 탐지
챗봇	• 고객 편의에 맞는 상담 및 정보 제공

(3) 유통과 물류 변화

드론이나 자율주행차를 이용한 배송분야의 무인화가 진행 중이다. 유통의 개념도 바뀌고 있다. 인터넷의 발전으로 시작된 유통 3.0이 초연결, 초지능의 스마트스토어로 대표되는 유통 4.0의 버전으로 업그레이드되고 있다.

아마존은 물류창고 로봇 '키바(Kiva)'를 활용해, 물류센터 운용비용을 20% 절감하게 되었고, 재고 보관 공간을 50% 증대시키는 효과도 내고 있다. 세계 최초의 무인매장 '아마존 고'는 인공지능을 활용하여 소비자가 스마트폰에 앱을 다운로드하고, 매장에 들어가서 사고 싶은 물건을 골라 매장을 나오면 4분 뒤 스마트폰으로 영수증이 자동 전송된다. 제품에는 별도의 센서나 칩이 없지만 '저스트 워크 아웃(just walk out)' 기술이 적용된 블래박스 모양의 센서 100여개가 매장 이용객과 물건을 실시간으로 추적해 계산까지 완료한다.

알리바바는 물류 플랫폼 '차이냐오(Cainiao) 스마트 로지스틱스 네트워크'를 통해 중국 내 주문은 24시간 내, 글로벌 주문은 72시간 내에 도착하는 것을 목표로 물류를 강화하고 있다. 새로 개장한 물류센터에는 200대의 로봇이 24시간 동안 일을 하는 시스템을 갖췄다. 사람의 수작업 보다 3배의 효율을 낼 수 있고,

---

23) 이철환, 『인공지능과 미래경제: AI가 경제를 만나다.』, 다락방, 2018, pp.187-194.

하루 100만 건 이상의 화물을 처리할 수 있다.

또한, 유통업체들은 복잡한 구매과정을 단순화하려고 한다. 구매자의 패턴을 분석해 소모성 제품의 소진 시기를 미리 예측하여 구매를 제안하는 개념이다. 알리바바는 사용자가 원하는 제품의 이미지만으로 온라인에서 원하는 제품을 가장 싸게 파는 곳을 제시해준다. 아디다스는 360도 영상을 통해 매장 곳곳을 둘러볼 수 있게 하였고, 원하는 상품을 클릭하면 공식 온라인 쇼핑몰로 연결되어 바로 구입이 가능하도록 했다.

기존의 유통과 물류 방식에서 인공지능, 로봇, 빅데이터, IoT 등의 기술을 접목하는 리테일테크(Retailtech)를 통해 유통 4.0의 시대를 열어가고 있다. 단순히 상품과 서비스를 중개하는 것이 아니라 생산자와 소비자를 연결해 주는 플랫폼 산업으로 변모하고 있다. 과거의 비즈니스모델은 생산자가 소비자에게 상품과 서비스를 전달하는 기업/소비자 거래 모델(B2C)에서 소비자의 니즈를 생산자에게 전달하는 소비자/기업(C2B) 거래 모델로 확대되고 있다.

▼ 그림 6-11 유통산업의 발전 과정

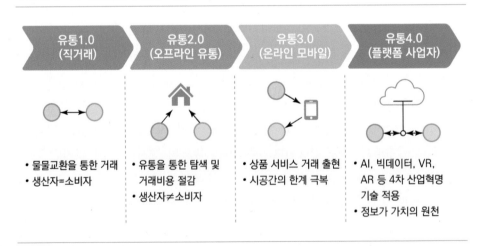

유통1.0 (직거래)	유통2.0 (오프라인 유통)	유통3.0 (온라인 모바일)	유통4.0 (플랫폼 사업자)

• 물물교환을 통한 거래
• 생산자=소비자
	• 유통을 통한 탐색 및
	  거래비용 절감
	• 생산자≠소비자
		• 상품 서비스 거래 출현
		• 시공간의 한계 극복
			• AI, 빅데이터, VR,
			  AR 등 4차 산업혁명
			  기술 적용
			• 정보가 가치의 원천

(4) 의료분야 변화

의료분야에서는 방대한 환자 데이터를 기반으로 활용되고 있다. IBM에서 제작한 왓슨은 2013년부터 의료분야에서 활용되어 환자의 발암 여부를 판정하고 있다. 헬스 케어 분야는 진단을 넘어 신약 개발과 예방, 관리 차원으로까지 영역을 넓히고 있다. 즉, 건강관리, 질병예측, 의사와 환자 매칭 등 다양한 분야에서 가능성을 보여주고 있는 것이다. 신약개발이나 의료기관의 의료데이터 활용 등 의료현장에서 인공지능 활용이 확대되고 있다. 인공지능은 병원의 진료, 치료, 임상연구, 신약개발, 의료보험에 이르기까지 의료부문의 지출을 감소시키고, 의료 행정 업무에서도 혁신을 불러오고 있다. 의료분야에서 인공지능은 자동화된 의료기관 및 업무 운영, 정밀 진료 및 수술, 질병 예측 및 예방과 같은 업무를 수행할 것이다.

기존의 의료분야는 인공지능, 머신러닝, 클라우드와 같은 새로운 기술과 접목하면서, 기존의 의료시스템을 재창출하고 스마트화가 빠르게 진행될 것이다. 또한, 의료분야의 자동화와 의료데이터의 집적화가 가속화되면서 의료정보보호 및 사이버보안, 의료로봇 사용에 따른 안전성이 확보될 수 있도록 하여야 하며, 자동화된 인공지능 시스템 사용에 따른 사고 발생시 책임소재 등 윤리적 이슈에 대한 문제들에 대한 해결방안도 병행하여 진화해 가야 할 것이다. 향후 의료시스템은 질병을 사전 예방, 진단하고 개인 맞춤형 치료를 지향하는 형태로 의료의 패러다임이 변화하게 될 것이다.

▼ 그림 6-12 4차 산업혁명과 바이오 헬스산업의 변화

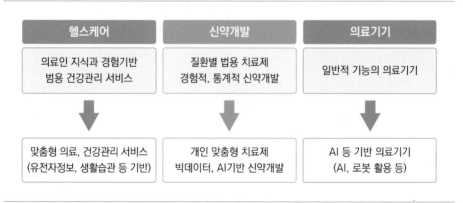

자료: 산업통상자원부

1) 헬스케어

빅데이터를 확보하고 있는 글로벌 IT기업들이 의료용 인공지능 개발에 적극적으로 나서고 있다. 현재 의학 분야에서 가장 많이 활용하고 있는 플랫폼은 IBM의 왓슨이다. IBM은 왓슨을 기반으로 유전체 분석, 신약개발, 임상시험, 의료영상분석, 더 나아가 암진단[24]이 가능한 수준으로 끌어올렸다. 더 나아가 헬스사업부를 출범시키고 데이터 관리, 데이터 분석, 영상의료데이터와 분석 기술을 보유한 회사 등을 인수하는 등 기술력 확대를 위해 활발하게 움직이고 있다.

구글도 헬스케어분야에 투자를 확대하고 있다. 구글의 자회사인 딥마인드는 눈의 영상자료를 분석해 질병을 진단하는 알고리즘을 개발하였다. 수천 개의 망막 스캔 자료를 고속으로 처리하는 알고리즘은 안과의사의 진단보다 더 빨리 녹내장, 당뇨병성 망막증, 시력 감퇴 등을 진단할 수 있다.

구글의 칼리코는 인간의 수명을 500세까지 연장시키는 프로젝트를 진행 중이다. 생명연장과 동시에 노화방지, 질병퇴치를 목적으로 한다. 이미 보유한 100만 명 이상의 유전자 데이터와 700만개 이상의 가계도를 활용하여 유전 패턴을 분석해 난치병 연구를 수행 중이다. 이 외에도 엔비디아(Nvidia)는 AI반도체 기술력을 바탕으로 환자상태의 실시간 파악에서부터 현장 진단, 의료처치, 임상적 의사결정을 위한 예측 분석에 이르기까지 병원에서 적용할 수 있는 정교한 네트워크 칩을 개발 중이다.

2) 신약개발

유전체, 약 사용량, 약물 부작용 등 방대한 바이오, 보건의료 빅데이터를 분석하기 위해 인공지능을 활용한다. 일반적으로 사람이 신약개발을 위해 조사할 수 있는 자료는 한 해에 200~300건에 불과하다. 하지만 인공지능은 한 번에 100만 건 이상의 논문을 탐색할 수 있고 분석 능력도 뛰어나다. 혁신 신약의 성공여부는 연구개발 속도에 달려있는데, 누가 먼저 신약 후보 물질을 찾아내고

---

24) 머신러닝 기술을 적용한 왓슨은 빅데이터를 이용한 의학정보 학습으로 암진단의 정확성을 높였다. 2014년 미국 종양학회에서 발표된 자료에 의하면 왓슨은 많은 양의 의학저널과 전문의들의 기존 처방기록을 내재화시켜 암 적중률 99.9의 치료법을 지시하고 있다.

제품화에 성공하는 것에 따라 결정된다.

이에 글로벌 1위 제약사인 화이자는 IBM의 왓슨과 면역항암제 개발에 나서고 있다. 신약 개발 전문 AI인 왓슨포드럭디스커버리(Watson for Drug Discovery)에 자체적으로 수집, 구축한 암 관련 자료를 학습시킨다. AI로 다양한 정보를 연결하고 분석하여 과학적 근거에 기반을 둔 객관적 연구가설을 도출해 임상시험 성공 가능성을 키운다는 계획이다.

존슨앤존슨(J&J) 계열사 얀센은 영국의 인공지능 스타트업 베네볼런트 AI(BenevolentAI)와 협약을 맺었다. 수백만 종류의 신약후보물질을 탐색하고 평가하는 작업을 AI가 대신한다. 영국의 최대 제약사인 글락소스미스클라인(GSK)은 엑시센시아와 제휴를 맺고 약물 설계와 신약후보물질 발굴에 인공지능을 활용하고 있다. 이미 성과도 보여주고 있다. 독일의 생명과학기업 머크(Merck)는 미국의 스타트업 아톰와이즈(AtomWise)의 신약 개발전문 AI를 도입하여 불과 하루 만에 시판 중인 700여종의 약을 분석하여 애볼라 신약 후보물질 2개를 발굴하였다. 기존의 방법대로였다면 몇 년이 걸리는 일이었다[25].

3) 의료기기

의사의 도움 없이 스스로 병을 진단할 수 있는 인공지능 의료기기가 미국에서 처음으로 판매 허가를 받았다. 전문의처럼 환자에게 진단서를 발급해 줄 수 있는 인공지능 의사가 탄생한 것으로 사람을 대신하는 단계로까지 발전한 것이다.

미국 의료기기업체 IDx가 개발한 안과용 인공지능 의료기 'IDx - DR'은 환자의 눈 영상을 분석해 당뇨망막병증을 진단한다. 당뇨망막병증은 고혈당으로 인해 망막혈관이 손상돼 시력이 떨어지는 질환이다. 이 의료기기가 본격적으로 보급이 된다면 환자는 오랜 시간동안 기다리지 않고 간편하게 검사가 가능하다. 당뇨망막병증은 초기에 별다른 증상이 없어 치료시기를 놓치는 경우가 많고, 전문의 진료예약이 쉽지 않고 대기시간이 길어 정밀검사를 생략하는 경우가 많아 절반 이상이 제때 검사를 받지 못하는 실정이다.

---

25) 이철환, 『인공지능과 미래경제: AI가 경제를 만나다.』, 다락방, 2018, pp.206 - 208.

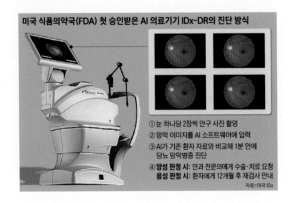

출처: 조선일보

환자의 망막영상만으로 진단을 할 수 있기 때문에 질환이 발견될 경우 수술, 치료가 필요하다는 소견과 함께 진단서를 안과 전문의에게 전달을 한다. 'IDx-DR'은 900명의 당뇨환자를 대상으로 한 임상시험에서 87.4%의 정확도로 당뇨망막병증을 가려냈다.

이처럼 의료분야에서 인공지능의 활용이 점차 확대되면서 의료복지증진이라는 혜택이 커지지만, 인간의 생명을 다루는 일이라는 윤리적 문제와도 많이 부딪히고 있다. 또한, 시험을 보듯 인간 의사와 인공지능 의사의 이중 검사 논란도 발생 가능한 문제다. 이 때문에 의사라는 직업도 없어질 거라는 목소리도 나오지만 여전히 최종 판단은 의사의 몫이다. 결국 인간과 기계의 대결이 아니라 어떠한 방식으로 협력할 것인지 우선적으로 고려해야 할 것이다.

(5) 법률

IBM은 '왓슨'을 산업전반에 접목시켜 거대한 인공지능 생태계를 만드는 것에 집중을 하고 있다. IBM 왓슨그룹을 신설해 의료, 법률, 금융 등 다양한 분야에 걸쳐 투자를 진행하고 있다. IBM은 자회사인 로스 인텔리전스(ROSS Intelligence)를 통해 법률자문 솔루션인 '로스(ROSS)'를 개발하였다. 사람과 대화하듯이 음성명령을 받으면 자연어를 인식하고 분석해서 판례 등 법률 정보와 승소 확률 등을 제시한다. 법률 서비스 분야에서도 왓슨의 활약이 가능했던 것은 판례를 포함한 방대한 양의 데이터를 빠른 속도로 찾아 분석하는 것이 가능했기 때문이다.

법률사무소는 대부분 텍스트로 된 문서를 사용한다는 점에서 다른 분야보다 인공지능 기술을 도입하고, 적용하는데 용이할 수 있다. 법률자료조사와 판례분석도 인공지능이 강점을 가진 분야다. 다양한 법률지식과 많은 수치를 분별해서 사용하는 것도 단순하게 처리가 가능하다. 법률자료조사와 판례 분석의 양이 방대하여 인간에게는 버거운 일이지만 기계로서는 단순한 일에 불과하기 때문이다.

인공지능은 초당 1억장의 법률문서를 검토할 수 있다. 이러한 능력 때문에 법률사무 상당 부분을 인공지능이 대체할 것이다. 실제 법률서비스 시장에 인공지능을 활용한 다양한 서비스들이 도입되고 있다. 빅데이터 처리시스템 등 인공지능이 접목된 시스템으로 법률정보를 연구하고, 판결도 예측한다. 이처럼 다양한 기능과 능력을 가진 인공지능의 등장은 사람을 대체하는 인공지능 법조인의 탄생을 눈앞에 두고 있을지도 모른다. 앞서 얘기한 로스는 이미 뉴욕의 대형 로펌에서 '세계 최초의 인공지능(AI) 로봇 변호사'로 불리고 있다. 파산관련 판례를 수집하고 분석하는 업무를 주로 수행하고 있다.

이러한 인공지능 변호사의 최대 수혜는 법률전문가인 변호사보다, 일반시민이 될 것이다. 누구나 일상적인 언어로 인공지능에게 질문을 하면, 마치 인간처럼 질문자와 대화를 하고, 반대로 질문자에게 해법에 접근하기 위한 질문의 과정을 거치면서 가장 적합한 법률적 해법을 내놓을 것이다.

(6) 융합경제(fusion economy)

유통업계에서 온·오프라인 경계가 빠른 속도로 무너지고 있다. 오늘날은 하루 종일 발품을 팔아 양질의 저렴한 물건을 찾아다니는 행동은 필요하지 않게 되어버렸다. 이제 전 세계 소비자들은 물건에 대한 정보와 구매 장소를 획득하기 위해서 시간을 낭비하지 않는다. 상점이 문을 연 시간에 가기 위해 애쓰지도 않는다. 소비자는 더 이상 이런 조건에 얽매이지 않는다. 언제 어디서든 내가 원하는 시간에 상품 정보를 얻을 수 있기 때문이다.

미국에서는 크로스 채널(cross channel)[26]이라는 새로운 쇼핑 트렌드가 부상하고 있다. 크로스 채널 쇼핑은 상품의 무한 검색 및 비교, 최저가 구매가 가능한 온라인 커머스 장점을 모두 충족하기 원하는 소비자들의 욕구가 반영되어 탄생했다. 기술의 발전으로 온라인 커머스와 오프라인 커머스의 경계를 넘나드는 쇼핑이 가능해지면서 기존 '웹 기반 판매(Web-based sales)'에서 웹의 영향을 받은 판매(Web Impact Selling)로 온라인 커머스 플랫폼이 진화하고 있는 것이다.

앞으로 온·오프라인 융합형 쇼핑 형태의 업체가 생겨나고 소비자 역시 온라인과 오프라인을 구별하지 않게 될 것이다. 과거에는 전통적으로 매장에서 소비하는 계층과 편하게 온라인 쇼핑을 계층이 명확히 구별되었다면, 앞으로의 소비자는 온라인과 오프라인구분 없이 필요에 따라 자유롭게 원하는 상품을 구매하는 패턴으로 나아갈 것이다.

스마트 기술은 온·오프라인 경계를 허물고 현실 세계와 가상 세계의 경계 또한 모호하게 만들 융합경제형태로 발전될 것이다.

제3절   시민생활 변화

1. 사이보그화

옛 그리스 시대부터 인간과 건축은 밀접한 관련성을 이야기하고 있다. 비트루비우스의 이상인을 제일 먼저 제시한 이유는 인체의 비율이 고대 그리스 건축, 조각, 회화 등에 적용되었다는 것을 보여주기 위함이다. 건축이 변화되면 그 속에 살고 있는 시민도 당연히 변화에 맞게 변해가야한다는 논리이다. 비트루비우스적 인간(Vitruvian Man) 또는 인체 비례도(Canon of Proportions)는 레오나르도 다 빈치의 데생 작품이다. 고대 로마의 건축가 비트루비우스가 쓴 '건축 10서(De architectura)' 3장 신전 건축 편에서 "인체의 건축에 적용되는 비례의 규칙을

---

26) 크로스 채널 쇼핑은 상품에 대한 객관적이고 상세한 검색이 가능한 온라인 커머스 장점과, 배송비 및 운송기간을 줄일 수 있는 오프라인 커머스의 장점을 연계한 쇼핑의 형태이다.

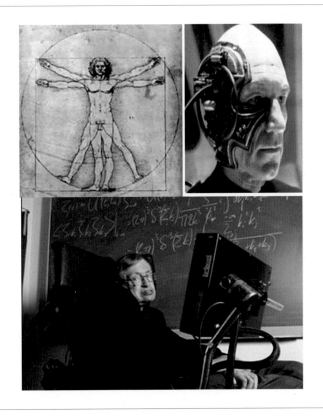

신전 건축에 사용해야 한다고 쓴 대목을 읽고 그렸다고 전해진다. 도시나 건물의 설계는 세계의 축소판인 인체의 비례에 따라야 한다.”라고 적혀 있었는데 이 책을 읽고 다빈치는 감동을 받았다. 그래서 다빈치는 실제 거울 앞에 서서 비트루비우스 이론을 시험해 보고 이를 데생과 메모로 남겼다. 인체의 중심은 배꼽이다. 누워서 팔 다리를 뻗은 다음 컴퍼스 중심을 배꼽에 맞추고 원을 돌리면 두 팔의 손가락 끝과 두 발의 발가락 끝이 원에 붙는다. 정사각형으로도 된다. 사람 키를 발바닥에서 정수리까지 잰 길이는 두 팔을 가로 벌린 너비와 같다. “라고 레오나르도 다빈치는 말하였다. 메모에 따르면 턱부터 정수리까지는 키의 1/8이고 발길이는 키의 1/7이라고 한다. 다빈치는 인체의 길이, 손, 발, 얼굴, 귀, 코 등을 숫자로 계산하여 인체의 황금비율을 찾았다.

사이보그화의 모습들을 살펴보면 유명한 영국의 이론물리학자 스티븐 호킹은 21살때부터 루게릭병을 앓는 바람에 휠체어에 의지하며 생활했다. 그의 몸과 휠체어에 장착된 음성합성기로 안면근육 움직임을 기반으로 동작하는 의사소통 시스템이였는데, 뺨을 미세하게 움직이면 안경에 달린 적외선 센서가 이를 읽어 내 컴퓨터 화면에 문자를 하나하나 입력하는 방식으로 소통했다. 하이퍼첼로 연주의 경우는 손목, 활, 첼로에 특수센서(sensor)를 부착, 이 센서신호를 컴퓨터가 합성음으로 바꿔 스피커로 보낸다. 연주자나, 악기, 컴퓨터, 스피커 시스템이 하나의 인공두뇌를 가진 유기체로 변한다. 특히 스티븐 호킹박사와 같이 장애를 앓고 있는 사람들을 돕기 위해 전자적 매개체를 통해 인간 감각기관의 한계를 극복하는 방안으로 사이보그(Cyborg)화 되어 가는 경향이 있다. 스마트사회에서 건축가와 도시계획가는 공간 속의 육체에 대한 이론을 새롭게 정립하는 데서 출발할 필요가 있다.

　OCN TV 채널에서 2020년 3월에 시작한 '루갈'이라는 드라마를 방영했는데 웹툰만화를 드라마화 것으로 사이보그에 대한 이야기이다. 바이오 생명공학 기술로 특별한 능력을 얻은 인공눈, 인공팔, 신체 각 부분을 인공장기로 교체한 인간병기들이 모인 특수조직이 루갈이다. 스마트한 세상에서는 인간과 사물간 연결이 훨씬 많아질 것이다. 피부나 신체의 일부에 칩이나 센서를 이식하는 단계가 되면 인간은 사물이나 건축물과도 연계되기 시작하는 단계로, '사이보그'화

▼ 그림 6-15 사이보그 인간, 의족 육상선수 에이미 멀린스와 피스토리우스

된다. 바디넷(Bodynet) 즉 칩이나 센서가 부착된 장비를 갖거나 칩이나 센서를 몸에 이식하는 등 의복과 유사하게 보편화하게 되면 외부와 내부의 경계가 애매해 질 수 있게 된다. 다시 말하면 내 몸의 일부가 된 인공지능이 나를 컨트롤하는 것인지 내가 이 인공지능을 컨트롤하는 지의 문제가 대두 될 수 있을 것이다.

사이보그란? 보통 로봇과 혼동하는 경우가 많으나, 정확히 말하자면 뇌를 제외한 신체를 다른 것으로 대체한 개조인간(改造人間), 넓게 보면 개조 생명체를 지칭한다. 대표적으로 의수, 의족, 의안, 인공장기 등이 있으며, 기계공학/생명공

▼ 그림 6-16 사이보그 기술들

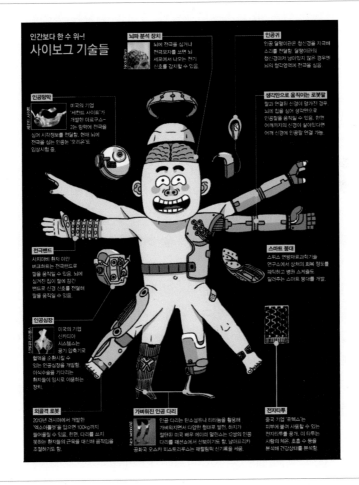

출처: 어린이 과학동아 2018년 01호 호모사이보그

학을 바탕으로한 사이보그, 인간의 형상을 유지/포기한 사이보그, 신체를 대체/
강화하기 위한 사이보그 등으로 구분할 수 있다.

의족을 달고 뛴 피스토리우스는 자신의 올림픽, 세계선수권 출전을 막는 세
계육상연맹과 2008년부터 법정 다툼을 했고, 출전 자격을 인정받아 2012년 런
던올림픽 남자 400m와 1,600m에 출전했다. 2011년 대구에서 열린 세계육상선
수권에서도 남자 계주 1,600m에 출전하기도 했다. 그러나 여전히 세계육상연맹
은 의족이 경기력 향상을 도울 수 있다고 보고 의족과 경기력 사이에 상관관계
가 없다는 걸 증명하기 전에는 세계선수권 출전을 허락할 수 없다며 출전을 금
지하고 있다. 아이러니하게 피스토리우스가 2013년 여자친구 살해 사건 혐의로
징역형을 선고받아 의족 육상선수의 올림픽 출전을 원하는 목소리가 많이 줄어
들었다.

(1) 눈

사이보그화, 스마트화 되었을 때 눈의 역할은 어떻게 변화될 것인지 살펴보
고자 한다. 미국 기업 세컨드 사이트는 '오리온'이라 불리는 새로운 인공 눈을
개발했다. 이 인공 눈은 선글라스와 뇌에 심는 칩, 그리고 컴퓨터로 이루어져 있
다. 우선 선글라스에 달려 있는 카메라가 시야를 촬영해 컴퓨터로 전송하면, 컴
퓨터는 이 정보를 뇌에 심겨 있는 칩으로 전달한다. 칩은 대뇌에서 시각 정보를
처리하는 부분에 심겨져 있어 전기 신호를 전달받으면 '무언가를 보고 있다'고
느낄 수 있다.

물리적 공간에서 시간과의 관계는 늘 연속성을 갖고 있다. 창문이 안과 밖을
나누지만 장소는 늘 그 자리에 있다. 유리 이편과 저편 사이에 시간의 차이란
존재하지 않는 것이다. 그러나 사이보그가 거주하는 세계는 시공간적 연속성의
파괴가 발생한다. 우리가 보는 장면은 사실은 먼 거리의 사건을 축소, 확대한 것
일 수 있고, 맞은 편의 장소는 시시각각으로 변할 수 있고, 행동은 실제 상황이
아니라 재방송된 것일 수도 있다.

빌 게이츠(Bill Gates)의 시애틀 저택의 실내벽은 거대한 벽걸이 화면이 설치
되어 있다. 가만히 있을 때면 그것은 일반 건축재의 표면이지만 가동을 시키면
전자창으로 바뀌어 실내외의 통상적 관계가 역전된다. 네트워크 접속이 가능한

모든 장소에서 화면만 열면 세상 어느 곳으로도 갈 수 있고, 전 세계와 연결된 인터넷은 시간대를 뛰어넘으면서 말단에 전자 안구들을 거느린 시신경처럼 전 세계 구석구석을 볼 수 있게 되었다. <그림 6-17>은 빌 게이츠의 저택 재너두 2.0의 전경이다. 이 저택은 울창한 숲과 맑은 해변으로 둘러싸였을 뿐 아니라 최첨단 기술이 대거 적용되어 있다. 대지면적(1,854평)으로 축구장보다 넓은 크기에 200만 달러에 구입해서 7년간 6,000만 달러를 들어 개조해서 '재너두 2.0'이 탄생하게 되었다. 침실 7개, 주방 6개, 욕실 24개, 주차장 등등 방문객 특수 제작된 마이크로칩 핀을 달고 있으면, 이 핀에 달린 센서가 개인 선호에 맞춰 온도, 빛, 음악 등을 자동 조절해 준다.

최근 전 도시에 깔려있는 CCTV는 도시 내 각종 범죄 및 재난을 실시간으로 파악하는데 중요한 역할을 수행하고 있다. 각 개인당 1일 평균 150회 이상 노출되고 인공지능 AI와 결합되면서 특화된 사후 추적이 가능하게 되고, 이상한 움직임을 사전에 예측하여 범죄예방에 활용되고 있으면, 전염병 감시 및 관리, 농축산물 이력 추적 등에 적극 활용되고 있다.

▼ 그림 6-17 빌게이츠 주택 전경

(2) 귀

사이보그화, 스마트화 되었을 때 귀의 역할은 어떻게 변화될 것인지 살펴보자. 전통 공간에서는 음악회 연주처럼 동시적 관계성을 가진다. 전화가 발명되었을때 이는 인간접촉과 달리 새로운 형태의 대면접촉을 가져왔다. 전화는 사람 간의 어울림과 거주의 영역을 넓히고 의미를 새롭게 정의했다. 전화 사이보그(telephonic cyborgs)는 집에서 세계 각지에 흩어져 있는 소리를 편하게 듣는 것뿐만 아니라 4G, 5G 세상에서처럼 동영상을 통해 실시간 혹은 녹화된 영상을 볼 수도 있다. 이번 코로나19 확산으로 종교활동을 실시간으로 온라인 예배와 미사로 볼 수 있게 되는 것과 같다. 학교 현장에서도 원격교육이 적극 도입되어 실시간 구글 미트(Google Meet)와 줌(zoom)을 활용하여 원격수업을 들을 수 있게 되었다.

연설이나 연주가 종래처럼 고정된 무대나 장소, 모여든 청중 앞에서 이루어지는 것이 아니라 지도에서 발견되지 않는 곳에서 만나고 접촉할 수 있게 된다. 1960~70년대의 전화는 부의 상징이었다. 옛날 학교에서 가정조사할 때 전화기 있는 사람하고 손들게 했다. 1970년대 전화기 한대 값은 260만 원 정도였다. 당시 서울 50평형 APT가격 230만 원이였으니까 엄청난 가격대였다. 그 당시 전화기있는 집이 동네 사랑방 역할을 담당했다. 1980~2000년대 전화기는 완전 생활 필수품이 되었다. 사람과 소식, 약속, 수다 등 다양한 역할을 수행했다. 1999년부터는 유선전화에서 이동전화로 가입자수가 역전되었다. 2010년 이동전화는 지속적으로 증가하고, 반면 유선전화는 지속적으로 감소하여 미국의 전화회사인 AT&T는 유선전화 서비스 포기 선언을 하였다. 모바일 온리(Mobile-only) 현상이 심화되고 고정된 유선전화의 공간적 한계로 현대인의 라이프스타일에 적합하지 않게 되었다.

(3) 근육

사이보그화, 스마트화 되었을 때 근육은 어떻게 변화될 것인지 살펴보자. 요즘 놀이동산에 가면 <그림 6-18>처럼 진동 모의 시뮬레이션 놀이기구들이 있는데 이를 타보면, 눈앞의 탁트인 화면은 환상적인 3차원 환경을 제공하고, 넓은 각도(wide angle)의 스크린은 비행기 조종사의 시야를 제공한다. 실제 움직이는 거리는 1미터를 넘지않으며, 우리는 처음부터 끝까지 작고 어두운 방안을 떠나지 않지만, 지각할 수 있는 진동은 실제진동보다 훨씬 크다. 이것은 모두 정교한 프로그래밍이다. 신체적 이동과 현상적 운동, 혹은 물리적 동작과 지각할 수 있는 움직임은 이제 분리가 가능한 것을 보여주고 있다. 가까운 미래에 원하는 무엇이든 될 수 있고 이룰 수 있는, 현실보다 더 현실같은 완전몰입형 가상현실의 시대가 올 것이다.

▼ 그림 6-18 진동 모의 시뮬레이션 놀이기구 예시

(4) 손

사이보그화, 스마트화 되었을 때 손은 어떻게 변화될 것인지 살펴보자. 손은 '제2의 뇌', '눈에 보이는 뇌'라고 불릴 만큼 인간의 두뇌 활동에 중요한 역할을 한다. 원격조작기술의 발달은 인간의 능력을 좀 더 광범위하게 사용하고, 전쟁터와 같은 위험한 장소에서는 원격으로 전쟁을 할 수 있기 위한 것이다. 예를 들어 화산학자가 활동 중인 화산구에 접근하지 않아도 될 것이고, 걸프전에 원격조정 무기들이 주요한 전쟁 역할을 수행하게도 될 것이다. 의사들은 수백 마일 밖에서 원격 수술을 통해 환자를 수술할 수 있게도 될 것이다. 비트루비우스의 이상인과는 달리 사이보그는 육체적으로 이루어내는 활동공간의 제약을 받지 않게 되고 사이보그가 장악하는 범위의 제한이 없으며, 고정된 크기(scale)를 갖지도 않게 될 것이다.

최근 스웨덴에서는 손에 직접 칩을 삽입하는 차세대 기술이 적용되고 있다. 스마트폰을 손에 대면 명함이 나타난다. 사무실에 오면 자동으로 문이 열리고, 카드나 열쇠가 필요없게 된다. 10밀리미터 안팎의 유리 재질로 된 마이크로칩으로 비용은 130유로이고 시술은 대개 피어싱 가게에서 이뤄진다. 만약에 장기 통근자인 경우 차표를 손에 '칩 임플란트'하면 차표 끊고 검표하는 시간을 줄이고 차표분실 위험 등으로부터 안전할 수 있을 것이다. 칩 임플란트는 건강과 검역 등을 선도할 잠재 기술이자, 인체에 기술이 결합되는 사이보그의 첫단계로 주목받고 있다. 하지만 감염 가능성과 해킹 등 보안문제, 통제 수단으로 악용될 우려 등에 규제 필요성도 제기된다.

(5) 뇌

사이보그화, 스마트화 되었을 때 뇌는 어떻게 변화될 것인지 살펴보자. 가장 많은 변화가 예측될 수 있는 부분이다. 여기서는 지능형교통시스템을 사례로 적어놓았는데, 실제 우리 일상생활에 많은 영향을 주게 될 것이다. 네비게이션을 통해 GPS 화면 위에 상세한 도로지도, 자기 위치 및 방향 표시, 주변의 관광지나 맛집 등 여행지 정보도 제공해준다. 자율주행도 가능하게 할 것이며, 현재 지점에서 목적지까지의 효율적 노선도 계산해 주고, 차량 위치 파악 및 도로혼잡 여부도 알려주고, 실시간 경로정보도 제공해 주는 역할을 할 것이다.

인간의 지능 수준에 해당하는 인공지능이 개발되면 무슨 일이 일어날까? 그 지능은 스스로 학습하고 터득하여 지능을 점점 확장시켜 나갈 것이다. 그리고 그 끝에 인류의 궁극적 창조물 신과 같은 능력을 가진 '초지능'이 탄생하게 된다는 것이다. 인공지능 과학자 겸 미래학자인 레이 커즈와일(Ray Kurzweil)은 "현재의 인공지능 발전 속도를 고려할 때, 서기 2040년경에 인공지능이 특이점에 도달할 것이며, 특이점 이후 인류는 인공지능에 의해 멸종하거나 혹은 인공지능 나노 로봇의 도움을 받아 모든 지구상의 문제점들을 모두 해결하고 영생을 누릴 것으로 예측하였다." 여기서 기술적 특이점(技術的特異點, technological singularity, TS)은 "인공지능(AI)의 발전이 가속화되어 모든 인류의 지성을 합친 것보다 더 뛰어난 초인공지능이 출현하는 시점을 말한다. 미래에 기술 변화의 속도가 급속히 변함으로써 그 영향이 넓어져 인간의 생활이 되돌릴 수 없도록 변화되는 기점을 뜻한다."

　2016년 일론 머스크(Elon Musk)가 공동 설립한 뇌신경과학 스타트업 뉴럴링크(Neuralink)는 사람의 뇌에 컴퓨터 칩을 이식해 뇌 활동을 기록하고 자극해 질병이나 장애를 극복한다는 목표를 가지고 있다. 이 기술은 인간의 뇌나 척수 손상 또는 신경 장애와 같은 질병을 치료하는 데 사용될 예정이다. 뉴럴링크가 빠르면 2022년 인간의 두뇌에 칩을 이식할 수 있다고 예상했다. 일론 머스크가 칩을 뇌에 이식한 9살 원숭이 '페이저(Pager)'가 뇌 활동만으로 조이스틱없이 게임을 하는 뉴럴링크의 연구 결과를 2021년 4월 9일 트위터에 공개했다[27]. 아직은 초기단계이지만 이 실험이 성공하게 되면 미래에는 생물학적 기능과 디지털 기능이 더 긴밀하게 통합·연계되는 것을 볼 수 있을 것이다.

2. 스마트 시민

　4차 산업혁명시대 스마트사회로 세상이 변하면서 그 세상 속에 살고 있는 시민들의 모습도 변화해 가고 있다. 시민의 가지고 있는 기기들이 업그레이드 되면서 더더욱 스마트화 되어가고 또한 신체 일부에 칩이나 센스를 넣어 사이보그화 되어 가고 있다. 수천 년 동안 건축가나 도시계획가들은 살갗으로 둘러싸인 육체, 그 육체와 바로 맞닿아 있는 감각적인 환경에 관심을 두었다. 물론 그럴 수 밖에 없긴 했지만 주거, 온기와 안전을 제공하고, 육체를 에워싸고 있는 표면에 조명을 밝히고, 담소와 음악이 무르익을 수 있는 여건을 조성하고, 통풍과 향기를 살리는 환경에 각별히 신경을 썼다.

　우리 선조들은 자신의 신경망을 확장시킨다거나 육체를 개선할 수 있는 기회를 못 가졌기 때문에 원래의 육체가 지녔던 규모와 한계에 알맞게 건축이나 도시공간을 조정하였고, 소리가 전달되고 팔이 닿는 범위 안에서 얼굴과 얼굴을 맞댈 수 있으며, 눈과 눈을 마주보게끔 구성된 거주공간(건물과 도시)을 만들었다. 근데 점차 물리적 공간과 사이버공간이 복합적인 방법으로 겹쳐지고(superimpose), 교차되며(intertwined), 섞여짐(hybridized)에 따라 이제 멀리 떨어진 곳에서도 지각하고 행동할 수 있게 되고 가상 육체, 스마트 육체를 염두에 두어야 한다.

---

27)　http://it.chosun.com/site/data/html_dir/2021/04/14/2021041401497.html

그동안 우리의 환경은 원래의 육체가 가지고 있는 구조적 한계를 염두에 두고 그에 알맞게 주변 모든 환경이 조정되고 맞추어져 설계되었다. 그러던 것이 원래의 육체의 한계를 사이보그화, 스마트화되면서 극복되어 가고 있어 이런 새로운 조건을 위한 준비가 필요하다.

스마트도시에는 스마트시민이 있다. 스마트 기술만으로 스마트도시를 구축하는데 부족하다. 스마트도시는 도시 인프라 건설을 통해서 일방적으로 서비스를 제공하는 것이 아니다. 시민들이 구성원으로 주인의식을 가지고 참여하는 것이 스마트도시의 지향점이다. 그래서 스마트도시에서 가장 중요한 것은 서비스를 사용하는 사람, 스마트시민이 부각되고 있는 것이다. 아무리 첨단기술을 도시에 배치했다고 하더라도 스마트 시민들에게 유익하거나 편의성을 제공하지 못하면 무용지물이다. 사람 중심의 스마트도시가 부상하는 이유다.

스마트 시민들이 스마트기술을 사용하고 익숙해지면서 끊임없이 상호작용을 해 나가는 것이 스마트도시의 핵심이다. 스마트 시민의 참여가 없이는 스마트도시가 지속가능성에 애로사항이 생길 수 있다. 스마트도시 당국의 일방적 운영이 아니라 양방향이 중요한 이유다. 그래야 지속 가능한 모델을 만들어 나갈 수 있다. 스마트도시가 소수의 전문가에 의해 의존하는 프로젝트가 아니라 다양한 민·관이 수평적이고 통합적 연계 속에서 구현된다는 견해가 그래서 탄력을 받는 것이다.

제4절   건축환경 재정립

1. 건축환경의 진화

앞 절에서 살펴본 것처럼 우리 신체의 일부가 사이보그로 변형되거나, 스마트 기술 기반 위에서 삶을 영위하는 스마트시민으로 생활하기 위해서는 이 신체가 머무는 건물도 스마트하게 바뀌어야 한다. 인간의 몸에는 신경망이 구석구석 분포되어 있어 매 순간 신체의 변화를 감지할 수 있기 때문에 건강한 몸을 유지하듯, 건축물도 지진·산사태·태풍·폭우 등과 같은 자연재해나 공사장 터파기

공사, 지하터널 공사, 노후화로 인한 붕괴 등에 대응해 고층건축물, 교량, 터널, 발전소 등 건축 구조물에 미세한 진동이나 변형, 구조상태를 실시간으로 감지하여 현 상태를 진단할 수 있도록 해야 건축물의 붕괴 등의 대형사고를 미연에 방지할 수 있을 것이다.

이번 절에서는 변화되는 우리 신체 환경에 맞게 건축환경이 어떻게 변화되어 가고 있는지 파악해 보고자 한다. 스마트 시민의 일하는 방식과 쉬는 방식에 따라 건축 환경도 점차 유기체로 바뀌어 가고 있다. 건물이 감각을 가지고 유기생명체처럼 스스로 대응하게 된다. 이러한 변화에 맞게 새로운 형태의 모습들이 나타나고 있다.

코로나19가 바꾼 일상이 '위드 코로나' 시대의 뉴노멀로 자리 잡으면서 집콕이란 말이 이제는 너무나도 익숙해졌다. 코로나19로 인해서 우리의 생활공간은 주택안으로 들어와야 했다. 주택에서 머무는 시간이 늘어나면서 주택에 대한 의미와 쓰임은 많은 변화가 있었다. '올인룸(All in Room)'은 주택에서 머무는 시간이 늘어나면서 독립된 공간을 활용하는 새로운 라이프스타일의 주거 트렌드이다. '올인빌(All in Village)'에서 발전한 형태로 집 근처에서 쇼핑, 취미생활, 교육, 휴식 등의 활동을 할 수 있는 모든 인프라가 조성된 마을이라는 트렌드에 한발 더 나아가 '올인룸'은 재택근무, 홈트레이닝, 여가생활 등을 집에서 모두 해결하는 것이다. 이 모든 것을 주택 내에서 해결하기 위해 건물의 외부가 살아 움직이는 '살아있는 건축물' 즉 외부온도에 따라 건물 표면이 바뀌고 집의 내부구조도 필요에 따라 바뀌게 된다. 손님이 오면 파티하우스로 바뀌고, 필요에 따라 클럽이 되기도 한다. 회의장, 전시실로도 바뀔 수 있게 설계되어 거주자의 라이프스타일에 맞게 변화하고 적응하는 인공지능 스마트하우스가 건설되고 있다.

전통적 도시에서는 건물은 기관과 일대일 대응관계를 맺으면서 해당 기관을 시각적으로 구체화시키는 역할을 수행한다. 건물은 직업, 기관, 사회그룹에게 공식적인 얼굴을 제공하는 곳이다. 소방서는 소방대원을 위한 곳, 학교는 학생과 선생님을 위한 곳, 교도소는 죄수를 위한 곳이었다. 프랑스의 베르사이유 궁전은 위풍당당한 권력을 상징하기도 한다. 건물들은 용도의 차이 때문에 구별되었고 그 용도에 따라 사회의 분업구조를 표현하게 된다.

오늘날의 도시에서는 직업, 기관, 사회그룹은 건물에서뿐만 아니라 통신시스템과 컴퓨터 소프트웨어에 의해 표현되어 진다. 전자 디지털 가상공간이 점차 물리적 공간을 압도하고, 집합하고 모이는데 있어 건축적 공간 접근성이 더 이상 강력한 역할을 하지 못하게 된다. 공공기관의 얼굴이었던 건물이 컴퓨터 화면상의 그래픽 디스플레이(graphic displays)로 대체되고 있다. 따라서 건물의 용도에 따라 스마트도시에서 건물들이 어떤 방향으로 변화를 모색하고 있는지 살펴보고자 한다.

(1) 스마트 서점

전통적 서점에서는 도시내에 적절한 곳에 분산되어 그 공간 안에서 이루어지는 활동들에 부여된 고유한 역할을 수행했다. 최근 서점은 책 파는 공간에서 새로운 부가가치를 창출하는 공간으로, 온라인과 오프라인을 통합하는 새로운 문화 공간으로 변모해 가고 있다. 이제는 누구나 편안하게 쉬며 즐길 수 있는 라이프스타일(Lifestyle)을 위한 복합문화공간으로 변화되고 있다. 그리고 그 공간 속에서 연결, 참여, 추억, 가치를 제공해야 한다. 이를 위해 인공지능(AI), 센서, 빅데이터, 가상현실, 증강현실 등과 같은 기술을 기반으로 스마트한 공간을 제공해야 한다.

현실 공간에서 스마트 서점에서는 사회과학, 문화예술, 인물전기, 아동 등 다양한 종류의 책이 진열돼 있다. 벽에 있는 전화로 급할 경우 고객센터와 통화할 수 있다. 로봇을 비치하여 다양한 서비스를 제공하고, 경비 역할도 부여할 수 있다. 음성 인식과 교류가 가능하며 상품 검색, 자동 결제 등 다양한 일을 할 수 있다. 상품 검색 이후 스크린을 클릭하면 위치를 알려주며, 모바일 결제 등을 할 수 있다. 고객의 서점 내 동선을 추적하면서 구매 행위 빅데이터를 수집하고 정확한 맞춤형 책 추천도 해준다.

스마트 서점은 또한 전통적 서점과 달리 무인으로 운영이 가능하다. 얼굴인식, 스캔, 출입과 상품 추천 등이 모두 자동 시스템으로 운영되면서 로봇이 계산한다. 모든 과정이 셀프로 이뤄지며 소비자는 처음 출입할 때 등록 과정과 얼굴인식 등을 거친다. 셀프 계산 시스템과 상품 인식, 원격 서비스 지원, 동작 식별 도난 방지 시스템, 얼굴인식 등 다양한 시스템이 결합될 수 있다.

(2) 스마트 도서관

도서관은 다양한 정보를 수집하여 시민들이 이용할 수 있도록 개방된 정보의 중심지이며, 책, 사람, 공간이 함께 어우러지는 장소이다. 무수히 많은 전공 서적과 논문, 고서 등의 책들과 그것을 공부하는 학생들. 가장 쉽고도 익숙하게 떠올릴 수 있는 일반적인 도서관의 모습일 것이다. '책을 보고 지식을 얻는 장소'. 이것은 도서관이 지녀야 할 가장 근본적인 기능으로 여전히 대부분의 공공도서관이 수행하고 있다.

전통적인 도서관 건물은 열람실, 서가 등 장소가 필요하지만, 스마트 도서관은 24시간 운영, 대출순서를 기다릴 필요가 없고, 책이 엉뚱한 서고에 꽂힐 염려가 없으며, 온도나 습도를 조절할 필요가 없고, 건축비, 부지매입비도 필요가 없다. 도서관내 열람실, 책상은 컴퓨터 인터페이스로 대체되어 진다. 현재 전국에 스마트 무인도서관이 각 지자체별로 운영되고 있다.

코로나19 확산으로 도서관 이용이 어려워져 국립중앙도서관 등 공공도서관은 코로나19 확산방지를 위해 휴관과 재개관을 반복함에 따라 정부는 시민들이 지식정보를 습득하고 문화를 향유할 수 있는 기회가 제한된 상황을 해결하고자 스마트도서관을 대폭 확대하고 있다. '스마트 도서관'이란 400~600권 가량의 도서를 비치한 자동화기기로 이용자가 직접 대출·반납할 수 있는 도서관을 뜻하며, '지능형 도서관'이라고도 부른다[28]. 어플이나 도서관 홈페이지에서 필요한 도서를 신청하고 터미널, 기차역 등 스마트무인도서관에 가서 빌려볼 수 있게 운영되기도 한다.

스마트 도서관은 접근성이 좋은 지역에 무인 관리, 셀프 체험의 혁신 서비스 이념으로 온·오프라인 일체화 독서 서비스를 제공하여 지역사회 주민들이 '손에 닿는' 종이책 대출서비스를 누릴 수 있도록 한다. 지역주민의 편리성을 최우선으로 한 서비스에 해당한다. 사물인터넷 기술에 기반한 혁신 문화서비스 시설로 도서 대출과 반납을 쉽게 할 수 있어, 주민들은 휴대폰으로 코드를 스캔하여 신분확인을 진행하고 자동으로 열린 기계의 문을 통해 맘에 드는 도서를 골라 들고 독서를 즐길 수 있다. 무인 관리, 셀프 체험으로 시간과 공간의 제한을 받

---

28) 출처: https://www.sedaily.com/NewsVIew/1ZBVVFGD0R

지 않을 뿐만 아니라 보증금이나 대출비용 없이 모든 기계에서 대출과 반납이 가능하다. 이 밖에 스마트 서점은 중앙 서고를 통한 통일적인 월별 도서 공급을 진행하며 스마트 추천과 셀프 선택이 가능하다. 매번 대출기록은 빅데이터에 기록되어 도서 운영에 활용되고 도서의 이용률을 높일 수 있다.

(3) 스마트 학교

▼ 그림 6-19 스마트학교 서비스 시나리오

시나리오1

1~2교시

선생님, 친구들과 영어 소설 내용에 대해 토론과 발표

• 토론식 수업

3교시

1교시에 토론수업을 한 교실에서 컴퓨터로 에듀테크 수업을 실시.
VR가상 과학실험을 끝내고 AI분석을 통해 맞춤형 프로그램을 학습

• VR실험
• 에듀테크 프로그램

4교시

메이커스페이스로 이동하여 물건 제작

쉬는 시간

학교 중심에 위치한 커뮤니티 공간에서 다른 반 친구들과 놀고 소통한다. 이웃집 할아버지와 인사하고 대화한다.

• 커뮤니티 공간

방과 후

학교 공연장에서 1~2교시에 배운 소설을 다룬 연극을 관람한다.
관람 후, 이웃주민들과 연기를 하며 시나리오를 배운다.

하교

수업이 끝나고 집에 돌아온 재석이는 에듀테크를 이용한 온라인 수업으로 오늘 학교에서 어려웠던 주제를 복습한다.

출처: 스마트시티 국가시범도시 서비스로드맵

전통적 학교건물은 교사는 지식, 믿음, 경험에 기초한 방대한 자료를 학생에게 소개하고 학생들은 듣고 대답하는 장소로 인식된다. 학교는 과거와 현재를 거쳐 미래에도 사회의 변화와 요구에 대응하며 많은 변화가 일어날 것이다. 급격한 정보통신기술의 발전으로 학교의 배움과 공간도 많은 변화가 예상된다. 학교 교실을 변경 가능한 공간으로 유연하고 가변성 있게 구현할 수 있는 방안들이 제시되고 있다. ICT 기술을 활용한 비대면 교육, On/Off 혼합교육, 원격 교육, 정보자원 기반 교육을 지원할 수 있는 인터넷, 시스템, 디바이스, 컨텐츠 설비 등을 갖추어 스마트 캠퍼스화하고 있다. 스마트 학교는 교수학습에서 시공간을 초월한 학습자원의 무한 활용이 가능해지고, 온오프라인 연계수업과 에듀테크 기반의 맞춤형 개별학습이 확대될 것이다.

스마트학교는 창의적·비판적 사고를 증진시키는 쌍방향 토론, 개인 맞춤형 교육, 팀 과제, 예술 및 창작활동 등을 용이하게 조성함으로써 스마트시티의 물리적 공간이 디지털 학습 콘텐츠와 연계되어 전체 도시가 학습 공간으로 활용될 수 있도록 하는 도시 기반의 스마트 학교 지원 AI 기반 플랫폼이다. 오프라인 학습공간 및 온라인 학교 플랫폼(토론공간, VR 실습 공간, 메이커스페이스, 커뮤니티

▼ 그림 6-20 도시 기반의 학습 플랫폼

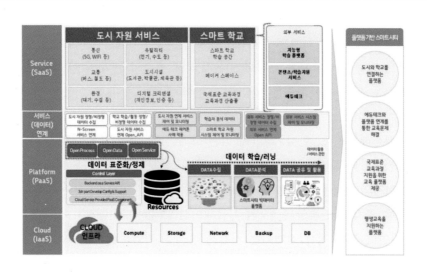

출처: 스마트시티 국가시범도시 서비스로드맵

공간, 온라인 학교 플랫폼)을 제공한다.

스마트 에듀테크는 인공지능을 통한 에세이 검토, 객관식 문제 채점 및 주관식 풀이과정 첨삭 등 교사의 평가분야 지원, 협업도구·저작도구·개발도구·교육용 솔루션 등 학생학습 활동 지원 및 IoT, 어플리케이션 등을 활용한 학교 관리를 지원하는 서비스이다. 에듀테크 스타트업을 대상으로 그랜드 챌린지, 해커톤을 개최하여 학교 현장의 수요를 반영한 스타트업 에듀테크 제품 및 서비스를 Bottom-up 방식으로 제안·적용한다.

(4) 스마트 박물관/미술관

기존 박물관/미술관 건물은 전시공간의 자연채광, 관람객의 효율적인 순환망을 가진 전시실, 연대별/유파별/진화론적 배치 등이 핵심 사항이다. 기존 박물관/미술관은 스마트박물관/미술관에서 본 작품 중에서 원작품을 보고 싶은 경우에 찾아가는 장소로 역할이 변경될 것이다. 최근엔 박물관/미술관 콘텐츠가 첨단 기술과 결합하여 오감을 충족할 수 있는 참신한 기획이 확산되고 있다. 전시를 단순히 보는 데에서 그치지 않고 온 몸의 감각을 통해 체험할 수 있는 기술력을 갖춰, 관람객들의 경험을 확장시키는 프로그램을 다양화하고 있는 것이다. 4차 산업혁명에 이어 코로나19라는 새로운 환경 변화에 맞춰 신기술을 다방면으로 활용하면서 온라인을 통해 360도 화면으로 전시를 선보이거나, 역사 속에서나 실존했던 유물을 구현하기도 한다.

스마트 박물관/미술관은 누구에게나 물리적 공간의 제약 없이 관람할 수 있도록 새로운 문화체험 기회를 제공한다. 집에서 스마트 폰을 이용하여 조선 시대 선비가 되어보는 체험을 경험할 수도 있고, 주어진 미션을 수행하며 선비의 하루를 재현해 보기도 한다. 북한에 있는 고려 궁궐 만월대 유물을 신기술로 재현하여 궁궐터의 모습과 출토유물을 3D 홀로그램과 복원영상 등 디지털 자료로 구현해 전시의 생동감을 높일 수 있다. 그림의 디지털 이미지, 살아 있는 유기체의 동화상, 조각과 건축물의 3차원 시뮬레이션(VR 활용)은 물리적 작품을 대신하게 될 것이다. 화면에서 전개되는 시간적 순서는 관람로를 따라 연결되는 공간적 순서의 역할을 대행할 것이다. 자료배치는 여전히 중요한 문제이나 소프트웨어(Software)로 해결 가능할 것이다.

(5) 원격진료

시대별로 병원의 형태도 많은 변화가 있었다. 의료시설의 위치와 내부구조를 결정하는 논리의 변화는 산업혁명 초기에 멸균치료술이 중심이었다면, 19세기와 20세기는 도시로 인구가 집중하다보니 대규모 병원들이 도심집중화 현상을 보여주고 있다. 21세기는 디지털 원격통신으로 병원시설이 분산가능할 수 있을 것이다. 18C 병원건물은 외벽을 넓게 만들고 자연광과 신선한 공기를 가능한 많이 들어오게 병동을 길고 좁게 배열하였다. 20C 병원건물은 의료진과 환자의 움직임을 최소화하고 병원 운영을 효율화하기 위해 고층 건물에 빽빽이 밀집된 병실들로 이루어져 있으며, 조명과 환기도 인위적으로 조절이 가능하게 되었다. 21C 들어오면서 병원은 스마트 기술이 도입되면서 병원 진료가 원격으로 가능하게 되었다. 최근 코로나19 확산으로 원격진료에 대한 전면 허용 여부가 신중히 검토되고 있다.

AI 응급의료시스템은 5G 및 인공지능·클라우드를 활용하여 기존의 응급의

▼ 그림 6-21 송파구 스마트주치의 서비스

출처: https://uhealth.songpa.go.kr/

료 프로세스에서 기술적인 한계였던 생체정보 및 고화질 응급영상데이터를 신속하게 송수신할 수 있게 되고, 골든타임을 확보할 수 있는 시간적 한계 및 구급차 내에서 신속한 응급처치로 공간적 한계를 극복하는 지능형 응급의료체계를 구축하는 시스템이다. 위급 시 119 상황실에 신고접수되면 지능형 응급상황 인지로 초기대응하며, 구급차 내 환자 신원파악 및 생체정보 자동측정과 환자상태 실시간 모니터링, 신속 정확한 처치 및 구급활동을 지원하는 구급상황 응급도우미(Emergency Assistant) 적용, 응급환자 중증도 및 긴급도에 따른 최적 이송병원 선정과 빠른길 안내 등을 서비스할 수 있다. 그러나 원격진료를 전격 도입하는데 우려 사항 또한 많이 있는 실정이다. 예를 들면 구급차 안의 의료영상장비를 이용하여 진단하는 과정에서 발생할 수 있는 의료사고에 대한 책임을 누가 질 것이냐 여부 등이 어려운 숙제로 남아 있다. 어느 범위까지 원격진료를 허용할 것인지 많은 논의가 필요한 대목이다.

(6) 전자감독제도: 위치추적전자장치

감옥은 비자발적, 감시 감금을 위한 장소이다. 중세 수도원에서는 처벌의 형태로써 독방에 감금하는 형태를 취했다. 이처럼 감옥은 사회와 차단시켜 잘못을 응징하고 가능하다면 교화를 목적으로 이용된다. 지금은 추적(tracking) 기술의 정교화로 위치추적 전자장치 등을 이용해서 범죄자의 움직임이 시간과 공간상에서 계속적으로 감시가 가능하다. 성폭력범죄 전과자 등에게 일정 기간 전자발찌를 채우는 것 자체로 재범 방지 효과가 상당하다.

전자감독제도란 재범 위험성이 높은 특정 범죄자의 신체에 위치추적전자장치, 일명 전자발찌를 부착해 보호관찰당국에서 24시간 위치를 파악하고 보호관찰관의 밀착 지도감독을 통해 재범을 방지하는 것을 뜻한다. 팔찌나 발찌 착용자의 위치나 상태를 감시하는 장치인 전자팔찌 혹은 전자발찌는 범죄를 저지를 가능성이 큰 사람을 감시하기 위해 사용되며, 전염병 감염자 추적, 병이 있는 독거노인들의 모니터링을 위해 사용하기도 한다. 흔히 성범죄자들만 차는 것으로 오해되고 있는데 요즘은 흉악범이 아닌 자들도 가석방으로 출소한 사람들은 80% 차게 돼 있고 남은 형기가 1주일이라도 있다면 전자발찌를 차게 돼 있다. 살인이나 강도, 음주운전 등 다른 흉악범들이 차게 되는 나라도 일부 있다.

법무부는 전자발찌 운영에 일종의 '빅데이터' 원리를 도입한다는 방침이다. 전자감독 대상자의 과거 범죄수법, 위치추적을 통해 파악한 대상자의 현재 이동 패턴과 생활 환경 등을 모두 종합적으로 분석해 재범 관련 이상징후를 파악한다는 것이다. 대상자가 취한 어떤 행동이 재범을 위한 수순이란 판단이 들면 실제 범행이 발생하기도 전에 보호관찰관이 출동, 예방 활동에 나설 수 있게 되는 셈이다. 법무부는 또한 "사물인터넷(IoT)과 인공지능(AI) 등 4차 산업혁명기술을 전자감독제도에 접목, 인권침해 없이 이상징후를 분석할 수 있도록 시스템 고도화를 지속적으로 추진하고 있다"며 "시스템 분석 결과를 참조한 보호관찰관이 전자발찌 피부착자에게 이상징후가 있을 경우 집중 지도감독 등을 통해 재범 방지를 도모하는 것이 가능하다"고 설명했다.

(7) 스마트 쇼핑몰

기존 백화점은 도심에 위치하여 교통접근성이 양호하며, 투명한 진열창, 수많은 매장 등을 가지고 있다. 교통접근성이 개선되면서 교외쇼핑센터, 도심외곽 거대창고 도매점 등으로 확대되어 왔다. 최근 유무선 인터넷의 발달로 판매원, 고객, 물건 공급업자가 더 이상 같은 지점(spot)내에 모여 있을 필요가 없게 되었다. 컴퓨터 접속만으로 내가 원하는 물건을 구매 가능하게 된다. 스마트 쇼핑몰은 컴퓨터, 네트워크 접속장치, 수송이 용이한 장소에 위치한 창고, 무선 컴퓨터가 장착된 배달업체의 트럭으로 구성된다. 예를 들어 월마트의 경우 위성시스템 이용, 분산된 상점, 창고, 배달트럭을 통합하여 순간순간 재고조사, 가격 조정, 신용카드 조회, 화상회의를 할 수 있는 정교한 컴퓨터 시스템을 구축·운용 중에 있다. 고객은 유무선 인터넷에 접속한 뒤 상품 카달로그 중 원하는 항목을 선택하고 스마트 쇼핑몰은 고객 신용확인 후 재고조사를 통해 가장 저렴한 비용이 드는 대리점, 창고, 배달서비스망을 통해 신속히 물건을 배송한다.

스마트 쇼핑은 매장 내 안내로봇, 자율주행카트, AR 피팅 등 쇼핑이 가능한 공간을 구현하여 사람들의 편리하고 효율적인 쇼핑을 도모하는 서비스로, 제한적인 경험에서 벗어나 최첨단 쇼핑기기를 통한 다양한 경험과 결제옵션 구축으로 쇼핑 편의성을 제고한다. 스마트 쇼핑몰 방문 시 입구 출입과 동시에 안내로봇이 안내하며, 자율주행 카트 및 AR 피팅을 통한 효율적인 쇼핑을 주도하고,

계산대 대기 없이 카메라 센서, 바코드, 어플리케이션 등을 활용한 무인결제 시스템 등이 있다.

(8) 프로그래밍이 가능한 장소

프로그래밍이 가능한 장소란 대부분의 건물에 적용되어 질 것이다. 앞에서 살펴보았던 종래의 도서관, 학교, 병원, 쇼핑몰, 그 밖의 각종 건물은 평면도만 보면 어디서 들어오고 어디로 나가는지 움직임을 알 수 있다. 이러한 각종 건물들은 사람들이 거주하면서 다양한 활동을 펼칠 수 있는 문과 통로의 순환체계가 마련되어 있다. 대지 평면도만 보면 입구와 출구, 창문과 벽이 연출하는 전체적 구성이 주변의 자연환경이나 도시 여건과 어떤 관련성을 맺고 있는지 한눈에 알 수 있다. 도시 전체차원에서 보면 거리와 공공장소는 건물과 긴밀하게 얽혀있다. 18-19세기 고전적 건축가들은 거대한 진입로와 열린(open)공간에 연결된 대칭적이고 축을 이룬 순환체계를 중심으로 크고 작은 공간을 짜임새 있게 배열함으로써 공간배치 문제를 해결하였다. 20세기 기능주의적 모더니스트들은 논리성과 효율성을 최대한 끌어올리기 위해 필요한 공간적 요소들간의 인접성과 근접성을 중시하였다.

그러나 사물인터넷(IoT), 5G 등의 지원으로 신체의 이동을 보완하거나 대체하면서 그동안 자연스럽게 다가오던 공간적 연결고리는 다소 느슨해졌다. 긴밀하게 짜인 건물과 도시의 공간을 이루던 종래의 구성요소들은 이제 서로 뿔뿔이 흩어지기 시작하고 있으며, 새로운 논리에 따라 재배치되고 재조합되어 가고 있다. 스마트 건물(Network interfaces로서의 건물), 스마트홈도 마찬가지로 주변의 자연환경과 도시환경 뿐 아니라 스마트 환경과도 조화를 이룬다. 건물들은 전자 감지기와 작동기, 내장처리설비, 정교한 내부통신시설, 정보를 다루는 소프트웨어로 무장하고 스마트폰과 지속적인 통신을 통해 스마트하게 각종 시설들을 통제할 수 있게 된다. 컴퓨터 화면의 공간을 프로그래밍하여 다양한 용도로 활용되어 프로그래밍(Programmable) 가능한 장소의 건축, 단순하게 방안에 전자박스나 벽 속에 선을 까는 것이 아니라 도처에 센서가 설치되어 건물이 컴퓨터 인터페이스(interfaces)가 될 것이며, 컴퓨터 인터페이스가 건물이 될 것이다.

21세기 건축가의 역할은 인간의 욕구에 부응하여 여전히 공간을 짜고 배치하고 연결할 것이며 각 시설과 사물들을 상호연결 프로그램화하여 효용성, 안전성, 쾌적성 등을 중시하게 될 것이다. 효용성은 평면도나 건설자재의 문제라기보다는 소프트웨어 기능과 인터페이스 디자인의 문제이고, 안전성은 구조적 시스템의 물리적 통합성 여부 못지 않게 컴퓨터 시스템의 논리적 통합성을 강조하고, 쾌적성은 지금까지 상상도 할 수 없었던 새로운 차원으로 전개하게 될 것이다.

2. 스마트 건축 환경

4차 산업혁명은 건축분야에도 새로운 스마트기술 등이 접목돼 획기적인 건설공법과 건설절차는 물론 건설산업의 전 주기에 혁신적인 변화가 기대되고 있다. 초연결화와 초지능화 된 스마트사회에서는 산업구조, 생산방식, 사회환경, 근로형태 등 많은 변화가 일어나고 있다. 스마트시대에 인간의 삶에서 사물인터넷(IoT)은 중요한 역할을 차지하게 되었다. 필요한 정보의 수집과 교환 등이 면대면(Face to Face)방식의 접촉이 아닌 IoT로 연결된 세상에 살게 되었다. 이러한 여건은 장소의 한계를 극복하고 인간의 활동공간을 확장시켰으며, IoT는 인간의 물리적 공간 및 거리를 거의 제로로 만들었다. 건축 환경도 디지털 기술의 발전으로 이미 적용되어오던 공간의 개념과 이용방식 등 많은 부분을 변화시켰다. 디지털 기술과 접목된 제3의 공간인 디지털 공간은 물리공간과 융합되어 새로운 건축 공간의 이용행태를 보여주고 있다. 사물과 사물간의 통신은 인간의 개입없이 물리적 행위를 사물간에 알아서 하게 해 인간행위의 영역이 확장될 수 있는 가능성이 열렸다.

사물인터넷(IoT)과 인공지능(AI)이 인간의 생활과 업무 환경에 도입되면서 건축물에도 영향을 주어 스마트 건축이라는 새로운 형태로 나타나고 있다. 스마트 건축은 기술을 이용하여 온도, 빛, 에너지, 안전 등 다양한 조건을 조절한다. 건강하고 쾌적하며 사회에 기여할 수 있는 스마트 건축은 기존 건축과 공간 활용 분야, 에너지 분야, 안전 분야에서 차별화되고 있다.

첫째, 공간 활용 분야에서 건축물은 사람과 자연의 공존을 위한 공간으로서, 건축물 안에서 생활하는 사람을 위해서 사물인터넷과 인공지능 등이 적용되고 있다. 건축은 아름답고 편리해야 하는 특징 이외에 건축물은 사용하는 사람에 대한 애착과 그 사람들의 삶에 대해 애정이 있어야 한다. 예를 들어 네덜란드 암스테르담에 위치한 '더 에지(The edge)' 건축물은 회사 직원이 아침에 기상하는 순간부터 스마트폰 앱(APP)을 통해 인터넷과 연결된다. 앱(APP)이 스케줄을 체크하고, 회사에 도착하면 건물이 차를 인식한 후 주차공간으로 안내한다. 주차를 마치면 앱(APP)이 직원이 앉을 책상까지 찾아 안내한다. 사무 능률과 환경을 개선하기 위해 직원들에게 정해진 자리가 없는 자율 좌석제를 실시해 사무공간을 줄이고, 사무실을 개인적인 공간으로 활용할 수 있도록 하였다. 사무공간은 스케줄에 따라 좌석 책상, 스탠딩 책상, 작업부스, 회의실, 발코니 좌석 또는 집중실로 선정된다. 또한, 어디를 가든지 스마트폰 앱(APP)은 사용자의 기호에 따라 조명과 온도를 맞추어 근무 환경을 조성한다. 건물의 25%는 책상이 배치되어 있지 않아서 사람들이 미팅하는 공간으로 사용되며, 건물 내 오피스 공간이 사무실이 아니라 사람들과의 커뮤니티를 만드는 곳으로 공간과 책상을 공유함으로써 새로운 관계 및 교류 공간으로 활용되고 있다.

▼ 그림 6-22 건물 내 모든 조명은 저에너지 LED를 사용한 더 에지

출처: OVG real estate(http://ovgrealestate.com)

둘째, 에너지 분야에서 신재생에너지를 활용하여 빌딩이 사용하는 에너지보다 더 많은 에너지를 생산하게 될 것이다. 건물 단위의 제로에너지 건축물(Zero Energy Building)이 대세를 이룰 것이다. 단열성능을 극대화하여 건축물의 에너지 낭비를 최소화하는 다소 수동적인 패시브(passive)하우스와 태양광 등 신재생에너지를 외부로부터 능동적으로 끌어쓰는 액티브(Active)하우스 등 건물 기능을 위한 에너지 소요량을 최소화하는 건축물들이 될 것이다. 개별 건축물에 마이크로 그리드를 적극 도입하고, 각 시설들에 신재생에너지 생산과 수요를 적절히 배분하여 과거의 전형적인 건물보다 대폭적인 에너지 저감률을 보일 것이다.

셋째, 안전 분야에서 근무자가 건물 내에서 안전하고 쾌적하게 근무할 수 있도록 지원하고 있다. 소형로봇이 야간 순찰을 하며, 범죄자를 식별하거나 보안 요원에게 경보기 오작동 등을 알린다. 또한, 스마트청소를 위해서 근무자들의 활동은 센서가 내장된 조명 패널에 의해서 추적되며, 일과가 끝난 후 청소부나 로봇이 사람들이 많이 사용한 장소를 집중적으로 청소한다.

▼ 그림 6-23 소형로봇과 청소기

출처: 블룸버그 웹사이트

PART

04

스마트도시

스마트도시의 등장

제1절 새로운 도시모델

1. 왜 스마트도시인가?

(1) 급격한 도시화의 등장

하버드대학 경제학과의 에드워드 글레이저 교수는 "인류 최고의 발명품은 '도시'라고" 말한다. 다양한 사람이 도시에 함께 살게 되면서 생각의 교류가 많아졌고 그로 인한 시너지 효과로 혁신적인 발명과 발전이 가능했다는 것이다. 도시는 인간의 삶을 지속 가능한 방향으로 진화시키고 있다. 오늘날 전 세계 인구의 절반 이상이 도시에 살고 있고, 우리나라도 인구의 90% 이상이 도시에 거주하게 되었다. 유엔 경제사회국(DESA) 인구분과는 "2050년에 도시인구가 96억 명까지 증가할 것이라고 밝혔다[1]. 이 가운데 도시 거주 인구의 비율은 전체의 66%에 이르는 등 도시 집중화 현상이 계속될 것으로 전망됐다(<그림 7-1> 참조). 특히 아시아와 아프리카 등에서 이농향도 현상으로 도시인구가 급증하고 있다. 대륙별로 증가할 도시인구의 약 80%는 아시아와 아프리카에서 발생할 것으로 예측되고 있다".

---

[1] 유현준, 어디서 살 것인가, ㈜을유문화사, 2018.

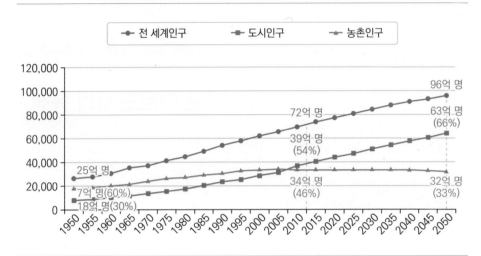

출처: 송미경(2015), 세계 도시화의 핵심 이슈와 신흥도시들의 성장 전망, 세계와도시 7호, 서울정책
아카이브.

UN 경제사회국 조사에 따르면 "세계 도시화율은 2000년 46.6%에서 2015년 54%로 증가했다. 도시 인구는 지난 15년 간 연평균 7,000만 명씩 늘었다. 비슷한 속도로 도시화가 지속되면 2030년에는 전 세계 도시 인구가 50억 명을 돌파할 것"이라고 전망했다. 도시인구의 급격한 증가는 도시에 과부하가 생겨 주거공간의 제약뿐 아니라 물 부족과 하수 처리, 교통 체증, 의료·교육·보안 등 기본 서비스에 대한 급격한 수요 증가를 동반하게 된다.

(2) 인구 고령화와 저성장의 고착화

급격한 저출산·고령화가 야기하는 근본 문제는 생산가능 인구(15~64세) 감소로 국가 생산성이 떨어지고 경제가 활력을 잃으면서 저성장 고착화의 악순환에 빠진다는 점이다. 세계 인구 중 65세 이상 비중은 2015년 8.2%에서 2060년 17.6%로 증가될 것으로 전망되고 있다[2]. 한국은 2050년 노년인구 비율이 38.2%까지 증가할 전망이다.

---

2) 통계청(2013), "고령자통계."

2008년 글로벌 금융위기 이후 세계 경제성장률도 3%대로 저성장 고착되고 있다. 전문가들은 한국 경제의 저성장이 고령화 등 인구구조 변화와 침체를 겪고 있는 세계 경제 등 대내외 변수가 복합 작용하면서 고착화되고 있다고 진단했다. 이어 낮은 성장률보다는 성장 동력을 점점 잃고 있는 게 근본적인 한국 경제의 문제라고 지적했다. 그러면서 노동생산성을 향상시킬 수 있는 제도적 접근이 필요하다고 입을 모았다.

▼ 그림 7-2 노년 인구비율 급증

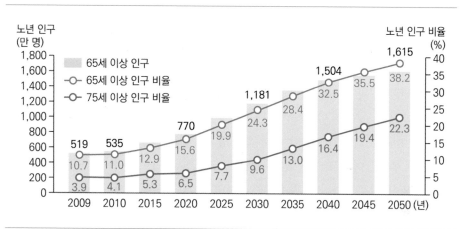

출처: ZUM 백과사전

(3) 기후변화와 지구온난화

과거 20년간 총 6,457건의 기상재해가 발생했으며, 60만 명의 사망자가 발생하였고(UN), 세계 40개국 시민을 대상으로 한 설문조사 결과, 국제사회의 가장 위협적인 요인 1위는 기후변화, 2위는 테러단체 IS였다고 발표했다. 1990년대 들어 전 세계적으로 본격적인 기상이변이 발생했다. 태풍은 점차 커졌고, 비정상적인 시기에 발생하기 시작했다. 어떤 곳에선 수년간 가뭄이 이어졌고, 다른 곳에선 폭우가 그치지 않았다. 1997년에는 일본 교토에서 각국의 이산화탄소 감축 의무를 담은 '교토의정서'가 채택됐고, 2005년 발효됐다. 이때까지만 해도 대부분의 사람들은 온난화와 기상이변을 '과학자들의 연구 결과'나 '선진국들의 배부른 소리'로 여겼다. 인식의 전환을 이끌어낸 것은 2006년 개봉한 한 편의 다큐멘터리 영화였다. '불편한 진실'이라는 제목의 영화를 주도한 것은 전 미국 부통령 앨 고어였다. 그는 기상이변이 얼마나 심각하게 인간의 삶을 파괴하고 있는지를 경고하고, 그 원인이 인간에게 있으며 이를 막을 수 있는 것도 역시 인간이라는 것을 강조했다. '불편한 진실'은 다음 해 고어에게 노벨평화상을 안겨 줬고, 인간에게는 막대한 과제를 남겼다[3].

영국 이스트앵글리아대 레이철 워런 교수가 주도한 국제연구팀은 '네이처 기후변화저널'에 발표한 논문에서 "현 상태로 기후변화가 지속되면 2080년이면 주변 식물의 57%, 동물의 34%가 멸종하게 될 것"이라고 밝혔다. 연구팀은 온실가스 배출량을 줄이려는 적극적인 노력이 없으면 2100년 지구 기온은 산업화 이전보다 4도 이상 상승할 것으로 내다봤다. 이는 "지구 기온이 3.6도 이상 오르면 생물 종의 20%가 멸종된다"는 2007년 IPCC 보고서보다 훨씬 비관적인 전망이다.

기후 변화가 사람에게 미치는 직접적인 영향에 대한 연구도 있다. 미 컬럼비아대 연구진은 '네이처'에 발표한 논문에서 "뉴욕과 같은 대도시에서는 기후변화로 인해 여름철 기온이 상승하면서 열사병 등 기온으로 인한 사망자가 22%가량 늘어나게 될 것"이라고 예측했다. 이들은 열사병 사망이 여름철 평균 37.7도 이상인 기온이 일주일가량 계속될 때 급격히 늘어난다는 점에 주목, 컴퓨터 모델을 활용해 이 같은 결과를 얻었다.

▼ 그림 7-3 녹아내리는 빙하 위에 위태롭게 서 있는 북극곰

출처: 서울신문 포토라이브러리

---

3) 서울신문, 펄펄 끓는 지구: 식물절반·동물 3분의 1 곧 멸종한다. (2013.05.21.)

(4) 산업간 융합과 기술협업의 등장

4차 산업혁명으로 산업간 경계를 허무는 파괴적 혁신이 등장하였고, CES 2017의 화두로 연결성(Connectivity)과 CES 2019의 화두로 Smart Cities가 대두하는 등 산업간 융합이 가속화 되고 있다.

▼ 그림 7-4 CES 2020, 2021 로고

출처: CES 2020. 2021

2021년 CES의 가장 큰 화두는 역시 '스마트도시'였다. 코로나19로 사회·경제 및 생활 전반에 대한 '비대면(untact)' 과제가 대두됐고, 이 과제를 해결하기 위한 방안으로 스마트도시를 제시하고 있다. 미국 소비자기술협회(CTA: Consumer Technology Association) 측은 "코로나19 팬데믹(pandemic·감염병 대유행)은 스마트도시를 추구해 온 도시와 기업들에 새로운 혁신 과제를 안겼다"며 "공공의 보안과 방역, 유통과 노동의 비대면화, 제조 현장의 자동화 등 새로운 기술적 진보가 필요하다"고 했다.

지금까지의 스마트도시는 정보통신기술(ICT)과 모빌리티, 에너지 등 각 분야의 최신 기술이 나열되는 데 그쳤다. 그러나 2021년은 5세대 이동통신(5G)을 필두로, 사물인터넷(IoT)과 인공지능(AI)이 결합한 새로운 차원의 스마트도시인 '디지털 도시'를 소개하고 있다.

CTA는 중국 상하이를 디지털 도시의 전형으로 설명하고 있다. 상하이·알리바바가 함께 추진하고 있는 '도심 두뇌 시스템'은 머신러닝 AI가 대중교통과 도심내 폐쇄회로(CCTV), 얼굴 인식 카메라, 드론 등을 제어하고, 이를 통해 각종 범죄를 예방하고 감시한다. 또 주차와 조명, 교통 등 도시 인프라를 똑똑(스마트)

하게 관리한다. 이 모든 것들은 수십 기가비트를 초 단위로 전송하는 5G 덕분에 가능했다.

2. 새로운 모델로서 스마트도시

도시는 이와 같은 급속한 도시화, 노령화 및 저성장, 지구온난화와 산업간 융합 현상 등이 일어나면서 새로운 성장 모델을 찾고 있다. 최근 개발도상국은 도시로 인구가 몰리면서 자원과 인프라 부족, 교통 혼잡, 주택 부족 및 슬럼화, 에너지 부족, 환경오염 등 각종 도시 문제가 심화되고 있는 실정이다. 선진국 역시 기후변화의 심각성을 인지하고 기후변화에 대응하여야 되는데 에너지 소비가 제일 많은 곳이 인구가 많이 집중되어 있는 도시이다. 에너지 효율성을 높이고, 온실가스 배출 감축을 위한 대책마련이 필요한 실정이다. 또한 도시기반시설이 오래된 곳이 많아 도시 경쟁력 제고와 경제 활성화를 위한 도시재생사업이 요구되고 있기도 하다. 그러나 세계적인 경기 침체로 재정 확보가 어려운 상황이다. 따라서 각국 정부는 물리적 도시기반시설을 확충하는 대신 기존의 인프라를 효율적으로 활용해 저비용으로 도시문제를 해결하는 방식에 주목하고 있다. 글로벌 저성장 추세, 첨단 정보통신기술의 급격한 발전, 증가하는 도시개발 수요를 바탕으로 세계 각국에서 경쟁적으로 추진하고 있는 것이 바로 스마트도시 전략이다.

스마트도시는 정보통신기술(ICT)을 적용해 기 구축된 인프라를 최대한 효율적으로 활용하는 방식으로 도시 문제를 해결하고 시민들의 삶의 질과 도시 경쟁력을 제고하는 새로운 형태의 도시를 뜻한다. 교통·방재·방범·환경·상하수도·행정·보건의료·교육 등 도시의 주요 자원에 새로운 정보통신기술을 접목시켜 실시간 정보를 기관이나 시민에게 제공하고, 여러 도시 문제를 해결한다는 개념이다. 사물인터넷, AI, 빅데이터 등을 비롯한 ICT 기술이 발달하면서 가능하게 된 일이다.

예컨대 도로가 막히는 경우, 차량이 많아서 막힐 수도 있고, 갑작스런 사고로 막힐 수도 있다. 그러나 운전자는 도로가 막히는 상황을 알 수 없고 미리 예측하기도 어렵기 때문에 별다른 방법 없이 막히는 도로에 순응할 수 밖에 없는 실정이다. 이 의미는 도로의 현재 주변 상황을 모르기 때문에 막히는 도로임에도 불구하고 계속 이용했다는 것이다. 그러면 이 도로의 효율성은 엄청 떨어지고 우회도로에 대한 정보를 몰랐기 때문에 우회도로의 활용도도 떨어지게 된다. 그동안 정부는 시간대별로 늘 막히는 도로 위주로 새 도로를 확장하거나 신규 도로를 건설하는 방식으로 문제를 해결해 왔다.

하지만 스마트도시에서는 도로에 설치한 센서로 교통상황을 체크하고 내가 가는 방향으로 실시간 도로이용시간을 예측하여 알려주게 되고 네비게이션을 통해 현 상태로 가면 1시간 걸리고 우회도로로 돌아가면 45분 걸린다고 정확하게 알려준다. 실시간으로 각각의 도로의 상태를 파악하고 대안을 제공해 주기 때문에 막히는 도로자체의 효율성도 높여주고 기존의 우회 도로의 활용도도 높여주는 계기가 된다. 즉, 기 구축된 인프라의 활용도를 극도로 제고시켜, 이미 있는 것만으로 교통체증 문제를 줄일 수 있게 된다. 따라서 과거 도시가 물리적으로 문제를 해결하기 위해 대규모 자원을 투입한 데 반해 스마트도시는 저렴하고 효율적인 방법으로 도시문제를 해결할 수 있다.

주차장문제도 동일한 방법으로 해결이 가능하다. 서울이나 서울도심에 건설하려면 땅값이 비싼 관계로 현재 주차 한면당 약 1억 2천만 원이 소요된다고 한다. 만약에 스마트주차장이 설치·운영되면, 주차공간에 대한 정보를 알려주는 효과만으로 주차장 30%를 건설하는 효과가 있고, 탄소배출을 줄일 수 있는 효과도 부가적으로 얻을 수 있다고 한다. 이런 점이 개발도상국에서 스마트도시에 열광하는 이유이기도 하다.

이미 미국·중국·일본 등은 스마트도시에 대한 계획들을 진행 중이다. "미국 정부는 관련 기술을 확보하기 위해 총 1조 6,000억 달러(약 1,800조 원) 규모의 스마트시티 연구개발 계획을 발표했다. 중국은 자국 내 IT 기업 육성을 위해, 일본은 2011년 대지진 이후 불거진 에너지 부족 문제 해결을 위해, EU는 환경보호를 위한 에너지 사용 절감에 초점을 맞춰 각자 스마트도시 추진 계획을 마련했다. 동남아·중남미·아프리카 등의 신흥국에서도 신도시 개발 단계에서부터 스마트도시 개념을 접목시키려는 추세다. 스마트도시에 대한 전 세계적인 관심은 새로운 비즈니스 기회가 생겼음을 의미한다"[4].

---

4) 온라인 중앙일보, https://mnews.joins.com/article/20027162#home, 2016.05.15

제2절　스마트도시의 이해

1. 기존 도시와 스마트도시 차이점 알기

우리가 잘 알고 있는 바와 같이 기존 도시는 다양한 도시문제가 발생했을 때 이것의 해결을 위해 인력투입을 확대하거나, 물리적 기반시설을 확충하는 방식으로 대응해왔다. 따라서 대규모 재원이 뒷받침될 필요가 있었다. 한편, 스마트도시는 도시 전역에서 실시간 정보를 수집하고 분석하여 꼭 필요한 곳에 자원을 집중 투입하거나, 기존 자원의 활용도를 높이는 방식으로 문제를 해결한다. 다시 말해, 도시 전체를 하나의 플랫폼으로 연결시켜 수요자에게 적재적소에 필요한 정보를 제공하는 점에서 차이가 있다.

상수도관의 누수가 발생했을 경우, 기존 도시에서는 어느 곳에서 누수가 일

▼ 그림 7-5 스마트도시의 문제해결 방식

	기존도시 대응	스마트시티 대응	적용 효과 사례
〈교통혼잡〉	도로 확장 or 신규도로 건설	• 혼잡도로 정보 실시간 제공을 통해 우회 유도 • 실시간 교통량에 따른 교통신호 제어	• 영국 M42 고속도로 스마트 교통시스템 교통통행소요 시간 25%, 교통사고 50%, 대기오염 10% 감소
〈주차문제〉	신규 주차장 건설	• 빈 주차공간 정보 실시간 제공하여 주차 유도 • 키 세어링 등의 서비스 활용 도심진입 최소화	• 향후 전 세계 410억 달러 이상 수익 스마트주차에서 발생 예상(CISCO)
〈방범문제〉	경찰 인력 전 지역적 투입	• 방범/교통 CCTV 복잡화로 범죄발생 시 경찰인력의 즉각적 투입 • 스마트 범죄 고나련 앱 활용을 통한 도움 요청	• 국내 지자체 스마트방범 시스템 도입 후 20% 범죄 발생률 감소
〈상하수도〉	누수 지점 정보 취득 불가	• 누수지점 센서 감지를 통한 즉각적 조치 가능 • 장기적 노후도 추정에 따른 누수가능 지역 추정	• 카타르 도하/브라질 상파울로/중국 베이징 40~50% 누수예방 효과 발생

출처: 이재용(2017.3), '스마트시티 정책 및 향후 방향'

어나고 있는지 파악이 어려워 일정부분 누수를 방치하거나 신규 상수도관으로 교체하는 방식으로 문제를 해결하는 반면, 스마트도시에서는 각 상수도관에 부착된 센서를 통해 얻은 정보를 바탕으로 누수가 일어나서 수압이 떨어지고 있는 상수도관을 탐지하고 제수변을 잠그고 해당하는 상수도관만 신속하게 교체할 수 있는 방식으로 문제를 해결한다. 이러한 솔루션의 차이를 통해 상수원 보호, 상수도관 교체 및 도로굴착 공사 등에 따른 투자비용 절감 등의 효과를 기대할 수 있다.

스마트도시를 통한 경제적 효과에 대해, 세계경제포럼(World Economic

〈표 7-1〉 기존 도시와 스마트도시 차이

분야	기존 도시	스마트도시
도시 구조	2차원 도시 • 도시구조가 경직되어 변경, 추가 한계 • 자원활용이 평면적 • 배타적, 독점적으로 낭비 발생	3차원 도시 • 도시구조가 플랫폼과 레고화되어 신규기능 및 서비스 유연한 추가 가능 • 자원 활용이 입체적 • 공유와 지능기술로 활용 극대화
	분절적 도시 • 도시가 도메인으로 잘게 구분 • 도메인 사이에 데이터, 기능 공유 한계	유기적 도시 • 도시 전체가 하나의 플랫폼으로 연결 • 수직적, 수평적 그리드
도시 운용	기계적 도시 • 투입과 산출이 기계적으로 연결 • 문제 해결을 위해 투입 증가	창의적 도시 • 지식 아이디어를 활용하여 문제 해결 • 창의성과 신기술로 문제 해결
	통제도시 • 소수가 도시운영 • 컨트롤타워를 통해 질서 유지 • 시민들은 도시에 대한 정보 배제	자기 조직화 도시 • 시민이 도시운용에 적극 참여 • 시민과 지능 사물이 스스로 질서 창출 • 도시운영에 대한 정보 공유
서비스	도시 중심 서비스 • 시민이 도시 운영체계에 적응 • 서비스보다 도시 기능 유지 중요	시민 중심 서비스 • 시민의 필요에 따라 맞춤형 서비스 • 도시 서비스 수준이 도시 경쟁력 결정
	프로세스 기반 서비스 • 시민이 요구해야 서비스 개시 • 사전에 정의된대로 서비스 제공	데이터 기반 서비스 • 도시가 실시간 상황과 시민요구 인지 • 도시가 하나의 Assistant로 기능 • 시민에게 필요한 지식과 데이터 제공

출처: 한국정보화진흥위원회(2016).

Forum: WEF)에서는 "국가의 디지털화가 10% 증가되면 국내총생산(GDP)이 0.75% 성장할 수 있다"고 발표하였다. 주니퍼 리서치(Juniper Research)의 보고서에는 "스마트시티는 이동성, 보건, 공공안전, 생산성 등 4가지 측면에서 도시 거주민의 시간을 매년 125시간 절약할 수 있다"고 했다. 이와 같은 스마트도시의 문제해결 방식은 기반시설을 새로 건설·추가·도입하는 방식에서 벗어나 주어진 자원을 효율적으로 활용함으로써 지속가능한 도시 구축이 가능하게 된 것이다.

2. 스마트도시 개념

(1) 스마트도시란?

스마트도시의 법적 정의는 "도시의 경쟁력과 삶의 질의 향상을 위하여 건설·정보통신기술 등을 융·복합하여 건설된 도시기반시설을 바탕으로 다양한 도시 서비스를 제공하는 지속 가능한 도시"이다. 스마트도시란 "기존 유비쿼터스 도시(U-City)와 유사하지만 연결성(Connectivity)을 바탕으로 교통, 환경, 에너지, 수자원 등 각종 도시기반시설에 5세대 이동통신(5G), 사물인터넷(Internet of Things, IoT), 인공지능(Artificial Intelligence, AI), 빅데이터, 클라우드 등 첨단 ICT 기술이 접목된 차세대 도시를 말하며, 이러한 최신 ICT 기술을 적용한 스마트 플랫폼을 구축하여 도시의 자산을 효율적으로 운영하고 시민에게 안전하고 윤택한 삶을 제공한다. 또한 도로, 항만, 수도, 전기, 학교 등 도시의 인프라를 효율적으로 관리하고 공공 데이터를 수집·활용하여 교통, 에너지 등 다양한 도시 문제를 해결하고 새로운 가치를 창출하는 데 스마트도시 운영의 궁극적인 목적이 있다5)."

2019년 11월 '2019 스마트시티 엑스포 월드 콩그레스(SCEWC: Smart City Expo World Congress)' 기조연설에서 언급된 스마트도시의 정의는 새롭게 고려해 볼 만 하다. 두 가지 개념요소를 이야기했다. 첫째, 도시 안에 있는 자원의 효율화이다. 스마트도시가 도시에 있는 자원의 배분을 최적화하는 수단이라는 것이다. 둘째, 사람들의 행동패턴을 효율화할 수 있는 수단이라는 점이다. 스마트도시가

---

5) 스마트시티플랫폼: 4차 산업의 승부처로 지속적 성장 전망. 한국IR협의회, 2019.10.31

내비게이션 같은 기능을 할 수 있다는 것이다. 정리하면 스마트도시란 '정보통

〈표 7-2〉 스마트도시에 대한 개념

구분	스마트도시 개념
EU (2014)	• 디지털 기술을 활용하여 시민을 위해 더 나은 공공서비스를 제공, 자원을 효율적으로 사용, 환경에 미치는 영향을 최소화하여 시민의 삶의 질 개선 및 도시 지속가능성을 높이는 도시
영국 (2013)	• [비즈니스 창의 기술부] 정형화된 개념보다는 도시가 보다 살기 좋은 새로운 환경에 신속히 대응가능한 일련의 과정과 단계로 정의 • [Bimingham City Council] 인적자원과 사회 인프라, 교통수단, 그리고 첨단 정보통신기술(ICT) 등에 투자하여 지속적인 경제발전과 삶의 질 향상을 이룰 수 있는 도시
인도 (2014)	• [인도 도시개발부] 상하수도, 위생, 보건 등 도시의 공공서비스를 제공할 수 있어야 하며, 투자를 유인할 수 있어야 하고, 행정의 투명성이 높고 비즈니스하기 쉬우며, 시민이 안전하고 행복하게 느끼는 도시
ITU (2014)	• 시민의 삶의 질, 도시운영 및 서비스 효율성, 경쟁력을 향상시키기 위해 ICT 기술 등의 수단을 사용하는 혁신적인 도시로, 경제적 · 사회적 · 환경적 · 문화적 측면에서 현재와 미래 세대 요구의 충족을 보장하는 도시
ISO&IEC (2015)	• 도시와 관련된 사람에게 삶의 질을 변화시키기 위해, 도시의 지속가능성과 탄력성을 향상시키고, 도시와 시민사회를 위해 도시운영 구성요소, 시스템, 데이터와 통합기술을 통해 개선시키는 도시
IEEE (2017)	• 기술 · 정부 · 사회가 갖는 특징 제시: 스마트도시, 스마트 경제, 스마트 이동, 스마트 환경, 스마트 국민, 스마트 생활, 스마트 거버넌스
Gartner (2015)	• 다양한 서브시스템 간 지능형 정보교류를 기반으로 하며, 스마트거버넌스 운영 프레임워크를 기반으로 지속적인 정보 교환을 수행
Forrester Research (2011)	• 스마트도시는 주요 인프라 구성요소 및 도시서비스를 만들기 위해 스마트 컴퓨팅 기술을 사용하여 좀 더 지능적이고 상호 연결되어 있으며 효율적인 도시 관리, 교육, 의료, 공공안전, 부동산 교통 및 유틸리티를 포함
Frost&Sullivan (2014)	• 스마트도시는 주요 인프라 구성요소 및 도시서비스를 만들기 위해 스마트 컴퓨팅 기술을 사용하여 좀 더 지능적이고 상호 연결되어 있으며 효율적인 도시 관리, 교육, 의료, 공공안전, 부동산 교통 및 유틸리티를 포함
우리나라	• 스마트도시 조성 및 산업진흥 등에 관한 법률 제2조 • 도시의 경쟁력과 삶의 질의 향상을 위하여 건설 · 정보통신기술 등을 융 · 복합하여 건설된 도시기반시설을 바탕으로 다양한 도시서비스를 제공하는 지속가능한 도시

출처: 국가건축정책위원회(2016.12), 한국정보통신기술협회(2018.9)

신기술을 활용해 도시 내 자원배분의 최적화와 인간 행동패턴 변화를 통해 기존에 해결할 수 없었던 도시문제를 보다 효율적으로 해결하는 수단'이라고 정의할 수 있다.

<표 7-2>는 국내외 다양한 형태의 스마트도시에 대한 개념을 소개하고 있다. 국내외 200여 개 이상의 스마트도시 관련 개념들이 존재하고 있으나, 공통적으로 기술 개발 및 물리적 인프라 구축뿐 아니라 정보통신기술(ICT)을 활용하여 시민의 삶의 질을 개선하고, 도시의 지속 가능성 향상에 중점을 두고 있다. 한국교통연구원에서는 2019년 빅데이터 분석을 통해 8개의 키워드로 정의 요소들을 분류했다. 도시 기능 향상, 환경보호 및 기후변화 대응, 사회 통합, 포용성, 경제성장, 삶의 질 향상, 거버넌스, 시민서비스 등이다. 이러한 큰 방향성을 가지고 각국의 환경이나 비전, 목표에 맞춰 스마트시티를 정의하고 있다.

스마트도시는 1990년대 중반 미국에서 '디지털시티'개념이 등장하면서 지난 20년간 3단계의 진화과정을 거치고 있다(<표 7-3> 참조).

〈표 7-3〉 스마트도시 발전과정

구분	주요 내용
태동기 (1996~2002)	• 1990년대 중반 미국 AOL(America Online)에 의해 태동하였고, 1993년 암스테르담 디지털시티, 1996년 헬싱키 Arena 2000 등 세계 확산 • 주로 통신사가 주도하는 시범사업 형태로 추진 • 도시 전반을 연결하는 네트워크 구축, 시민이 활동하는 가상공간 조성 • Eco-City, Sustainable City 등이 도시 혁신 주도
성장기 (2003~2011)	• 2003년 한국 U-City를 기점으로 기술주도형 스마트시티 태동 • 전략의 중심이 부분적 정보기술 활용에서 전반적 도시 정보화로 이동 • 2008년 IBM의 Smarter Planet을 계기로 CISCO 등 글로벌 기업이 스마트시티에 참여 • 유럽과 미국에서는 Open Innovation과 연계되면서 Living Lab으로 발전
확산 및 고도화기 (2012~현재)	• 2012년 중국이 스마트시티 구축을 공식화하면서 세계적으로 급속히 확산 • 2012년 구글의 딥러닝 기술발전 등으로 스마트시티 고도화 빨라짐 • 2015년 인도 모디총리가 스마트시티 구축전략을 발표하면서 스마트시티가 개도국에도 확실히 정착

출처: 한국정보통신기술협회, 스마트시티 개념과 표준화 현황(2018) 재구성

- 도시 효율성 제고와 새로운 가치 창출
- 도시문제를 스마트한 방법으로 해결
- 문제해결의 핵심 도구로서 Platform

구분	AS-IS	TO-BE	
문제해결방식	도시기반시설 확대 (1:1 방식) 예) 교통체증 → 도로건설	Smart Service 제공(1:N 방식) 예) 교통체증 → 우회로, 대중교통 증설, 교통정보 제공	
대상	공급자 중심 (정부, 건설사, 기업중심)	시민 중심 (이용자의 수요에 맞는 서비스 제공)	
구축대상	Infrastructure 중심 예) 도로, 항만, 건물, 발전소	Service 중심 예) Smart-CCTV, Smart Lighting, Smart Traffic	
중심공간	물리적 공간 중심 (공간적, 시간적 제약)	사이버 공간 중심 (공간적, 시간적 제약 없음) 예) Smart-Gov. Smart-Safety Smart-Work	
도시의 질 좌우 요소	지리적 위치, 물리적 기반	Smart Service (+지리적 위치, 물리적 기반)	
Platform 존재	Smart Platform 없음	서비스	데이터 수집 분석. 활용
		네트워크	P2P, P2M, M2P, M2M 등 기기와 사람간 연동

출처: https://www.simsysglobal.com/blank-9(2021.12.20. 확인)

(2) 스마트도시 구성요소

한국정보화진흥원은 스마트도시의 구성요소를 <표 7-4>와 같이 구분하여
제시하고 있다. "도시 인프라, ICT 인프라, 공간정보 인프라는 스마트도시의 인

〈표 7-4〉 스마트도시 구성요소

구분		주요내용	추진체계
인프라	도시 인프라	• 스마트도시는 기본적으로 소프트웨어적이지만 도시 하드웨어 발전이 필요	도시개발사업자/건설산업 등
	ICT 인프라	• 유·무선 통신 인프라의 도시 전체 연결	ICT 산업
	공간정보 인프라	• 현실공간과 사이버공간 융합을 위해 공간정보의 핵심 플랫폼 등장 • 공간정보 이용자가 사람에서 사물로 변화 • 지도정보, 3D 지도, GPS 등 위치측정 인프라, 인공위성, Geotagging	공공의 GIS 주도에서 향후 민간 주도 GIS 산업
데이터	IoT	• 도시 내 각종 인프라와 사물을 센서기반으로 네트워크에 연결 • 스마트시티 전체 시장 규모에서 가장 큰 시장을 형성하며 투자 역시 가장 필요	교통, 에너지, 안전 등 각종 도시운영 주체가 주도
	데이터 공유	• 좁은 의미의 스마트시티 플랫폼 • 데이터의 자유로운 공유 및 활용 지원 • 도시 내 스마트시티 리더들의 주도적 역할 필요	초기 공공주도에서 데이터 시장 형성 후 민간 주도
서비스	알고리즘 &서비스	• 실제 활용 가능한 품질 및 신뢰도의 지능 서비스 개발 계층 • 데이터의 처리 분석 등 활용능력 중요 • 유럽 Living Lab 등에서 다양한 시범사업 전개	• 공공 및 민간의 다양한 주체 등장 • 도시의 역할은 신뢰성 관리 • 한국이 취약한 부문
	도시 혁신	• 도시문제 해결을 위한 아이디어 및 서비스가 가능한 환경 조성 • 정치적 리더십 및 사회신뢰 등의 사회적 자본이 작용하는 영역 • 중앙정부의 법제도 혁신 기능 필요	시민이 주도하고 정치권 지원

출처: 이재용(월간교통(2017.02))

프라에 해당한다. IoT와 데이터공유는 스마트도시의 데이터 계층에 해당한다. 이 중 데이터공유는 데이터의 자유로운 공유와 활용을 지원하는 구성요소이자 기술요소로서, 좁은 의미의 스마트도시 플랫폼으로 사용된다. 알고리즘&서비스, 도시혁신은 서비스와 제도 계층에 해당한다. 7개 계층이 완비되어야 스마트도시 플랫폼이 제대로 작동할 수 있지만, 현실적으로는 몇 개 요소에만 의존하는 스마트도시도 적지 않다"6).

스마트도시를 지속적으로 성장 및 확산시키기 위해서는 <표 7-5>와 같이 기술·도시인프라 부문뿐 아니라, 제도적 지원과 인적자원 부문에 대한 고려도 필수요건이다. 스마트도시에 대한 원활한 제도적 지원 시스템 및 시민의 이해와 참여 부족은 스마트도시 발전을 저해하는 요인으로 작용된다.

〈표 7-5〉 스마트도시 성장을 위한 기반요소

구분	기술·도시인프라 부문	제도적 부문	인적자원 부문
발전단계	구축단계	운영단계	성장단계
세부 기반 요소 예시	• 도로, 교량 등 물리적 기반시설 • 통신망 등 정보통신 기반시설 • 사물인터넷, 인공지능, 빅데이터 등 ICT • 플랫폼 등 시스템	• 부처 간 적극적 협업 • 정책 및 제도 • 정부투명성 • 정책결정에서의 시민참여 확대 • 민관 협력	• 창의적 교육 • 혁신적 직업 • 개방적 마인드 • 민간부문의 적극적 참여 • 집단지성 • 스타트업 기업

출처: 이재용(월간교통(2017.02))

(3) 스마트도시 기술 및 산업동향

1) 기술적 동향7)

스마트도시를 구현하는데 필요한 기술들은 아직 완성 및 상용화되지 않은 미래기술들을 비롯하여 현재 활발하게 사용되는 기술들을 포함한다. 현시점에서

---

6) 한국정보화진흥위원회, 스마트시티 발전전망과 한국의 경쟁력, IT & Future Strategy, 2016.11.07.
7) 김경훈, 스마트시티의 동향과 추진방향, 정보통신기획평가원. 2019.10.30.

완전한 자율주행까지는 아직 발전이 필요한 자율주행 등이 있으며 현재 기술로는 5G, 드론, CCTV 및 IoT 기반으로 제공되고 있는 서비스 등이 있다. 이러한 기술들의 첫 번째 특징은 사용자 지향적인 기술의 활용에 초점을 두고 있다는 것이다. 가령 도심 곳곳에 설치된 공기질 측정 센서들은 실시간으로 미세먼지의 상태를 수집하여 통합관제센터로 송출하고 이 정보들을 빅데이터와 AI 기법들을 활용하여 일자별, 지역별 미세먼지 현황 정보와 예측 정보들을 시민들에게 제공함으로써 시민들은 내가 머무르고 있는 동네의 공기질이 좋지 않을 때는 외출을 자제하는 식의 체감형 서비스를 이용할 수 있게 되었다.

기술 동향의 두 번째 특징은 데이터 주도적(data driven) 플랫폼 중심의 서비스 구현과 운영을 지향한다는 것이다[8]. 데이터 주도적이란 것은 데이터를 스마트도시의 관리와 운영에 적극 활용하여 도시의 부가가치를 높이려는 시도이다. 이를 위해 스마트도시에서 생성되는 데이터들을 취합하고 실시간으로 분석하여 데이터가 필요한 도시 내 시민, 현장 시설물 및 각종 센서들에게 맞춤형 제공을 추진하고 있다. 아울러 기존의 도시통합플랫폼의 데이터 활용에 대한 기능을 강조하는 데이터 허브(data–hub)라고 하는 일종의 고도화된 플랫폼을 개발하여 중장기적으로 스마트도시에서 생성되는 데이터들을 효율적으로 관리하고자 한다.

기술 동향의 세 번째 특징은 바로 디지털 트윈(Digital Twin) 시티를 지향하고 있다는 것이다. 본래 디지털 트윈은 미국 GE(General Electric)가 주창한 개념으로 현실속의 물체에 대한 가상세계의 쌍둥이를 만들어 발생 가능한 상황을 컴퓨터로 시뮬레이션하고 예측하려는 기술이었다. 그러나 몇 년 전부터 스마트도시의 재조명과 디지털 트윈이 맞물려서 도시 공간 전체를 디지털 트윈으로 가상도시화하여 도시 구현에 필요한 막대한 비용에 대한 리스크 감소를 위한 사전 시뮬레이션을 하려고 하고 있다. 아울러 도시 구현을 위한 마스터플랜 및 설계 단계에서부터 시민들을 대상으로 피드백을 받아 이용자들이 원하는 도시의 형상과 기능을 반영하여 시뮬레이션하고 또 운영단계에서는 가상도시와 실제 도시를 동기화하여 비용 효율적인 도시 관리를 지향하고 있다.

---

8) 이정훈, "8가지 트랜드로 보는 글로벌 스마트시티 동향", TTA journal, Vol.176, 2018. p.5

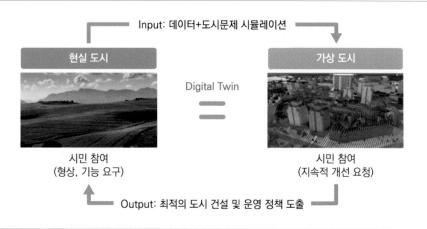

출처: KT 자체 제작

2) 정부 및 산업 동향

문재인 정부 들어서 스마트도시가 국정과제로 지정되었다. 2017년 12월에는 4차 산업혁명위원회가 출범되었고 그중에 스마트도시 특별위원회도 가동이 되었다. 스마트도시 특별위원회에서는 스마트도시에 대한 새로운 비전을 제시함과 동시에 국가시범도시라고 하는 백지상태의 부지에 새로운 첨단 미래기술들이 집약된 스마트도시 2곳을 건설하겠다고 공표하였다. 그 결과 2018년 1월에 한국수자원공사가 시행하고 있던 부산에코델타시티와 한국토지주택공사가 시행하고 있던 세종5−1생활권 2곳이 국가시범도시로 지정이 되었다. 국가시범도시를 지정하여 국내외적으로 한국을 대표적 레퍼런스로 활용할 수 있는 스마트도시를 구현하고자 하였고 기존의 방식과 다르게 민간 기업들의 주도적인 참여가 가능한 구조를 지향하였는데 구체적으로는 특수목적법인(Special Purpose Company: SPC)에 민간 기업들의 참여를 유도하기로 하였다. 현재 두 곳의 스마트도시는 시범도시에 대한 마스터플랜을 작업 중에 있으며 설계 등을 거쳐서 구축단계로 넘어갈 예정이다.

중앙정부 내 스마트도시 주무부처인 국토교통부도 스마트도시의 생태계 조성과 활성화를 위해서 2018년 1월에 스마트도시 추진전략을 발표하였다. 도시 성장 단계별 접근을 위해 국가시범도시와 같은 신규 도시에는 미래형 신기술들을 대거 활용하고, 기존도시에는 국토교통부 산하 국토교통과학기술진흥원에서 주관하는 "국가 혁신성장동력 프로젝트"에서 개발 중인 데이터 허브, 서비스 등을 접목하며, 노후도시에는 스마트도시형 도시재생사업을 적극 추진하기로 하였다. 또 민간 투자 활성화를 위해서 과감한 규제개선 샌드박스 지정과 생태계 조성을 위해 혁신 창업 인큐베이션을 추진하기로 하였고 이러한 성과들을 종합하여 해외진출을 적극 지원하기로 하였다. 국토교통부 외 정부 내 스마트도시 관련 주요 부처들인 과학기술정보통신부, 행정안전부, 산업통상자원부 등도 스마트도시 실증 사업 및 산업 활성화 사업 등을 추진하면서 국정과제로 지정된 스마트도시의 부흥을 위해 노력하고 있다. 중앙정부 내 각 부처들은 스마트도시, 스마트빌리지, 스마트타운 및 스마트 산단 등 각기 다른 이름을 표방하고 있지만 스마트도시라는 공통적인 컨셉을 바탕으로 다양한 공간과 모델에 스마트도시를 적용하고 있으며 <표 7-6>에 자세히 나타나 있다.

〈표 7-6〉 중앙 부처들의 스마트도시 추진 현황

중앙부처	추진내용
국토교통부	국가시범도시 사업, 국가 혁신성장동력 프로젝트, 스마트도시 통합플랫폼 사업, 스마트시티 챌린지 사업, 스마트도시형 도시재생사업, 혁신인재육성사업 등 추진 중
과학기술정보통신부	5G 기가코리아 스마트시티, 스마트빌리지, 각종 스마트시티형 실증 과제 및 사업들 추진 중
행정안전부	지능형 ICT 스마트 타운 조성사업, CCTV 통합관제 사업 등 추진 중
산업통상자원부	스마트산단 조성사업, 스마트시티 산업 표준화(국가기술표준원) 등 추진 중
농림축산식품부	스마트팜 중심의 농어촌형 스마트시티 사업 등 추진 중

출처: KT 자체 작성 내용 재수정

중앙정부의 움직임에 발맞춰 지방자치단체도 스마트도시의 부흥을 위해 조직을 강화하고 사업을 추진하는 움직임을 보이고 있다. 2014년에 10개에 불과하던 스마트도시 전담조직은 2019년 현재 광역지자체 17곳 및 기초지자체 61개 총 78개의 전담조직을 보유하기에 이르렀다[9]. 지방자치단체에서의 전담조직 신

---

9) 국토교통부, "제3차 스마트시티 종합계획", 2019.

설 및 강화는 기존 정보통신과 혹은 도시계획과에서 부서업무로 추진되던 스마트도시가 전담조직인 스마트도시 독립 업무로 분장되었다는 상징성과 함께 담당 부서 구성원들의 성과 창출에 따른 의욕과 소명의식이 발생한다는 큰 장점이 있다고 볼 수 있다.

산업적인 관점에서 국내 기업들은 스마트도시에 대해 기대 반 우려 반의 관심을 보이고 있다. 정부차원에서 스마트도시를 미래 혁신성장동력으로 간주하여 중점 추진하고 있는 것은 분명하지만 아직 기업들의 수익과 영리 창출을 본격화할 수 있는 수준과 단계에는 제대로 도달하지 못한 관계로 중앙정부 공모사업, 국가시범도시 마스터플랜 등의 일부 사업에 용역 사업자로 참여하여 본격화될 구축 사업들에 대한 사전 준비 작업을 하고 있는 단계이다. 특히, 국가시범도시 사업은 유래 없이 국내 스마트도시 사업 중 가장 큰 규모로 추진되고 있고 또 민간 기업들의 다양한 참여가 가능할 것으로 보여 기업마다 보유한 핵심 역량을 바탕으로 수익 창출이 가능한 영역에 뛰어들고 있다.

(4) 스마트도시 향후과제

최근의 국내 스마트도시 정책은 급격하게 변화하고 있는 세계시장의 흐름과 기술의 발전 등을 감안해 제반 환경의 변화 등을 반영하여 지속적으로 보완되어져야 한다. 이에 향후 한국형 스마트도시의 성공을 위한 향후 과제에 대해 논의해보고자 한다.

첫째, 도시수준 및 발전단계에 따른 맞춤형 스마트도시 정책의 도입이 필요하다. 앞서 언급한 바와 같이 그동안 우리나라의 스마트도시는 신도시 중심으로 구축되어 왔기 때문에 낙후된 기존도시 지역에 대한 스마트도시 정책이 미흡하였다. 이에 기존도시 지역에 스마트도시 도입을 위한 정책을 점진적으로 확대해 나가되 그 지역의 특성, 주민수요 등을 감안한 스마트도시 정책이 도입되어야 한다. 신도시와는 달리 기존도시 지역은 이미 주민들이 거주하고 있는 지역이기 때문에 그 지역의 수준에 따라 차별적으로 정책이 도입되어야 하며 만일 해당지역에 적합하지 않은 획일적인 사업 추진 시에는 사업의 성과를 담보하기 힘들다. 따라서 해당지역의 여건, 그 지역이 지향하는 다양한 가치를 반영하여 기술 구현의 수준, 방식, 절차 등을 차별적으로 검토하는 등 보다 정교한 정책 마련이 필요할 것이다.

둘째, 신규 인프라의 추가적인 구축이 아니라 기존에 구축된 인프라 위에 새로운 신기술이 적용, 개선되는 저비용·고효율 스마트도시 정책이 필요하다. 과도한 비용이 소요되는 신규 인프라 구축을 최대한 줄이고 기존의 인프라를 개량, 개선하여 그 위에 4차 산업혁명에 따른 다양한 신기술을 도시에 접목함으로써 비용을 절감하고 도시자체가 핵심경쟁력을 가질 수 있도록 지원한다면 향후 스마트도시의 지속성 측면에서도 강점을 가질 수 있을 것으로 예상한다. 과도한 비용이 드는 사업은 그 지속성을 담보하기도 힘들며 향후 관리운영단계에서도 그 성과를 확산해 나가는 것에 상대적으로 많은 인적·물적 역량이 소모되기 때문에 사업효율이 높은 방향으로 진행해 나가는 것이 타당할 것이다.

셋째, 스마트도시 계획 도입 초기부터 민간, 시민의 의견을 의무적으로 반영하고 분야별로 단절되어 있는 정보의 적극적인 수집 및 활용, 연계를 위한 법·제도적 개선이 필요하다. 최근 리빙랩을 통해 시민들의 의견을 적극 반영하는 움직임이 있어 긍정적으로 평가할 수 있다. 과거 국내 U-City 사업은 공공주도로 추진되었기 때문에 시민들이 의견을 개진할 수 있는 통로가 미흡하였다. 이는 곧 스마트도시 사업의 창의성 결여로 연결되고 결국에는 해당 서비스가 시장에서 사장되는 결과를 초래하기도 하였다. 이에 스마트도시계획 수립 초기부터 민간의 참여를 보장하는 법·제도적 개선이 이루어질 필요가 있으며, 스마트도시 구축 이후 관리운영단계에서도 지속적으로 서비스 개선에 대한 의견을 피력할 수 있도록 보장할 필요가 있다. 이는 곧 건강한 스마트도시산업 생태계 구축에도 도움이 되며 스마트도시 사업의 선순환구조 확립에도 기여할 수 있을 것이다. 또한 현재 개인정보보호법 등으로 규제되고 있는 많은 정보들을 서비스 기획 등을 위한 학술연구용도로 활용할 수 있도록 최소한의 활용통로는 마련해 주는 것이 필요하다. 도시에는 수많은 정보들이 존재하는데 그중 일부 정보는 주민의 생활을 편리하게 하고 삶의 질을 높일 수 있는 기반이 될 수 있으나 법적 문제로 인해 활용되지 못하고 있다. 이에 도시문제 해결을 위해 반드시 필요하다고 인정되는 경우에는 과감하게 규제를 풀어주는 것이 타당한 것으로 판단된다.

넷째, 인구소멸도시, 노령화 도시, 쇠퇴도시의 문제를 해결하는 차원에서 도시재생사업과 연계된 스마트도시 정책이 추진되는 것이 필요할 것이다. 쇠퇴도시에서 인구감소로 이제는 효용성이 떨어지고 유지관리 등이 어려운 많은 도시 기반시설들을 어떻게 ICT기술을 접목시켜 스마트한 자원으로 재활용할 것인지 해결하는 것이 필요할 것이다. 예를 들어 뉴욕시가 소유한 7,000여 곳의 공중전화부스를 활용하여 시민들에게 광범위한 무료 기가바이트 와이파이(gigabyte Wi-fi) 네트워크를 제공하고, 태블릿도 설치하여 시민들이 이용할 수 있도록 하였으며, 충전시설도 제공해 시민들 개인기기를 충전하고, 전화기능도 제공하여 무선 인터넷을 통해 미국 전역에 무료통화가 가능하게 한 것이 좋은 예일 것이다.

다섯째, 도시기반시설에 스마트기술을 융복합하여 새로운 서비스를 제공하려면 부처간 협업이 필수적이다. 예를 들어 통합 pole에 방범용 CCTV와 불법주정차 단속 CCTV를 통합해서 설치하게 되면 pole 설치비용이나 가로정비 차원에서 매우 효율적일 것이다. 그러나 통합 pole을 누가 관리할 것이냐가 합의되지 못해 통합 pole을 설치하지 못하는 경우가 대부분이다. 이와 같이 도시공간을 대상으로 한 융·복합적인 기술 구현과 다자간 협업이 필요한 스마트도시를 추진하기 위한 범 부처 간의 유기적인 협업체계가 반드시 개선되어야 할 것이다. 무엇보다 이런 협업체계를 통해 창의적인 해결책을 찾아 성공한 프로젝트를 많이 만들어 각 지자체로 확산시켜나가는 것이 필요할 것이다.

3. 스마트도시 성장전망

스마트도시는 향후 지속적인 성장이 예상되는 시장으로 평가된다. 전 세계 스마트도시 시장은 2018년 3,080억 달러(약 345조 원) 규모로 성장해 2023년 6,172억 달러(약 692조 원) 규모로 연평균 18.4% 성장률을 보일 것으로 전망한다[10]. 네비간리서치(Navigant Research)는 "2017년 935억 달러(약 48조 원)에서 2026년 2,252억 달러(약 113조 원)로 증가한다고 예상하고 있다." 시장조사업체 프로스트앤설리번(Frost&Sullivan)에 따르면 "스마트시티 시장은 2025년 2조 1,000억 달러(약 2,400조 원)에 이를 전망이다." 한국과학기술정보연구원(KISTI)에 따르면, "국내 스마트시티 시장 규모는 전 세계 시장의 약 0.84% 수준으로, 2017년 기준 82조 원에서 2021년에는 약 151조 원까지 성장할 것으로 전망된

---

10) MarketsandMarkets, 2019

다. 민간 차원의 투자 및 연구개발 뿐만 아니라 국가 차원의 스마트시티 조성사업 추진을 통해 지속적인 산업 활성화를 기대할 수 있을 것으로 전망된다. 국가 시범 스마트시티 조성사업은 2018년부터 실증도시 2곳을 선정 및 추진하고, 이를 바탕으로 한 스마트시티 관련 연구개발은 2018년부터 2022년까지 총 1,159억 원이 투입될 예정이다. 이러한 국가 차원의 연구개발 투자를 통해 기술혁신과 민간 참여확대 등이 선순환된다면 스마트시티 산업의 시장은 한층 성장할 것으로 전망된다[11]"고 밝히고 있다. 기관마다 규모와 시기는 다르지만 스마트도시 시장이 앞으로 급성장할 것이라는 일치된 의견을 보이고 있다.

〈표 7-7〉 스마트도시 해외시장 전망

조사기관	예측 목표연도	세계시장 규모	연평균 증가율(%)
Frost & Sullivan	2025	2조 달러	8.7~25.2
McKinsey & Company	2025	0.9~1.7조 달러	-
Markets and Markets	2022	1.2조 달러	23.1
Grand View Research	2025	2.57조 달러	18.4
Modor Intelligence	2023	1.9조 달러	24.2
Research and Markets	2025	3.6조 달러	19.1
6개 기관 시장규모 평균	-	2.11조 달러	20.4

출처: 국토교통부(2018), 한국기업데이터 재가공

스마트도시 분야에 글로벌 업체들의 진출은 이미 활발하다. 대표적 기업으로 IBM과 시스코를 들 수 있는데 전 세계 도시를 대상으로 스마트도시 건설시장 참여에 나서고 있다. "IBM은 2010년부터 전 세계 100여개 도시에 맞춤형 도시문제 해결 방안과 시스템을 제안하는 '스마트시티 챌린지' 프로젝트를 실시하고 있다. 시스코는 인구 100만 이상이 거주하는 도시에 스마트시티를 구축하는 내용의 '밀리언 프로젝트'를 통해 중국·인도·중동 등지에 진출하고 있다. 이 밖에 GE·지멘스·히타치·엑센추어 등도 기존 솔루션 사업의 노하우를 활용해 건설

---

11) 스마트시티플랫폼: 4차 산업의 승부처로 지속적 성장 전망. 한국IR협의회, 2019.10.
31

사와 컨소시엄을 구성하거나 자체 재원과 전문 인력을 활용해 신흥국의 신도시 건설사업 공략을 강화하고 있다. 사업 영역도 시스템 공급에서 엔지니어링·시공으로까지 확대하는 중이다[12]."

우리나라에서도 스마트도시는 도시 문제 해결뿐 아니라 해외 신도시 건설산업과도 연결된다. 스마트도시 건설산업은 국내 건설 업계에 새로운 성장동력이 될 수 있는 분야다. 개발도상국의 스마트도시 수요가 돌파구가 될 수 있기 때문이다. 또한, 한국은 건설 시공능력과 첨단정보통신기술을 모두 갖추고 있어 기존 산업의 경쟁력을 살리면서 신성장동력으로 성장할 수 있다. 개발도상국에 한국의 경제성장과 신도시건설·관리·운영 경험들을 적극 홍보할 수 있다는 점도 강점으로 꼽힌다. 스마트 신도시 건설산업은 시공뿐만 아니라 기획·설계·운영·관리 등의 서비스가 모두 포함되는 고부가가치 패키지 수출 상품이다. 건설과 설비·시스템 등을 패키지 형태로 수출하기 때문에 파생되는 산업들을 육성할 수 있고 IT 인프라 활용을 위해 연관 기업이 동반 진출할 수 있는 여지도 많으며 수익성과 수출 증진 효과도 높다.

제3절   플랫폼으로서의 스마트도시

1. 4차 산업혁명과 스마트도시

저명한 경제학자인 리처드 볼드윈(Richard Baldwin)은 최근 출간된 책에서 "20세기에 공장이 하던 역할을 21세기엔 도시가 수행할 것이라고 예견했다. 지금까지 부가가치의 대부분이 공장에서 나왔던 것과 달리 4차 산업혁명 시대에는 공장이 사라지고 도시가 가치 창출의 가장 큰 원천이 될 것이다. 실제로 공장이 없어진다는 것이 아니라, 경제활동과 고용 측면에서 공장의 중요성은 크게 줄어들고 그 자리를 도시가 차지할 것으로 전망했다. 이런 의미에서 그는 앞으로 도시정책이 곧 새로운 산업정책이 될 것이라고 주장한다." 따라서 도시공간

---

12) 온라인 중앙일보, https://mnews.joins.com/article/20027162#home, 2016.05.15

자체가 산업정책공간으로 바뀌었다고 볼 수 있다.

　1, 2차 산업혁명이 증기나 전기 발명으로 대량생산체계를 갖추면서 물리적 공간 기반위에서 산업을 일으켰다면, 3차 산업혁명은 인터넷이란 플랫폼을 통해 현실공간을 사이버 공간에서 구현되었다고 볼 수 있다. 1, 2차 산업혁명으로 탄생한 대표적 기업이 포드자동차이고, 3차 산업혁명으로 가상공간을 매개로 하는 대표적인 기업이 구글과 애플이라고 할 수 있다. 가상공간만을 대상으로 하는 산업은 도시랑 엮일 필요가 없다. 반면에 4차 산업혁명은 도시란 플랫폼을 통해 사이버상의 기술들을 현실공간에 적용한다고 볼 수 있다. 물리적 공간과 가상공간이 연결되는 대표적인 산업들이 에어비앤비(AirBnB), 우버(Uber), 그랩(Grab) 등이다. 4차 산업혁명은 가상공간에서 뭔가 액션이 이루어지면 물리적 공간에서 작용이 일어나고 우리에게 직접적인 영향을 미치게 되는 것이다. 이런 물리적 재원이 가장 많이 흩어져 있는 공간이 도시공간이다. 가상공간상의 기술을 현실에 구현해내는 것은 쉬운 작업이 아니다. 예컨대 드론을 이용한 배송 등의 기술을 적용하기 위해선 도시 내의 주요위치가 모두 3차원 위치값(3D Geotagging)이 부여되어 있어야 한다. 즉, 도시플랫폼을 통한 사이버공간의 현실화가 필요하다.

　그럼 4차 산업혁명의 혁신 산업을 어떻게 창출할 것인가? 4차 산업혁명 이전과 현재 도시문제나 산업의 구조는 동일하다. 그러나 도시공간 상의 물리적 자원들의 상황을 정확하게 파악하면 할수록 도시문제 해결도 정확히 할 수 있고, 산업적인 측면에서도 큰 이익을 볼 수 있다. 왜냐하면 도시공간의 현재 상태를 정확하게 알고 있다는 의미는 이를 최적화해서 분배해 줄 수 있다는 말이기 때문이다. 놀고 있는 차나 비어있는 방을 이용하고자 하는 사람과 연결해주게 되면 차나 방의 이용효율이 높아진다. 기본적인 구조는 내가 가상공간이라는 것을 통해서 도시 공간에서 벌어지고 있는 상태를 파악하여 분배 자체를 굉장히 효율적으로 하는 것. 도시재원의 활용도를 고도화시키기 때문에 에너지를 절감시킬 수 있고, 갖고 있는 재원의 활용도를 제고시킬 수 있다. 이는 많은 부분을 절약할 수 있는 이점이 있다는 것이다.

　4차 산업혁명시대에 혁신산업으로 '배달의 민족'을 소개하면 다음과 같다. '배달의 민족'은 가상플랫폼 앱을 설치해놓고 물리적인 도시공간에 음식점들을 연결시켜 주고 건당 수수료를 받고 있다. 개발 초기에는 전화번호부 앱으로 개발되었다고 한다. 당시 디자이너로 일하고 있던 김봉진 사장은 스마트폰 어플리케이션 시장이 막 커지는 것을 보고 '전화번호부(옐로 페이지)를 만들면 누구나 쓰는 앱이 되지 않을까?' 라는 아이디어를 떠올리게 되었고, 이를 실행에 옮기기로 하였다. 그러나 막상 만든 전화번호부 어플리케이션으로는 수익 모델도 애매하고, 이용률도 생각보다 적었다고 한다. 때문에 한국에서 전화가 가장 일상적으로 일어나고 있는 분야를 살펴보다가 배달 사업이 눈에 들어오게 되었고, 그렇게 개발된 것이 현재의 '배달의 민족'이라고 한다. 따라서 여러분들이 창업에 관심이 있거나 스마트사회를 대비하기 위해 뭔가를 준비한다면 이처럼 사람들이 원하는 것이 뭔지? 지금 기술로 이런 것들을 연결시켜주고 해결해 줄 수 있는 것이 뭔지 고민하다보면 엄청난 혁신기업을 만들 수 있을 것이다.

2. 4차 산업혁명 플랫폼: 스마트도시

플랫폼(Platform)의 단어는 영어의 '평평하다'라는 의미의 PLAT과 '형성하다'라는 의미의 FORME의 합성어이다. 사전적 의미로는 '주변보다 높은 평평한 장소, 강단, 연단, 발판 등'의 의미를 가진다. 표준국어대사전에서 '발판'은 어떤 곳을 오르내리거나 건너다닐 때 발을 디디기 위해 설치해 놓은 장치, 또는 다른 곳으로 진출하기 위해 이용하는 수단을 비유적으로 표현하고 있다. 현실 세계에서 흔히 볼 수 있는 기차역의 플랫폼(또는 승강장)은 다수의 승객이 타고 내리는 장소로서 자신이 원하는 장소로 갈 수 있는 많은 사람들이 모여드는 공간을 말하고 있다[13].

정보기술(IT)분야 용어로서 플랫폼은 컴퓨터 시스템의 기반이 되는 하드웨어 또는 소프트웨어를 의미한다. 즉, PC에 장착된 CPU, AP(Application Processor), 각종 운영체제(Operating System)를 말한다. 인터넷 업계에서는 플랫폼의 개념을 인터넷 상에서 사용자들이 서로 만나 상호작용이 일어나는 공간, 즉, 판매자와 구매자가 만나 거래가 이루어지고 가치가 창출되는 공간을 의미함으로써 '매개' 개념을 가지고 있다. 사업관점은 다양한 사업을 수행할 수 있는 유무형의 공통 시설물(공간)이며, 플랫폼을 기반으로 운영자, 사업참여자, 수요자를 상호 연결

---

13) 김미혜 외(2019) 4차 산업혁명 기반기술의 이해, 연두에디션

하여 건강, 커뮤니티, 환경/에너지, 교통 등 도시 문제를 해결하며 시민들을 대상으로 다양한 비즈니스를 수행한다.

스마트도시는 인프라, 제도, 인적자원들이 함께 어우러져 있는 하나의 '플랫폼으로서의 도시'라는 상호 연결된 관점에서 살펴볼 필요가 있다. 필요한 요소들이 결합된 플랫폼을 통해 필요한 정보를 적재적소에서 공유하는 효율적인 방식으로 도시·사회 문제 해결의 실마리를 찾을 수 있다. 스마트도시는 데이터분석, 인공지능, 로봇 등 각종 혁신기술의 개발과 활용에 필요한 공통요소들을 플랫폼 방식으로 구축해놓은 도시이다.

2012년 이후 빅데이터와 인공지능 기술이 비약적으로 발전하기 시작하자 스마트도시는 '플랫폼으로서의 도시'라는 새로운 의미를 갖게 됐다. 모든 PC에 윈도 같은 플랫폼이 장착돼 각종 소프트웨어의 활용을 가능케 하듯이 스마트도시에서는 도시가 하나의 플랫폼이 돼 새로운 기술과 서비스의 활용을 가능케 한다는 뜻이다. 이전의 스마트도시 개념들이 도시 자체의 성장과 발전에 초점을 맞춘 것이라면, 플랫폼으로서의 스마트도시는 도시 자체의 성장보다는 그 위에 전개되는 기술혁신과 경제혁신을 촉진하는 역할을 지향하게 됐다[14].

4차 산업혁명 플랫폼으로서 스마트도시가 중요한 또 하나의 이유는 새로운 일자리 창출이 가능하다는 점이다. 4차 산업혁명은 불가피하게 생산과정에서 일자리를 줄이는 결과를 가져온다. 역사적으로 농업 부문에서의 고용이 급격히 감소했듯이 앞으로 산업(제조업) 부문에서의 고용이 줄어드는 것은 자연스러운 발전추세라 할 수 있다. 문제는 남은 인력을 위해 새로운 일자리를 만드는 일인데, 스마트도시가 그 역할을 수행할 수 있다. 이미 세계적으로 공유경제, 1인 경제(gig economy), 1인 제조업 등 새로운 경제활동 기회가 만들어지고 있다. 스마트도시는 기술과 서비스 혁신을 위한 유연한 플랫폼을 제공하기 때문에 보다 손쉽고 효과적으로 새로운 경제활동과 일자리 창출이 가능하다. 달리 말해 스마트도시를 먼저 구축하면, 4차 산업혁명으로 일자리를 위협받는 사람들을 새로운 사회서비스 분야로 이동시키는 전략이 가능하다.

---

14) 황종성(2017), 스마트시티가 4.0 시대의 출발점인 이유, 한국정보화진흥원

제4절 　 코로나19 팬데믹 이후 스마트도시 전략

　19세기 중반 유럽에서 발생한 콜레라는 런던과 파리의 도시 인프라를 바꿔놓았다. 영국의 빅토리아 여왕은 현대식 하수도를 처음 만들었고, 프랑스 나폴레옹 3세는 오염된 공기를 분산시키기 위해 파리 도심을 가로지르는 대로를 건설하고 건축과 위생 규제를 강화했다. 2019년 12월 발생한 코로나19 팬데믹은 전 세계를 혼돈 속으로 떨어뜨렸다. 새로운 감염병의 등장은 우리의 일상을 모두 바꿔버렸다. 코로나19 이전 도시는 세계 인구 50% 이상이 거주하고, 물자와 정보가 모이는 지속적인 성장이 가능한 지역으로 판단되었다. 그러나 세계적인 팬데믹 현상은 도시에 밀집 거주 환경이 전염병의 전파와 우리의 건강을 위협하는 요소로 인식시켰다. 2020년에 이어 2021년에도 도시는 이동제한, 영업시간 조정, 재택근무, 모임인원 제한 등으로 인해 경제·사회적으로 큰 타격을 받았다.

　코로나19로 인해 스마트도시에 나타날 변화는 첫째, 비대면(untact) 도시 생활 서비스의 강화이다. 신종 코로나19 바이러스로 인해 도시 생활에서 안전과 방역·감염병 관리가 매우 중요한 도시 기능이 되었으며, 교육, 업무, 쇼핑 등은 비대면으로도 도시 생활을 영위하는 데 문제가 없다. 사물인터넷(IoT), 빅데이터 분석, 인공지능(AI) 등의 4차 산업혁명 혁신기술들이 도시 생활 속으로 폭넓게 활용되면서 비대면 도시 생활이 일상화됐고, 도시 관리 범위와 대상은 더욱 다양하고 복잡해졌다. 재택근무, 온라인 쇼핑, 원격진료, 원격교육, 메타버스, 가상현실(VR) 기반의 간접 문화생활 등은 비대면 도시 생활 서비스 강화에 따라 만들어진 결과다.

　둘째, 바이러스 감염의 불안감으로 인해 스마트 이동수단이 진화하고 있다. 스마트 이동수단은 첨단 교통기술의 발달과 자율주행, 통합모빌리티(MaaS: Mobility as a Service), 네트워킹에 모바일 개념을 도입한 e-모빌리티에 따라 상당히 구체화되고 실용화되어 왔다. 개인 이동이 중요해지고, 이동수단(Mobility)의 선택이 중요하게 됨에 따라, 코로나19로 스마트 이동수단은 더 다양해지고 새로운 방향으로 변화하고 있다. 우선 이동 수단과 경로 선택에 대한 이용자의 선호도가 바뀌면서 이동 수단의 소형화·개인화가 강조되고 있다. 실제로 재택근무와 비대면 수업 확대로 출퇴근과 등하교 통행량이 감소했음에도, 개인형 이동장치인 대여형 스마트 자전거와 전동 킥보드의 이용량은 증가했다. 일본의 경우 배달용 삼륜 전동차 등의 증가가 늘어났다고 밝혔다. 이는 버스나 지하철 등 대중교통 수단 이용에 대한 불안감이 증가한 결과로 판단된다. 개인형 이동장치 이용 선호와 대중교통 수단에 대한 불안감 증가는 도시의 교통체계를 바꾸게 될 수도 있다.

마지막으로 주거공간 가치의 변화다. 과거 주거공간은 편하게 쉬고 여가를 즐기기 위한 공간이었다. 하지만 코로나19에 따라 집에서 지내야 하는 시간이 늘어나고, 야외에서의 생활이 제한되며 주거시설은 업무, 쇼핑, 건강관리, 여가 생활 등을 위한 공간의 역할을 함께 제공하도록 요구되고 있다. 여기에 코로나19 확산이라는 초유의 사태는 도시가 제공하는 기능과 서비스에 대한 새로운 요구를 만들고 있고, 이런 요구들을 충족하기 위해 스마트도시 구현을 위한 4차 산업혁명 기술의 적용 속도는 더욱 가속되고 있다[15].

게리 셔피로 전미소비자기술협회(CTA) 회장은 "코로나19 팬데믹 이후 스마트시티의 본질이 달라지고 있다"고 말했다. 코로나19 팬데믹으로 스마트도시 전략도 수정이 필요해 보인다. 첫째, 융복합 업무에 대해 유연한 협력체계 구축전략이 필요하다. 코로나19 상황 대응을 위해서 국내에서는 국토교통부가 스마트시티 데이터 허브를 기반으로 보건복지부와 함께 코로나19 역학조사 지원 시스템을 만들었다. 이 사업에서 국토교통부, 질병관리본부가 협력하였으며 경찰청, 통신사, 여신금융협회, 신용카드사까지 민관의 여러 이해관계자간 협력체계가 갖추어졌다. 이에 따라 그동안 스마트시티 발전 저해요인 중 하나였던 조직간 부처 이기주의를 완화하면서 상황에 맞는 유연한 협력체계 구축의 좋은 예를 제시했다고 할 수 있다. 둘째, 개인정보보호를 위한 상황에 맞게 좀 더 촘촘한 법·제도적 대안 마련이 필요하다. 중앙 정부 주도의 정보 취합과 공유가 시민들의 사생활 침해와 같은 개인정보보호를 담보로 하고 있어 정부 및 지자체 그리고 관련 기관의 정보보호를 위한 기술적 보완 그리고 사회문화적 합의를 위한 노력은 계속해서 진행되어야 할 것으로 보인다.

셋째, 코로나19로 촉발된 도시 생활 패턴 변화에 대응하는 생활밀착형 스마트도시 전략 마련도 반드시 필요하다. 특히 사회 전반의 비대면(untact) 추세는

---

15) 이동민. 코로나19로 '비대면도시'등장. Econmy chosun. (2021.02.01.)

스마트도시 행정, 운영 그리고 대시민 서비스 전반에 변화를 야기시킬 것으로 보인다. 국내에서 진행하고 있는 드라이브 스루 진료, 로봇 AI진료, 보건소 AI상담사 등 당장의 코로나19 팬데믹 대응 움직임 외에도 일반적인 도시 행정 및 운영과 시민의 생활에서도 변화가 가시화되고 있다. 최근 신종 코로나 바이러스 감염증 확산에 따라 기존의 도시 생활 형태가 바뀌고, 도시 서비스는 제한되고 있다. 이런 변화는 과거에는 경험해보지 못한 것으로, 새로운 시민의 생활 형태를 만들어낼 것으로 보인다. 예를 들어 서울시가 외부 업체 공모 사업을 비대면 영상 사업설명회를 통해 검토하고, 일상화된 학교의 온라인 교육, 회사의 원격 근무와 화상회의 등이 익숙한 일상으로 시행되고 있으며, 대중교통 이용 대신 개인형 이동장치 이용이 증가하는 등 이에 대한 구체적 대응전략 수립이 필요할 것이다.

마지막으로 코로나19로 크게 부각되고 있는 우리 사회의 저소득계층과 소득 격차 문제 등을 근거로 각 도시별로 디지털 기술 격차를 막을 수 있는 스마트도시 전략 마련이 필요하다. 4차 산업혁명 혁신기술을 적용하여 미래 도시사회의 기준이 될 '스마트도시'의 역할이 점점 커져가면 갈수록 디지털 기술의 격차도 발생하는 것이 사실이다. 특히 쇠퇴도시, 인구감소도시 등에 이를 해결할 수 있는 포용적 스마트도시 구현을 위한 노력이 필요할 것이다.

CHAPTER
08

스마트도시 법제도

제1절   스마트도시법의 연혁

1. 유비쿼터스도시법의 제정

(1) 제정배경

유비쿼터스도시의 건설 등에 관한 법(이하 U-City법)이 만들어지기 이전인 2000년대 초기에 도시의 경쟁력을 제고하고 삶의 질을 높이기 위한 방안으로 이미 세종시, 수도권 제2기 신도시(화성 동탄, 파주 운정 등)들과 혁신도시 등 20여개 이상에서 도시의 비전으로 디지털도시 건설을 계획하거나 추진 중이었다. 디지털도시에서 유비쿼터스도시(U-City)로 개념이 진화·발전되면서, 법적 근거 없이 추진되다 보니 지자체마다 개발 내용과 범위 및 구현되는 서비스의 수준 차이가 발생하였다. 또한, 지자체 중심으로 U-City 건설사업들이 개별적으로 추진되고 있었기 때문에 이로 인해 U-City 난개발이 우려되었다. 따라서 U-City에 대한 개념과 기술수준 및 서비스 등에 대한 개념 정립의 필요성과 U-City 사업 추진 동력 확보를 위한 법적 근거 마련이 시급한 상황이었다.

U-City법은 발달된 정보통신기술을 도시공간에 접목시키고자 지자체·도시개발사업자 등이 활발히 도입·추진 중인 유비쿼터스도시 건설계획이 시행착오 없이 소기의 성과를 달성할 수 있도록 효율적인 유비쿼터스도시의 계획, 건설

및 관리·운영을 지원하기 위해 제정되었으며, 2008년 3월 28일에 공포되었다. 세계 최초로 U-City 개념을 도입한 법제도로 평가받았다.

U-City는 도시계획 및 개발과 IT가 융·복합되어 추진되어야 하기 때문에 기존의 개별법 즉, 정보화촉진기본법, 전기통신사업법, 국토기본법, 국토의 계획 및 이용에 관한 법률, 택지개발촉진법, 도시개발법 등 다양한 개별 법령들을 개정하여 U-City 건설을 지원하기에는 너무 많은 시간이 소요되어 이미 추진 중인 신도시의 U-City 건설속도를 따라갈 수 없다는 문제가 발생하였다. 아울러 U-City 추진의 법적 근거 부재로 인한 의사결정 지연 및 비효율이 발생하였고, U-City를 준공한 이후에도 운영센터, 통신망, 지능화시설 등 여러 부서와 관련된 시설은 귀속주체가 불분명하여 인수단계에서 U-City기반시설의 귀속문제에 대한 분쟁이 발생할 소지가 있었다. 이를 극복하고자 하나의 법령에서 계획과 개발 및 관리·운영을 일관되게 규정할 U-City법을 제정하게 되었다[1].

(2) U-City법 주요 내용

U-City법은 유비쿼터스(ubiquitous) 기술을 도시의 기반시설 등에 결합시켜 실시간으로 도시의 주요 기반시설에 관한 정보를 수집·가공하여 다양한 U-City서비스를 언제 어디서나 제공할 수 있도록 U-City의 효율적인 건설 및 관리 등에 관한 사항을 정하여 도시의 경쟁력을 향상시키고 지속가능한 발전을 촉진함으로써 국민의 삶의 질 향상과 국가 균형발전에 이바지하려는 목적이다.

U-City법은 2008년 3월 법률 제9052호로 제정되었고, 2008년 9월부터 시행되었다. U-City법에서 사용하고 있는 용어, U-City 종합계획의 수립, U-City 계획의 수립, U-City 건설사업계획의 수립, U-City 기반시설의 관리·운영, U-City 위원회의 설치·운영 등의 내용이 정의되어 있다.

---

1) 한국법제연구원(2019.11), 스마트도시 발전을 위한 법제 정비방안, 법제처

2. 스마트도시법으로의 전환

(1) U-City와 스마트도시의 비교

U-City와 스마트도시는 정보통신기술을 기반으로 도시문제의 해결과 삶의 질 향상, 일자리 창출이라는 목표를 가지고 제시된 도시경쟁력 강화의 공통점을 가지고 있다. U-City와 스마트도시가 마치 큰 차이가 있는 것처럼, U-City법이 많은 문제가 있는 것처럼 많은 자료에서 비교해 놓고 있는데 이런 이분법적 논리로 구분하는 것은 적절하지 않다. 앞에서 살펴본 것처럼 2008년도에 각 지자체가 법적 근거없이 추진하고 있는 U-City를 법적 기반을 갖추기 위해 필요에 의해 U-City법 제정이 요구되었고 10여년 운영되면서 여러 가지 관리·운영상에 보완이 필요하게 되었다. 초기 U-City법의 빠른 적용을 위해 신도시지역의 기반시설 인프라 구축 중심으로 추진되다가 시간이 지나면서 운영과정에서 나타나는 부처이기주의를 해결하기 위해 거버넌스 및 혁신성 등 새로운 개념들을 추가하고, 일자리 창출 효과를 높이기 위해 새로운 산업육성의 필요성이 대두되었다. 이런 변화에 따라 자연스럽게 법개정을 논의하는 과정에 좀더 시민들이 이해하기 쉬운 용어인 스마트도시로 변경이 제기되었다. 또한, 신도시 위주의 접근에서 기존 도시도 포함할 수 있도록 대상범위의 확대 등이 이루어졌다. 대부분의 법체계가 진화하면서 체계를 갖추어 나가는 것처럼 스마트도시법체계도 이런 진화과정의 일환이라고 볼 수 있다. 따라서 U-City와 스마트도시는 별개의 개념이 아니라 궁극적으로 지향점이 같은 개념이라 할 수 있다.

(2) U-City법에서 스마트도시법으로 전면 개편 취지

법률 명칭을 변경하게 된 계기와 취지를 살펴보면 다음과 같다. 첫째, 1988년 마크와이져(Mark Weiser)가 유비쿼터스컴퓨팅이란 용어를 처음 사용한 뒤, 우리나라에 도입되어 2000년 초부터 사용된 "유비쿼터스"라는 용어는 시공자재(時空自在)로 번역되거나, 국립국어원에서 '두루누리'라는 예쁜 우리말로 번역되어 사용되기도 하였으나 여전히 유비쿼터스란 용어를 대체하지 못하였다. 시간이 지나면서도 유비쿼터스란 용어는 대다수 국민들을 이해시키기 쉽지 않았다. 2010년대 들어와서 유비쿼터스도시란 용어 대신 이를 포괄할 수 있는 개념으로 스마트도시라는 개념이 전 세계적으로 통용되기 시작하여 이러한 흐름에 부응하고자 이 법률의 전체적인 용어를 스마트도시로 변경하게 되었다. U-City란 개념은 우리나라가 전세계에서 유일하게 법률을 제정해서 사용하고 있었고, 많은 시범사업들을 추진하여 선진국이하 후진국도 우리의 진행과정을 관심있게 지켜보고 있었기 때문에 U-City는 한국의 고유브랜드화 되었다. 그동안 축적된 한국 고유브랜드인 U-City를 버리고 일반명사인 스마트도시로 명칭을 변경하는데는 많은 논쟁이 있었지만 결국 국민들이 이해하기 쉬운 쪽으로 명칭변경이 이루어졌다. 둘째, 초기 U-City개념을 정착시키기 위해 우선적으로 일정규모 이상의 신도시 개발에 의무적으로 추진되어 기성시가지에는 적용하기 어려운 문제가 있었다. 점차 법제도가 정비되고 U-City 건설이 확산되면서 기존 도시에도 그 필요성이 높아짐에 따라 기존 도시에도 적극적으로 도입할 수 있도록 법제도의 보완이 요구되었다. 셋째, 최근 스마트도시의 건설 외에도 도시의 관리·운영, 스마트도시산업 진흥의 필요성이 커지고 있는 현실을 반영하여 법률 제명 및 목적 조항을 수정하려는 취지로 법률의 명칭 변경과 법 개정을 하게 되었다.

(3) 법률 명칭 전환 후 정책의 변화

스마트도시는 유비쿼터스도시(U-City)의 개념에 기반을 둔 도시건설에서 출발되었다. 즉, U-City는 정보통신망을 연계한 기술과 도시건설과의 접목을 통해 언제 어디서나 유비쿼터스 서비스를 제공하는 도시로 정의되어 있다. 스마트도시는 개념적으로 U-City와 그 차이를 명확하게 구분하기 어렵기 때문에, 초기 U-City가 신도시 위주의 도시건설에 집중되어 기반시설 또는 공공시설을 지능화하기 위하여 정보통신기술을 활용하였으며 개념이 진화하여 스마트도시에서는 U-City보다 좀 더 범위를 넓혀 기존 도시공간을 포함하여 도시 전반에 정보통신기술을 적용하는 것으로 개념이 확대되었다고 하겠다.

초기의 U-City는 건설과 정보통신기술의 융합을 통한 지능화된 도시기반시설 구축을 위한 것에 집중했다면, 스마트도시는 도시 내의 모든 부분, 교통시스템, 에너지, 물순환, 도시구조 등에 정보통신기술을 활용한 도시구조로 확대되었다. 따라서 스마트도시가 U-City보다 넓은 의미를 가지고 있다고 하겠다. 이러한 성격을 가지는 스마트도시에 대해 우리나라는 기존 도시문제 해결과 최근 급부상된 4차 산업혁명 관련 신기술의 적용 및 성과 가시화를 위하여 기존의 U－City 추진 경험과 제도를 기반으로 U－City 도시건설 전략을 수정하여 스마트도시를 적극 추진 중에 있다. 스마트도시의 정책추진에 있어 우리는 다른 국가보다 U－City를 통해 선제적인 경험을 가지고 있다. 그럼에도 불구하고 스마트도시는 그렇게 체감도가 높지는 않은 실정이다. 실질적으로 U－City사업 이후 한동안 정체되어 있다가 문재인정부 들어와서 국가시범사업, 스마트챌린지사업, 스마트도시재생사업, 스마트도시플랫폼 전국 확산 등을 추진하면서 다소 살아나고 있는 실정이다.

스마트도시가 정체된 이유를 살펴보면 다음과 같다. 첫째. 신도시 내 인프라와 공공서비스 위주의 보급에 치중되어 있었다. 우수한 ICT를 신도시 개발과 접목해 공공인프라를 확대한 성과는 있으나, 수요를 반영하지 않은 보급형 방식으로 시민 체감도가 저조하였다. 특히 공급방식에 있어 공공의 일방적 접근으로 민간의 비즈니스 모델 발굴이나 지속가능성에 한계를 초래하였다. 또한, 노후도심은 높은 지가로 인해 사업재원을 확보하기가 어려워 추진이 미흡하였으며, 이에 따라 신도시와의 정보격차를 확대시키는 결과가 발생하게 되었다. 둘째, 산업확장·기술발전과의 연계가 부족하였다. 산업과 관련해서 신도시 내 U－City 사업 시 건설 관련 인프라 구축 중심으로 추진되어, 참여 업체의 규모가 영세하고 산업 확장의 역량이 부족하였다. 즉, U－City사업을 기존의 도시개발 또는 도시환경정비 사업의 관점에서 접근하여 건설과 관련된 하드웨어 부분에 치중하게 되었고, 정보통신의 상호 연계·통합을 위한 소프트웨어 기술은 소규모 업체가 하도급 형태로 발주 받아 추진하였기 때문에 산업 간·업종 간 기술발전을 위한 연계가 부족하였다. 또한, 대기업은 제도적인 제약에 의해 통신 등 일부 서비스 보급에만 제한적으로 참여할 수 밖에 없었다. 기술과 관련해서 5G, 사물인터넷(IoT), 모바일 관련 세계 최고수준의 ICT기술을 보유하고 있음에도 불구하고, 도시접목 사례는 미흡하였다. 셋째, 국가차원의 전략과 성공사례가 부재하였다. 개별 주체, 기술단위의 좁은 시각에서 접근하였고, 중앙부처·지방자치단체·기업·시민을 아우르는 일관된 추진체계나 국가차원의 전략이 부재하였다. 그 결과 세계시장에서 경쟁력을 갖출 수 있는 대표적 스마트도시를 제시하지 못하였다2).

▼ 그림 8-1 스마트도시법 · 제도 단계별 추진경위

1단계	2008.03. (시행 2008.09.)	**U-City법 제정(유비쿼터스도시의 건설 등에 관한 법률)** 유비쿼터스도시의 효율적인 건설 및 관리 등에 관한 사항을 정하여 도시의 경쟁력을 향상시키고 지속가능한 발전을 촉진함으로써 국민의 삶의 질 향상과 국가 균형발전에 이바지하고자 법률 제정
	2009.11.	**제1차 U-City종합계획 수립**
	2012.05. (시행 2012.11)	**U-City법 일부개정** 유비쿼터스도시계획 수립. 유비쿼터스도시서비스 활성화 및 기술개발 촉진을 위한 제도적 기반을 마련하기 위해 법령 일부 개정
2단계	2013.02.	**제2차 U-City종합계획 수립**
	2015.12 (시행 2016.06.)	**U-City법 일부개정** 「도시재생 활성화 및 지원에 관한 특별법」 재정에 따라, 이 법의 적용대상 사업에 같은 법에 따른 도시재생사업을 추가하고, 유비쿼터스도시건설사업계획 수립 절차를 실시계획 수립과 통합 등의 목적으로 법령 개정
	2017.03. (시행 2017.09.)	**스마트도시법 개정(스마트도시 조성 및 산업진흥 등에 관한 법률)** '유비쿼터스'라는 용어를 국민이 이해하기 쉽게 '스마트'로 변경하여 법률 제명을 「스마트도시의 조성 및 산업진흥 등에 관한 법률」로 변경하고, 기존 법에 따른 사업의 범위를 기성시가지에도 적용하는 등 스마트도시의 효율적인 조성 및 체계적인 관리를 목적으로 법령을 개정함
3단계	2018.01.	**스마트시티추진전략 발표** 7대 참여 추진방향, 스마트시티 기본구상 발표
	2019.04. (시행 2019.08)	**스마트도시법 일부개정** 스마트도시 건설사업에 있어 사업시행자 확대, 민간전문가 위촉, 민간제안제도 신설 등 스마트도시건설사업의 운영 범위를 확대 하고, 그 외에도 국가시범도시 추진과정 및 현행 제도의 운영상 나타난 일부 미비점을 개선하기 위해 법령을 일부 개정함
	2019.07.	**제3차 스마트도시 종합계획(2019-2023) 수립**

출처: https://smartcity.go.kr

---

2) 한국법제연구원(2019.11), 전게서

제2절 스마트도시법의 주요 내용

1. 스마트도시종합계획

(1) 스마트도시종합계획의 수립

「스마트도시 조성 및 산업진흥 등에 관한 법률」 제4조 및 동법 시행령 제8조에 따라 국토교통부 장관은 스마트도시의 효율적인 조성 및 관리·운영 등을 위

▼ 그림 8-2 스마트도시종합계획 수립절차

※ 관련법「스마트도시 조성 및 산업진흥 등에 관한 법률」

1단계	제4조 (스마트도시 종합계획의 수립 등)	**스마트시티종합계획안 마련** 국토교통부장관은 스마트도시의 효율적인 조성 및 관리 운영 등을 위해 5년 단위로 다음 각 호의 사항이 포함된 종합계획을 수립 1. 스마트도시의 실현을 위한 현황 및 여건 분석에 관한 사항 2. 스마트도시의 이념과 기본방향에 관한 사항 3. 스마트도시의 실현을 위한 단계별 추진전략에 관한 사항 4. 스마트도시건설등을 위한 관련 법 제도의 정비에 관한 사항 5. 스마트도시건설사업 추진체계에 관한 사항 6. 국가와 지방자치단체간, 중앙행정기관별 역할 분담에 관한 사항 7. 스마트도시기반시설의 구축 및 관리 운영과 관련 기준의 마련에 관한 사항 8. 스마트도시기술의 기준에 관한 사항 9. 개인정보 보호와 스마트도시기반시설 보호에 관한 사항 10. 스마트도시건설등에 필요한 재원의 조달 및 운용에 관한 사항 11. 국가시범도시의 지정 운영에 관한 사항
2단계	제5조 (공청회의 개최)	**의견수렴·공청회의 개최** 공청회를 열어 관계 전문가 등으로부터 의견을 들어야 하며, 제시된 의견이 타당하고 인정하는 경우 그 의견을 종합계획안에 반영하여야 함
3단계	제6조 1항 (종합계획의 확정)	**국가스마트도시위원회 심의** 국토교통부장관은 제5조에 따른 공청회 결과를 반영한 종합계획안을 관계 중앙행정기관의 장과 협의 후 제23조에 따른 국가스마트도시위원회의 심의를 거쳐 확정
4단계	제6조 2항 (종합계획의 확정)	**스마트도시종합계획안 확정** 국토교통부장관은 제1항에 따라 종합계획이 확정되면 지체 없이 그 주요 내용을 관보에 공고하고 관계 중앙행정기관의 장, 특별시장·광역시장·특별자치시장·도지사 및 특별자치도지사, 시장 및 군수에게 종합계획을 송부하여야 함

출처: https://smartcity.go.kr

하여 5년 단위로 스마트도시종합계획을 수립하여야 한다. 본 계획은 스마트도시의 이념과 기본방향을 제시하고 있으며, 이는 지자체의 스마트도시를 지원하는 국가차원의 기본계획 역할을 하고 있다. 국토 전반에 걸친 스마트도시의 장기적 청사진을 마련하는 스마트도시종합계획은 위계상 「국토기본법」의 국토종합계획에 적합하여야 하고, 하위계획인 스마트도시계획의 지침이 된다. 스마트도시서비스에 관한 사항은 「국가정보화 기본법」 제6조에 따라 수립된 국가정보화 기본계획에 포함된 행정업무 및 지역의 국가정보화에 관한 부문계획을 고려하되, 종합계획의 일관성 및 체계적 정합성(整合性) 등을 고려하여 반영하여야 한다. 스마트도시는 정보와 기술을 기반으로 하고 있으므로, 급변하는 기술의 발전과 여건변화에 유연히 대응하기 위하여 기존 도시 관련 계획의 수립단위(20년 또는 10년)보다 짧은 5년 단위를 목표로 수립한다.

계획의 주요 내용은 스마트도시의 비전과 목표, 추진과제, 스마트도시 실현을 위한 추진체계 및 단계별 추진전략 등이며, 이를 위해 현황 및 여건분석, 스마트도시 이념과 기본방향 정립, 관련 법제도 정비에 관한 사항, 스마트도시기반시설의 구축 및 관리운영, 스마트도시 기술의 기준, 국가와 지자체간, 중앙행정기관별 역할분담, 개인정보 보호와 스마트도시기반시설 보호, 필요한 재원조달 및 운용, 국가시범도시의 지정·운영 등에 대한 내용을 제시하도록 하고 있다.

(2) 제3차 스마트도시종합계획

1) 제1차와 제2차 유비쿼터스도시종합계획 소개

제1차 유비쿼터스도시 종합계획('09~'13)은 국토교통부 도시재생과 주도로 도시건설과 정보통신기술이 융합된 21세기 첨단도시모델인 U-City의 구현을 국가차원에서 제시하고자 '시민의 삶의 질과 도시 경쟁력을 제고하는 첨단정보도시 구현'을 비전으로 삼고, 3대 목표와 4대 추진전략, 22가지 실천과제를 제시하였다. 제2차 유비쿼터스도시 종합계획('14~'18)은 국토교통부 도시재생과 주도로 제1차 U-City 종합계획의 성과 점검 및 현 U-City 추진 정책의 종합적 분석을 통해 국가차원의 U-City 청사진과 발전방향을 제시하고자 '안전하고 행복한 첨단창조도시 구현'을 계획의 비전으로 삼고, 'U-City 확산', '창조경제형 U-City 산업활성화', '해외시장 진출 지원 강화' 등 3대 목표와 4대 추진전략, 10대 추진과제를 제시하였다.

2) 추진배경

국토교통부는 스마트도시 조성·확산과 혁신생태계 조성, 글로벌 이니셔티브 강화를 위한 중장기 로드맵으로, 관련 정부 정책과 주요 사업을 망라한 '제3차 스마트도시 종합계획('19~'23)'을 수립하여 고시하였다. 스마트도시법에 근거한 중장기 법정계획으로, '18. 1월에 발표한 '스마트도시 추진전략'이후 국내외 변화된 여건과 그간의 정책에 대한 평가를 바탕으로 도출한 종합적인 정책추진 방향을 제시하였다.

▼ 그림 8-3 제3차 스마트도시종합계획

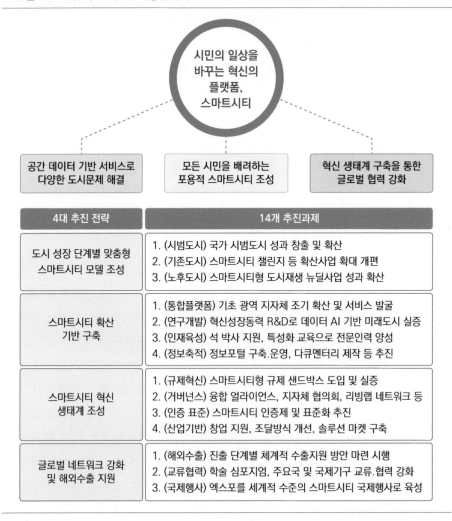

시민의 일상을 바꾸는 혁신의 플랫폼, 스마트시티

| 공간 데이터 기반 서비스로 다양한 도시문제 해결 | 모든 시민을 배려하는 포용적 스마트시티 조성 | 혁신 생태계 구축을 통한 글로벌 협력 강화 |

4대 추진 전략	14개 추진과제
도시 성장 단계별 맞춤형 스마트시티 모델 조성	1. (시범도시) 국가 시범도시 성과 창출 및 확산 2. (기존도시) 스마트시티 챌린지 등 확산사업 확대 개편 3. (노후도시) 스마트시티형 도시재생 뉴딜사업 성과 확산
스마트시티 확산 기반 구축	1. (통합플랫폼) 기초 광역 지자체 조기 확산 및 서비스 발굴 2. (연구개발) 혁신성장동력 R&D로 데이터 AI 기반 미래도시 실증 3. (인재육성) 석 박사 지원, 특성화 교육으로 전문인력 양성 4. (정보축적) 정보포털 구축.운영, 다큐멘터리 제작 등 추진
스마트시티 혁신 생태계 조성	1. (규제혁신) 스마트시티형 규제 샌드박스 도입 및 실증 2. (거버넌스) 융합 얼라이언스, 지자체 협의회, 리빙랩 네트워크 등 3. (인증 표준) 스마트시티 인증제 및 표준화 추진 4. (산업기반) 창업 지원, 조달방식 개선, 솔루션 마켓 구축
글로벌 네트워크 강화 및 해외수출 지원	1. (해외수출) 진출 단계별 체계적 수출지원 방안 마련 시행 2. (교류협력) 학술 심포지엄, 주요국 및 국제기구 교류.협력 강화 3. (국제행사) 엑스포를 세계적 수준의 스마트시티 국제행사로 육성

3) 계획의 비전과 목표

'시민의 일상을 바꾸는 혁신의 플랫폼, 스마트도시'를 비전으로, 첫째, 공간·데이터 기반 서비스로 다양한 도시문제 해결을 목표로 한다. 둘째, 모든 시민을 배려하는 포용적 스마트도시 조성을 목표로 한다. 셋째, 혁신생태계 구축을 통한 글로벌 협력 강화를 목표로 한다. 이를 위하여 4대 추진전략과 14개 실천과제 제시하고 있다.

4) 추진과제

① 추진과제 1: 도시 성장단계별 맞춤형 스마트시티 모델 조성

행복 도시, 2기 신도시 등 기 진행한 스마트서비스 접목성과와 함께, 국가시범 도시 추진 성과('21~)를 더하여 3기 신도시로 확산한다. 계획 단계에서부터 전문가그룹 참여, 지자체 사전협의, 시민 의견수렴 등을 통해 '지역과 함께 만드는' 스마트시티로 조성한다.

② 추진과제 2: 스마트시티 확산 기반 구축

개별 운영 중인 지자체의 방범·교통 등 각종 정보시스템과 센터·서비스 등의 효율적 운영을 위해 통합플랫폼으로 연계한다. 통합플랫폼 국산화 결정('07.6, 과기장관 회의)에 따라 관계기관 협의를 거쳐 정부 R&D 개발 후, 지자체 보급을 착수('15~)하였다. '19년 추경으로 12개 추가 보급을 포함하여, '22년까지 108곳 보급을 목표로 한다.

③ 추진과제 3: 스마트시티 혁신생태계 조성

융합 얼라이언스, 협회 및 업계 간담회, 지자체 협의회 등 다양한 채널을 통해 규제개선 수요를 지속 발굴하고, 필요 시 관계 법령을 개정한다. 개별적인 규제개선과 함께, 전문가 심의로 관련 규제를 일괄 해소하는 스마트시티형 규제샌드박스 도입도 추진한다.

④ 추진과제 4: 글로벌 이니셔티브 강화 및 해외수출 지원

세계 3대 규모의 스마트시티 국제행사를 목표로 월드 스마트시티 엑스포(WSCE 2019)를 신규 출범한다. 주요 스마트시티 해외사업 입찰시 대·중소기업 컨소시엄 구성 및 맞춤형 해외 진출을 지원한다.

2. 스마트도시계획

(1) 스마트도시계획의 위상

스마트도시계획은 도시의 각종 문제를 효과적으로 해결하여 도시민들의 삶의 질을 높이고 도시기능들이 잘 작동되도록 유지 발전시켜 나가기 위한 내용을 계획에 담고 있다. 즉, 스마트도시의 효율적인 건설 및 운영을 통하여 도시의 경쟁력을 향상하고 지속 가능한 발전을 촉진함으로써 주민의 삶의 질을 높이는 것을 목적으로 한다.

상위계획과의 연관관계를 살펴보면 국토종합계획, 스마트도시 종합계획 등 상위계획의 내용을 토대로 시·군이 추진하여야 할 구체적인 스마트도시상을 제시하는 계획이다. 계획의 위계적 측면과 내용적 측면을 고려할 때, 정보화계획의 정보화기본계획, 공간계획 분야의 도시기본계획과 상호 연관관계를 형성하고 있다. 관련 계획과의 연계는 계획수립의 주체 및 위계, 계획의 내용적 차원에서 고려할 필요가 있다.

스마트도시계획은 스마트도시 건설의 기본 방향과 추진전략, 스마트도시 기반시설의 구축 및 효율적인 운영전략 등을 제시하여, 하위계획인 스마트도시 건설사업 실시계획의 기본이 되는 계획이다.

▼ 그림 8-4 스마트도시계획과 연관계획과의 관계

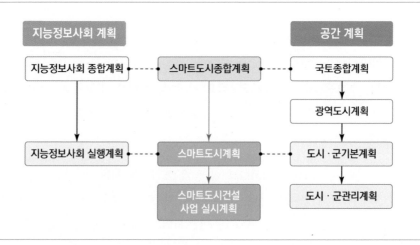

(2) 스마트도시계획의 지위와 성격

스마트도시계획의 지위 및 성격은「스마트도시 조성 및 산업진흥 등에 관한 법률」제8조에 의해 수립하는 법정 계획이다. 또한, 스마트도시 건설사업의 근간이 되는 계획으로서 스마트도시의 건설을 위하여 반드시 수립하여야 하는 정책계획이다. 더불어 상위계획인 '스마트도시 종합계획' 등의 방향을 반영하고,

▼ 그림 8-5 스마트도시계획 수립과정 및 절차

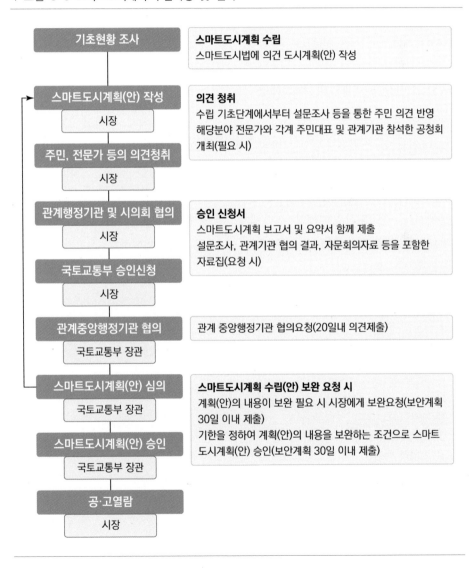

관련 계획인 '도시기본계획' 및 '정보화기본계획' 등과의 연계·조화를 이루는 계획이다.

스마트도시계획은 스마트도시의 미래상을 제시하는 계획이며, 계획수립의 완료시점을 기준으로 향후 5년 스마트도시의 구축 및 관리·운영에 관한 사항들을 포함한다. 또한, 도시의 문제점들을 첨단 정보통신기술과 도시적 관점의 문제해결 방법을 활용하여 극복하고, 정보통신기술과 도시공간의 융복합을 통하여 스마트도시로 발전을 모색할 수 있는 지침 역할을 수행한다. 법적 근거는 「스마트도시 조성 및 산업진흥 등에 관한 법률」 제8조 및 같은 법 시행령 - 제12조(스마트도시계획의 수립 등)이다.

(3) 스마트도시계획의 주요내용

계획의 주요내용은 스마트도시계획의 기본구상부문에서 지역적 특성 및 현황과 여건분석, 스마트도시 기본방향, 계획목표와 추진전략, 계획의 단계별 추진방안이 제시된다. 부문별 계획 부문에서는 지역적 특성을 고려한 스마트도시서비스, 스마트도시기반시설 조성 및 관리·운영 등이 포함된다. 계획의 집행관리부문에서 스마트도시건설사업 추진체계, 관계 행정기관 간 역할분담 및 협력, 스마트도시건설 등에 필요한 재원조달 및 운영 등을 포함한다.

[스마트도시법 제8조(스마트도시계획의 수립 등)]
1. 지역적 특성 및 현황과 여건 분석에 관한 사항
2. 지역적 특성을 고려한 스마트도시건설의 기본방향과 계획의 목표 및 추진전략에 관한 사항
3. 스마트도시건설사업의 단계별 추진에 관한 사항
4. 스마트도시건설사업 추진체계에 관한 사항
5. 관계 행정기관 간 역할분담 및 협력에 관한 사항
6. 스마트도시기반시설의 조성 및 관리·운영에 관한 사항
7. 지역적 특성을 고려한 스마트도시서비스에 관한 사항
8. 스마트도시건설 등에 필요한 재원의 조달 및 운용에 관한 사항
9. 국가시범도시건설사업에 관한 사항(국가시범도시가 지정된 경우에 한정한다)
10. 그 밖에 스마트도시건설 등에 필요한 사항으로서 대통령령으로 정하는 사항

[스마트도시법 시행령 제12조(스마트도시계획의 수립 등)]
1. 관할 구역과 법 제8조 제3항의 인접한 특별시·광역시·시 또는 군(광역시의 관할 구역에 있는 군은 제외한다. 이하 이 조에서 같다) 간 스마트도시 기능의 호환·연계 등 상호 협력에 관한 사항
2. 관할 구역(법 제8조 제3항에 따라 인접한 특별시·광역시·시 또는 군의 관할 구역의 일부를 포함하여 스마트도시계획을 수립하는 경우에는 그 구역을 포함한다. 이하 이 조에서 같다)의 스마트도시서비스 제공 및 상호 연계에 관한 사항
3. 스마트도시기술을 활용한 지역산업의 육성 및 진흥에 관한 사항
4. 스마트도시 간 국제협력에 관한 사항
5. 개인정보 보호와 스마트도시기반시설 보호에 관한 사항
6. 관할 구역의 스마트도시기반시설 및 스마트도시서비스를 통하여 제공하는 정보의 생산·수집·가공·활용 및 유통 등 정보관리에 관한 사항
7. 스마트도시서비스를 제공하기 위한 정보시스템의 공동 활용 및 기존 정보시스템의 연계 활용에 관한 사항

(4) 스마트도시계획의 추진현황

스마트도시계획은 2017년 법이 개정되기 전까지는 유비쿼터스도시계획(U-City 계획)이란 명칭으로 수립되었다. 유비쿼터스도시계획은 U-City법이 제정된 2008년 이후부터 본격적으로 수립되기 시작하였다. 2011년부터 2021년까지 유비쿼터스 도시계획을 포함해서 총 42개 지자체에서 스마트도시계획을 수립하고 승인 완료되었다. 2017년 스마트도시법으로 개정된 이후 법 제8조 1항에 따른 스마트도시계획을 수립 완료 및 승인된 지자체는 총 26곳이다.

먼저 법이 제정되기 이전 계획들은 관련 지침이나 U-City법이 제정되지 않은 상태에서 수립된 계획이라 개별 지자체 차원에서 디지털사업의 형태로 진행되거나 정부에서 추진한 신도시 건설의 일부로 진행되었다. 이 시기의 계획들은 계획체계가 잡혀있지 않고 법정 계획으로서의 역할을 수행하지 못하였으며 정보통신인프라를 중심으로 사업이 수행됨에 따라 많은 문제들이 지적되었다. 부서 간 추진체계의 다원화, 공급자 중심의 건설, 단기 성과 위주의 계획, 특정 분야에 한정된 구축 방향, 지자체의 예산 운용의 한계, 중복투자와 비효율성, 공간개념의 접목과 전담부서의 설치, 시민참여 등의 문제들이 지적되었다. 이 시기에 승인 요청한 지자체는 화성시, 원주시, 용인시였다.

〈표 8-1〉 스마트도시계획 승인 현황('21. 12월 기준)

연번	지자체	승인일자	연번	지자체	승인일자
1	용인시	'11. 01. 06	22	광양시	'19. 12. 30
2	화성시	'11. 01. 06	23	시흥시	'11. 12. 27(1차) '19. 12. 30(2차)
3	오산시	'11. 12. 26	24	창원시	'20. 03. 05
4	천안시	'11. 12. 26	25	인천광역시	'13. 12. 31(1차) '20. 05. 29(2차)
5	남양주시	'11. 12. 26	26	안양시	'20. 05. 29
6	의정부시	'11. 12. 26	27	광주광역시	'20. 07. 30
7	김포시	'11. 12. 26	28	대전광역시	'20. 09. 03
8	성남시	'12. 12. 26	29	여수시	'12. 12. 26(1차) '21. 01. 04(2차)
9	부산광역시	'12. 12. 26	30	대구광역시	'21. 02. 16
10	파주시	'12. 12. 26	31	고령군	'21. 05. 25
11	나주시	'13. 12. 31	32	홍선군	'21. 05. 25
12	안산시	'13. 12. 31	33	순천시	'21. 05. 25
13	경북도청 신도시	'13. 12. 31	34	하남시	'21. 06. 15
14	영주시	'14. 12. 29	35	수원시	'11. 12. 26(1차) '21. 06. 15(2차)
15	삼척시	'14. 12. 29	36	강릉시	'13. 12. 31(1차) '21. 06. 15(2차)
16	원주시	'10. 12. 22(1차) '16. 10. 07(2차)	37	전주시	'14. 12. 29(1차) '21. 06. 30(2차)
17	평택시	'18. 02. 13	38	부천시	'18. 12. 20(1차) '21. 07. 30(2차)
18	춘천시	'18. 08. 10	39	성남시	'21. 09. 16
19	광명시	'12. 12. 26(1차) '18. 08. 10(2차)	40	구리시	'21. 12. 15
20	김해시	'18. 10. 16	41	서산시	'21. 12. 15
21	고양시	'13. 12. 31(1차) '19. 02. 15(2차)	42	과천시	'21. 12. 15

출처: 국토부 내부 자료를 토대로 재수정

U－City법 제정 후 수립된 유비쿼터스도시계획들은 법 제정과 함께 일선 지자체에서 계획을 수립할 수 있도록 U－City계획 수립지침을 통해 계획의 방향과 범위 등을 제시하였다. U－City계획 수립상에 나타나는 여러 가지 문제들에 대한 해결방안을 제시하고 구체적인 추진전략을 수립하고자 하였다.

2017년 3월 스마트도시법이 개정된 이후 수립된 계획들은 스마트도시법 제8조(스마트도시계획의 수립 등)에 의거 수립하도록 하고 있다. "특별시장·광역시장·특별자치시장·특별자치도지사·시장 또는 군수는 그 관할구역을 대상으로 스마트도시계획을 수립할 수 있다. 다만, 관할 구역에서 스마트도시건설사업을 시행하려는 경우에는 사업시행 전에 스마트도시계획을 수립하여야 한다."라고 명시되어 있다. 특히 최근 스마트도시계획 수립에 있어 지역 의견수렴을 위해 시민

〈표 8-2〉 유비쿼터스도시계획과 스마트도시계획 수립현황

구분	유비쿼터스도시계획	스마트도시계획
계획 수립 지자체	화성시(2009~2013), 오산시(2011~2015), 천안시(2011~2015), 의정부시(2011~2015), 수원시(2011~2015), 남양주시(2011~2015), 김포시(2011~2015), 파주시(2012~2016), 여수시(2012~2016), 안산시(2012~2017), 성남시(2012~2016), 나주시(2012~2017), 경북도청신도시 및 안동시(2013~2017), 강릉시(2013~2017), 삼척시(2014~2018), 영주시(2014~2018), 부천시(2015~2019), 인천광역시(2014~2018), 전주시(2014~2018), 원주시2차(2016~2020), 용인시(2016~2020)	광명시(2018~2022), 김해시(2018~2022), 춘천시(2018~2022), 평택시(2018~2022), 고양시(2020~2024), 광양시(2019~2023), 창원시(2020~2024), 안양시(2020~2024), 인천광역시(2020~2024), 여수시(2020~2024), 시흥시(2020~2024), 남해군(2022~2026), 구리시(2021~2025), 순천시(2021~2025), 대구광역시(2021~2025), 홍성군(2021~2025), 서산시(2021~2025), 화성시(2021~2025), 하남시(2021~2025), 수원시(2021~2025), 전주시(2021~2025), 고령군(2021~2025), 강릉시(2021~2025), 광주광역시(2020~2024), 대전광역시(2020~2024), 성남시(2021~2025), 원주시3차(2022~2026), 공주시(2021~2025)

의식조사와 담당공무원 면담, 전문가 자문, 시민 리빙랩 운영 등 다양한 의견수렴방식을 통해 지역적 여건을 분석하고 스마트도시 비전과 목표, 추진전략을 수립하고 있다. 또한 의견수렴내용을 근거로 지역적 특성을 반영한 스마트도시 서비스내용을 추출하여 제시하고 있다. <표 8-2>는 그동안 수행된 유비쿼터스 도시계획과 스마트도시계획 수립현황을 정리해 놓은 내용이다.

(5) 지자체별 스마트도시계획 서비스 현황

2017년 이후 스마트도시계획에 제시된 지자체별 서비스 도입현황을 살펴보면 행정, 교통, 보건·의료·복지, 환경·에너지·수자원, 방범·방재, 시설물 관리, 문화·관광·스포츠, 근로·고용 분야 등이 80% 정도를 차지하고 있다. 이것은 지역 여건 및 특성, 계획 실행력 등을 고려하여 중점적으로 도입·추진할 서비스를 선정하기 보다는 모든 분야의 서비스를 나열식으로 계획에 포함되어 있는 것으로 판단되므로 개선의 여지가 있다.

〈표 8-3〉 지자체별 스마트도시 서비스 도입 현황

지자체	행정	교통	보건 의료 복지	환경 에너지 수자원	방범 방재	시설물 관리	교육	문화 관광 스포츠	물류	근로 고용	주거	기타
용인시	●	●	●	●	●	●	●	●	●	●		●
화성시	●	●	●	●	●		●	●	●	●		
오산시	●	●	●	●	●	●		●				
천안시	●	●	●	●	●	●	●	●	●			
수원시	●	●	●	●	●		●	●		●		
남양주시	●	●	●	●	●	●	●	●		●		●
의정부시	●						●	●	●	●		
김포시	●	●	●	●	●	●	●	●				●
성남시	●	●	●	●	●	●	●	●				
파주시	●	●	●	●	●	●	●	●				
나주시	●	●	●	●	●	●	●	●		●		●
안산시	●	●	●	●	●	●	●	●				
강릉시	●	●	●	●	●	●	●	●				
경북도청 신도시	●	●	●	●	●	●	●	●				
영주시	●	●	●	●	●	●	●	●	●	●		●
삼척시	●	●	●			●	●	●		●		●

구분												
전주시		●	●	●	●	●	●	●	●	●		
원주시		●	●	●				●				●
평택시	●	●	●	●	●			●				
춘천시	●	●	●	●	●	●	●	●		●		
광명시	●	●	●	●	●	●	●	●		●	●	
김해시	●	●	●	●	●	●		●			●	
고양시			●	●	●			●			●	
광양시	●	●	●	●	●			●		●		
시흥시	●	●	●	●	●	●	●	●	●	●		
창원시	●	●	●	●	●	●						
인천광역시	●	●	●	●	●	●	●	●				●
안양시		●	●	●		●		●		●		●
광주광역시	●	●	●	●		●						
대전광역시	●	●	●	●		●						●
여수시	●	●	●	●			●	●		●		
대구광역시	●	●	●	●	●	●		●		●		●
부천시	●	●	●	●				●	●	●		
도입 비율(%)	87.9	97.0	97.0	93.9	93.9	81.8	63.6	90.9	48.5	81.8	15.2	57.6

출처: 조상규 외(2021), 보편적 스마트도시 개념을 고려한 스마트도시계획 및 사업 개편방안, 건축 공간연구원, 재구성

(6) 스마트도시계획 주요 현안

1) 계획의 지역특화 요인 반영 및 차별화

스마트도시계획 수립내용을 살펴보면 각 지자체별 고유한 특성을 반영한 내용이 부족하고 지자체별 스마트도시계획 주요 내용이 대부분 유사하게 수립되고 있는 실정이다. 세부 계획내용은 각 지자체의 여건분석과 나름의 해결방안이 제시되고 있지만 대부분 지역이 큰 틀에서 보면 지역적 특성이 반영되지 못하고 유사한 계획내용을 보여주고 있다. 지역 도시문제 진단 방법에서도 일반적인 도시현황 통계조사, 시민, 공무원, 전문가 설문조사 등을 통해 다소 형식적인 분석에 그치고 있고, 분석결과가 중요한 계획 성과목표 설정에 연계되지 못하는 한계가 나타나고 있다. 또한, 시민이나 공무원들이 스마트도시에 대한 구체적인 현황을 모르는 상태에서 설문조사에 임하다 보니 서비스 수요파악에 왜곡이 발생하는 경우도 있는 실정이다. 일부 지자체의 경우, 설문 표본설계의 경우 성별,

연령, 지역배분 등이 취약한 경우도 있다. 표본수도 너무 적은 경우가 있어 지역 수요를 대표하기 어려운 경우도 발생하였다.

따라서 스마트도시법 제8조와 시행령 제12조의 계획수립 사항들에 대해 선택과 집중을 통해 일부 통합·생략 등 지역 여건에 따라 유연하게 계획을 수립하도록 각 지자체에 자율성을 부여할 필요가 있다. 계획지침을 필수사항으로만 간소화하는 등 지역 여건을 기반으로 자율적인 계획수립이 가능하도록 각 부문별 계획을 선택적으로 수립할 수 있도록 하고, 계획 초기 현황분석 시 각 지자체의 도시문제를 파악하고 해결하기 위해 이를 기반으로 한 스마트도시서비스가 도출될 수 있도록 지침을 구성할 필요가 있다. 지자체별 스마트도시계획의 특화 등 차별성을 위해 지역의 챌린지사업과 도시계획·재생사업에서의 스마트서비스 적용에 대한 사항들을 구체화하여 제시할 수 있도록 지침 등에서 관련 내용을 추가할 필요가 있다.

2) 도시계획과 연계성

도시기본계획과 도시관리계획과의 관계 설정이 필요하며 도시계획과의 연계를 통해 스마트도시계획의 실효성을 높일 필요가 있다. 스마트도시계획의 경우 법령 및 지침에서 도시·군기본계획과 조화를 이루도록 명시하고 있으나, 도시계획에서의 스마트도시계획 반영이 미흡한 실정이다. 도시·군기본계획 내에 스마트도시계획 기본방향, 추진전략 및 체계, 재원조달 내용을 반영한 지자체는 127개 중 12곳(9.4%)[3]에 불과하다. 도시개발사업 등 각종 도시계획 수단과 스마트 기술이 접목될 때 진정한 스마트도시가 구현되고, 스마트도시계획의 실행력이 강화될 수 있을 것이다.

따라서 도시·군기본계획과 도시·군관리계획에서 스마트도시계획의 공간계획과 기반시설들이 반영될 수 있도록 제도적으로 연계하는 방안을 고려할 필요가 있다. 스마트도시계획은 도시기본계획의 위상에 해당하는 바, 도시계획에서의 관리계획에 해당하는 계획 체계를 신설하는 방안도 검토가 필요하다. 또한, 구체적 실행력을 제고하기 위해 지구단위계획과의 관계 설정도 병행 검토가 필요할 것이다.

---

3) 국토교통부(2020), 스마트도시계획 체계 및 관련 법령 연구, p.20

3) 계획 이행률 제고 및 성과 관리

지자체 재정여건이 정확하게 고려되지 않았으며, 향후 국가사업 수주를 전제로 계획을 수립하고 있어 국가사업을 수주하지 못할 경우에는 계획 이행률이 낮아질 수 밖에 없다. 그러므로 당초 계획 대비 스마트도시계획의 완성도가 전반적으로 낮은 실정이다. 예를 들면 '16년 수립된 원주시 제2차 유비쿼터스 도시계획의 이행 실적을 분석한 결과를 보면, 이행률 50%, 일부이행 6%, 미 이행 44%로 집행이 부진한 실정이다. 재정 확보의 불확실성에 따른 낮은 이행률 개선을 위해 집행계획의 구체화 및 차기 계획에서 이행실적 분석을 강화할 필요가 있다. 스마트도시계획은 의무화가 아니기 때문에, 계획이 연속적이지 못하고 재정비 등이 미흡한 실정이다. 스마트도시계획은 의무조건이 아닌 임의사항이다 보니 국가챌린지사업 등 공모사업 조건을 충족하기 위해 수립하는 경우가 다수 발생하고 있다. 사후평가를 통해 사업의 운영 및 관리를 강화하고, 사후평가 결과를 공개하여 홍보 및 공감대 형성 등의 자료에 활용할 필요가 있다.

따라서 지자체 중기계획에 포함되어 계획대로 재정이 조달되고 집행되도록 지방의회 승인 또는 사전 협의 후 스마트도시계획을 신청토록 조치할 필요가 있다. 현실적인 사업 추진이 될 수 있도록 재정적 측면에서 지방의회 의견을 청취하는 절차를 추가하고, 기간 내·재수립 시 이전계획에 대한 평가 등 성과관리를 위한 방법 및 기준을 마련하여야 할 것이다. 또한, 스마트도시계획 수립에 대한 의무화를 통해 지자체별 사업 이행을 강화할 필요가 있다.

4) 전담부서 설치 및 부서별 협의체 구성

스마트도시계획 및 사업의 특성상 여러 부서의 협조가 필수적이므로 각 부서별 의견수렴 및 협의과정을 주관할 협의체를 구성하는 것이 필요하다. 스마트도시계획은 도시문제를 발굴하고, ICT기술을 적용하여 해결하는 프로세스이다. 도시의 물리적 계획과 개발을 담당하는 부서인 도시계획 혹은 도시재생 담당부서가 주도하는 지자체가 있는 반면, 일부 지자체는 정보통신과에서 주로 스마트도시계획을 담당하다 보니 사업추진 전반에 협의가 잘 이루어지지 않고 있는 실정이다. 따라서 각 부서가 할 수 있는 사업으로만 사업들이 구성되고 있어 운영에 한계가 있다.

따라서 스마트도시계획과 사업의 원활한 추진을 위한 전담부서를 통해 전문성을 강화하고, 유관 부서 간 협의체를 운영하여야 할 것이다. 스마트도시계획 특성상 여러 분야가 융·복합적으로 추진되어 전담부서에서는 개별 사업의 총괄 및 지속적인 서비스 운영·관리, 협의체에서는 각 부서의 개별사업 및 관련 정보를 통합 관리·운영을 도모할 필요가 있다. 스마트도시계획의 이행은 지자체장과 담당 공무원의 의지가 중요하므로 정보제공, 홍보와 교육을 통한 계획의 이해와 전문성 강화가 반드시 필요하다.

5) 시민참여

현 하향식 정부주도 체계에서 상향식으로의 변화를 위해 리빙랩 등 시민 의견수렴 및 참여를 확대할 필요가 있다. 대표성을 담보한 시민의견 수렴을 위해 설문조사, 리빙랩 등에 참여하는 시민의 구성은 지역의 인구통계학적, 사회경제적 특성 및 일상생활지역 분포를 고려하여 구성하는 것이 필요하다.

따라서 계획 수립 사항에 주민과 관계 전문가 의견 청취 내용을 포함하고, 설문조사와 리빙랩, 시민아이디어 공모전 등 다양한 방식을 제시할 필요가 있다. 스마트도시계획에 대한 이해와 공감대 형성, 시민 체감형 서비스 제시를 위해 시민 의견수렴과 참여 확대 규정을 추가할 필요가 있다. 올바른 도시문제 진단을 위해 동·면·리 등 공간별 대표성 있는 주민을 선발토록 하고, 주민의견이 실제 객관적인 데이터를 통해 맞는지 확인토록 컨설팅업체에 요청할 필요가 있을 것이다.

제3절   스마트도시법의 최근 변화

1. 스마트도시 인증제도

스마트도시 인증이란 도시문제 해결과 4차 산업혁명 시대의 신산업 창출로 도시공간이 빠르게 변화하면서, 국내외 도시들은 실증을 기반으로 새로운 기술 및 서비스를 객관적 성과기준으로 검증하는 방식을 채택하고 있다. 스마트도시 도입 수준 파악 및 도시 간 비교를 가능하게 하는 지표기반 인증 시스템은 국가 지원여부 결정 및 계획과정 조정 등에 있어 필수적 요소이며, 일정 수준 이상의 스마트도시 기준에 적합한지 여부 등을 종합적으로 검증하는 과정이다. 유럽 등 선진국 및 글로벌 기업은 2013년 이후 스마트도시 성과 평가 및 성공모델 확산 도구로 스마트도시 지표 시스템을 필수요소로 규정하고 적극적으로 도입하여 그 결과를 대외로 홍보하고 있는 실정이다. 이에 국토교통부는 스마트도시 지표 시스템 도입의 중요성을 인식하고 2017년 「스마트도시 조성 및 산업진흥 등에 관한 법률」로 개정 시 지표 기반 인증제도를 명시하였으며, 2019년 스마트도시 분야의 지표 시범인증 사업을 통해 10개 지자체들을 대상으로 시범 인증을 부여하였다. 현재 국내 지자체들은 국제지표 및 인증을 토대로 글로벌 홍보의 수단으로 활용 중에 있으며, 국내 지표 및 인증제의 글로벌 경쟁력 확보 차원에서 인증제의 적극적인 추진 및 참여가 필요하다.

법적 근거는 스마트도시법 제32조 스마트도시 등의 인증을 기반으로 하고 있다. 인증등급은 인증신청이 있는 경우, 인증기준에 따라 인증의 등급을 정하여야 하며, 인증의 등급은 1등급에서 5등급으로 구분하되, 인증을 부여하기 위한 등급별 점수기준은 아래 <표 8-4>와 같다. 인증등급은 지자체에서 요청 시 공개하며, 단 소관부처에서 필요 시 평가등급을 공표 및 활용할 수 있다[4]. 인증 대상은 지자체 규모에 따라 인구규모 50만 이상을 대도시, 50만 이하는 중·소도시로 유형을 구분한다. 인증 유효기간은 빠른 기술변화 속도와 국민 제안에 따른 정부정책, 그 외 외부 환경 변화 및 인증 활성화를 위하여 스마트도시 인증 유효기간은 2년이며, 인증을 부여받은 지자체는 2년 내 재인증을 받아야 한다.

인센티브는 스마트도시 국제평가·행사와 연계하여 대내·외 홍보기회를 부여하고 국토교통부 장관 표창 및 동판을 수여한다. 2019년부터 스마트도시 인증제도 시범 운영을 추진하여, 국내 10개 지자체 고양시, 김해시, 대구시, 대전시, 부천시, 서울시, 세종시, 수원시, 울산시, 창원시를 시범인증 스마트도시로 선정하였다. 인증제도 지원기관인 국토연구원은 광역 및 기초 지자체로 대상을 구분한 인증제도를 마련하고 2020년부터 스마트도시 인증을 실시하고 있다.

---

4) https://www.smartcitycelc.krihs.re.kr/about/grade.php

〈표 8-4〉 스마트도시 인증 등급

구분	배점	비고
1등급	1,800점 이상	인증 부여
2등급	1,600점 이상	인증 부여
3등급	1,400점 이상	인증 부여
4등급	1,400점 미만	인증 미부여
5등급	1,000점 이하	인증 미부여

* 배점: 2,000점 기준, 정량평가 1,000점, 정성평가 1,000점

인증을 취득한 지자체나 기관은 향후 국토교통부 공모사업 제안 시 가점을 부여받고, 우수 서비스를 대상으로는 사례집을 발간하여 홍보하는 등 인센티브를 제공할 예정이다. 스마트도시 인증지표는 글로벌 기준에 맞추어 혁신성, 거버넌스 및 제도, 서비스 기술 및 인프라 부문으로 나누어져 있다. 첫째, 혁신성은 공공역량, 민간시민역량, 정보공개 및 활용, 둘째, 거버넌스 및 제도는 추진체계, 제도 기반, 참여 네트워크, 재원조성, 셋째, 서비스 기술 및 인프라는 지능화시설 및 서비스, 정보통신망, 도시통합운영센터로 구성되어 있다. 인증지표 중 지능화시설 및 서비스 항목은 지자체의 다양성을 인정하기 위해 필수(2개: 교통, 안전)와 선택(3개 분야) 지표로 구성되어 있으며, 인증지표는 정량지표와 정성지표로 구분되어 있으며, 5: 5 비율로 평가하여 5등급(A~E)으로 나타내고, C등급 이상만 인증을 부여하도록 하고 있다.

2. 스마트도시와 규제샌드박스

규제샌드박스에서 샌드박스는 안전한 환경에서 아이들이 마음껏 뛰어 노는 모래놀이터(Sandbox)에서 유래된 용어이다. 이처럼 규제샌드박스 제도는 제한된 조건 하에서 새로운 서비스에 대한 규제를 풀어주는 것으로, 시장참가자들이 완화된 규제 환경에서 신산업·신기술 분야를 시험적으로 운영할 수 있도록 하는 제도이다. 스마트도시 규제샌드박스 제도 도입 목적은 스마트도시에 도입되는 다양한 혁신기술·서비스를 일정한 조건하에서 자유롭게 실험 또는 사업화할 수 있도록 기존 규제를 해소시켜주는 제도이다.

국토교통부는 2021년 3월 개정·공포된 스마트도시법에서 위임한 사항과 그 밖의 개정수요를 반영한 스마트도시법 시행령 개정안을 6월 17일 공포·시행했다. 지난 3월 스마트도시법은 규제샌드박스 신청 절차 간소화(스마트규제혁신지구 지정절차 삭제), 규제신속확인 제도 신설, 스마트혁신·실증사업 관리규정 정비 등을 개정했다. 국토부는 이번 개정안을 통해 스마트도시 관련 혁신기술과 서비스를 규제에 제한받지 않고 실험할 수 있도록 하는 '스마트시티 규제샌드박스 제도'를 개선했다. 또한, 규제여부를 신속하게 확인할 수 있는 제도를 신설하고 기존에 스마트규제혁신지구에서만 규제샌드박스 신청이 가능했던 제약을 풀어 전국에서 스마트시티 규제샌드박스를 신청할 수 있도록 해 민간 참여를 확대했다. 이에 따라 스마트규제혁신지구로 지정된 국가시범도시(세종, 부산)와 수도권 지역에 신청이 집중되던 문제도 해소될 것이다. 또한 지구지정 없이 바로 신청이 가능해짐에 따라 이에 소요되는 시간이 단축돼 스마트시티 규제샌드박스 신청절차도 획기적으로 간소화됐다.

2020년 2월부터 시행된 스마트시티 규제샌드박스는 지금까지 자율주행 경비로봇, 시각장애인 경로안내 플랫폼, 무인드론을 활용한 도시안전 서비스 등 총 25건이 승인됐으며 시민편의를 높이는 다양한 도시서비스들이 신규과제로 접수되었다. 특히 인천(I-MoD)과 세종(셔클)에서 활발하게 실증되고 있는 수요응답형 버스는 시민들의 버스 평균 대기시간을 78분에서 13분으로 80% 감소시키고 이동시간도 40% 단축하는 등 시민들이 체감할 수 있는 가시적 성과로 나타나고 있다.

개정안에는 규제신속확인 제도도 신설됐다. 스마트시티 규제샌드박스를 신청하기 전에 기업이 제공하고자 하는 도시서비스가 규제에 저촉되는지 여부를 신속하게 확인할 수 있는 제도다. 사업시행자가 신속확인 신청서류를 작성해 국토부에 신청하면 규제소관부처에 확인하고 30일 이내에 규제 유무를 확인해 준다. 규제가 있다면 샌드박스를 신청하고 없다면 바로 사업을 시행할 수 있게 되는 것이다. 특례기간 이후 사업중단 우려도 해소된다. 종전에는 특례기간이 끝나면 규제정비 여부와 상관없이 원칙적으로 사업이 종료되는 구조였다. 하지만 이번 개정을 통해 특례기간이 끝나고도 규제소관부처가 관계법령을 정비하는 기간 동안 사업을 지속할 수 있게 된다. 부처가 법령을 정비하지 않고 있을 경우에는 스마트실증사업자가 선제적으로 규제개선을 요청할 수 있는 '법령정비 요청제도'도 마련됐다. 부처는 법령정비를 요청받는 경우 반드시 이에 대한 답을 줘야한다. 국토부의 관계자는 "사업자들은 기간만료에 대한 불안감 없이 서비스를 제공하고 소비자들도 안정적으로 서비스를 제공받을 수 있게 됐다"고 밝혔다.

이와 함께 스마트도시건설사업에 민간 참여 활성화 유도를 위한 내용도 담겼다. 국토부는 점차 신도시 등 도시개발사업으로 스마트도시 사업모델이 확대되는 수요를 반영해 국가시범도시 이외의 지역에서도 스마트도시 건설을 위한 특수목적법인(SPC) 형태의 사업방식이 가능하도록 시행령을 개정했다. 민간의 혁신성과 공공의 공익성을 상호보완할 수 있는 특수목적법인을 설립해 스마트도시건설 사업을 할 수 있게 됨으로써 민간은 사업에 대한 리스크를 줄이고 공공은 민간의 혁신 아이디어와 사물인터넷(IoT)을 활용할 수 있어 스마트도시건설사업이 보다 활성화될 것으로 기대된다[5].

제4절   스마트도시법의 향후 과제

1. 스마트도시법 재개정 사항 논의

(1) 스마트도시 정의

"도시란 무엇인가?"라는 질문에 대해 지금까지 많은 학자들에 의해 정의되어 왔으나, 도시의 어떤 한 측면 또는 구조의 일부는 해명되었어도, 그 복잡한 본질과 전체 모습은 아직도 요원한 상태이다. 하물며 스마트도시에 대한 정의도 보는 관점에 따라 주어진 환경에 따라 다양한 해석과 정의가 가능할 것이다.

근본적으로 스마트도시에 대한 새로운 법적 개념 정의를 위해서는 스마트도시가 가지고 있는 가치와 비전을 염두에 두어야 할 것이다. 법 제2조(정의)에서는 "스마트도시란 도시의 경쟁력과 삶의 질의 향상을 위하여 건설·정보통신 등

---

5) 국토교통부 보도자료(2021. 06. 16). '17일부터 새로운 스마트도시법이 시행됩니다.', 도시경제과

을 융·복합하여 건설된 도시기반시설을 바탕으로 다양한 도시서비스를 제공하는 지속가능한 도시"로 정의하고 있다. 이는 기존 U-City법에서 정의하고 있는 "유비쿼터스도시란 도시의 경쟁력과 삶의 질의 향상을 위하여 유비쿼터스도시기술을 활용하여 건설된 유비쿼터스도시기반시설 등을 통하여 언제 어디서나 유비쿼터스도시서비스를 제공하는 도시"와 거의 유사하다.

스마트도시법상의 개념정의는 정책을 추진하는데 있어 기본적인 적용 범위와 법 시행에 개념적 기반을 제공한다. 현실적으로 스마트도시와 관련된 기술과 서비스가 급속한 속도로 빠르게 진화·발전하고 있는 상황에서 개념정의가 적절하게 대응할 수 있는지는 의문이다. 사회변화에 빠르게 대응할 수 있는 법적 개념정의는 현실적으로 법제도의 경직성과 본질적인 특징으로 인하여 효과적인 방안을 찾는 것은 어려울 수 있다. 다만, 포괄적인 법적 개념의 설정 하에서 구체적인 분류체계를 법·제도적으로 확보함으로써, 다양한 변화와 진화를 하고 있는 스마트도시기술과 서비스 등을 법·제도로 흡수하는 것은 필요하다고 할 수 있다.

따라서 새로운 가치와 비전을 반영한 바람직한 스마트도시의 개념정의는 우리의 당면한 도시 문제를 해결하고 새로운 일자리를 창출하고, 지속가능한 도시를 지향하는 스마트도시의 목표를 보다 강조할 필요가 있다. 따라서 "도시 공간 내 정보통신기술을 활용하여 도시문제를 해결하고 일자리를 창출하고 지속가능한 서비스를 제공하는 도시"라면 스마트도시로 보는 것이 타당할 것이다. 따라서 도시문제 해결 및 일자리를 창출, 지속가능한 도시를 목표 지향적 개념 정의로 재논의하는 것이 바람직할 것으로 판단된다.

(2) 스마트도시 정보

스마트도시에서 정보의 수집, 가공, 활용 등은 다양한 스마트도시서비스를 제공하기 위한 필수 요소이다. 스마트도시법에서도 "스마트도시 정보에 대한 언급이 15번 이상되고 있지만 정작 스마트도시 정보에 대한 정의 또는 범위는 규정되어 있지 않다". 스마트도시 정보에는 공간정보, 행정정보, 센서정보, 위치정보 등이 필요할 것이다. 따라서 스마트도시법 제2조(정의)에서 "스마트도시 정보를 신설하고 이를 (1) 「국가공간정보 기본법」 제2조 제1호에 따른 공간정보,

(2) 「전자정부법」 제2조 제6호에 따른 행정정보, (3) 「위치정보의 보호 및 이용 등에 관한 법률」 제2조 제1호에 따른 위치정보로 타 법의 정의를 인용하고 타 법에 없는 센서 정보의 경우는 "소리, 빛, 온도, 압력 등 여러 가지 물리량 또는 화학량을 검출하는 센서로부터 획득하는 정보"로 정의를 새롭게 규정하는 것이 필요하다. 또한 개별 정보들의 융·복합 및 연계의 중요성을 고려한다면 정보 표준에 관한 사항 역시 규정되어질 필요가 있다"[6].

(3) 스마트도시 계획

스마트도시법에서는 국가차원의 스마트도시종합계획 수립과 지자체 차원의 스마트도시계획의 수립을 규정하고 있는데 스마트도시종합계획은 국토기본법 상에 있는 부문별 계획에 스마트도시부문으로 포함시켜 국토 전역을 대상으로 하여 특정 부문에 대한 장기적인 발전 방향을 제시하는 계획으로 자리매김 할 필요가 있다. 또한 스마트도시계획을 수립한지 10여년이 지났기 때문에 도 단위 에 스마트도시계획 승인권을 위임하고, 각 시군의 스마트도시계획의 방향과 지침적 성격을 가질 수 있도록 스마트도시 도종합계획을 신설하여 수립하도록 하는 방안을 검토할 필요가 있다.

국토교통부는 스마트도시 간의 서비스의 단절없는 지원을 위해 광역차원의 스마트도시광역계획을 수립, 승인, 지원하도록 하는 것이 필요할 것이다. 이를 위해 스마트도시광역계획을 신설하는 것이 필요하다. 또한, 스마트도시계획 수 립 시 법에 제시되어 있는 세부항목들이 너무 많아 계획보고서의 분량이 최소 6~700쪽을 넘어가고 있는 현실이다. 따라서 각 지자체별로 지역의 특성에 맞게 선택과 집중을 통해 필요한 항목에 대한 계획을 수립할 수 있도록 개정할 필요 가 있다. 꼭 필요한 항목은 의무사항으로 하고, 나머지는 지자체의 특성에 따라 선택적으로 작성할 수 있도록 유도하여야 할 것이다.

스마트도시법에서 '스마트도시의 조성'으로 법명이 바뀌었는데도 불구하고 건설 사업 내용을 담고 있는 기존 U-City법의 내용들을 그대로 가져왔기 때문 에 현재 스마트도시법이 지향하고 있는 가치와 비전을 반영하여 세부 항목들을

---

6) 이재용 외(2017), 스마트시티법 재개정의 의미와 향후 과제, 한국도시지리학회지, 제20권 3호

변경할 필요가 있다. 또한, 현 스마트도시계획체계상 스마트도시계획의 위상이 도시기본계획처럼 발전방향을 제시하는 것인지, 도시관리계획처럼 구체적인 실천계획을 포함해야 하는 것인지 명확하지 않은 실정이다. 스마트도시계획이 구체적이고 실현가능한 계획이 되기 위해 면밀한 검토가 요구된다.

(4) 스마트도시산업

'스마트도시산업'이라는 "새로운 산업군을 형성할 수 있는 기반을 제공하기 위해, 산업군으로 형성된 스마트도시산업을 보다 체계적으로 발전할 수 있는 제도적 기반과 지원대상으로서 모습을 갖춤으로써, 스마트도시 건설 및 구축을 보다 효과적이고 효율적으로 진행할 수 있을 것이다"[7]. 스마트도시산업을 육성하기 위해서는 먼저 스마트도시산업이 어떠한 것이 있는지 범위를 명확하게 규정하고 규정된 산업들에 대한 기초통계를 작성하는 것이 필요하다. 현재 스마트도시법 제2조(정의)에서 "스마트도시산업이 스마트도시기술과 스마트도시기반시설, 스마트도시서비스 등을 활용하여 경제적 또는 사회적 부가가치를 창출하는 산업을 말한다."라고 되어있다. 그 범위가 굉장히 포괄적이고 광범위한 영역을 규정하고 있는 실정이다.

스마트도시기술산업의 경우는 스마트도시의 가장 중요한 요소이며 서비스 제공을 위한 필수 요소가 정보이기 때문에 정보수집기술에 해당하는 인프라, 정보가공기술에 해당하는 데이터, 정보활용기술인 서비스 등 정보의 흐름에 따라 산업을 정의하는 것이 필요할 것이다. 스마트도시기술을 가장 효율적이고 일관성있게 표준화함으로써 세계 스마트도시 시장을 선점할 수 있고, 스마트시장을 활성화하고 나아가 산업화를 이룰 수 있을 것이다.

스마트도시기반시설산업은 스마트도시법 제2조(정의)에서 기반시설을 4가지로 정의하고 있다. 첫째는 「국토의 계획 및 이용에 관한 법률」 제2조 제6호에 따른 기반시설 또는 같은 조 제13호에 따른 공공시설에 건설·정보통신 융합기술을 적용하여 지능화된 시설 관련 산업, 둘째, 「지능정보화 기본법」 제2조 제9호에 따른 초연결지능정보통신망, 그 밖에 대통령령으로 정하는 정보통신망 관

---

7) 이준호(2019), 스마트도시 발전을 위한 법제 정비방안

련 산업, 셋째, 스마트도시서비스의 제공 등을 위한 스마트도시 통합운영센터 등 스마트도시의 관리·운영에 관한 시설로서 대통령령으로 정하는 시설인 도시통합운영센터 관련 산업, 넷째, 스마트도시서비스를 제공하기 위하여 필요한 정보의 수집, 가공 또는 제공을 위한 건설기술 또는 정보통신기술 적용 장치로서 폐쇄회로 텔레비전 등 대통령령으로 정하는 시설 적용장치 관련 산업으로 분류할 수 있다. 다만 스마트도시기술 산업과 일부 중복되는 경우가 발생할 수도 있기 때문에 이에 대한 고려가 필요하다.

스마트도시서비스산업은 현 스마트도시법에서도 시행령 제2조에서 "행정, 교통, 보건·의료·복지, 환경·에너지·수자원, 방범·방재, 시설물 관리, 교육, 문화·관광·스포츠, 물류, 근로·고용, 주거 등으로 구분하고 있다". Frost and Sullivan(2014)은 "향후 시장 영역에서 에너지 분야 19.6%, 스마트 교통 분야가 14.8%, 스마트 방범 분야가 14% 순으로 연평균 성장율을 차지할 것으로 보고 있다". 스마트도시서비스산업 분야는 해외 산업전망치 등을 참고하여 국내에 적용할 수 있도록 규정을 정비하는 것이 필요할 것으로 생각된다.

이외 법상에서 규정하고 있지는 않지만 계획수립 관련 산업, 도시 건설 관련 산업 등도 스마트도시산업으로 고려할 수 있다. 또한, 스마트도시 산업과 관련된 통계도 필수적이다. 투자 대비 성장 등을 관리하기 위해서는 꼭 필요한 분야이다. 따라서 스마트도시 산업의 범위와 세부사항 등을 규정한 후 산업통계를 구축·활용할 수 있는 법적 근거를 마련할 필요가 있다.

(5) 거버넌스 체계 확립과 일자리 창출 공간 확립

스마트도시의 최근 흐름은 기술 및 인프라 융·복합뿐만 아니라 관리 및 운영 측면의 제도 및 거버넌스, 지속가능한 성장 측면의 인적자원 및 혁신성 부문까지 포괄하는 개념으로 확대되었다[8]. 현재 스마트도시법에서는 정보·시스템 연계 부문은 규정하고 있지만 민·관 협력 체계 구축 관련해서는 제12조(사업시행자)에서 「사회기반시설에 대한 민간투자법」을 인용한 내용밖에 없다. 특히 최근 해외에서 널리 활용되고 있는 리빙랩(LivingLab)이 스마트도시의 중요한 정책

---

8) 이재용 외(2016), 스마트도시 성숙도 및 잠재력 진단모형 개발과 적용방안 연구, 국토연구원

으로 활용되고 있기 때문에 민간 및 시민들과 협업할 수 있는 조항이 추가될 필요가 있다.

또한 스마트도시가 일자리 창출에 적극적으로 기여하기 위해서는 혁신적 아이디어를 기반으로 도시정보를 마음껏 활용할 수 있도록 스타트업 육성책이 필요하다. 이들 스타트업들이 새로운 아이디어를 마음껏 펼칠 수 있는 도시공간이 필요하다. 현행법에서는 제29조(스마트도시 특화단지의 지정 및 지원)에 "국토교통부장관은 스마트도시의 조성, 관리·운영, 스마트도시서비스의 활성화 및 스마트도시산업의 지원을 촉진하기 위하여 관계 중앙행정기관의 장 및 지방자치단체의 장과 협의하여 대통령령으로 정하는 바에 따라 스마트도시 특화단지를 지정할 수 있다"고 밝히고 있다. 중앙부처의 지원근거로 활용 가능하지만 스타트업에 대한 세부 지원책과 규제 프리존에 대한 상세 규정 등 스마트도시에 특화된 내용은 여전히 미흡한 측면이 있다.

2. 스마트도시 확산 방안

스마트도시를 확산하기 위해서는 성공적인 스마트도시 조성이 필요하다. 스마트도시의 효율적인 조성과 관리·운영을 위해 성공적인 실증 도시가 빨리 나와 주변 도시와 다른 자자체로 확산하고 해외도시에도 우리의 성공적인 경험을 전수할 수 있을 것이다. 이를 위해 정부에서 스마트도시 국가시범도시를 진행하고 있다. 이는 백지 상태에서 각종 스마트도시기술을 적용해 가장 이상적인 미래 도시모델을 만들기 위해 추진된 사업이다. 국가시범도시로 세종 5-1 생활권과 부산 에코델타시티(EDC)를 선정해 지자체·공공·민간기업이 SPC를 구성해 도시조성과 스마트서비스를 구축·운영할 계획이었다.

그러나 정책 발표 당시에는 2021년 말 입주가 목표였지만 거듭된 수정을 거치면서 빨라도 2024년에야 입주가 가능할 것으로 예상된다. 문제는 국가시범도시 특수목적법인(SPC) 설립을 위한 협상대상자 선정 과정에 끊이지 않고 잡음이 일어났다. 사업 성격이 모호해 추진에 어려움을 겪은 것으로 분석되고 있다. "이상과 현실이 부딪친 상황이다. 백지 상태에서 스마트도시 혁신기술을 적용해서 완성하는 사업 성격으로는 국가 연구개발(R&D)사업이 적합한데 실제 시민들의 투자로 도시를 건설하려니 현실적인 요소를 감안하지 않을 수 없다. 실제 시민이 분양을 받아 입주하는 도시로 구상하다 보니 혁신성 부여에 한계가 생긴 셈이다. 민간 사업자가 15년 동안 지속적으로 서비스에 투자하기 위해서는 비즈니스 모델이 있어야 하는데 이것 역시 불투명한 것으로 지적되고 있다"9).

개정된 스마트도시법에 새로 도입된 국가시범도시 제도는 기존 다른 법률의 개발사업을 전제로 스마트도시건설사업이 추가되는 추진체계를 갖고 있다. 따라서 국가시범도시의 경우에도 사실상 이러한 법제도적 추진체계를 따르게 된다. 국가시범도시가 제로베이스의 부지를 활용하여, 도시개발 최초단계에서부터 스마트도시를 지향하는 개념이라고 한다면, 현재 추진하고 있는 스마트도시전략을 효과적으로 추진하기 위해서는 별도의 법률이 필요하다고 볼 수 있다. 현행 스마트도시법과 같이 다른 법률의 개발사업을 전제로 하는 경우에는 국가시범도시 정책의 특수한 상황과 목적을 달성하는데, 계속적인 장애가 발생할 수 있다. 예를 들어서, 국가시범도시의 건설에 부합할 수 있는 개발사업을 추진하기 위하여 조성토지를 공급하는 방법이나, 사업 실시계획의 내용 등은 개별 법률마다 차이가 있기 때문에, 현재와 같은 스마트도시법 체계 내에서는 국가시범도시 자체의 목적과 지향점을 실현하기에 문제의 소지가 많다. 따라서 보다 발전적인 형태의 국가시범도시를 설계하여 추진할 수 있도록, 정책에 부합될 수 있는 개발법제 시스템과 관리·감독 사항 그리고 지원시책을 담고 있는 독립적인 국가시범도시 법안이 필요할 것이다10).

---

9)   전자신문, 겉도는 스마트시티 국가시범도시, https://m.etnews.com/20210628000223 (2021.06.28.)
10) 한국법제연구원(2019.11), 스마트도시 발전을 위한 법제 정비방안, 법제처

CHAPTER
09

스마트도시 추진정책 및 사례

제1절   스마트도시 추진 경과

한국의 스마트도시 정책은 여건변화에 따라 단계적으로 확장·진화되어왔다. 첫 번째 단계는 U-City 구축단계('07~'13)로 U-Eco City 연구개발('07.08 ~'13.06)을 추진하여 U-City 기본서비스 및 요소기술과 통합플랫폼 등의 기반 기술을 개발하였다. 제2기 신도시 및 행복도시, 혁신도시 등 택지개발사업에 고속정보통신망 시스템(ICT)을 구축하였다. 두 번째 단계는 기 구축된 스마트 인프라 활용을 극대화하기 위한 시스템 연계단계('14~'17)로 공공을 중심으로 정보 및 시스템 연계 사업을 추진하였으며, 공공분야 5대 연계서비스 ① 112긴급영상, ② 긴급출동, ③ 119긴급출동, ④ 재난안전상황, ⑤ 사회적 약자 지원 등 지능화 도시 시스템 연구개발('13.12~'19.03)을 바탕으로 통합플랫폼 보급을 시작하였다. 세 번째 단계는 4차 산업혁명 신기술의 테스트베드, 리빙랩, 혁신생태계 등 새로운 개념들을 포괄하는 스마트도시 본격화 단계의 정책으로 확대하였고, 정부의 8대 혁신성장 선도사업 중 하나로 국가시범도시 조성, 기존도시 스마트화 강화, 산업 생태계 구축 등 한국 스마트도시 발전을 위한 다양한 정책을 추진하고 있다.

국내 스마트도시 정책은 국가시범도시, 스마트챌린지 사업(시티형, 타운형, 캠퍼스, 솔루션), 스마트도시형 도시재생, 스마트도시 통합플랫폼 등을 추진해 오고 있다. 국가시범도시는 4차 산업혁명 기술을 백지상태의 부지에 자유롭게 실증하여 조성하기 위해 실행되었으며, 세종과 부산이 대상지로 선정되었다. 스마트챌린지사업은 사업의 규모, 지원방식, 유형에 따라 스마트시티 챌린지, 스마트타운 챌린지, 스마트캠퍼스 챌린지, 스마트솔루션 확산사업으로 세분화되어 추진하고 있다. 스마트도시형 도시재생은 기존지역의 자원을 활용하고 첨단기술을 접목하여, 기존 도시의 문제를 해결하고 지속가능한 도시 생태계를 만드는 사업이다. 스마트도시 통합플랫폼은 스마트도시 통합운영센터에서 도시 상황 통합관리를 위해 활동하는 기반 S/W로 방범·방재, 교통 등 분야별 스마트서비스 및 도시관리를 위해 운영 중인 각종 정보시스템을 센터로 연계하고 운영하도록 지원하는 사업이다.

〈표 9-1〉 한국 스마트도시 발전단계

구분	1단계 U-City 구축 (2007~2013)	2단계 시스템 구축 (2014~2017)	3단계 스마트시티 본격화 (2018~)
목표	건설·정보통신산업 융·복합형 신성장 육성	저비용 고효율 서비스	도시 문제해결 혁신 생태계 육성
정보	수직적 데이터 통합	수평적 데이터 통합	다자간·양방향
플랫폼	폐쇄형(Silo 타입)	폐쇄형+개방형	폐쇄형+개방형(확장)
제도	U-City법 제1차 U-City 종합계획	U-City법 제2차 U-City 종합계획	스마트시티법 스마트시티 추진전략
주체	중앙정부(국토부)중심	중앙정부(개별)+지자체(일부)	중앙정부(협업)+ 지자체(확대)
대상	신도시(165만㎡)	신도시+기존도시(일부)	신도시+기존도시(확대)
사업	통합운영센터, 통신망 등 물리적 인프라 구축	공공 통합플랫폼 구축 및 호환성 확보, 규격화 추진	국가시범도시 조성 다양한 공모사업 추진

출처: 국토교통부

〈표 9-2〉 국내 스마트도시 정책 동향

사업		대상지	설명	분야	추진체계
국가 시범도시		세종	4차 산업혁명 관련 기술을 개발계획이 없는 부지에 자유롭게 실증·접목하여 창의적인 비즈니스 모델을 구현할 수 있는 혁신산업 생태계를 조성하여 미래 스마트시티 선도모델을 제시	모빌리티, 헬스케어, 교육과 일자리, 에너지와 환경, 거버넌스, 문화 및 쇼핑, 생활과 안전	민관 합동 SPC
		부산		공공자율혁신, 헬스케어·로봇, 수열에너지, 워터에너지사이언스, 신한류 VR/AR	
스 마 트 챌 린 지	시티	모든 시·군	민간기업의 아이디어로 도시전역의 문제 해결을 위한 종합솔루션 구축	교통·에너지·환경·안전 등	지자체·민간기업 공동신청
	타운	인구 50만 이하 시·군·구	중소도시 특화형 솔루션 신규발굴·실증 중점으로 특정분야(교통·환경·방범)지정하여 공모		지자체 단독신청
	캠퍼스	대학	대학의 참신한 아이디어를 지역에서 실험하고 사업화까지 연계 추진		대학·기업·지자체 공동신청
	솔루션	모든 시·군·구	실증을 통하여 검증된 대표서비스를 지자체에 보급하여 국민체감 확산		지자체 단독신청
스마트도시 형 도시재생		고양시, 남양주시, 세종시, 인천 부평, 부산 사하, 포항시 등	수요자를 위해 장소 중심의 도시재생을 목적으로 첨단기술과 기존의 지역 자원을 활용하여, 현재의 문제를 해결하고, 새로운 수요에 대응하여, 우리 모두의 행복한 삶의 질 향상과 생산 혁신에 기여하는 '지속가능한 도시 생태계'를 만드는 사업	도시재생, 드론, 산업, 문화 등	지자체
스마트도시 통합플랫폼		정보시스템 기반이 갖추어진 지자체 223개(23년 목표)	방범·방재, 교통 등 분야별 정보시스템을 연계·활용하기 위한 스마트시티 통합플랫폼 연계사업과 스마트시티 센터와 112·119·재난, 사회적 약자(어린이, 치매노인 등) 보호를 위한 재난구호, 범죄예방 등 스마트도시 안전망 구축 지원	재난·안전·복지·환경 등	국토교통부

1. 국가시범도시

과거 공공주도의 방식에서 벗어나 시민과 기업이 함께하는 스마트도시 조성을 목적으로 하여 창의적인 비즈니스 모델을 구현할 수 있는 혁신산업 생태계를 조성하고 미래 스마트시티 선도모델을 제시하는 것을 목표로 국가 시범도시 조성을 추진하였다. 4차 산업혁명의 각종 첨단기술을 집약한 미래형 스마트시티 선도모델로서 정부는 백지상태의 부지에 국가 시범도시를 세종과 부산에 조성하고 있다. 도시공간 조성과 함께 혁신적인 스마트인프라 및 서비스 개발을 본격 추진 중이며, 지난 2019년 6월부터 5년 단위 중장기 로드맵을 수립하였고, 실행을 위한 4대 분야 14개 세부과제를 마련하였다. 2021년 입주를 목표로 하고 있었으나, 여러 가지 여건상 지금은 2024년 입주를 목표로 수정하여 추진하고

▼ 그림 9-1 스마트시티 비전

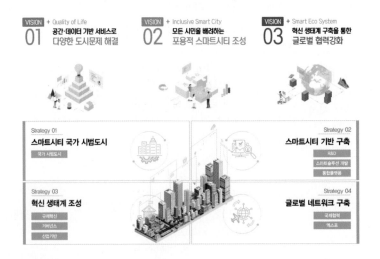

출처: 국토교통부

▼ 그림 9-2 국가 시범도시 세종시, 부산시 현황

세종 ▪
- MP : 정재승 교수 (뇌공학자)
- 사업시행자 : 한국토지주택공사(LH)
- 위치 : 세종시 합강리 일원
- 면적 : 2.7㎢ (83만평)
- 계획인구 : 22,500명
- 입주시기 : 2022년~

▪ **부산**
- MP : 황종성 전문위원
  (데이터 플랫폼 전문가)
- 사업시행자 : 한국수자원공사
  (K-Water)
- 위치 : 부산시 강서구 일원
- 면적 : 2.2㎢ (84만평)
- 계획인구 : 8,500명
- 입주시기 : 2021년~

출처: 국토교통부

있다. 국가시범도시에는 인공지능, 5G, 블록체인 등 공통 신기술을 접목하고 이를 기반으로 자율주행자동차, 드론, 스마트에너지와 같은 신산업을 육성하고, 또한 교통, 에너지, 환경 등 다양한 도시데이터를 연계 활용하고 민간 기업이 참여하는 혁신산업 생태계 조성도 추진하고 있다.

(1) 국가시범도시-세종시

세종시 국가시범도시는 시민 행복을 높이고 창조적 기회를 제공하는 지속가능한 플랫폼으로서의 도시를 지향하고 있다. 세종시 5-1 생활권을 대상으로 선정되어 추진하고 있으며, 행복도시 내 미호천과 금강의 합수부에 위치한 자연환경이 수려한 지역으로, 자족기능을 담당하는 4-2 생활권의 산학연 클러스터와 인접한 곳에 조성된다. 세종시 국가시범도시는 국가 균형 발전을 선도하여 국가경쟁력을 제고하고, 도시수준을 향상시켜 미래세대를 위한 지속가능한 모범도시 조성을 목표로 계획되었다.

세종 5-1 생활권은 인공지능 기반의 도시를 컨셉으로 7대 혁신 요소인 모빌리티, 헬스케어, 교육과 일자리, 에너지와 환경, 거버넌스, 문화 및 쇼핑, 생활과 안전 구현에 최적화된 도시공간을 계획하여 개발을 추진하고, 데이터 생산에서 수집, 가공, 분석 및 활용에 이르는 전 단계 데이터 플로우 기반의 통합 도시 운영체계를 수립한다. 이를 통해 도시 데이터를 개방·활용하여 시민 중심의 거버넌스를 구축하고 새로운 비즈니스 모델을 창출함으로써 도시를 데이터 기반의 지속가능한 혁신 생태계로 조성한다. 또한, 도시의 계획부터 운영까지 시민

〈표 9-3〉 세종시 5-1 생활권 개발 방향

구분	내용
개요	• 사 업 명: 세종 5-1생활권 국가시범도시 • 사업기간: 2017.07~2021.12 • 위치: 세종시 합강리 일원 사업 • 사업면적: 2,741천㎡(83만평) • 계획인구: 22,585인(9천호) • 총사업비: (추정)1조 4,876억 원(공공 9,500억 원 내외, 민간 5,376억 원)
개발목적	4차 산업혁명 관련 기술을 개발계획이 없는 부지에 자유롭게 실증·접목하여 창의적인 비즈니스 모델을 구현할 수 있는 혁신산업 생태계를 조성하여 미래 스마트도시 선도모델을 제시하는 것을 목표로 추진 중임
스마트도시 개발 방향	탈물질 주의 (Post-materialism) / 탈중앙화 (Decentralization) / 스마트 테크놀로지 (Smart technologies) 라이프스타일, 일·삶 균형 (Lifestyle-oriented, Work-life balance) / 공유, 개방, 분산 (Sharing, Open, and Distributed) / 데이터기반, 인공지능 (Data-driven, Artificial Intelligence) 인간중심+친환경 (Human-centered, Environment-friendly) / 다양성존종, 시민참여 (Diversity and Community based) / 창조적 혁신 (Creative Innovation)
주요서비스	• 모빌리티: 공유기반 자동차 서비스, 공유기반 1인 파이크, 교통흐름 데이터 인공지능 분석으로 교통 최적화, 5G 기반 시민 체감형 교통서비스, 스마트 신호 시스템, 도시 데이터 분석, 스마트 횡단보도 • 헬스케어: 데이터 기반 개인 맞춤형 의료서비스, 지능형 감성 돌보미 로봇, 근력 지원 웨어러블 슈트, 데이터 기반 스마트 임상연구 플랫폼, 도시기반 건물형 스마트팜, 현지 직배송 스마트시스템, 드론을 활용한 응급지원시스템 • 환경: BIM을 통한 건물 에너지 관리시스템, 물, 전기 에너지 소비 분석 및 맞춤형 분석시스템, 이웃 간 전력거래 시스템, 전기차와 스마트그리드 간 에너지의 양방향 충전 • 거버넌스: 디지털 트윈, 시민위원회 서포트시스템, 리빙랩 및 테스트베드 운영시스템, 시민 맞춤형 예측행정 시스템, 데이터 제공 시민 코인 보상 시스템

과 함께 만드는 도시로, 시민의 다양한 참여 기반을 조성하고, 효율적인 협업체계를 구성하여 시민이 체감할 수 있는 스마트서비스를 제공한다.

▼ 그림 9-3 세종시 5-1생활권 7대 혁신요소

5-1 생활권

세종

≫ 7대 혁신요소

교통
공유 모빌리티(카쉐어링, 카헤일링)
자율주행차(자율주행셔틀, C-ITS)

거버넌스
디지털 트윈, 블록체인 기반 M-Voting
시민 참여 기반 리빙랩 운영

헬스케어
원격진료, AI 기반 스마트 문진 등
스마트 응급호출, 드론 활용 긴급구조

문화
수요자 맞춤형 문화/예술/쇼핑 서비스 추천,
지역화폐 결제, 자율주행 쇼핑카트, 무인배송

교육
에듀테크, 온라인 교육, 국제표준교육
3D 프린터, 메이킹 공간, 개인 맞춤 학습

일자리
창업 인큐베이터센터 구축,
해외도시와 교차 실증 추진

에너지
CEMS, 이웃 간 전력거래,
제로에너지 건축물 건축

출처: https://smartcity.go.kr/ 재구성

(2) 국가시범도시-부산시

부산시 국가시범도시는 자연, 사람, 기술이 만나 미래의 생활을 앞당기는 글로벌 혁신 성장 도시로 추진되고 있다. 데이터와 증강현실 기반의 도시를 컨셉으로, 에코델타 스마트시티(EDC) 부산으로, 4차 산업혁명 기술을 도입하여 미래산업의 메카로 모든 시민들이 교육, 문화, 안전, 환경 등 균형있는 기회와 포용적 성장의 혜택을 받아서 시민 삶의 질을 향상시키는데 있다. 3개의 강이 합류

하는 세물머리 수변공간의 잠재력을 활용하여 물을 테마로 물순환 전 과정(강우
–하천–정수–하수–재이용)에 스마트 물관리 기술을 적용하여 물로 특화된 도시
이자, 물, 태양광 등 자연이 주는 신재생 에너지를 활용하여 에너지 자립율
100%를 달성하는 제로 에너지 도시로 구축할 계획이며, 예술, 문화, 관광 등이
어우러지는 매력적인 도시로 도시계획과 스마트기술을 더하여 지속 가능한 미
래 도시상을 만드는 것이다.

　지속 가능한 삶을 담보하고, 사회적 공익가치를 극대화하며, 미래세대 도시
의 모델이 되는 'Smart Life, Smart Link, Smart Place'를 실현하고, 5대 혁신산업
(공공자율혁신, 헬스케어·로봇, 수열에너지, 워터에너지사이언스, 신 한류 VR/AR) 클러
스터 조성을 통해 도시의 경제적 지속 가능성을 확보하는 양질의 일자리를 창출
할 것이다.

　부산 에코델타 스마트시티는 혁신적이고 지속적 도시혁신이 가능하도록 하
는 디지털도시, 증강도시, 로봇도시를 지향하고 있다. 미래 도시운영 플랫폼을
운영하고, 시민의 삶에 가치를 더하는 10대[1] 혁신기술 도입을 통해 개인, 사회,

▼ 그림 9-4 부산 에코델타시티 조감도

출처: https://smartcity.go.kr/ 재구성

　1) 로봇기반 생활혁신, 배움–일–놀이 융합사회, 도시행정·관리 지능화, 스마트워터,
　　제로에너지 도시, 스마트교육&리빙, 스마트헬스케어, 스마트모빌리티, 스마트안전,
　　스마트공원

공공, 도시분야에서 혁신적인 변화를 창출하는 대표 스마트시티 선도 모델로 조성할 계획이다.

〈표 9-4〉 부산 에코델타시티 개발 방향

구분	내용
개요	• 사업 기간: 2019~2023년 • 위치: 부산시 강서구 일원 • 사업면적: 2,191천㎡(84만 평) • 계획인구: 8,500명(3,380세대) • 총사업비: 추정 2.2조 원(공공 1.45조 원, 민간 0.76조 원)
개발목적	4차 산업혁명 관련 기술을 개발계획이 없는 부지에 자유롭게 실증·접목하여 창의적인 비즈니스 모델을 구현할 수 있는 혁신산업 생태계를 조성하여 미래 스마트도시 선도모델을 제시하는 것을 목표로 추진 중임
스마트도시 개발 방향	
주요서비스	• 스마트에너지: 수열 에너지, 연료전지, 제로 에너지 주택, BEMS(Building Energy Management System), VPP 서비스(Virtual Power Plant) • 스마트 교통: 스마트 트램, C-ITS, 스마트 주차장, 맞춤형 교통신호 제어, 교통수단 공유 • 스마트 안전: 지반 모니터링(싱크홀, 지진 등), 지능형 CCTV, 스쿨존 안전, 스마트 방음, 홍수통합관리시스템 • 생활 및 문화: 스마트 교육, 스마트 쓰레기 수거, 헬스케어, 쇼핑 및 문화 특화 거리, 스마트 가든

2. 스마트챌린지 사업

2016년 미국에서 진행한 '챌린지 사업'에 착안해 도입한 경쟁방식의 공모사업이 '스마트챌린지'사업이다. 기업과 시민, 지자체가 힘을 모아 기존 도시에 혁신적인 기술과 창의적인 아이디어를 적용해 교통·환경·안전 등 도시문제를 해결하는 사업이다. 한국형 스마트챌린지 사업은 미국 Smart City Challenge 사업과 유럽 Horizon 2020사업의 특성을 반영한 사업으로, 한국의 여건에 맞게 보완하여 2021년부터는 '시티 챌린지', '타운 챌린지', '캠퍼스 챌린지', '스마트솔루션 확산사업'으로 세분화되어 추진하고 있다.

'시티 챌린지'는 기업과 지자체가 컨소시엄을 구성하여 도시 전역의 문제를 해결하기 위한 종합적인 솔루션을 개발하는 사업이다. '타운 챌린지'는 중소도시 규모에 최적화된 특화 솔루션을 제안하고 적용하는 것에 중점을 둔 사업이다. 대학을 중심으로 기업과 지자체가 같은 지역에서 스마트 서비스를 실험하고 사업화하는 '캠퍼스 챌린지'는 2021년 새로 도입되었다. 또한, 2021년에는 효과성이 검증된 스마트 솔루션을 전국적으로 골고루 보급하여 국민들이 스마트시티 서비스를 체감할 수 있도록 '스마트 솔루션 확산 사업'을 대폭 확대하고 있다.

챌린지 사업은 사업 규모에 따라 (大)시티－(中)타운－(小)솔루션 등 3개 유형으로 구성되어 있으며, 각 유형별로 지원 규모, 사업 범위, 솔루션 규모 등을 차별화하였으며, 사업규모가 가장 큰 시티 챌린지는 민간기업의 혁신적인 아이디어로 교통 등 도시 전역의 문제를 해결하는 대도시 종합솔루션 조성사업으로 3년간(예비＋본) 215억 원이 투입된다. 지자체와 시민이 일정 구역의 수요에 최적화된 솔루션을 구축하는 타운챌린지는 마을단위 리빙랩을 통한 체감형 솔루션을 조성하는 사업으로 1년간 30억 원(국비 50%)이 투입된다.「캠퍼스 챌린지」는 대학이 주관하고 기업과 지자체가 참여하여 혁신적인 아이디어를 캠퍼스와 인근 상가, 도심에서 실험하고, 새싹기업 창업 등 사업화까지 연결하는 스마트 솔루션 실증사업으로 연간 국비 100%로 15억 원이 투입된다. 중소도시를 중심으로 스마트 횡단보도나 놀이터 등과 같이 시민체감도가 높은 단일 솔루션을 구축하는 솔루션챌린지 사업에는 1년간 40/20억 원(국비 50%)이 투입된다.

국토교통부는 "스마트챌린지는 지역 수요와 행·재정적 여건에 맞는 다양한 유형의 스마트시티 모델을 만들고, 기존 도시의 스마트화를 가속시키는 핵심 기반이 될 것"이라면서, 이 사업을 통해 대도시부터 중소도시에 이르는 다양한 도시에서, 기업·시민·지자체가 함께 스마트시티를 만들고, 많은 사람들이 혜택을 누리도록 적극 지원해 나갈 계획이다.

(1) 시티 챌린지

「시티 챌린지」는 도시 전역의 문제를 해결할 수 있는 종합 솔루션을 민간기업의 아이디어로 실증·구축하는 사업으로 도시별 215억 원의 사업비를 지원한다. 1년간 계획 수립과 솔루션 실증을 위한 예비사업(국비 15억 원/곳)을 한 후, 본사업으로 선정되는 경우 2년간 200억 원(지방비 50%)을 지원받아 확산 사업을 추진한다.

1) 스마트시티 챌린지 2019년 예비사업-2020 본사업

「시티 챌린지」는 첫 해에는 선정된 기업·지자체 컨소시엄에 계획 수립 및 대표솔루션 실증 비용을 지원(15억 원/곳)하고, 후속평가를 거쳐 성과가 우수한 곳에 3년간 200~250억 원 규모의 본사업(국비 100억 원 내외)을 지원한다. 2019년 스마트시티 챌린지 사업 공모 결과 광주광역시, 경기도 부천시, 수원시, 경남 창원시, 대전광역시, 인천광역시 총 6곳을 선정(2019.05.)하였고, 2020년 「스마트 챌린지 본사업」 평가 결과 경기 부천시, 대전광역시, 인천광역시 3개 지역을 시티챌린지 본사업 지원 대상으로 최종 선정(2020.02.)하였다.

▼ 그림 9-5 스마트시티 챌린지 2019 예비사업-2020 본사업 선정 지자체

경기 부천(본사업 선정) 사회적 경제 모델 및 공유 플랫폼을 통한 도시·사회문제 해결 '블록체인 기반 플랫폼 구축'을 통해 공영·민영주차장 정보를 개방하고 전기차 및 전동킥보드, 차량공유 등을 통해 도시문제 해결 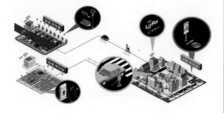	**대전광역시(본사업 선정)** 살아있고 생생한 스마트시티 비즈모델 도시, 대전 공공과 민간의 주차시설을 모두 연결하는 맞춤형 주차공유시스템 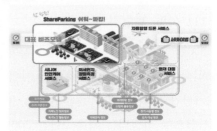
인천광역시(본사업 선정) 인천광역시 사업 참여형 MoD(Mobility on Demend) 기존 버스노선과 무관하게 승차 수요가 있는 정류장을 탄력적으로 운행, 수요응답형 교통시스템(Mobility on Demand) 실증 	**광주광역시** 빛고을 데이터 민주주의 1번가 프로젝트 '블록체인 기반 데이터·리워트 플랫폼' 구축을 통한 지역혁신 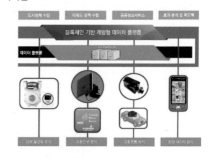
경기 수원시 'NEW 1794 Project' 수원시 스마트시티 챌린지 사업 '5G기반의 모바일 디지털 트윈'을 통해 시민이 서비스 인지와 의사결정 돕는 다양한 솔루션 제공 	**경남 창원시** 창원형 선순환 사업모델 도입을 통한 도시문제 해결 에너지 기반의 지속가능한 수익 사업 모델을 바탕으로 안전·환경 등 공익형 서비스에 재투자하는 자립형 스마트산단사업 실증 

2) 스마트시티 챌린지 2020 예비사업-2021 본사업

2020년 시티챌린지 예비사업은 총 18개 지자체가 신청하여 강원 강릉, 경남 김해, 부산광역시, 제주도 4곳이 선정(2020.05.)되었으며, 2021년 「스마트챌린지 본사업」 평가 결과 부산광역시, 제주도, 강릉시 3개 지역을 시티챌린지 본사업 지원 대상으로 최종 선정(2021.04.)하였다.

▼ 그림 9-6 스마트시티 챌린지 2020 예비사업-2021 본사업 선정 지자체

강원 강릉(본사업 선정)
지역관광·상권과 MaaS 통합연계서비스
강릉시는 지역 상권·관광 활성화를 위해 관광객이 스마트폰으로 지역 내 음식점과 카페의 빈자리와 대기시간을 확인하고 예약·주문과 함께 경로안내·교통편 결제까지 한 번에 처리하는 관광형 MaaS(Mobility As A Service) '스마트 골목' 사업을 추진할 예정이다.
* 관광형 MaaS: 관광지와 모든 교통수단을 통합 검색·결제 이용할 수 있는 서비스

경남 김해
산업단지 공유경제 및 기업지원 솔루션
김해는 의료기기 제조특구인 골드루트 산업단지에서 물류창고와 운송차량 등을 공유 이용하고 출퇴근 수요 및 최적경로 분석을 통한 수요기반형 교통서비스와 건강관리서비스를 제공할 예정이다. 또한 언제 어디서나 업무가 가능한 클라우드 업무환경을 조성한다.

부산광역시(본사업 선정)
교통약자를 위한 무장애 교통환경시스템
부산시는 장애인, 노약자 등 교통약자가 지하철역에서 어려움 없이 이동할 수 있도록 핸드폰, 단말기를 통해 무장애(Barrier Free) 길안내 서비스를 제공하고 교통약자 전용 정거장과 승차공유 서비스를 제공해 시민이 공감하는 무장애 교통 부산을 만들어 나갈 예정이다.

제주도(본사업 선정)
신재생에너지와 공유모빌리티 연계 서비스
제주도는 앞으로 다가올 그린경제 트렌드에 대응하여 친환경 산업기반을 활용한 고효율 청정 도시 표준모델을 구현하기 위해 주유소 및 편의점 등을 거점(허브)으로 친환경 공유모빌리티와 신재생에너지 거래플랫폼 연계서비스를 제공한다.

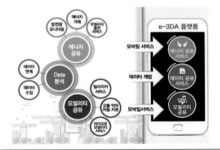

3) 스마트시티 챌린지 2021 예비사업

2021년 시티챌린지 예비사업은 총 20곳의 지자체가 신청해 5:1의 경쟁률을
보였으며, 대구·춘천·충북·포항 4곳이 선정(2021.04.)되었다.

▼ 그림 9-7 스마트시티 챌린지 2021 예비사업 선정 지자체

대구광역시	강원 춘천
AI 기반 도심교통 서비스	**시민참여형 탄소제로도시 구현**
• 실시간으로 교통상황을 관제하고 내비게이션으로 교통흐름을 분산시켜 도심교통을 개선하는 서비스 제공 • AI 기반의 신호 제어를 위해 경찰청과 업무협약 체결 보행자가 교차로 횡단보도에서 길을 건널 경우 차량 운전자에게 보행자 • 주의 알림을 띄워 보행자 안전 확보	• 개인의 친환경 노력과 모빌리티 공유서비스를 탄소배출권 수익 구조와 연계해 지자체 최초로 실증모델 구현 • 개인이 타고 다니는 자동차에 센서를 달아 운행량이 줄어든 만큼 탄소절감 포인트 제공, 택시 공유승차와 대중교통 이용거리만큼의 포인트 제공 • 심화되는 미세먼지 및 열섬현상 해결과 교통체증 해소를 위해 시민이 참여할 수 있는 탄소배출권 플랫폼 실증

충청북도	경북 포항
스마트 응급의료 및 자율주행 모빌리티 서비스	**시민이 편리한 도로안전·교통 서비스**
• 환자의 중증도를 자동분류하여 이송병원 선정, 원격 응급의료지도를 하는 등 처치현황이 구급현장과 이송예정병원, 유관기관 상황실 간 실시간으로 공유되는 플랫폼 구축 • 도심 간 교통이 부족해 발생하는 불편함을 해소하기 위해 기존의 자율주행 운행지구(세종-오송)를 충북혁신신도시까지 확대, 자율주행셔틀 운행	• 사물인터넷(IoT) 센서를 통해 도로정비가 필요한 구간을 자동으로 검출하고, 보행자 안전을 위협하는 불법주정차나 적치물을 감지해 실시간으로 관리 • 대학(포항공대)과 시민, 기업(포스코 컨소시엄)이 참여하는 사용자 검증단을 구성해 서비스가 실질적으로 어떤 체감효과를 갖는지 검증하는 리빙랩 방식으로 서비스 실증

(2) 타운챌린지

1) 스마트타운 챌린지 2018년 예비사업-2019 본사업

「테마형 특화단지 조성사업」은 기존 도시에 다양한 스마트 서비스를 적용, 교통·에너지·방범 등 생활편의를 개선하고, 지역 고유 산업·문화적 경쟁력 등을 강화하여 스마트도시 우수사례 창출을 지원하는 사업으로, 1단계 사업기획지원('18년), 2단계 조성지원('19년) 단계로 구분하여 추진되었다. 2018년 스마트시티 「테마형 특화단지 마스터플랜 지원사업」의 대상지로 대전광역시와 경상남도 김해시, 경기도 부천시, 충청북도 4곳을 선정(2018.06.)하였고, 이 중 2019년 「테마형 특화단지 조성사업」지원 대상지로 대전광역시, 경상남도 김해시, 경기도 부천시 3곳을 선정(2019.02.)하였다.

▼ 그림 9-8 스마트타운 챌린지 2018 예비사업-2019 본사업 선정 지자체

대전광역시(본사업 선정) 테마형 특화단지 Re-New 과학마을	경기도 부천시(본사업 선정) 스마트 미세먼지 클린 특화단지
노후된 대덕연구개발특구 일대를 친생활형 스마트 서비스를 제공하는 "리뉴(Re-New) 과학마을" 조성	빅데이터 분석과 미세먼지 저감서비스를 연계한 실증단지 구축

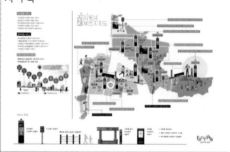

경남 김해시(본사업 선정) 고고(Go古)가야 스마트 관광 서비스	충청북도 스마트 세계문화유산도시
가야의 숨결이 살아있는 스마트 역사문화도시 김해 조성	지자체간 협력을 통해 공동으로 유네스코 세계유산인 백제역사유적지구 일대에 스마트 세계문화유산도시를 조성

2) 스마트타운 챌린지 2019년 예비사업-2020 본사업

「타운 챌린지」는 시민참여를 기반으로 한 리빙랩 등을 통해 문제 해결방안을 도출하고 도시 내 일정구역에 최적화된 특화 솔루션을 구축하는 사업으로, 첫 해에는 지자체와 시민이 함께 계획을 수립하는 비용(3억 원/곳)을 지원하고, 후 속평가를 거쳐 1년간 20~40억 원 규모의 본사업(국비 10~20억 원)을 지원한다. 2019년 스마트도시 「테마형 특화단지 종합계획 수립 지원사업」의 대상지로 경 남 통영시, 부산 수영구, 서울 성동구, 충남 공주시·부여군 4곳을 선정(2019.02.) 하였고, 2020년 「스마트챌린지 본사업」 평가 결과 4개 지역 모두 타운챌린지 본 사업 지원 대상으로 최종 선정(2020.02.)하였다. 2020년 1월에 "테마형 특화단 지"는 "스마트타운챌린지"사업으로 개편되었다.

▼ 그림 9-9 스마트타운 챌린지 2019 예비사업-2020 본사업 선정 지자체

경남 통영시(본사업 선정)	부산시 수영구(본사업 선정)
지역상권과 함께하는 스마트시티 통영	Suyeong Smart ECT
대표 관광지인 동피랑 마을 인근 중심으로 이용객이 '직접 체험하고 편리하게 이용할 수 있는 전통시장' 조성	스마트한 서비스로 광안리 해수욕장 일대의 편의성과 즐 길거리를 늘려 '다시 찾고싶은 광안리' 조성

서울시 성동구(본사업 선정)	충남 공주시 부여군(본사업 선정)
교통중심 왕십리 스마트 트랜스시티	스마트 세계문화유산도시
5개의 도로망과 5가지 지하철의 결절점인 왕십리 광장을 중심으로 지속적으로 심화되는 교통문제를 해결하기 위한 'Blinds Zero 왕십리 스마트 트랜스시티'를 조성	백제역사유적지구를 연계한 '스마트 백제길' 조성 및 체 류형 관광을 활성화
	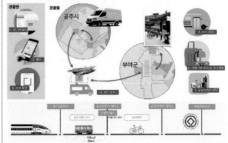

3) 스마트타운 챌린지 2020 예비사업-2021 본사업

2020년 타운챌린지 예비사업은 총 20개 지자체가 신청하여 강원원주, 충남서산, 전남광양, 경남창원 4곳의 사업이 선정(2020.05.)되었으며, 2021년 「스마트챌린지 본사업」 평가 결과 전남광양, 충남서산, 강원원주 3개 지역을 타운챌린지 본사업 지원 대상으로 최종 선정(2021.04.)되었다.

▼ 그림 9-10 스마트타운 챌린지 2020 예비사업-2021 본사업 선정 지자체

강원 원주(본사업 선정)	충남 서산(본사업 선정)
대학-지역사회를 잇는 교통·안전 서비스	산업단지 안전·교통·환경 서비스
원주시는 3개 대학이 밀집한 흥업면에서 대학과 지역사회 간 연결성을 강화하는 수요응답형 버스, 공유자전거 및 킥보드 등 교통솔루션과 함께 주민·학생 안전문제 개선을 위한 안심귀가 서비스, 위급상황인지 음성인식 영상보안관제 등 안전솔루션을 도입한다.	서산시는 산업단지 재해대응체계 강화를 위해 드론 모니터링 등 안전솔루션, 교통사고 예방을 위해 실시간 교통 상황 분석을 통한 신호배정시스템 등 교통솔루션, 환경문제 개선을 위해 미세먼지 정화벤치 등 환경솔루션을 도입한다.
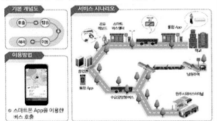	
전남 광양(본사업 선정)	경남 창원
순환형 에코포인트 플랫폼	진해해양공원 스마트관광타운
광양시는 자원재활용을 통해 적립한 에코포인트로 시내 버스 및 공유모빌리티 요금, 생활폐기물 수수료 결제가 가능한 순환형 에코포인트 플랫폼 서비스를 추진하며, 이와 연계한 지능형 폐기물 수거시스템, 스마트 쓰레기통, 미세먼지 저감 버스정류장 등을 조성한다.	창원시는 진해해양공원에 투어버스 예약 기능 관광앱과 공유킥보드 등 교통솔루션을 제공할 예정이다. 아울러 가상현실(VR) 360도 파노라마 체험 관광, 솔라타워 미디어파사드와 함께 편의를 위한 주차공간확인 및 사전결제 등 스마트파킹과 공공 WI-FI 서비스 등을 도입한다.
	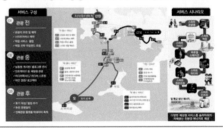

4) 2021 스마트타운 챌린지

2021년 타운 챌린지 신규 사업으로는 응모한 16개 지자체 중, 경북 김천시, 경기 과천시, 강원 양양군, 경기 오산시 4곳이 선정(2021.03.)되었다.

▼ 그림 9-11 2021 스마트타운 챌린지 선정 지자체

경북 김천시	경기 과천시
도로위험 탐지 솔루션	**스마트 불법주차 통합관리 솔루션**
• 차량주행 음향을 분석하여 실시간 노면 상태를 파악하고 도로위험 정보를 관리하는 도로위험 탐지 솔루션 실증 • 로드킬 예방 솔루션을 도입하여 동물의 도로진입을 방지하고 운전자의 서행을 유도하여 사고 예방	• 이동식 주차단속 CCTV, 스마트 소화전, 버스장착형 주차단속 모니터링 등 주차단속 서비스 스마트화 • 주차단속 알림 시스템, 주차정보 제공 미디어보드 등을 통해 불법주차 차량의 자발적 이동주차를 유도

강원 양양군	경기 오산시
스마트 워터관제 솔루션	**스마트 하천 관리 서비스**
• 남대천의 환경 보전과 수질 개선을 위해 스마트 IoT 관수시스템과 빗물저금통을 도입하여 갈수기에 하천 식생 자동 관리, 수문 자동 제어로 수위를 안정적으로 조절하는 스마트 워터관제 솔루션 구축 • 통합 친수플랫폼을 통해 하천의 수질·수위 데이터를 모니터링하여 침수 위험 등 하천 관련 정보 제공	• 생태하천으로 복원된 오산천을 보호하고 자연 친화적인 스마트 하천 관리 서비스 제공 • 하천 생태감시 모니터링을 위해 CCTV, 환경AI 순찰 로봇 배치 • 재활용 및 공용자전거 이용 시 마일리지를 지역화폐로 적립해주는 시민참여형 에코포인트 시스템 구축

(3) 스마트캠퍼스_챌린지

「캠퍼스 챌린지」는 대학이 주관하고 기업과 지자체가 참여하여 혁신적인 아이디어를 캠퍼스와 인근 상가, 도심에서 실험하고, 새싹기업 창업 등 사업화까지 연결하는 스마트 솔루션 실증사업으로 11~15억 원 규모의 사업비(국비 100%)를 지원받아 추진한다. 2021년 처음 실시한 캠퍼스챌린지 공모에는 전국 81개 대학이 응모하여 10:1의 경쟁률을 보였으며, 한신대학교, 안양대학교, 연세대학교, 한국교통대학교, 계명대학교, 성신여자대학교, 동아대학교, 공주대학교 8개 대학이 최종 선정(2021.03.31.)되었다.

▼ 그림 9-12 2021년 스마트캠퍼스 챌린지 선정대학 1

한신대학교 도시데이터 활용한 PM 관리서비스 • CCTV 등 영상 중심의 도시 관제망을 도시 데이터를 수집 · 저장 · 분석 · 공유할 수 있는 차세대 스마트도시 통합운영플랫폼 모델로 발전 • 부천시에서 개인용 모빌리티(Personal Mobility) 안전관리 서비스 실증 	안양대학교 스마트폴 데이터 활용 교통 · 복지서비스 • 공간 빅데이터를 활용한 이슈분석 및 주민 리빙랩을 통해 다목적 스마트 폴을 최적의 장소에 설치 • 안양시 도시통합센터와 연계시켜 신호 · 정지선 · 주차 위반차량 및 실종자 모니터링 등을 수행하는 지능형 CCTV 도시관제 체계 실험 
연세대학교 공유교통 서비스 중심 신촌상권 활성화 • 신촌역 상권 침체 문제를 해결하기 위해 이동성 및 접근성을 높여줄 수 있는 개인형 이동수단(Personal Mobility 이하 PM)의 활용성을 높이는 실증사업 • PM과 보행자의 동선 분리, 수요 대응형 주차 유도를 위한 마일리지 지급 등 PM과 연계한 상권 활성화 솔루션을 학생 · 지역사회 주도로 실증 	한국교통대학교 자율주행셔틀-모빌리티 정류장 연계 • 캠퍼스 통행시간 단축을 위해 자율주행셔틀과 개인용 모빌리티의 연계 시스템 구축 • 여가 · 물류 · 수송 등 다양한 기능을 갖춘 다목적 개인용모빌리티와 이를 지원하는 다목적 모빌리티 스테이션(충전 · 수리, 물류보관, 문화공간 등)을 통해 스마트 종합 모빌리티 실증 

출처: https://smartcity.go.kr/

계명대학교 **수요응답형 모빌리티 공유 플랫폼** • 대구 성서지역과 월배지역 간에 지하철 등 대중교통수단의 연계가 부족하여 통학·통근 시간이 긴 문제를 해결하기 위해 수요응답형(Mobility on Demand) 교통 체계를 기반으로 통합교통서비스(MaaS) 실증 	**성신여자대학교** **화재위험 예측 및 독거노인 지원서비스** • 사물인터넷(IoT)으로부터 전기안전정보(누설전류, 부하전류 등)를 모니터링, 빅데이터 인공지능(AI) 분석을 통해 전기화재 위험을 예측하거나 합리적 의사결정을 지원하는 전기안전 스마트 관제플랫폼 실증 • 전기 데이터의 변화 감지하여 알림, 이상 징후 시 긴급 출동 서비스 및 전력사용 패턴 분석을 통한 독거노인 활동 감지 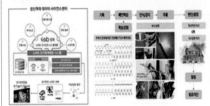
동아대학교 **디지털트윈 기반 재난 예측 플랫폼** • 도시의 낡은 건물에서 날로 커지고 복잡해지는 화재 문제를 해결하기 위해 노후화된 공공청사(사하구청)를 대상으로 5G기반의 지능형 통신망과 화재 센서를 설치하고, 디지털트윈 기술을 활용하여 스마트 화재안전 관리 서비스 실증 	**공주대학교** **지역 맞춤형 스마트 콘텐츠 핵심기술 실증** • 지방 소도시의 인구 감소 및 고령화에 따른 디지털 정보 격차 문제를 해결하기 위해 공공의 유휴시설을 활용하여 스마트서비스 거점(디지털쉼터)으로 제공 • 리빙랩을 통해 지역 주민들이 원하는 교육 및 헬스케어 서비스, 디지털 정보 등을 대학이 맞춤형으로 제공하는 사업 실증 

출처: https://smartcity.go.kr/

(4) 스마트솔루션 확산사업

「스마트솔루션 확산사업」은 스마트챌린지 사업을 통해 효과가 검증된 우수 스마트시티 솔루션들을 전국으로 확산 보급하는 사업이다. 국민 생활에 밀접한 교통과 안전 관련 솔루션 위주로 서비스를 선정해서 보급한다. 지자체들이 각 도시의 문제 해결에 최적화된 솔루션을 손쉽게 선택해서 활용할 수 있는 방식으로 추진된다.

1) 2020 스마트솔루션 챌린지

중소도시를 중심으로 스마트 횡단보도나 놀이터 등과 같이 시민체감도가 높은 단일 솔루션을 구축하는 솔루션챌린지 사업에는 1년간 6억 원이 투입된다. 솔루션챌린지는 총 42개 지자체가 신청하였으며, 분야별로 교통 5개, 관광 2개, 물류·보건·환경이 각 1개씩 등 총 10건의 사업이 선정되었다.

▼ 그림 9-14 2020년 스마트솔루션 챌린지 선정지자체

강원도 양구군(환경) 돈사 악취 저감 솔루션  • 돈사에 액비순환시스템, 악취 및 수질 모니터링 센서 설치 등	서울시 강동구(보건) 바이러스, 미세먼지 차단 솔루션  • 발열검사용 무인자율주행로봇 • 미세먼지제거용 에어샤워 시스템 구축 등
경남 거제시(관광) 포로수용소 유적공원 스마트파크  • AR 스토리텔러, 스마트주차장, IoT사물함, 다국적 오디오가이드, 방문자 빅데이터 분석 등	서울시 양천구(에너지) 전기차 충전인프라 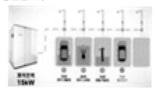 • 노상주차장 가로등주에 스마트 E-모빌리티 충전 인프라 구축
충북 청주시(관광) 버스킹 지원 플랫폼  • 스마트가로등에 LCD 디스플레이, 마이크, 앰프, 스피커 등 설치, 모바일·홈피 통해 공간·장비예약·대여 등 버스킹 지원 플랫폼 구축	경남 사천시(안전) 스쿨존안전솔루션  • 보행자에게 통과차량 주의안내, 운전자에 보행자 주의 및 실시간 주행속도 LED 디스플레이, 불법 주정차 계도, 보행자·차량 빅데이터 분석 등

충남 서산시(물류) 드론 활용 배송 및 사고대응	광주시 광산구(교통) 공동주택 주차공유

• 하이브리드 드론활용 도서지역 물품배송 서비스 • 연안사고 접수 시 유선드론 활용 현장영상송출 서비스	• 스마트 주차관제시스템 • 공동주택 주차면 공유 서비스 구축 등
전남 순천시(교통) 전기차 충전구역 불법주차 단속 등	전북 완주군(교통) 스마트 버스정류장

• 충전기 자가진단 및 자동복구 시스템 • 전기차 충전공간 불법주정차 스마트관리시스템 구축 등	• IoT 기반 버스정보안내 플랫폼 및 단말기 • 교통사고 및 방범용 CCTV 탑재 버스쉘터 구축 등

출처: https://smartcity.go.kr/

2) 2021 스마트챌린지 솔루션 확산사업

「스마트솔루션 확산사업」은 스마트챌린지 사업을 통해 효과가 검증된 우수 스마트시티 솔루션들을 전국으로 확산·보급하는 사업이다. 국민 생활에 밀접한 교통과 안전 관련 솔루션 위주로 서비스를 선정해서 보급한다. 지자체들이 각 도시의 문제 해결에 최적화된 솔루션을 손쉽게 선택해서 활용할 수 있는 방식으로 추진된다. 2021년 「스마트챌린지 솔루션 확산사업」 대상지로 응모한 90개 중 전국 23곳(총 600억 원 규모, 각 19~38억 원 지원, 지방비 50% 매칭)의 도시가 선정(2021.03.04.)되었다. 선정된 도시에는 스마트시티 솔루션 7개(스마트폴, 스마트 버스정류장, 스마트횡단보도, 전기안전 모니터링, 공유주차, 수요응답버스, 자율항행드론) 중 지역 내 도시문제 해결에 필요한 2~3개의 솔루션을 선택해 적용하게 된다.

▼ 그림 9-15 2021년 스마트챌린지 솔루션 확산사업 선정 지자체 1

서울 동작구 스마트 보행 안전 남성역~장승배기역~신대방삼거리역 주변은 교통사고 분석 시스템에서 분석된 보행노인사고, 무단횡단사고 다발지역으로, 스마트 보행 안전 솔루션 인프라를 구축하여 교통사고 감소 및 주민 만족도 제고 **스마트폴, 스마트횡단보도, 스마트버스정류장**	서울 구로구 스마트폴 설치 주택가 또는 교통 혼잡구역에 설치된 CCTV폴을 스마트화하여 하나의 지주에 IoT LED보안등, 지능형 CCTV, WiFi, 로고젝터 등을 통합 설치함으로써 방범, 교통, 무단투기 방지 등 3대 안심서비스 구축 **스마트폴, 스마트횡단보도**
서울 중구 다산동 주차문화 개선 대상지인 다산동은 보행 편의성 및 안전성이 현저히 낮고 내부에 대중교통 노선이 전무하여 내부통행과 외부 대중교통 접근이 어려운 교통 취약 지역으로, 주민자치형 스마트공유주차, 수요응답 대중교통 적용·확산을 통한 주차문제 해결 및 지속가능 모빌리티 서비스 모델 구현 **공유주차, 수요응답**	부산 남구 솔루션이 작동하는 스마트 UN평화문화특구 UN평화문화특구 주 진입로인 대연사거리-유엔교차로구간은 주요 명소가 인접하여 외부인 및 주민들의 이동이 많은 지역으로 교통사고 발생 위험이 높으며, 경성대 등 대학로는 원룸 밀집 지역으로 방범에는 취약함에 따라 교통·방범 솔루션을 구축하여 첨단 스마트 거리 조성 **스마트폴, 스마트횡단보도**
대구 달서구 더 안전하고 더 편리한 스마트 달서 달서구는 '19년 교통사고 발생건수 및 어린이 교통사고 발생율이 높아 교통·방범·환경에 취약함에 따라 횡단보도, 폴, 버스정류장을 구축하여 기존 구도심의 스마트도시화를 추진 **스마트폴, 스마트횡단보도, 스마트버스정류장**	대구 동구 새로운 도약 안전하고 멋진 스마트 동구 만들기 교통문화지수 중 교통사고 부분이 낮으며, 특히, 차대 사람 사망자수를 감소시킬 필요가 있어, 차대 사람 사고가 많은 곳을 중심으로 보행자 경고 음성 등의 기능이 있는 스마트횡단보도를 도입하여 교통사고 예방 **스마트폴, 스마트횡단보도, 스마트버스정류장**
인천 서구 스마트 에코시티 사업 원도심의 교통시설 노후화 등으로 보행자 사고가 많이 발생하고 있고, 대규모 산단·수도권 매립지·화력발전소로 인해 주민피해가 가중되어 스마트 횡단보도 및 스마트 버스정류장을 도입하여 신도시와 연계 가능한 스마트도시로 조성 **스마트횡단보도, 스마트버스정류장**	광주 남구 행복한 스마트도시 남구는 광주광역시 5개 자치구 중 주차장 확보율이 최하위이며, 노인인구 비율이 높은 빛고을 건강타운 등에 사건·사고가 빈번함에 따라, 공유 주차면(300면) 확보와 스마트 버스정류장을 도입하여 주민 만족도 제고 **공유주차, 스마트버스정류장**

▼ 그림 9-16 2021년 스마트챌린지 솔루션 확산사업 선정 지자체2

경기 평택	경기 수원
안전이 숨 쉬는 스마트 평택시	시민 삶에 플러스가 되는 스마트시티 솔루션 플러스
평택시는 도로의 안전·보안시설이 취약하여 자체적으로 수행한 「지역사회 안전수준 진단」 결과에 따라 교통사고, 범죄발생 우려가 높은 지역에 스마트 횡단보도, 및 스마트 폴을 설치하여 교통사고 및 범죄 예방	구도심의 가구당 보유차량 증가, 수원화성 관광객 차량으로 주차난이 심각함에 따라 스마트 공유주차면을 확보하여 주차문제 해결, 스마트횡단보도, 버스정류장 등을 통해 지역주민 교통편의 향상
스마트폴, 스마트횡단보도	**스마트횡단보도, 스마트버스정류장, 공유주차**
경기 성남	경기 광명
포용적 시민체감 스마트서비스 제공	안전한 환경제공 및 범죄 예방
버스 교통사고, 교차로 내 교통사고가 많은 지역에 스마트 버스정류장, 횡단보도를 설치하여 교통사고를 예방하고, 드론촬영을 통한 도심 건설현장, 하천, 열영상 등을 촬영하여 시계열 분석 등	광명동은 연간 화재 발생빈도가 높고 안전, 범죄 등에 지역주민의 불안감이 고조되어 있으며 버스이용객수가 높아 상기 문제점을 고려한 버스정류장 및 스마트폴 설치로 주민만족도 향상 기여
스마트횡단보도, 스마트버스정류장, 드론	**스마트버스정류장, 스마트폴**
경기 구리	강원 춘천
지속 가능 선순환 맞춤형 스마트 교통모델 구축	자연친화형 지속가능 스마트도시 조성
인접지역의 다양한 신도시 개발로 인해 인구 및 차량이 증가하여 교통혼잡이 발생하고 시민들의 대중교통 이용 불편 및 교통사고 발생 지속 증가, 이에 기존 인프라 연계를 통해 지속가능한 맞춤형 스마트 교통모델 구축으로 대중교통 이용 유도 및 교통문제 해결	춘천시는 높은 수준의 미세먼지 농도를 기록하고 있어 대중교통 이용장려 및 시민건강 증진 서비스 제공지원을 위해 미세먼지 측정센서 등을 도입한 스마트 버스정류장 구축
스마트횡단보도, 스마트버스정류장	**스마트버스정류장**
강원 태백	충북 충주
시민편의 스마트 버스정류장 및 폴 구축	스마트 버스정류장 설치
태백시는 강원남부에 위치한 탄광도시로 석탄 산업의 쇠퇴와 급격한 경기침체로 도시 기능이 상실되어 도시 구조와 기능 차원을 넘어 소시민의 낱낱한 삶 속에 자리잡을 수 있는 감성 공간 등 서비스 질 향상이 필요함에 따라 유개식 버스정류장을 소통이 원활한 자동 밀폐형으로 개선하고, 각종 사회재난 및 기후변화에 대응이 가능한 스마트 버스 정류장으로 대체 구축	'17년 이후 산업단지 증가로 미세먼지 환경에 취약하고, 기후환경 변화로 폭염/혹서 등에 대한 대비가 필요함에 따라, 마을버스 도입에 따른 농촌지역 고령인구의 환승 불편 및 시외곽 기업도시 및 산업단지 도시근로자의 출퇴근 불편을 해소하기 위해 스마트 버스정류장 도입
스마트버스정류장, 스마트폴	**스마트버스정류장**

▼ 그림 9-17 2021년 스마트챌린지 솔루션 확산사업 선정 지자체 3

충남 논산	충남 홍성
교통사고율 저감	교통약자 및 주민 안심 생활권 조성
논산시는 충남 타지역 대비 교통사고 사망자 수가 많고 고령인구가 많아 교통사고에 위험이 높은 지역으로, 스마트 횡단보도, 스마트 폴 등을 통해 음성안내 등 정보를 전달하여 교통사고 예방 추진	내포 신도시 스마트도시 구축으로 구도심간 이질감과 소외감 해소 및 교통약자·주민이 안심할 수 있는 생활권 조성, 고령자가 많은 지역에 대해 혹한기·혹서기 주민 편의를 위한 쉼터형 버스정류장 구축
스마트횡단보도, 스마트폴	**스마트횡단보도, 스마트버스정류장**
전북 김제	전남 여수
화재 감시 스마트 솔루션	안전한 스마트 교통도시
김제지역의 높은 화재 발생 비율을 감소하기 위해서 무인 드론을 활용하여 화재 감시 및 순찰을 강화하고, 스마트 분전함을 스마트 플랫폼으로 통합하여 운영 및 모니터링 서비스 구현	여수는 교통안전지수 D등급이며, 대기오염 물질 발생량 전국 3위로 교통, 대기환경 문제점 분석을 통해 시민이 체감할 수 있는 솔루션 마련이 필요함에 따라 교통사고 예방 및 안전성 강화, 교통 약자 보호 및 쾌적한 공간 제공을 위해 스마트 횡단보도 및 버스정류장 도입
자율항행드론, 전기안전	**스마트횡단보도, 스마트버스정류장**
경북 영주	경남 진주
스마트 共 Zone 서비스	시민 對 치유 프로젝트
지속적인 노령인구 증가로 인한 사회적 비용에 대한 부담을 경감하고, 어린이 보호구역내 안전보행 환경 조성이 필요함에 따라, 교통약자에 대한 스마트 안전거리 구축 및 편리하고 안전하게 대중 교통을 이용할 수 있는 공간 조성을 위해 스마트 횡단보도 및 버스정류장 적용	관련부서 면담 및 시민 리빙랩(2회)를 통해 도출된 진주시 생활안전문제(교통, 환경, 보건) 해결을 위해, 재난 및 교통사고 발생 시 드론을 통해 신속한 출동 및 실시간 영상을 중계하고, 스마트버스정류장을 구축하여 시민이 안심하게 대기할 수 있는 공간을 제공하며, 스마트 폴 구축으로 공감형 커뮤니케이션을 통한 정서적 케어 유도 진주지역의 높은 화재 발생 비율을 감소하기 위해서 무인 드론을 활용하여 화재 감시 및 순찰을 강화하고, 스마트 분전함을 스마트 플랫폼으로 통합하여 운영 및 모니터링 서비스 구현
스마트횡단보도, 스마트버스정류장	**스마트버스정류장, 스마트폴, 드론**
경남 밀양	
밀양다움 스마트 솔루션	
밀양시는 교통안전지수 5등급으로 보행자 보호구역 증가 대비 교통사고율은 높으며, 사회적 약자 및 주민/관광객을 위한 대중교통 시설과 정보 제공이 미흡함에 따라 스마트 횡단보도 및 버스정류장을 도입하여 밀양다움 스마트시티 조성	
스마트버스정류장, 스마트횡단보도	

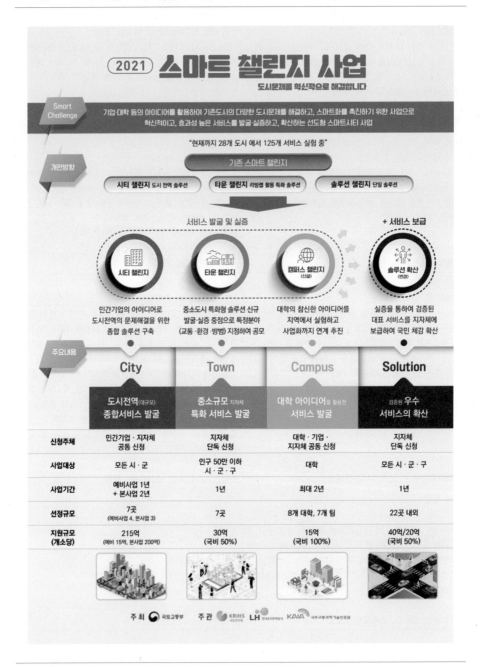

출처: https://smartcity.go.kr/

(5) 지역거점 스마트시티 조성

국토교통부는 전국 도시의 스마트화를 본격 추진하기 위해 2022년부터 '지역거점 스마트시티' 조성을 시작한다고 발표했다. 매년 4개 도시를 선정, 사업에 착수하여 '25년까지 16개소를 선정하고, 선정된 도시에는 3년간 최대 240억 원을 정부와 지방자치단체가 투입(국비 50% 이내)한다. 국토교통부는 '지역거점 스마트시티' 선정 및 추진 목표를 도시공간구조를 재설계하고, 도시서비스의 스마트화를 촉진하는 한편, 도시에 기반을 둔 기업의 성장과 활동을 지원하여 지역경제를 활성화하고 지역의 일자리 창출을 목표로 하고 있다.

▼ 그림 9-19 지역거점 스마트시티 조성사업

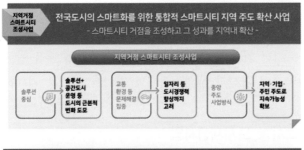

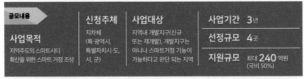

출처: 국토교통부

도시문제를 해결하기 위한 개별 기술과 서비스 등 솔루션뿐만 아니라 도시인프라와 공간구조, 도시계획, 도시운영이 종합적으로 융합된 스마트시티를 조성하여 도시의 근본적인 변화를 계획하고 있다. 이에 따라 지방정부는 '지역거점 스마트시티' 사업에 선정되기 위해서는 지역여건, 도시문제 등을 고려하여 지역 맞춤형 해결방안을 도출하고, 이에 맞춰 새로운 도시인프라가 도입될 수 있도록 공간계획 및 서비스 계획을 수립해야 할 것으로 보인다. 국토교통부는 각종 센서로부터 수집된 데이터에 기반하여 시민의 수요와 도시환경에 맞는 도시계획이 수립되고 서비스가 제공되도록 하는 등 도시운영도 보다 체계적이고 과학적으로 이뤄져야 한다는 원칙을 세우고 있다.

'지역별 스마트시티' 특성에 따라 관련 산업과 기업을 유치하고, 인재가 유입되도록 하는 혁신공간 조성을 지역거점 스마트도시를 통해서 실현하겠다는 구상이다. 국토교통부는 '지역거점 스마트시티'를 혁신성장진흥구역으로 지정하고 규제샌드박스를 적용함으로써 기업활동을 적극 뒷받침할 계획이다. 지역거점 스마트시티 조성은 지방정부 주도로 기업과 지역주민이 참여하여 추진되어야 한다. 국토부는 '지역거점 스마트시티' 조성에 기업이 지자체와 함께 사업주체로 참여하여 스마트시티 기술을 활용한 다양한 비즈니스 모델을 발굴하게 되면, 스마트시티의 전국적인 확산과 해외수출에도 기여할 것으로 기대하고 있다.

3. 스마트도시형 도시재생사업

스마트도시형 도시재생사업은 현재 정부에서 추진하고 있는 도시재생 사업과 연계하여 스마트 기술이 접목될 수 있도록 진행하고 있는 사업이다. 드론을 활용해 야간 및 등하굣길 등을 감시하고, 스마트 주차장을 조성하여 주민 교통편의를 제공하는 등 도시재생 지역에도 스마트 기술이 도입되도록 추진하고 있다. 도시별 스마트도시형 도시재생사업은 다음과 같다.

(1) 경기도 고양시: 덕양구(화전지역 상생 활주로 "활.활.활") 뉴딜사업

고양시는 화전역 일대에 4차 산업 혁신성장 과제인 '드론'과 '스마트시티'를 도시재생 핵심성장 동력으로 활용하는 '스마트 드론 안심형 도시재생' 사업을 추

▼ 그림 9-20 경기도 고양시 스마트도시형 도시재생

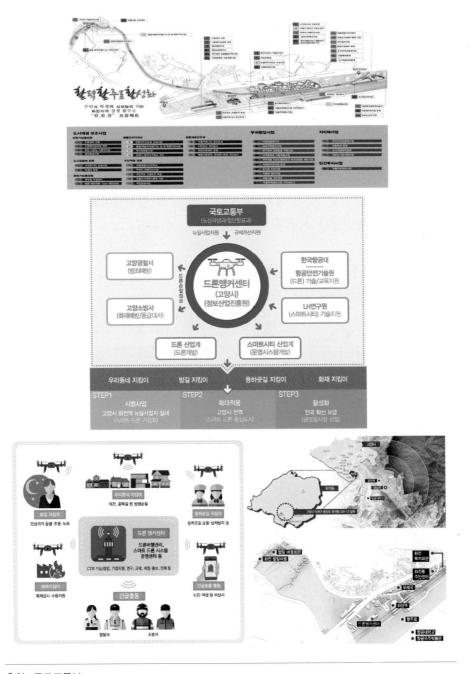

출처: 국토교통부

진한다. 해당 사업에서는 '드론 앵커센터'를 조성하여 '드론'을 주민과 학생의 생활안전 향상에 이용하는 등 드론산업을 지역 특성화 사업으로 육성하고 지역 경제 활성화 자원으로 활용할 계획이다.

세부 사업으로는 드론을 활용한 '스마트 드론 지킴이 서비스'를 개발하여 밤길, 등·하굣길에 여성, 어린이, 노인 등 취약계층의 안전을 강화할 계획이다. 또한 경찰서와 소방서 등과 스마트시티 시스템으로 연계하여 범죄, 화재 등 긴급상황에 신속하게 대응할 수 있는 최첨단 생활안전 환경을 구축할 예정이다. 혁신공간인 '드론 앵커센터'는 인근 항공대학교와 연계하여 드론 비행 관리, 창업, 기업지원, 연구, 교육 등의 업무를 수행함으로써 관련 산업기반을 강화한다. 또한 일반인을 위한 드론 체험, 홍보 및 판매시설 등을 설치하여 방문객을 유도하고 지역주민의 경제활동 기반을 강화할 것으로 기대된다.

(2) 세종특별자치시 조치원읍: 세종시 원도심 살리기 프로젝트(청춘조치원 Ver.2)

세종특별자치시 조치원읍은 행복도시 건설에 따른 도시 중심축 이동과 공공기관 이전 및 오송역 등장으로 원도심 기능이 저하되었으며, 조치원 역세권 쇠퇴에 따라 원도심 기능 회복을 위한 중심시가지형 도시재생 사업을 추진한다.

총 360억 원의 사업비 중 60억이 배정된 스마트시티 선도사업은 SK에서 추

▼ 그림 9-21 세종특별자치시 조치원 스마트도시형 도시재생

진하고 있으며, 도시문제 해결을 위해 '스마트시티 인프라 구축', '창업 및 일자리 창출', '시민체감서비스 발굴'로 구성되어 있다. 우선 '스마트시티 인프라 구축'에서는 지역주민 삶의 질 개선을 위해 스마트 가로등, 스마트 파킹 등의 기초 스마트인프라를 구축하고 CCTV 관제센터, 스마트시티데이터센터 등을 설치할 예정이다. '창업 및 일자리 창출'과 관련해서는 청년일자리 창출을 위한 역량강화 교육을 시행하고 창업지원 프로그램을 운영할 예정이다. 마지막으로 '시민체감서비스 발굴'을 위해 스마트시티 포럼을 운영하고 스마트도서관, 스마트버스정류장 등 시민들이 직접 체감할 수 있는 다양한 서비스를 운영할 계획이다.

(3) 경북포항시-새로운 시작! 함께 채워가는 미래도시 포항

포항만이 가지고 있는 풍부한 해양자원과 전통문화, 그리고 과거 국내 산업화를 주도했던 경험과 잠재력을 바탕으로 도시에 활력, 일자리창출, 지역경제 활성화에 적극 기여할 수 있도록 도시재생 사업을 시행한다.

시청이전, 외곽지역 주거지 형성, 산업경쟁력 약화 등의 요인으로 쇠퇴한 중앙동은 2017년 지진으로 인해 북구청사를 비롯한 일부 건물들이 붕괴가 우려될 정도의 피해를 입으면서 대규모 도시재생 사업의 필요성이 제기됨에 따라, 포항시는 중앙동 원도심을 공공시설 이전부지 및 유휴시설을 활용하여 지속가능하

▼ 그림 9-22 경상북도 포항시 스마트도시형 도시재생

고 활력 있는 도심으로 만들 계획이다.

세부 계획으로는 중앙동 일원을 3개 지역으로 나눠 옛 중앙초등학교 부지에는 문화예술허브를 구축하고, 문화 예술 플랫폼과 창작공동작업장 등을 조성한다. 북구청 부지는 청년창업허브를 조성하여 젊은 창업자들을 지원하며, 꿈틀로와 육거리, 중앙상가 실개천거리 일원에는 청춘 공영임대상가와 보행자 중심의 예술문화 창업로를 조성하여 스마트 서비스 연계 및 지역문화와 청춘활력이 어울리는 스마트시티를 조성한다.

(4) 경기도 남양주시: 여유롭고 활력 넘치는 남양주 구도심 재생
(Slow&Smart City, 함께하는 삶이 있는 금곡동)

여유롭고 활력 넘치는 남양주 구도심 재생사업은 도시공간구조 및 광역교통체계 변화에 따라 시청 소재지임에도 불구하고 주변 택지개발로 인한 구도심 인구유출 문화재보호구역으로 인한 개발제한, 인구 고령화로 인한 지역경제 침체 등 지역상권 쇠퇴지역이지만, 홍유릉 등 역사·문화자원이 풍부한 남양주시 금곡동의 도시재생활성화 계획이다.

유네스코 세계문화유산인 홍유릉 등의 역사자원을 활용한 역사문화특화 지

▼ 그림 9-23 경기도 남양주시 스마트도시형 도시재생

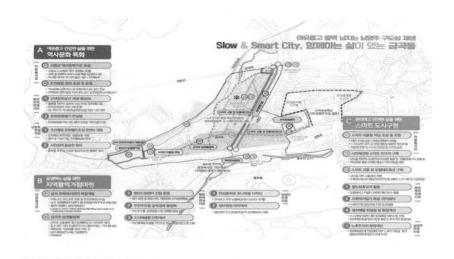

역을 조성하고, 지역 활력 거점을 마련한다. 또한 편리하고 안전한 삶을 위한 스마트도시구현을 하는 것이 목표이다. 주요 사업계획을 보면 공공청사 복합개발, 주차장 등 주민편익시설 설치, 역사·문화특화거리 조성, 창업 및 사회적경제 지원을 통한 지역경제활성화, 스마트 인프라 구축과 청년주택 공급 등이 추진된다.

(5) 인천광역시 부평구-도시재생뉴딜사업을 통해 부평 경제생태계 구축

인천광역시는 부평구의 소비유형 변화 및 인근 신규상권 형성으로 상권이용객이 지속적으로 감소하고, 도시발전 정체 및 시설노후화로 인한 도시쇠퇴가 일어남에 따라, 신·구 상권을 연결하는 지역상권 확산 프로그램을 적용하여 직·주관광 복지구현을 위한 보행환경 개선으로 부평 일대의 통합적 도시재생을 추진한다.

부평 11번가 지역의 생태·문화·도시분야 종합 재생사업 및 혁신경제생태계 조성으로 일자리를 창출하고, 나아가 굴포천 프로그램과 연계하여 지역상권을 활성화할 계획이다.

▼ 그림 9-24 인천광역시 부평구 스마트도시형 도시재생

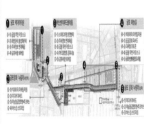

(6) 부산시 사하구-고지대 생활환경개선 프로젝트 안녕한 천마마을

부산광역시 사하구의 고지대 생활환경개선 프로젝트는 주거지 지원형지원사업으로 자생력이 상실된 고지대 급경사 낙후 주거지역을 대상으로 한다. 천마마

을은 고지대 급경사지에 위치하여 도시기반시설이 열악하고 내부를 횡단할 수 있는 도로가 없어 주민 불편이 가중되는 등 자력개발이 어려운 곳으로, 도로 및 경사형 엘리베이터 등 기반시설 확충, 공공주택 공급, 스마트시티 조성 등을 통해 주거생활환경 개선 및 도시경쟁력을 강화할 계획이다.

▼ 그림 9-25 부산광역시 사하구 스마트도시형 도시재생

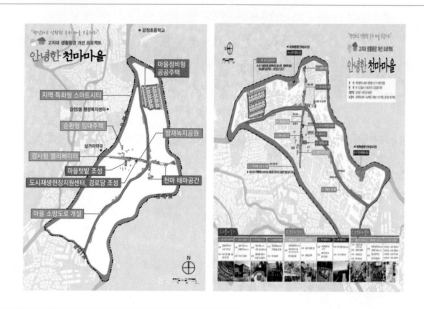

(7) 전라남도 순천시-꿈(정원문화), 맛(생태미식), 즐거움(만가지로)이 넘치는 문화터미널 등

전라남도 순천시는 순천역세권 주변 20만㎡를 대상으로 향후 2022년까지 약 340억 원 규모가 투입된 도시재생 뉴딜사업을 추진한다. 본 사업은 원도심 시가지 활성을 통한 도심기능 회복을 목적으로 혁신거점 공간을 조성하고, 정원도시 순천 이미지를 활용한 일자리 창출, 거리 상생협약으로 공동체화 상권을 동시에 회복하는 것을 목표로 300억 원 규모의 도시재생 뉴딜사업과, 40억 원 규모의 스마트도시재생 사업이 함께 추진된다.

스마트도시재생은 AI 기반의 휴머노이드 스마트 로봇을 생태비즈니스센터에

설치하는 생태관광정보 서비스와 동천변 국가 정원플랫폼에 Eco 소망나무 조형물과 AI 콘텐츠를 설치해 추억이 담긴 사진과 소원을 소망나무에 보관해 언제든지 꺼내볼 수 있는 타임캡슐 서비스, 관광객들이 증강현실(AR), 혼합현실(MR) 등을 통해 필요한 정보를 체험할 수 있는 AR Street 및 스마트 관광안내소 등 다양한 사업이 포함되어 있다.

▼ 그림 9-26 전라남도 순천시 스마트도시형 도시재생

4. 스마트도시 통합플랫폼사업

스마트도시 통합플랫폼은 다양한 도시 상황관리 및 스마트도시 통합운영센터 운영을 위한 핵심기술로 방범·방재, 교통 등 정보시스템을 연계·활용하기 위해 정부 R&D로 개발하였으며, 지자체 보급을 2015년도에 착수하였다. 사업 추진사항을 살펴보면, 첫째, 도시안전 지원·관리 수단으로서 스마트시티 통합플랫폼 구축사업을 추진하고 있다. 스마트시티는 도시의 물리적 공간에 ICT 최신 기술을 융합하여 다양한 도시문제를 해소함으로써 보다 안전하고 편리한 삶을 시민에게 제공하는 것을 목적으로 정책적 관심이 급격히 증대하였고, 국토교통부는 개별 운용되고 있는 지자체의 각종 정보시스템, 서비스, 센터 등을 통합

플랫폼2)으로 연계하여 효율적인 운영환경 마련을 위해 지자체와 112 · 119 등을 연계하여 도시안전망3)을 구축 중에 있다.

둘째, 스마트도시 통합플랫폼 구축사업의 지속적인 확대를 추진하고 있다. 2015년부터 추진 중인 국토부의 스마트도시 통합플랫폼 기반구축사업은 112 · 119 등 연계서비스에서 실시간 현장 CCTV 영상, 최적 출동경로 제공 등으로 범인 검거율 증가 및 화재현장 출동시간 단축 등 성과4)에 따라 지자체에서 많은 호응을 받고 있다. 한편 국토부의 지자체 통합플랫폼 기반구축 사업은 2021년까지 108개 지자체에 우선 보급하고 중장기적으로는 인구규모 20만 이하의 지자체까지 확대 지원할 계획이다. 지자체와 경찰, 소방 등 5대 연계서비스는 지속

▼ 그림 9-27 스마트도시 통합플랫폼 구성도

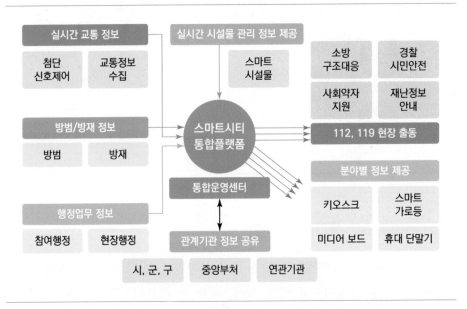

출처: 김유성(2019), 스마트시티의 구성과 통합플랫폼 서비스, 대한산업공학회

2) 스마트시티 통합플랫폼은 지자체 스마트시티 센터에서 각종 정보시스템 연계 및 도시상황을 통합관리하기 위한 기반 S/W를 의미함

3) 5대 연계서비스는 ① 112센터 긴급영상 지원, ② 112 긴급출동 지원, ③ 119 긴급출동 지원, ④ 재난안전상황 지원, ⑤사회적 약자(어린이 · 치매인 등) 지원하는 서비스를 통칭

4) (대전시 사례, '18기준) 범죄율 감소(62%↓), 7분내 소방 출동(63% → 79%) 등(국토부 보도자료)

<표 9-5> 스마트도시 통합플랫폼 구축사업의 연차별 지원계획

합계	'16년까지	'17년	'18년	'19년	'20년	'21년	'22년~'23년
108개	4개	6개	12개	27개	30개	29개	20만 이하 확대
예산(억)	12	36	72	165	180	174	검토중

출처: 국토교통부

적인 고도화와 함께 법무부, 복지부, 해양경찰청 등과 신규 연계5) 확대 중이고, 지자체 통합플랫폼 보급 확대와 함께 시·도 광역단위 통합플랫폼 보급으로 국가차원 도시안전망 서비스 체계를 구축해 나가고 있다.

셋째, 사업에 따른 효과 홍보 및 지속적인 사업추진을 위한 성과관리 체계를 마련할 필요가 있다. 스마트도시 통합운영센터는 물리적인 시설물에 대한 운영·관리 이외에 도시의 다양한 사건·사고 및 이벤트 상황을 수집, 가공 및 처리하여 필요 기관에 실시간으로 분배하고 대응할 수 있도록 하는 통합플랫폼으로써 도시문제 해결에 대한 성과관리 체계를 마련할 필요가 있다. 그러나, 통합플랫

▼ 그림 9-28 스마트도시 국민안전 5대 연계서비스

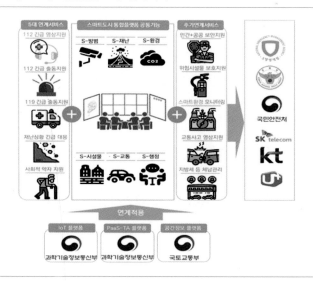

출처: smartcity.or.kr

---

5) ① 전자발찌 위치추적/범죄피해자 신변보호(법무부), ② 독거노인·치매노인 지원(복지부), ③ 해양 안전 지원(해경청), ④ AI·구제역 등 방역 지원(농식품부) 등

폼 보급 및 사업 확대 계획과 달리 현행 기반구축사업 성과관리는 통합플랫폼 보급 지자체 수, 주민만족도 조사 수준에서 수행되고 있는 실정이다. 그간 통합 플랫폼 운영에 따른 서비스 평가기준이나 성과측정 지표 등의 부재로 인해 투자 대비 효과성 검증이 이루어지지 않았으며, 보다 효율적으로 통합플랫폼을 활용 하기 위해서도 체계적인 성과관리가 필요하다.

5. 혁신 인재육성 사업

정부의 '미래산업 청년리더 10만 명 양성계획' 발표(2008년 9월)를 시작으로 2009년 'U-City 인력양성 사업'이 본격적으로 추진되었다. 10년 동안의 U-City 인력양성 사업을 통해 5,632명의 전문인력(석박사 2,407, 취업자 672, 재직자 2,553) 을 양성했고, 건설·교통·IT·에너지·환경 등 U-City 교육생의 유관분야 취업 률도 92.5%로 높은 수준을 달성했다. 이를 통해 논문 425건, 학술발표 1,253건, 특허 336건 등 U-City 연구기반을 조성할 수 있었다.

2017년, '스마트시티'가 정부의 주요 13대 혁신성장동력에 포함되면서 스마 트시티 전문인력 양성의 필요성이 증가했고, 2019년 국토교통부는 「스마트도시법」 제28조(전문인력의 양성)에 따라 '스마트시티 혁신인재육성 추진계획'('19~'23)을 발표했다. 2019년 2월, 공모를 통해 스마트시티 혁신 인재육성을 위한 수행대학 6곳(서울시립대, 성균관대, 연세대, 서울대, 부산대, KAIST)이 선정되었다.

(1) 사업 개요

스마트시티 산업계의 수요를 반영한 특성화 교육으로 산업 활성화 및 해외진 출에 필요한 핵심 전문인력을 양성한다. 향후 5년간 스마트시티 분야 인력수요 증가가 예상되는 바, 12만 명 중 산업을 이끌어갈 핵심인재 450명을 양성한다. 사업기간은 2019~2023(5개년), 지원규모는 2019년 17.1억 원(6개 대학 지원)이다

(2) 사업 목표

스마트시티 석·박사학위 소지자 배출로 '산업내 고급인력 수요 충족'하고, 스마트시티 산업 활성화 및 해외진출에 필요한 '전문인력 양성' 및 스마트시티

산·학 연계프로그램으로 '교육생 실무역량 강화'와 논문, 학술발표, 특허출원 등 '스마트시티 연구기반 조성'을 목표로 하고 있다.

(3) 교육 프로그램

대학원 석·박사 스마트시티 융·복합과정, 산업체, 지자체 연계 교육 프로그램, 스마트시티 국제화 프로그램이 운영되고 있다. 첫째, 대학원 석·박사 스마트시티 융·복합과정은 대학 특성에 맞게 운영, 교육과정을 이원화하여 석사과정(4학기), 석박사통합과정(4~10학기) 등 도시, 정보통신, 컴퓨터 공학 등 다양한 전문분야 학생이 본인의 전공과 스마트도시 관련 필수과목을 수강하며, 문제해결 중심의 교육프로그램을 도입하여 환경, 교통, 에너지 등 각종 도시문제를 해결할 수 있도록 융합적 사고역량을 강화하도록 운영되고 있다. 둘째, 현장실무 중심 교육을 위한 산업체, 지자체 연계 교육 프로그램은 참여 산업체의 역할과 역량을 평가할 수 있도록 선정평가에 반영하고 있다. 셋째, 해외진출을 위한 국제화 프로그램은 스마트도시 해외진출을 위한 국제화 프로그램이다.

(4) 지원대상 및 지원내용

전일제 정규 주간 석·박사과정으로 스마트도시 관련 학과 또는 학과 내 스마트시티 전문 트랙을 개설·운영할 수 있는 4년제 대학, 2개 이상의 학과를 융합하여 전문 커리큘럼 운영, 스마트도시 전국 확대에 따라 지방에서 필요인력을 확보할 수 있도록 2개 이상 지방소재 대학을 선정하였다. 지원내용은 장학금, 교재, 교육프로그램 개발, 교수인력 확충(연구교수, 겸임 교수 포함), 기자재 구입비 등이다. 또한, 스마트도시 필수(공통)과목을 마련하고, 인력양성 대학 간 공통교재 개발 등 협업 프로그램 개발, 스마트시티 개론, 계획·설계, 분석방법, 스마트시티 시뮬레이션 등이 지원된다.

(5) 선정절차

▼ 그림 9-29 선정 절차

출처: https://smartcity.go.kr

제3절 스마트도시 국내외 추진사례

1. 국내 스마트도시 추진동향

정부는 스마트도시 추진전략('18.1)을 통해 성장단계별 맞춤형 스마트도시 조성·확산 기반을 마련해 8대 혁신성장 선도사업으로 정책 추진동력을 확보했다.

▼ 그림 9-30 스마트도시 추진현황

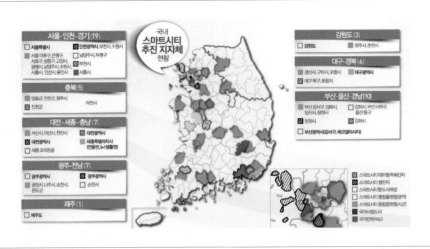

출처: https://www.etnews.com/20190624000293?m=1

이를 바탕으로 5년 중장기 로드맵인 제3차 스마트도시 종합계획('19~'23)을 발표하였다. 8대 혁신성장 선도사업의 하나로 스마트도시를 선정하여 정책을 추진해온 결과 정부의 재정투자가 대폭 확대되었고, 스마트도시법이 개정되어 규제도 많이 개선되었다. 각 중앙부처들은 스마트도시, 스마트빌리지, 스마트타운 등 각기 다른 이름을 표방하고 있으나 스마트도시라는 공통적인 개념을 바탕으로 다양한 성격의 공간에 스마트도시를 적용하고자 하고 있다. 지방자치단체의 참여도 활성화되어 전국 약 80여개 지자체가 기존 정보통신과에서 스마트도시 과·팀 등 전담조직을 구성하여 사업을 추진 중이다. 각 지자체는 그 지역 특성에 맞는 스마트도시 조성에 역량을 강화하고 있다.

(1) 서울특별시 스마트도시

4차 산업혁명 시대를 맞아 서울시는 도시경쟁력을 획기적으로 높이기 위한 정책으로 첨단 ICT를 활용한 "글로벌 혁신 스마트시티" 전략을 수립 및 추진하고 있다. 서울시는 2018년 제정된 「스마트도시 조성 및 산업진흥 등에 관한 법률」을 근거로 본격적으로 스마트시티 사업을 추진하기 시작했다. 현재 서울시는 이미 상당한 수준에 다다른 안전·복지 분야를 제외하고 10여 개 부서에서 40여개의 사업들을 추진하고 있다. 학술 분야와 해외 주요 도시에서 추진하는 스마트시티 분야를 검토하여, 서울시 추진 사업을 빅데이터, 신산업거점·일자리, 교통, 환경, 재생, 시범사업 등 6개 분야로 구분하고, 주요 사업을 선정하였다. 스마트시티의 핵심인 빅데이터 분야는 부서별로 관리되고 있는 도시데이터 외에 민간데이터 및 사물인터넷 실시간 데이터를 통합 연계 개방하여 빅데이터로 활용하는 사업을 선정하였고, 신산업거점·일자리 분야에서는 6개 거점 중에서 스마트 시티의 핵심인 AI·빅데이터 산업이 특화된 양재·개포 신산업거점 사업을 선정하였다. 교통 분야에서 교통정보시스템 고도화 및 통합은 빅데이터 분야에서 연계하여 추진하고 있으므로 상암 자율주행 테스트베드 사업을 선정하였고, 환경 분야도 빅데이터 활용사업은 빅데이터 분야에서 연계 추진 중이므로 비중이 다소 높은 마곡 에너지 자립형 스마트에너지시티 조성사업을 선정하였다. 재생 분야에서는 기존 재래산업단지를 ICT 및 패션 메카로 성장한 1·2단지와 연계하여 3단지를 새로운 신산업의 거점으로 조성하려는 G밸리 신산업거점사업을 선정하였고, 시범사업은 마곡을 선정하였다. 이와 같은 6개 분야별 주요 사업은 물리적 공간단위 융합사업, 빅데이터 활용 구축사업, 신기술도입 테스트베드사업으로 구분할 수 있다[6].

〈표 9-6〉 서울특별시 6개 분야별 사업 추진 현황

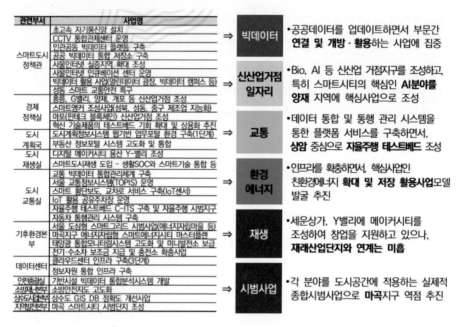

출처: 임희지 외, 2021, 서울시 스마트시티 주요사업 실태와 발전방안. 서울연구원. p.15

(2) 부산광역시 스마트도시

ICT 기술을 활용하여 도시문제를 해결하고 삶의 질을 높이며, 4차 산업혁명에 대응하는 미래 성장동력으로 스마트도시 정책을 추진하고 있다. 국가 시범도시로서 스마트시티 확산을 위한 모범 사례로 부산 에코델타 스마트시티를 지정하여 추진 중에 있다. 부산 에코델타 스마트시티는 총사업비 22조 원, 사업기간 4년(2019~2023)으로 4차 산업혁명 관련 기술 실증·접목과 선도 모델 제시를 목표로 하고 있다. 이상적 도시 공간 구현과 플랫폼 구축, 서비스 개발 등 다양한

---

6) 임희지 외(2021), 서울시 스마트시티 주요사업 실태와 발전방안. 서울연구원.

사업으로 편의성과 효율성, 자연친화성, 공평성을 핵심 가치로 하는 공간 계획을 수립하여 추진하고 있다. 3대 플랫폼, 10대 서비스를 핵심 사업으로 진행 중이며 플랫폼 사업은 데이터 분석 능력 강화, 디지털 트윈과 로봇 활용에 초점을 두고 있다.

부산 에코델타시티에 적용될 혁신기술을 엿볼 수 있는 미래형 주거단지, '스마트빌리지'는 부산 국가시범도시 내에 조성된 단독주택 단지(56세대)로 다양한 스마트서비스를 시민들이 직접 체험할 수 있는 공간으로 구성하였다. 입주민들은 5년간 관리비만을 부담하고 단지 내 적용된 혁신기술의 체험 및 개선을 위한 리빙랩[7] 프로그램에 참여하게 된다. 또한, 헬스케어, 로봇, 스마트팜, 물·환경, 생활·안전 등 5개 분야의 혁신기술 사용 경험과 개선의견을 토대로 보다 사용자 친화적인 서비스를 제공해 나갈 계획이다. 부산 스마트빌리지에는 친수활동을 위한 수질·대기정보를 제공하는 친수정보플랫폼 및 용도별 사용량 측정이 가능한 실시간 워터케어 서비스를 제공한다. 스마트 에너지는 태양광 및 수열/지열 등 신재생에너지 제공으로 국내 최초 1+++등급 및 제로 에너지 1등급 주택단지로 조성된다. 스마트 헬스케어는 건강모니터링 시스템, 스마트밴드를 통해 건강모니터링 및 식단관리, AI 트레이너가 개인별 건강정보 분석, 맞춤형 운

▼ 그림 9-31 부산 에코델타시티 스마트빌리지 전경

출처: 대한민국 정책브리핑(2021.12.27.)

7) 리빙랩(Living Lab): 시민들이 실제로 생활하는(Living) 공간에서 연구를 진행하는 실험실(Lab)

동 처방을 제공한다. 스마트팜은 빗물을 재활용하여 작물을 재배한다. 입주민 소통공간을 활용하고, 스마트 로봇은 각 가정별 발생한 폐기물을 자동 분류하

〈표 9-7〉 부산광역시 스마트도시 추진실적

사업명	주요 내용
부산 EDC 스마트시티 국가시범도시 조성 ('18.1.29.선정) 기본구상 수립	• (3대 특화전략) 혁신산업 생태계 조성, 친환경 물특화도시, 디지털트윈 • (시민체감형 혁신기술) 스마트물관리, 스마트에너지, 스마트교통, 스마트안전, 스마트생활문화
부산 스마트시티 비전과 전략 수립	• (비전) 행복한 시민, 스마트 부산 • (4대 전략) ① 세계를 선도하는 스마트시티 조성, ② 시민행복 꽃피우는 부산 스마트시티, ③ 혁신산업 신성장동력 확충, ④ 개방을 통한 도시 혁신 기반 조성 • (16개 핵심과제) ① 스마트시티 국가시범도시 조성, ② 혁신클러스터 중심의 스마트시티 조성, ③ 스마트시티형 도시재생, ④ 스마트안전, ⑤ 스마트교통, ⑥ 스마트환경, ⑦ 스마트복지, ⑧ 스마트관광, ⑨ 거버넌스 구축, ⑩ 인프라확충, ⑪ 혁신 창업 생태계 조성, ⑫ 산업의 스마트화, ⑬ SW인력양성, ⑭ 리빙랩, ⑮ 개방형빅데이터, ⑯ 디지털트윈
시민참여형 리빙랩(9개) 운영 IoT 창업 · 기술개발 · 사업화 지원	• (최초구성, '17.12.) 의료(부산대병원), 물류(동명대), 팩토리(동아대), 에너지(부산대), 도시재생(경성대), 교통(동의대) • (확대구성) 수산(부경대, '18.5.), 배리어프리(시청자미디어센터, '18.8.), 시니어웰빙(카톨릭대, '18.8.)
딥러닝 기반의 스마트교차로 구축 운영 28개소 설치 · 운영	• (부산시) 접근로별 영상정보 수집분석, 요일시간대별 교통흐름 진단 • (경찰청) 분석자료를 활용한 최적 신호 현시 도출 · 적용
부산 EDC 스마트시티 국가시범도시 조성 ('18.~'22.)	• 시행계획 수립('18.12.), 실시설계완료('19.12.), 조성 공사 착수 ('19.12.~), 입주개시('21.下)
첨단 해양산업 오픈랩 구축 및 실감형 융합 콘텐츠 개발('18~'22)	• 해양데이터(자원, 생물 등)와 4차 산업혁명 핵심기술 융합 해양신산업 창업 · 육성 생태계 조성
스마트기술 활용 재난안전대응시스템 구축('17.~'19.)	• VR기반 시민참여형 재난안전체험 공간조성 및 콘텐츠 개발(4개소) • 드론 · IoT · 빅데이터기반 실시간 재난감시 및 정보 공유체계 구축

출처: 부산광역시(http://www.busan.go.kr), 2020년 11월 기준

고, 단지 내 공용공간 관리로봇으로 청소로봇, 경비로봇 등의 서비스가 제공된다. 한편, 스마트빌리지 인근에는 19개의 새싹기업, 산학연구기관 등이 입주하는 '어반테크 하우스'도 함께 운영된다. 이를 통해 스마트빌리지의 리빙랩 프로그램에 어반테크 하우스 입주 기업이 참여하여 혁신기술을 실증·개선하고 비즈니스 모델 발굴에 활용할 수 있도록 연계할 계획이다.

(3) 인천경제자유구역 스마트도시

인천경제자유구역 스마트도시는 2017년부터 운영중이며 고도화 단계에 진입하고 있다. U-City 초기인 2003년 국가 신성장 동력인 첨단그린도시 조성사업의 일환으로 인천경제자유구역을 스마트시티로 조성하기로 결정하였다. U-City라는 이름으로 추진되다가 2017년 스마트시티 사업으로 명칭이 변경되었다. 2003년부터 2030년까지 3단계에 걸쳐 추진 중이며, 2017년부터 본격적으로 스마트도시를 운영중으로 신기술 반영 등 고도화가 진행 중이다. 교통, 환경 등 5가지 범주의 서비스를 제공하며 CCTV, 센서 등으로 각종 정보를 실시간으로 수집하고 대응함으로써 도시민의 생활 편의성과 안전성을 높이는 것이 주요 서비스 내용이다.

자원의 효율적 이용에 초점을 둔 3S(Integrated-Space, System, Service) 전략과 통합 플랫폼 기술을 적용하여 타 지자체가 벤치마킹할 만큼 국내 우수 사례로 인정받고 있다. 3S 전략은 3개 지구의 운영센터를 하나의 센터로 합치고(Space 통합), 분산되어 있는 IT자원을 하나로 통합하며(System 통합), 동일한 서

▼ 그림 9-32 인천경제자유구역 스마트도시 추진 단계

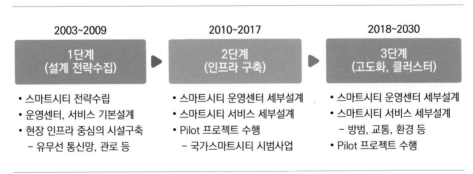

출처: 인천경제자유구역청

비스를 제공토록(Service 통합)함으로써 비용 절감 및 운영 효율화를 도모하였다. 3S 전략 추진 과정에서 시스템을 통합하여 유기적으로 운영할 수 있는 플랫폼 기술(명칭 IFEZ 스마트시티 플랫폼)을 개발하였다.

〈표 9-8〉 인천경제자유구역 스마트도시 주요 서비스

서비스분류	주요 서비스 내용
교통	• 각종 교통 정보를 실시간으로 제공하여 교통 편의를 높이는 서비스 • 지능형 교통흐름관리, 돌발상황관리, 버스 도착 정보, 주차안내서비스 제공 • 버스정보안내단말기가 버스 도착 정보를 한국어, 영어 등 다국어로 제공 • CCTV로 버스정류장 모니터링, 응급상황 발생 시 조치 • 카메라와 검지기 등으로 교통흐름 정보나 돌발상황 등을 실시간 모니터링
환경	• 대기 정보, 수질 정보, 환경 정보 등을 제공하는 서비스 • 최첨단 감지 센서로 미세먼지, 시정거리, 노면결빙 등을 실시간 감지
안전	• 도시의 치안과 방범, 사건, 사고 등에 대한 정보를 실시간으로 획득하고 감시, 분석하는 서비스 • 도시 곳곳에 설치된 CCTV가 거동 수상자의 배회, 월담 등 이상 상황을 지능형 영상 감시를 통해 탐지 및 조치 • 주요 교차로에 설치된 CCTV는 수배차량의 번호를 인식하여 조치
재난	• 도시 내 주요 지역을 모니터링하여 재난을 예방하고 경찰, 소방서와 연계된 신속한 대응체계로 안전한 도시 생활을 구현하는 서비스 • 재난재해 상황 발생 시 시민들에게 웹, 전광판, 스피커 등을 통해 대피 안내
시설	• 현장 설치 시설물(교통 카메라, 대기 정보 감지 센서, 방범 CCTV 등)의 상태를 모니터링하여 장애 발생 시 신속히 조치 가능한 기반을 제공 • RFID, 센서 등을 통해 수집된 정보를 기반으로 스마트시티 운영센터가 각종 시설물을 통합적으로 관리

출처: 한국건설관리학회, 인천경제자유구역 스마트시티 추진 현황과 과제(2018) 참고하여 작성

(4) 대구광역시 스마트도시

1) 핵심가치

대구 스마트시티의 핵심가치는 시민과의 소통을 통해 시민이 원하고 공감하는 서비스를 제공하고, 기업이 성장할 수 있도록 민·관·산·학·연이 협력하며, 도시공간을 디지털화하여 시민과 기업이 활용할 수 있도록 발전시키는데 있다. 시민공감을 위해 모든 스마트도시 정책은 시민의 서비스 체감 관점에서 접근하

고 시민의 수요를 반영하는 스마트도시 서비스를 발굴하고 제공하고자 한다. 또한, 시민과 소통하고 함께 참여하여 성과를 내는 협치를 지향하며, 시민과 기업의 다양한 의견이나 아이디어를 수렴하여 적극 추진하고자 한다. 기업상생을 위해서는 기본 인프라 위에 공공과 민간의 다양한 기술들이 도입·개선되는 지속가능성을 추구하고 민간기업의 창의적인 비즈니스 모델을 가지고 참여하는 사업을 추진한다. 또한, 첨단산업환경 조성으로 지역경제 활성화를 위한 마중물역할을 수행하고 도시자체가 혁신성장 동력을 키워낼 수 있도록 기업 지원 정책을 추진한다. 공간혁신을 위하여 D·N·A(Data·Network·AI) 기반의 스마트도시 혁신 생태계를 조성하고 자율주행차 기반을 마련하며, 안전한 기반시설관리를 위한 디지털트윈을 구축한다. 또한, 신규개발, 운영·성숙, 노후쇠퇴 등 도시성

〈표 9-9〉 대구광역시 스마트도시 추진실적

사업명	주요 내용
5G기반 자율차 및 산업육성 MOU (시-KT-대구도시공사/'18.2.)	• 초소형 전기차 부품개발 • 자율주행차 개발 • 친환경자동차 기반 자율주행차를 이용해 자율주행 서비스 실증 및 상용화
시민참여 커뮤니티 육성 및 활성화 전략수립('18.3.)	• 지역자산을 활용한 시민참여 플랫폼 구축 • 시민·공공·민간이 함께하는 혁신주도형 스마트 리빙랩 조성 • 사회적 가치를 실현하는 글로벌 스마트시티 시민 양성
스마트시티 조성 시범사업(2차) ('16.12~'18.12, 20억 원)	• 스마트시티 시범서비스 추진(스마트파킹, 소방 안전예보) • 시민커뮤니티 운영, 스마트시티 홍보관 조성, 홍보영상제작
스마트시티 조성 시범사업(3차) ('18.7~'19.6, 10억 원)	• 취약계층 라이프케어 서비스, 고정밀 도시모델 데이터 활용 지원 • 시민참여형 스마트시티 커뮤니티 운영 • 스마트시티 수준진단 및 성과관리, 스마트시티 홍보 등
스마트시티 국가전략프로젝트 연구개발사업 추진('18.~'22)	• 교통, 안전, 도시행정, 데이터허브 분야 연구개발 실증
대구광역시 스마트시티 수준 진단	• 스마트시티 수준 진단과 개선방안 도출, 지속 성과 관리 • 행정, 안전, 교통, 경제, 에너지·환경, 의료, 교육, 복지
사물인터넷기반 스마트시티 조성 확산사업(4차) ('19.1~'19.12. 10억 원)	• 시민참여 프로젝트 리빙랩 발굴·지원

출처: 대구광역시(http://www.daegu.go.kr), 2020년 11월 기준

장 단계별로 사업을 추진하며, 스마트도시형 도시재생사업의 확대로 신도시와 원도심 간 지역 정보화 격차를 해소한다[8].

2) 추진방향

IoT, 빅데이터, AI(Artificial Intelligence), 클라우드(cloud) 등 4차 산업혁명 기반기술의 데이터를 기반으로, 초연결·융복합·지능화된 IoT 연결플랫폼, 도시데이터 플랫폼, 도시정보제공 플랫폼, 도시관제 플랫폼 등 Smart City 플랫폼을 활용하여 시민의 삶의 질을 향상시키고, 도시관리를 효율화하며, 혁신성장 산업 육성과 인재육성을 통한 최적의 미래도시 관리시스템 구현에 있다.

▼ 그림 9-33 대구 스마트시티 추진 방향

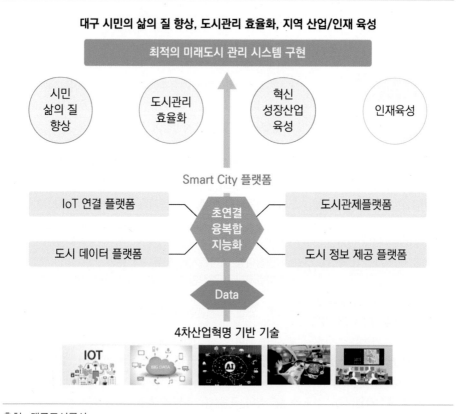

출처: 대구도시공사

8) 대구광역시 스마트시티지원센터, https://smartdaegu.kr/page/smart/business.php

▼ 그림 9-34 대구 수성알파시티 스마트시티 구축사업 개요

구분	내용
개요	사 업 명: 수성알파시티 스마트시티 구축사업 사업기간: 2016~2021 위　　치: 대구광역시 수성구 삼덕동 수성알파시티 일원 사업면적: 976,693.9m^2(296천 평) 계획인구: 4,648명(1,661세대) 총사업비: 6,654.4억 원(단지조성 6,090.4억 원, 스마트시티구축 555억 원)
추진일정	2016. 07월: IoT 테스트베드 구축 관련 합동회의(대구시) → 수성 Smart City 구축 결정 2017.10.25: 수성의료지구 Smart City 구축 사업착수 2018.11.02: 국제 대학생 자율주행 경진대회 개최(대통령배) 2018.12.26: 수성의료 지구 Smart City 구축 사업준공 2021년10월: 스마트 비즈니스센터 준공
중장기 로드맵	• 1단계: 스마트시티 테스트베드구축-수성알파시티 • 2단계: 테스트베드 안정화 • 3단계: 스마트시티 확장-대구시 전역 • 4단계: 4차 산업혁명 허브 구축(리빙랩) 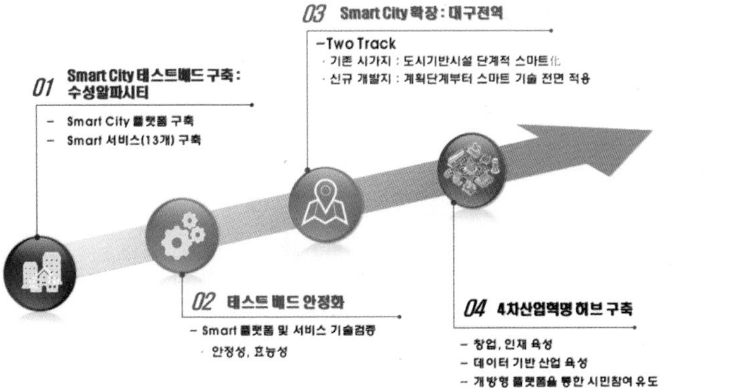
스마트시티 구축	1단계: 스마트시티 플랫폼: 5대분야 13개 서비스구축　　2단계: 비즈니스센터 건립

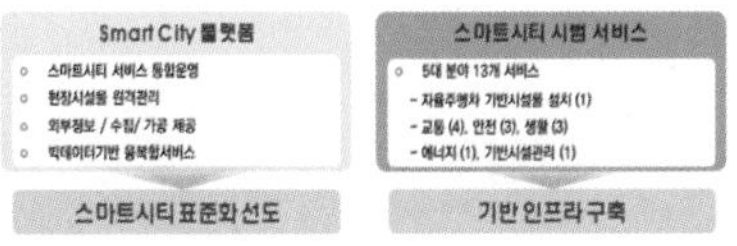

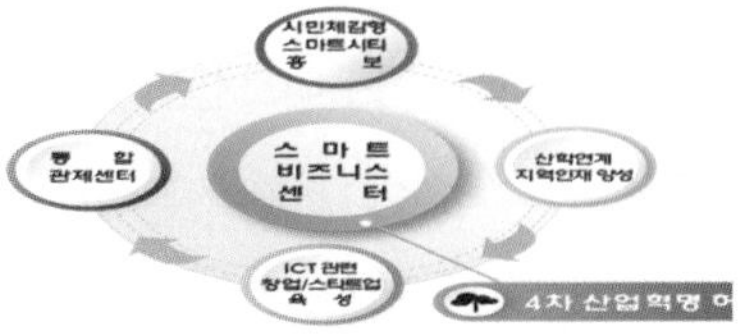

출처: 대구도시공사 재구성

▼ 그림 9-35 대구 수성알파시티 스마트시티 플랫폼 개요

구분	내용
플랫폼 특징	국제 표준 IoT 플랫폼을 적용하고, 빅데이터 기반 구축, 도시상황 실시간 데이터처리기술, CCTV영상 분석을 통한 최첨단 관제시스템 구축, 개발자 포털제공 등이다. 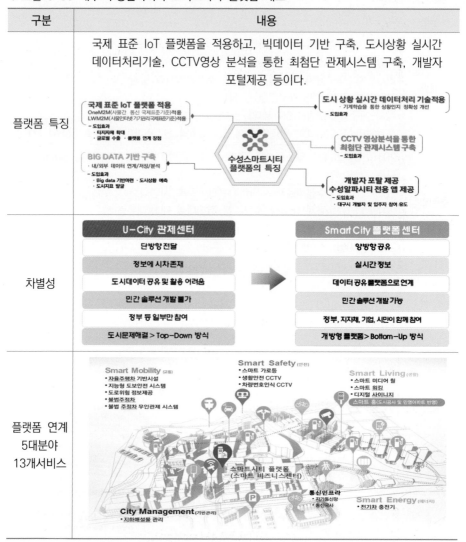
차별성	
플랫폼 연계 5대분야 13개서비스	

출처: 대구도시공사 재구성

3) 스마트 비즈니스센터(스마트시티센터)

스마트 비즈니스센터는 ICT 기반 4차 산업혁명 육성을 위한 테스트베드인 수성알파시티 스마트시티내 플랫폼과 시 전역 스마트서비스 관리·운영을 위해 건립된다.

① 사업개요

- 사업기간: 2018~2021
- 건립규모: 12,068m^2(3,650천 평) 지하1층~지상8층(통합운영센터)
- 총사업비: 391억 원

② 주요공간구성

통합관제센터는 관제실(CCTV 및 플랫폼), 장비실, 회의실, 운영실, 휴게실, 사무실로 구성되고, 스마트캠퍼스는 4차 산업혁명시대 첨단ICT산업 육성 및 창업, 스타트업, 인재양성을 위해 활용된다. 체험공간은 시민 홍보 · 전시관 및 스마트시티 서비스 체험을 위한 공간으로 활용된다.

▼ 그림 9-36 비즈니스센터(스마트시티센터) 조감도

출처: 대구도시공사

4) 미래전략

▼ 그림 9-37 대구 스마트시티 미래전략

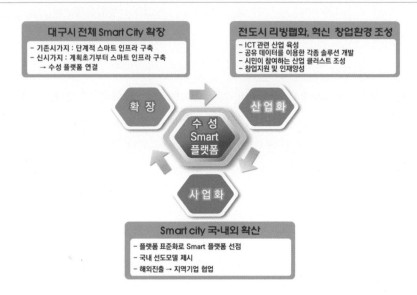

출처: 대구도시공사

2. 해외 스마트도시 추진사례

세계 곳곳에서 나타나고 있는 기후 변화문제, 개발도상국에서 심각한 인구 증가 및 도시 집중 현상 등 도시가 풀어나가야 할 숙제가 너무나 많은 실정이다. 이러한 도시 문제를 해결하고 삶의 질과 도시경쟁력을 향상시키기 위해 스마트도시에 대한 관심이 급부상하면서 스마트도시는 지구촌의 미래를 책임지는 도시로 자리매김하고 있다. 전 세계적으로 스마트도시 전략 및 실행 로드맵 정책수립이 가속화되고 있으며, 2017년까지 최소 20개국 이상이 국가 단위의 스마트도시 정책수립 및 관련 재원확보와 기술/비즈니스 가이드라인을 발표하고 있다. 스마트홈과 커넥티드카 확대에 따른 스마트도시의 역할이 증대되면서, 전세계 도시의 90%가 드론, 센서 및 디바이스를 활용하여 스마트도시를 추진하고 있다. 이에 따라 개인정보 및 보안 리스크가 증가할 것으로 전망되고 있다. 또한, 클라우드 소싱 데이터의 스마트도시 활용 가능성이 확대되면서, 소셜 미디어, 클라우드 소싱 및 공유경제 기업들로부터 제공되는 정보는 스마트도시 구현에 큰 영향을 미치게 될 것이며, 각국의 도시들은 이러한 데이터 활용을 위한 적극적 방안을 모색하고 있다.

북미·유럽은 시민참여를 통한 삶의 질 향상을 목표로 오픈 데이터, 리빙랩 등으로 스마트도시를 추진하고 있으며, 이산화탄소를 포함한 온실가스 배출 저감을 위해 '기후변화에 관한 UN 협약'(UNFCCC) 및 '파리 기후변화 협약'을 채택하고 친환경·고효율 에너지 시스템 구현을 위한 대안으로써 스마트도시 정책을 추진하고 있다. 기후변화 대응 및 에너지 효율화를 위한 각국 정부와 기업의 노력이 가속화되고 있으며, 향후 스마트시티 추진 관련 정책은 글로벌 핵심산업 추진과 함께 지속될 것으로 전망되고 있다. 아시아지역은 4차 산업혁명 기술과 연계한 첨단도시 조성 등 신기술 기반의 산업생태계를 활성화하는 방향으로 도시 인프라 구축을 추진하고 있다. 각 대륙의 대표 국가 중심으로 미국, 유럽, 일본 등 선진 각국과 중국, 인도 등의 국가의 스마트도시 추진목표를 요약하면 다음과 같다.

<표 9-10> 해외 주요국 스마트도시 목표

국가	국가목표	도시별 목표
미국	• 2014년까지 스마트도시 관련 시장점유율 15% 목표 (2010년 스마트그리드 기술개발 3.6조 원 투자) • 스마트 계량기, 스마트그리드 프로젝트 중심의 Smart City 프로젝트 추진 • 에너지 효율화 빌딩으로 개·보수 시 세금공제, 대출 등의 인센티브 제공	
유럽	• 2012년 1,000억 원, 2013년 4,500억 원 규모의 투자 프로그램 신설(2020년까지 CO_2 배출량 20% 감소 목표) • 스마트 모바일 기술을 통한 에너지 절약형 스마트도시 구현	• (영국 글래스고): 고성능 CCTV 등을 설치, 도시교통, 범죄, 상거래, 에너지, 환경문제 해결 추진 • (네덜란드 암스테르담): 2009년 1.4조 원 투입, 스마트그리드, 계량기, 빌딩, 전기차 등 15개 시범사업 추진 • (프랑스 니스): IBM과 58억 계약체결 스마트 주차/가로등/도로 구축
중국	• 5년(2011~2015) 90조 원 투자, 전국 320개 도시에 Smart City 추진 • 중앙정부(시진핑) 도시화 정책의 핵심 프로젝트로 추진 중	• (베이징): 실시간 인구정보시스템, 스마트 미터기, 도시보안 감시시스템 • (상하이): 초고속 통신망 인프라 구축 • (선전): 스마트그리드 추진 • (기타 지방 도시) 섬유 및 디자인 거래시스템, 스마트 교육, 보건의료시스템 등 지역경제 활성화 차원에서 Smart City 추진
일본	• 스마트그리드 기반 Smart City 구축 • 에너지관리시스템 구축, 가정용 배터리 사용, 전력·열의 통합 제어, 전기차 배터리와 가정의 상호 전기공급 등 사업추진 • 기술 확립과 이를 활용한 도시 건설 및 모델의 해외시장 진출 추진	• (요코하마): 광역시 규모 에너지관리사업(전기차 시스템, 홈 에너지관리시스템, 빌딩 에너지관리시스템 등) • (도요타시): 지능형 교통관리시스템 구축 • (기타큐슈): 가변 전력요금제 추진
인도	• 2015~2016년 Smart City 개발사업에 약 11억 8천만 달러 예산 편성 • 2022년까지 전국에 100개의 Smart City 구축 추진 • 2014년 구자라트, 우타르 프라데시, 라자스탄, 마디아프라데시, 마하라슈트라, 하리아나 등 델리-뭄바이 산업화랑(DMIC) 사업에 포함된 주의 Smart City 우선 개발 추진	• (델리-뭄바이): 화물 고속철도 150Km 지역에 총 24개 산업단지 집중 개발 • (구자라트): 중공업, 전기, 상사 비즈니스 활성화 추진

(1) 미국의 스마트도시

미국의 경우 국가보다는 개별 기업들을 위주로 스마트시티 연구개발이 추진되고 있다. 미연방 정부는 2015년 9월 교통혼잡 해소, 범죄예방, 재난 및 기후변화 대응, 경제성장 촉진, 다양한 공공서비스 등의 도시 문제 해결 방안으로 '스마트시티 이니셔티브(Smart City Initiative)'를 발표하고 각 부처별로 도시문제 해결 관련 정책수립 및 기술개발과 재정적 지원을 하고 있다. 민간의 적극적인 참여를 유도하여 스마트시티 로드맵 구축 및 보안문제 해결을 위해 노력하고 있다. 대표적인 프로그램으로는 스마트시티 정책, 글로벌 시티 팀 챌린지(Global City Teams Challenge)와 스마트시티 챌린지(Smart City Challenge)가 있다. 미국 상무부 산하 국립표준기술원이 주관하는 글로벌 시티 팀 챌린지는 지속가능한 도시 문제 솔루션을 제시하고 참여한 도시들로부터 실증한 후 전 세계의 비슷한 문제를 겪고 있는 도시들로 확산하는 것을 목표로 하고 있다. 특히 출퇴근 시간 15% 단축, 대기오염 20% 감축 등의 성과 측정 방식을 목표로 설정하고 문제 해결을 위한 민·관 협력 및 사업화를 꾀하고 있다. 민간기업들은 도시문제 솔루션을 개발하고, 도시들은 이를 실증할 수 있는 공간 및 제도적 여건을 제공한다. 성공 사례는 다른 도시에 마케팅하는 방식으로 비즈니스 생태계를 조성한다. 연방정부나 주정부가 주도하기보다는 민간기업이 제안하고 컨설팅을 수행하는 방식으로 진행된다.

미 연방교통부가 교통정체 해소, 안전통행, 환경보호, 기후변화 대응 등 도시 문제 해결을 위해 지원하는 스마트시티 챌린지(Smart City Challenge)는 교통 문제를 해결하고 안전한 통행 등 혁신적인 도시 교통망을 구축하기 위한 프로젝트로 시작됐다. 2016년 2월 미국 내 총 78개의 도시들이 참여했고, 사회적 약자를 배려하기 위한 교통시스템 개선과 같은 사회문제 해결방안을 함께 제시한 콜럼버스(Columbus)市가 최종 선정됐다. 교통부로부터 지원받은 5천만 달러와 민간기업들이 공동으로 투자한 1억 4천만 달러를 가지고 콜럼버스市는 커넥티드 교통네트워크 구축 및 공유 데이터 통합활용, 대중교통 이용자 서비스 개선, 전기차 인프라 구축 등 다양한 사업을 진행했다. 이를 통해 상업지구, 도심지구, 물류지구 등 4개 권역에서 안정성, 이동성, 경제활동 기회 제공, 기후변화 대응 등 효율성을 높인다. 이 밖에도 500여 개가 넘는 센서를 설치하여 도시 환경을 모니터링하는 시카고의 '만물 인터넷 프로젝트(Array of Things: AoT)', 에너지 자립 및 온실가스 배출량 감소를 목표로 하는 스마트시티 샌디에고 이니셔티브, 도시에 무료 WiFi망을 설치하는 링크 NYC 프로젝트 등이 있다. 특히 뉴욕의 경우, NYC 오픈 데이터 포털을 기반으로 민원서비스와 관련된 NYC311 데이터를 구축해 이를 연구기관 및 민간기업들과 공유하여 뉴욕 시민들을 위한 도시문제 솔루션들이 개발되도록 지원도 하고 있다9).

▼ 그림 9-38 미국 스마트시티 콜럼버스 비전

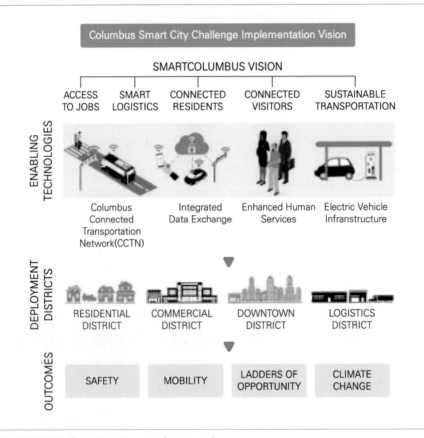

출처: 미국 교통부(transportation.gov/smartcity)

---

9) 김익회, 스마트시티 정책, '해외 각국은 다 계획이 있구나', KDI 경제정보센터, 2020년 02호

(2) 유럽의 스마트도시

스마트시티가 가장 활발하게 개발되고 있는 유럽의 경우 여러 나라가 국경을 맞대고 있는 만큼 유럽 차원에서 스마트시티 연구개발을 체계적으로 진행하면서도 지자체별 또는 국가별 차별화된 스마트시티 개발도 별도로 추진하고 있다. 대부분은 에너지와 교통, 환경과 관련된 도시문제를 고려하면서 도시 간의 상호 호환성을 지원하고자 하는 노력을 하고 있다. 네덜란드 암스테르담, 스페인의 센텐더, 이탈리아의 밀라노 등이 유럽의 대표적인 스마트시티로 인식되고 있다.

네덜란드 암스테르담의 경우 온실가스 감축과 에너지 절약을 목표로 스마트 도시를 구축하고 거버넌스 차원에서 민간기관, 학계 그리고 시민들이 사업에 적극적으로 참여하고 있다. 암스테르담은 2009년 €10억(1조 4천억 원) 규모의 스마트시티 프로젝트를 추진 중이며, 추진 분야는 에너지, 주택, 교통 등이며 스마트 그리드, 계량기, 빌딩, 전기차 등에서 15개의 시범사업 추진하고 있다.

덴마크 코펜하겐은 2015년까지 CO2 20% 감소, 2025년까지 첫 번째 탄소 배출 없는 도시를 달성하고자 하며, Siemens Green City 유럽 부문에서 선두주자이다. 세계에서 가장 낮은 탄소발자국 도시 중 하나(평균 2톤 미만)로 5년 동안 녹색 분야의 성장이 55% 증가하였다.

European Commission 차원에서 진행되고 있는 스마트시티 프로젝트는 크게 세 가지 정도를 예로 들을 수 있다. 첫 번째는 스마트시티의 정보시스템에 대한 연구개발에 중점을 두고 있는 Smart Cities Information System을 꼽을 수 있다. 이곳에서는 라이트하우스(Lighthouse) 프로젝트를 별도로 진행하고 있는데, 이는 총 14개의 라이트하우스 프로젝트를 통해 40개의 라이트하우스시티를 개발하고, 개발 결과 및 시스템을 활용하여 총 55개의 라이트하우스시티를 따르는 펠로우(Fellow)시티로 확장시킴으로써 정보의 공유 및 결과에 대한 검증을 효과적으로 수행하고자 하는 범 EU 차원의 프로젝트이다. 스톡홀름, 바르셀로나, 쾰른 등이 유럽의 라이트하우스시티로 선정하였으며, 이렇듯 유럽의 경우 스마트시티 개발에 있어서 데이터를 다루는 정보시스템의 개발 및 확산에 많은 주안점을 두는 것을 볼 수 있다.

두 번째는 데이터의 호환성에 중점을 둔 피에스타(FIESTA) 프로젝트로 스마트시티에서 반드시 사용되는 사물인터넷 플랫폼에서 수집되는 데이터의 다름으로 발생되는 문제를 해결하고자 하는 프로젝트이다. 시맨틱 기술을 활용하여 서로 다른 플랫폼에서 수집되는 데이터에 의미를 부여함으로써 데이터의 호환성을 보장하고자 하는 프로젝트로 스마트시티에서 시맨틱 기술을 사용할 수 있다는 가능성을 보여주었다.

세 번째는 총 133개의 도시가 자신들의 데이터 중심 스마트시티 솔루션을 가지고 대규모 실증사업에 참여를 하는 싱크로니시티(Synchronicity) 프로젝트로 특히, 싱크로니시티는 서로 다른 스마트시티 간의 호환성을 글로벌 표준에 기반하여 제공하며, 이를 통해 기존 도시의 문제점들, 환경문제, 기후문제 등을 해결하기 위한 연구개발을 진행하고 있다.

(3) 인도의 스마트도시

우리나라와 같이 인도의 경우도 정부 주도의 스마트시티를 계획하고 추진 중이다. 인도의 모디 총리는 낙후된 도시들을 스마트시티로 탈바꿈시킴으로써 도시화를 달성하고, 기존 도시의 각종 문제를 해결하기 위해 인도 전역에 걸쳐 100개의 스마트시티를 건설하는 공약을 2014년에 발표하고, 추진하고 있다. 스마트시티 미션(Smart City Mission)은 각 도시의 일부지역을 개발해 그 효과가 인근 지역까지 확대하도록 하는 계획이다. 웨스트벵골주를 제외한 인도 전역의 지방정부가 참여해 각 주당 최소 하나의 도시를 스마트시티로 지정하도록 했다. 중앙정부와 지방정부의 재정지원을 받아 각각의 도시는 2017~2022년 각종 개발사업을 추진하고 2022년 이후 그 성과를 도출하기로 했다. 각각의 스마트시티 지정도시는 개발공사 역할을 하는 Special Purpose Vehicle(SPV)를 설립해 실제 사업을 수행하기로 했다. 이를 통해 인도의 교통, 환경, 에너지 등의 문제를 해결하고 도시의 각종 자원과 물자를 효율적으로 사용할 수 있게 하는 것을 목표로 하고 있다. 최근에는 그동안 우후죽순으로 개발된 스마트시티의 데이터 및 서비스 간 호환성 보장이 되지 않았던 문제들을 인식하고, 이의 해결을 위해 oneM2M과 같은 사물인터넷 국제표준을 기반으로 스마트시티를 개발할 것을 강제화하는 움직임을 보이고 있다.

스마트시티 각각의 개발 프로젝트 중 가장 큰 비중을 차지하는 것은 교통시설을 정비하는 것으로, 전체 예산규모가 48억 5,000만 달러에 달하고 있다. 그

▼ 그림 9-39 우젠시(Ujjain City) 상황실 사진

출처: http://ujjainsmartcity.com

밖에 용수 공급, 하수처리, 배수시설 등이 42억 8,000만 달러 규모를 보이고 있다. 인도의 스마트시티 프로젝트는 전체적으로 3,700건이며 총 예산은 194억 2,000만 달러인데, 이 중 21억 8,000만 달러가 소요되는 959개 프로젝트가 완료됐다. 완료된 프로젝트를 더 세부적으로 나누면 스마트 도로 프로젝트 60건, 스마트 태양광 프로젝트 27건, 스마트 하수처리 프로젝트 12건, 스마트 용수공급 프로젝트 38건 등이 있다[10].

(4) 싱가포르의 스마트도시

2014년 리센룽 싱가포르 총리는 국가 핵심사업으로 정부와 기업, 시민 간의 격차를 줄이고, 지속가능성을 고려한 가운데 생산성을 높이는 것을 목표로 '스마트네이션(Smart Nation)' 프로젝트를 공식적으로 출범했다. 스마트네이션 프로

---

10) kotra 해외시장뉴스, 인도 스마트시티 현황 및 사례, 2021.04.01. 인도 콜카타무역관 박영선. (https://news.kotra.or.kr/user/globalBbs/kotranews/782/globalBbsDataView.do?setIdx=243&dataIdx=187849)

젝트는 '강화된 이동성', '더 나은 가정과 환경', '개선된 공공 서비스', '건강과 웰빙', '경쟁력 있는 경제' 5가지 분야에 초점을 두고 있다. 스마트네이션은 테스트베드, 리빙랩, 데이터 개방 등의 전략을 추진하고 있다. 핵심계획으로 스마트국가 플랫폼 구축, 국가정보화계획(intelligent Nation 2015) 등을 추진하고 있다. 국가 차원의 빅데이터를 구축하고 공유할 수 있는 시스템을 개발하였고, 스마트시티 솔루션을 위해 다양한 주체들이 참여할 수 있는 거버넌스 체계를 구축하였다. 통합 QR코드 시스템을 구축해 정부 기능 대부분에 디지털을 도입하고 e-정부 서비스로 대체하였다. 지속 가능한 도시 모델을 만들기 위해 3D 플랫폼을 기반으로 싱가포르 전 국토를 가상현실로 구현하는 버추얼 프로젝트를 성공리에 추진하고 있다. 빅데이터, 사물인터넷(IoT), 머신러닝, 인공지능(AI), 디지털트윈 등의 기술이 융합되어 버추얼 싱가포르를 통해 도시에서 움직이는 모든 것을 포착하고 실시간 추적이 가능하다.

'버추얼 싱가포르' 프로젝트의 목적은 기술, 데이터, 네트워크 자원을 활용해 싱가포르 국민의 삶의 질을 향상시키기 위한 목적으로 추진한다. '버추어 싱가포르' 프로젝트는 도시에서 수집되는 데이터들에 대해 가상화와 시각화에 초점

▼ 그림 9-40 싱가포르 스마트네이션 디지털 정부 청사진

출처: https://www.tech.gov.sg/media/technews/digital-government-blueprint

을 맞춤으로서 도시에서 수집되는 데이터들을 보다 가시적인 형태로 공유할 수 있다. 이 사업을 통해 싱가포르 내의 모든 건축과 지형 정보를 기반으로 3D 가상화 환경인 디지털 트윈을 구축하여 도시계획에 대해 사전 시뮬레이션이 가능하다. 이를 통해 도시문제 해결에 모든 유관부처가 협력할 수 있는 소통 채널을 마련하고, 시민의 참여율을 극대화할 수 있는 방향으로 구축하고 있다. 싱가포르 국립연구재단, 국토청, 정보통신개발청 등 3개 기관의 주도로 프로젝트가 진행되었으며, 2018년 시스템 구축이 완료되었다.

(5) 일본의 스마트도시

일본은 정부 주요 부처를 중심으로 환경과 자연재해, 초고령화라는 국가적 과제를 해결하기 위해 스마트도시 전략을 도입하였다. 2008년부터 스마트시티 정책추진을 위해 680억 엔을 투입, 내각부의 '환경 미래 도시 구상', 경제산업성의 '일본판 스마트그리드' 및 '스마트 커뮤니티 구상', 총무성의 ICT 스마트타운 구상이 대표적인 정책이다. 중앙정부와 지자체의 협력 및 지자체 차원에서 시민을 비롯한 민·관·산·학의 다 주체 간 협력적 조직을 구축하여 유기적이고 지속 가능한 플랫폼 형성하였다.

일본 자동차 회사 도요타가 미국 라스베이거스에서 열린 CES(소비자가전전시회) 2020에서 '도요타시(市)' 계획을 발표했는데 "2021년 중 일본 중부의 시즈오카(靜岡)현에 위치한 옛 도요타 자동차 공장터를 재개발해서 스마트 시티를 만들겠다"고 했다. 도요타가 스마트 시티에 공식적으로 붙인 명칭은 '우븐 시티'(woven city)다. 그물망처럼 촘촘히 짜여있는 도시라는 뜻에서다. 여의도 4분의 1 정도(702,000m²) 크기의 이 도시에는 도요타 직원과 그 가족 2,000명이 실제로 거주하게 된다. 여기에선 도요타가 현재 개발 중인 인공지능(AI)·로봇·자율주행 등 최첨단 기술이 모두 구현될 예정이다. 그간 많은 기업 도시들이 일부 제한된 공간에서 실험만 하는 테스트베드에 그친 데 비해 도요타의 플랜은 더 구체적이고 대담하다. '실제 사람이 살 만한 도시'를 만들겠다는 것이다. 실제 주민들이 혁신 기술과 공간을 생활 속에서 경험하지 않을 수 없게 그물을 짜겠다는 계획이다. 도요타는 이 회사 임직원 외에도 향후 스마트 시티, 미래 기술과 관련된 연구·기술자에게 거주 우선권을 줄 예정이다. 도시의 전체 디자인은 덴

마크의 스타 건축가 비야케 잉겔스가 맡는다.

후지사와는 10년간 지속 가능한 스마트타운 조성이라는 목적을 가지고 에너지·보안·이동·건강·커뮤니티를 중점으로 하는 스마트단지를 구축하였다. 단지의 담장에 40m의 태양광 패널을 설치하여 에너지를 생산한다. 전기차 렌트, 전기차와 전기자전거 쉐어링 시스템도 도입되었다. 또한, 인터넷, 모바일 커뮤니티를 제공하고 있다. 태양광 발전 및 전기 판매, 단지 내 광케이블 임대수익 등 수익 모델이 다양화되어 있다. 에너지의 자가 생산과 자가소비를 위한 발전 시설도 구축되어 있다.

일본은 스마트 인프라를 접목한 스마트시티를 수출할 수 있는 단계에 이르렀다고 평가하고 있다. 정부와 미쓰이부동산이 함께 스마트시티로 재생 중인 지바현 '가시와노하' 등이 성공 사례이다. 이곳은 2014년 1단계 사업 완공에 이어 2015년~2023년까지 2단계 사업을 진행 중이다. 인구 2.6만 명 유입을 목표로 복합상업시설 개발 등을 추진하고 있다.

'가시와노하' 프로젝트는 '환경공생도시', '건강장수도시', '신산업창조도시' 등 세 가지 테마 구현이 목표이다. 태양광발전, 축전지, 열병합발전설비 등 최첨단

▼ 그림 9-41 일본의 스마트시티 정책

출처: http://www.aitimes.com/news/articleView.html?idxno=139304

시스템을 도입해 에너지 사용량을 감축하고, 주민들은 이산화탄소 배출량이 적은 순으로 인접 상업시설을 이용할 수 있는 상품권을 수령한다. 도쿄대 고령사회종합연구소, 지바대 예방의학센터 등이 참여해 마을 건강 연구소 등 예방 의학 시설도 운영하고 있으며, 거주자의 활동량 등 건강 정보는 시에서 받은 손목 밴드형 활동량계를 통해 인근 병원에 자동으로 기록된다. 산학 연계로 의료분야 벤처기업을 육성하고 스마트시티 모범 사례로 알려지면서 세계 각국 지방자치단체와 연구소 관계자 등이 방문하고 있다.

(6) 중국의 스마트도시

중국에서 스마트시티 개념은 IBM사가 09년에 발간한 "Smart City in China" 보고서를 통해 처음 등장했다. 2013년부터 중앙정부에서 에너지, 환경 등 사회문제 해결 및 도시화를 통한 내수 활성화와 경제성장의 일환으로 스마트시티 사업을 본격 추진하였다. 2014년 신형도시화 계획 발표 후 제13차 5개년 계획(2016~2020)을 수립, 약 85조 원의 예산투자를 계획하고 전국 50개 스마트시티 건설계획을 발표하고 사업을 추진 중에 있다. 닝보·상하이·광저우 등 상대적으로 경제가 발달한 도시에서 우선으로 스마트시티 구축 관련 전략을 수립하여 실시하고 있다.

알리바바의 본사가 있는 중국 항저우는 교통 체증 문제를 풀기 위해 알리바바 클라우드 기반의 '시티브레인(Citybrain)'을 2017년에 발표하여 도시 인프라 그 자체가 관리 주체가 되는 개념으로 추진하고 있다. 이 시스템의 목적은 도시의 활력과 지속가능성을 확보하기 위함이다. '시티브레인 2.0'은 2018년에 발표되어, 데이터를 기반으로 도시 공공자원을 최적화하는 구조로 업그레이드되었다. IoT, 인공지능, 디지털트윈, 빅데이터 솔루션 등 첨단 기술을 통해 도시 인프라를 효과적으로 관리하고 도시문제를 해결할 목적이다. 공기업이 주도적인 역할을 하고 민간기업이 참여하는 '시티브레인' 운영 체계를 마련하였다.

최근 중국 발전개혁위원회 산하 국가정보센터와 '중루이신(中睿信)' 디지털회사는 상하이에서 개최된 제11회 글로벌시티 박람회에서 「스마트시티 건설 운영 가이드라인(2021)」을 발표하였다. 본 가이드라인은 스마트시티 구축과 관련 스마트시티·디지털 사회 실현을 위한 발전 현황과 정부주도, 정부-기업 간 협력,

다자간협력 등의 방식으로 지속 가능한 생태계 발전을 강조하고 있다. 스마트시티 건설 기본 업무로 '정무', '비즈니스', '서비스', '가사'로 구분하고, 5G, 사물인터넷, 인공지능, 빅데이터 등 차세대 정보기술을 활용하여 안전하고 편리한 도시를 건설할 예정이다. 미래 스마트커뮤니티는 사물인터넷, 빅데이터, 인공지능 등 신기술 수단에 기반을 두고 건설운영모델 혁신을 강화하고, 다원적 참여와 데이터 융합에 기반을 둔 관리와 서비스의 새로운 모델을 모색할 할 예정이다.

▼ 그림 9-42 중국의 스마트시티 건설 주요 업무

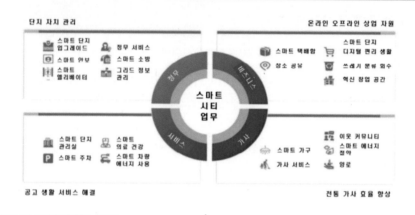

출처 : https://weibo.com/ttarticle/p/show?id=2309404699461967544861

▼ 그림 9-43 중국 스마트시티 구축 현황

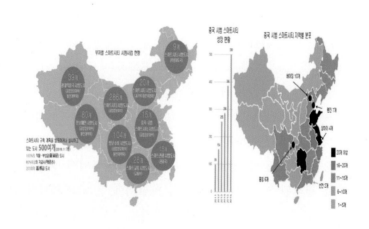

출처: KOSTEC(한중과학기술협력센터), 중국의 스마트시티 지원 정책과 동향, 2018

R&D 및 거버넌스

제1절   U-City R&D

1. 추진경위

국토부는 2006년을 기술혁신 원년으로 선정하고, 향후 10년간 미래기술수요를 바탕으로 VC(Value Creator) 10개 과제를 선정하였다. VC-10과제의 일환으로 U-Eco City R&D 사업을 추진하게 되었다. U-Eco City R&D 사업은 과기부장관(부총리), 건교, 산자차관 등 11개 부처 장·차관이 참석한 과기장관회의('07.6)에서 심의·의결되어 범정부적 과제로 확정되었다.

2. 주요내용

총 6차년도 2007.08.31.~2013.06.13.동안 1,017억 원(정부 752억 원, 민간 265억 원)을 들여 U-Eco City 구현을 위한 기술개발 목표로 기술개발과 정책과제로 구분 추진하였다. 기술개발 과제로는 현황분석, 설계, 개발 및 파일럿 테스트 등을 통하여 통합 플랫폼, 비지니스 서비스 플랫폼 등을 개발하고, 정책과제로는 U-City 종합계획 수립, 법제도 개선, 해외 홍보 등 U-City 활성화를 위한 연구개발사업 등이다. U-City 조성을 위한 5개 핵심기술은 ① 미래도시전략, ② 통합플랫폼 등 U-City의 핵심기술개발, ③ 개발된 기술을 도시공간에 접목하는 기술, ④ U-생태도시조성기술, ⑤ Test Bed 구축 등이다.

도시화율이 증가함에 따라 다양한 도시문제가 발생하고 있으며, 이를 해결하기 위해 환경, 도시, IT 융합을 통한 유비쿼터스도시 프로젝트가 추진되었다. 국제적으로 살펴보면 스마트시티 관련 사업이 2008년에 약 20개에서 2012년에는 약 39개국 125개 도시, 132개 사업으로 증가하였으며, 국내에서는 2007년 8월부터 U-Eco City 연구개발사업을 추진하고, 총 49개 도시에 대하여 U-City 관련 구축사업을 지원하였다.

3. 추진목적

도시정보를 통합·관리하여 시민이 언제 어디서든 원하는 서비스를 받을 수 있고 에너지 절감 및 탄소배출량 감소로 쾌적하고 편리한 환경을 제공하는 도시

▼ 그림 10-1 비전 및 추진전략

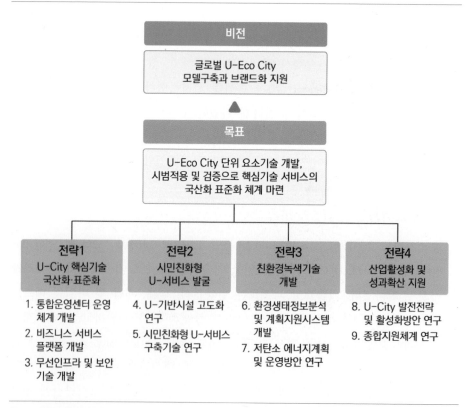

출처: 국토교통부

로 조성하고, U−City, 지능형교통체계, 공간정보, 저에너지 친환경주택 산업 등을 포함한 융복합 개념의 국가 신성장동력 산업 창출에 목적이 있다.

4. 비전 및 추진전략

비전은 글로벌 U−Eco City 모델 구축과 브랜드화를 지원하는 것으로 정하였다. 목표는 U−Eco City 단위·요소기술 개발, 시범적용 및 검증으로 핵심기술·서비스의 국산화·표준화 체계를 마련하는 것이다. 총 4개의 전략이 수립되었다. 첫째는 U−City 핵심기술 국산화·표준화전략이다. 둘째는 시민친화형 U−서비스 발굴전략이다. 셋째는 친환경 녹색기술개발전략이다. 넷째는 산업활성화 및 성과확산 지원전략이 수립되어 추진되었다.

5. 사업 주요내용과 성과

과제는 5개 과제로, 1~4세부와 이를 관리, 지원 및 상용화 지원 등을 수행하는 총괄과제인 5세부로 구성되었으며, 1세부는 U−City 핵심기술의 국산화 및 표준화를 통해 도시 운영관리의 효율성과 호환성을 향상시키고 보안성을 확보하는 것이다. 2세부는 지속가능한 U−Eco City 구현을 위한 도시기반시설 운영관리 기술을 고도화하고 시민친화형 서비스 개발로 주민 만족도 제고이다. 3세부에서는 과학적·체계적 정보분석을 수행하여 친환경 도시계획 수립 및 관리운영 방안 제시로 저탄소 녹색성장 구현에 기여하는 것이다. 4세부는 지속가능한 U−City 산업 발전방안 및 해외진출 전략, 표준화 및 인증체계 등을 마련하여 산업 활성화에 기여하고, 5세부는 성과 중심의 U−Eco City 종합지원체계 구축을 통한 면밀한 과제수행 지원 및 성과물 보급 확산지원을 목적으로 한다. 각 세부과제별 주요 성과 및 실적은 <표 10−1~4>와 같으며, 조기종료 과제 22개를 포함한 41개 성과물이 도출하였다.

(1) 1세부 U-City 인프라 구현기술

〈표 10-1〉U-City 인프라 구현기술

주요내용(개요)	핵심성과 세부내용	성과 특징
1. U-Eco City 통합플랫폼		
• 투자비용: 131억 (정부 약 97억 원) • 도시운영관리 표준화를 위한 국가표준통합플랫폼 • 통합플랫폼의 외산기술 국산화 및 개별 플랫폼 개발에 따른 중복투자 방지	• 도시통합운영센터운영 모델, 서비스 참조모델, 복합 서비스 모델 발굴 • 통합 미들웨어 • 통합 플랫폼 핵심 구성요소, 업무운영포털 • 통합플랫폼 DB, 단위서비스 관리 시스템 개발 • 단말연계 미들웨어 개발	• 비용절감, 공기단축, 호환성 • 기존 플랫폼 대비 구축비 절감 • 플랫폼 패키지화로 개발기간 단축 • U-서비스 간 연계 및 U-City 간 서비스 운영의 호환성 확보를 통한 효율적 운영체계 확립
2. 비즈니스서비스 플랫폼(BSP)		
• 투자비용: 72억 (정부 약 53억 원) • U-City 자산 및 정보(공공정보)를 활용하여 편리하고 새로운 U-서비스를 개발/운용할 수 있도록 도와주는 운영체계 • 비즈니스 유형: 자녀안심, 시큐리티, 창업 컨설팅, 부동산, 관광상품 등	• 서비스 제공/운영시스템 • 서비스 제작 및 실행 환경시스템 • 맞춤형 정보생성 및 제공 시스템	• U-City 운영비 보전 및 비용절감 • 공공자산(미디어보드 등의 U-City 시설물) 사용 및 정보제공에 따른 수익을 통해 U-City 운영비 보전 • 공통 기능을 패키지화하여 U-서비스 사업자별 시스템 중복개발 방지
3. 공공무선 AP		
• 투자비용: 42억 (정부 약 29억 원) • 공공기관 내 사용가능하도록 CCTV 정보 등 주요 보호대상 정보를 암호화하여 무선으로 전송하는 기술	• 암호모듈 KCMVP* 인증 • Wi-Fi용 국가표준 암호화 알고리즘(ARIA/SEED) • 암호화 기능을 처리하는 H/W 모듈 • 암호 H/W모듈이 탑재된 공공무선장비(무선AP)	• U-CIty 지능화 시설용 국내 최초 암호화 인증 완료
4. USN기반 전력절감형 솔루션		
• 투자비용: 23억 (정부 약 16억 원) • U-City 내 무선통신 사용 요	• CCTV, 센서 등 U-City 시설물의 정보전달을 위한 USN 장비	• 전기요금 절감 • 세계최초 TCP/IP기반 전력 사용량 계측, 원격제어 및

주요내용(개요)	핵심성과 세부내용	성과 특징
구 증가로 센서간 상호운용성 및 확장성을 보장하는 U-City 무선 인프라 기술 • U-City 무선인프라기술을 활용한 전력절감 기술	• USN 장비 상태 모니터링 및 계측값 관리용 통합관리시스템(S/W) • 전력절감을 위한 USN 기반 멀티탭, 콘센트 및 관리시스템	관리 일체형 기술 개발 • (수요처)사무실, 지자체, 일반가정, 민간기업, 학원, 학교 등
5. 유무선통합 보안관제시스템		
• 투자비용: 34억 (정부 약 25억 원) • U-City 인프라의 네트워크 상태를 통합적으로 관제 • 무선과 유선 구간의 위협 상화 감시 및 실시간 대응가능한 보안체계 구축 기술	• 무선망 해킹탐지 및 대응시스템(S/W) • 유무선 통합 해킹탐지 및 대응시스템(S/W)	• 인력비 절감 및 기술 확보로 인한 외화절감 • 세계 최초로 유선과 무선을 통합적으로 관제하는 시스템 개발 • 용도: U-City 핵심 시설에 대한 유·무선 통합보안 장비로 활용

(2) 2세부 U-Space 구축기술

〈표 10-2〉U-City U-Space 구축기술

주요내용(개요)	핵심성과 세부내용	성과 특징 및 활용성
1. U-교량안전관리시스템		
• 투자비용: 59억 (정부 약 31억 원) • 도시기반시설의 고장·사고로 인한 인명·산피해를 방지하고, 실시간 사전 대응을 위하여 주요 구조물(교량)을 대상으로 U-City 기술을 활용한 통합관리 체계	• 인터넷 기반 교량 구조물 안정성/내구성 평가시스템 • 구조물의 강 및 콘크리트 손상상태를 실시간으로 진단 및 평가 • 웹 기반 U-교량 통합 모니터링 시스템	• U-City 내 대형 교량 및 댐, 보 등의 다양한 구조물의 안전관리시스템으로 활용 • (수요처)지자체, 공공기관 및 민간 건설사
2. U-기반 친환경 도로 조성 기술		
• 투자비용: 17억 (정부 약 15억 원) • 교통량의 증가에 따른 도로 훼손, 오염물질 증가로 인한 도로유지관리 비용이 증대됨에 따라 도로의 유지관리 비	• 도로환경감지 및 제어시스템 • 차량의 풍압 에너지를 이용한 전원공급, 차량이동 중 발생하는 충격을 이용한 전기생산 등 도로내에서 버려지는 자원을 활용하여 도로환	• 비산먼지·노면 온도 저감이 필요한 지역 및 상습 결빙구간에 대한 제설시설물로 활용 • 도로 내 시설물 중 필요 전기량이 적은 표지병, 소형 조명 등의 전원 공급원으로 활용

주요내용(개요)	핵심성과 세부내용	성과 특징 및 활용성
용 절감 및 에너지 수집·활용 기술	경을 모니터링하고 개선하는 기술 개발	• (수요처)지자체, 공공기관 및 민간 건설사
3. 지능형 방범 관제 서비스		
• 투자비용: 33억 (정부 약 19억 원) • 강력범죄 증가에 신속한 대응 및 화재 재난 등으로부터 안전한 도시 구현을 위한 지능형 CCTV 관제기술	• 지능형 통합관제시스템 • 영상저장, 분석, 표출 기술 및 무선영상공유 시스템	• 도시 및 아파트 단지, 빌딩 등 밀집지역 CCTV 통합상황관제에 이용 • (수요처)지자체, 학교, 아파트단지, 빌딩 등
4. Digital Artifact 서비스		
• 투자비용: 지능형 방범 관제 서비스에 포함 • 가로공간 내 미디어/디지털 장치(LED, 음향장치 등)와 도시경관 조형물(분수, 미디어 보드 등) 통합관리 및 이를 활용한 시민체감형 U-서비스	• 시민이 디지털 조형물을 활용할 수 있도록 이벤트 신청 및 관리 기능을 제공하는 시민참여 Application • 가로공간 내 디지털 조형물의 원격제어 및 상태관리 등을 위한 통합관리시스템 (S/W)	• 공원, 공공장소의 디지털조형물 관리 및 시민체감서비스(이벤트) 제공 프로그램 • (수요처)지자체, 공공기관, 민간 건설사
5. U-가로공간 서비스		
• 투자비용: 28억 (정부 약 20억 원) • U-City 내 가로/공원 공간 등에 사용자가 원하는 디바이스 및 콘텐츠를 원하는 시점에 맞추어 서비스를 제공하기 위한 운영자용 솔루션 • 구도심 내의 다수의 비지능화 시설에 controller를 부착함으로써 지능화 유도	• 서비스 룰 엔진 및 활용서비스 • 구도심형 U-서비스 구축 확산을 위한 H/W Controller	• U-서비스 개발을 위한 개발방법 국내 최초 시스템화 • 기존 도시의 비지능화시설 지능화를 위한 기술 개발 • 시민체감형 서비스를 제공하기 위한 서비스 통합운영관리용으로 활용 • (수요처)지자체, 공공기관, 민간 건설사

(3) 3세부 Eco-Space 녹색기술

〈표 10-3〉 Eco-Space 녹색기술

주요내용(개요)	핵심성과 세부내용	성과 특징 및 활용성
1. 환경생태정보분석시스템(EASYS)		
• 투자비용: 22억 (정부 약 18억 원) • 환경생태정보를 이용하여 대상지의 가치평가를 수행하고 개발 가능지의 범위와 허용 가능한 최대 개발밀도를 산출하는 시스템	• 환경생태정보분석시스템 • 환경생태가치분석, 개발가능지 분석, 역추적 모델링, 환경생태용량 분석	• 안전한 개발가능지 분석 및 역추적 기술 개발 • 환경생태적가치를 등급화하고 보전지 선정 • 도시계획(안)의 개발 규모 등 적정성 평가 및 계획 심의·검토 전 과정의 의사결정 지원 • (수요처)지자체, 사업시행자, GIS교육기관
2. 생태도시계획지원시스템(ePSS)		
• 투자비용: 20억 (정부 약 16억 원) • 토지구상·계획·설계, 3D 시뮬레이션평가 전 과정을 하나의 시스템에 연계한 생태적 토지이용계획 지원	• 생태도시계획지원시스템 (ePSS 모듈) • ePSS-Analyzer, ePSS-Planner, ePSS-Designer, ePSS-Simulator, BAF-Simulator	• 토지이용구상·계획·설계·3D 시뮬레이션평가 일체형 토지이용계획 지원 기술 • 신도시 개발 및 기성도시 관리를 위한 환경생태계획과 생태도시설계 분석도구 및 참조자료로 활용 • (수요처)지자체, 사업시행자, GIS교육기관
3. 저탄소에너지계획 및 운영지원시스템(EnerISS)		
• 투자비용: 38억 (정부 약 26억 원) • 도시개발계획 수립시, 저탄소 도시에너지 계획 수립 및 도시에너지 생산시스템 관리·운영 지원	• 저탄소에너지 계획 및 운영지원시스템	• 도시 에너지 공급 계획 수립 시 에너지 원단위 예측 및 신재생 에너지 플랜트 최적 입지 선정 기술 개발 • 에너지 수요예측 방법 정밀도 강화 • (수요처)지자체, 사업시행자, GIS교육기관
	• 에너지 의사 결정 지원시스템	• 비실시간 구축 정보를 활용한 도시 에너지·환경 자원 통합관리 기술 • 에너지자가진단 시민서비스로 시민 참여 유도 및 에너지·환경 인프라 계획에 대한 의사결정 지원 • (수요처)지자체, 사업시행자

(4) 4세부 U-City 발전전략 및 활성화 방안

〈표 10-4〉 U-City 발전전략 및 활성화 방안

주요내용(개요)	핵심성과 세부내용	성과 특징 및 활용성
1. U-City 백서		
• 투자비용: 정부 약 5억 원 • 지속가능한 U-City 구현을 위한 전략적 방향성 마련	• 분야별 기술 및 정책동향분석 보고서 • U-City 추진방안 정책제안 보고서 • U-City 활성화전략 종합보고서 등	• 국내 U-City 관련 업체의 미래기술 개발 가이드 및 U-City 계획 수립, U-서비스·기술 개발 참고자료로 활용 • U-City 활성화에 대한 전략적 방향성 제시
2. U-City 관련 법/지침개정(안)		
• 투자비용: 정부 약 41억 원 • U-City 산업 활성화를 위한 시장확대 및 참여 유도를 위한 법·제도 지원 방안 마련	• 유비쿼터스 1, 2차 종합계획 보고서 • 시행령 개정안 보고서 • 지침 개정안 보고서 • 구도심활성화 방안 보고서 • 산업활성화 방안 보고서	• 중앙정부의 U-City 관련 정책수립 지원, 지자체 U-City 계획 수립 및 기업에서 U-City 사업·실시 계획 수립 시 가이드라인으로 활용 • 계획수립, 산업진흥법(안)을 통해 민간업체의 U-City 참여 확산, 일자리 창출, 해외시장 진출 등의 효과 기대
3. U-City 해외수출 가이드		
• 투자비용: 정부 약 13억 원 • U-City 해외사업 활성화 매뉴얼, U-City국제협력체계 구축 전략 보고서 등 U-City 해외 시장 확보 방안 연구	• U-City 해외진출 가이드라인 • 국제협의체 구성 및 컨퍼런스 개최 • 해외로드쇼 개최(4회)	• 민간업체의 U-City 해외 시장 진출시 가이드북 및 교육자료 활용 • 수출유망지에 대한 마케팅 시범사업으로 로드쇼를 개최하고 R&D 성과물의 홍보와 수출을 지원하는 증 실증적용
4. U-City 표준 지침 및 인증방안		
• 투자비용: 정부 약 12억 원 • U-City 핵심기술 LC 서비스에 대한 표준화 연구 • U-City 최소품질 확보를 위한 필수 구성요소 및 인증방안 연구	• U-City 표준화 방안 보고서 • U-City 표준 및 인증 추진전략 보고서, U-City 표준정보 DB, U-City 표준(안) 발굴 및 제안 등 • U-City 인증방안 보고서	• 국내 U-City 기업의 기술 개발 표준으로 활용 • U-City 서비스 품질 기준, 장비별 성능 기준 제공으로 U-City 품질 개선을 도모하고, 기술 표준화를 통해 U-City 구축비용 절감

제2절 스마트시티 혁신성장동력 R&D

1. 사업개요

스마트시티 혁신성장동력 프로젝트는 도시의 다양한 데이터운영시스템을 기반으로 능동적이고 개방적인 공유형의 도시행정과 서비스를 창출하여 디지털문명과 4차 산업혁명을 선도할 수 있는 기반을 조성하고자 한다. 데이터기반의 스마트시티를 구축하여 각종 도시문제를 해결하고, 환경, 에너지, 사회적 약자를 보호하는 지속가능한 성장을 추구하며, 스마트시티의 확산을 통해 디지털경제 발전을 도모하고자 한다. 그간 사업 추진경과는 2018년 7월에 대구시와 시흥시 2곳을 실증도시로 선정하였다. 현재 스마트시티 실증추진을 수행중에 있으며 2022년 실용화 계획 및 확대 적용 계획이다. 사업운영은 국토교통부와 과학기술정보통신부가 담당하며, 총사업비는 1,287억(정부출연금 843억 원)으로 국토부 453.2억, 과기부 389.8억을 책정하고 있으며 참여기관은 총 76개의 기관(1핵심 28개, 2핵심 26개, 3핵심 27개)으로 구성되어 있다. 사업기간은 2018~2022년까지이다. 비전은 시민 삶의 질 향상 및 지속가능 성장을 위한 데이터기반 스마트시티 혁신모델 구현이고 목표는 첫째, 스마트시티 데이터 관리체계, 핵심기술, 표준, 평가지표 등 스마트시티 모델 및 기반기술 개발, 둘째, 도시 현안 해결을 위한 Use Case를 통한 스마트시티 서비스 개발, 셋째, 지속가능한 도시발전을 위해 리빙랩 기반 신규 비즈니스 모델 개발로 설정하고 있다.

2. 사업단계

▼ 그림 10-2 혁신성장동력사업 단계별 목표

출처: 국토교통부

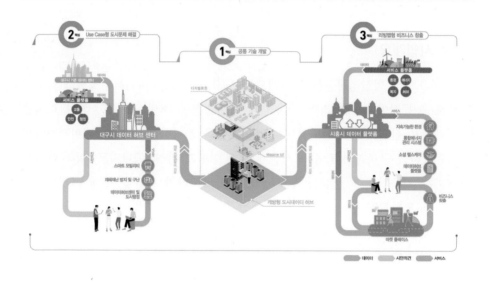

출처: 국토교통부

3. 스마트시티 혁신성장동력 프로젝트 1, 2, 3핵심 소개

(1) 1핵심: 스마트시티 모델 및 기반기술 개발

1-1 세부과제는 전자부품연구원 외 10개 기관[1])이 참여하고 있으며, 데이터 표준화 및 표준 인터페이스 확산을 위해 산업 및 사회영역별 서비스에서 필요로 하는 데이터를 통합적으로 수집, 가공 및 저장할 수 있는 클라우드 기반 개방형 데이터허브 아키텍처 모델을 제시한다. 완성된 성과물은 대구광역시와 시흥시, 국가시범도시 등에 적용될 예정이다. 1-2 세부과제는 한국전자통신연구원 외 6개 기관[2])이 참여하고 있으며, 다양한 통신환경에서 초대규모(Massive) IoT 데

---

1) 전자부품연구원, ㈜이노그리드, 엘지유플러스, 한국정보통신기술협회, 부산대학교, KAIST, 안양대학교, ㈜파인씨앤아이, ㈜엔코아, ㈜다음소프트, ㈜엔투엠, NHN, ㈜ 나무기술, 제이스퀘어, 디토닉㈜, 비투아시스템즈, 세종대학교
2) 한국전자통신연구원, ㈜핸디소프트, 데이터얼라이언스 주식회사, 아라드네트웍스, KAIST, 네스랩, ㈜모바일에코, DKI테크놀로지, 주식회사 이엠웨이브, 와이에스티 주식회사

이터(교통, 환경, 에너지, 안전 등)의 처리를 위한 지능형 디바이스, 인프라 고도화, 네트워크 구축 및 제어 기술개발 등을 수행한다. 1−3 세부과제는 서울시립대 외 4개 기관3)이 참여하고 있으며, 데이터 허브를 통해 수집된 데이터를 디지털 화된 가상공간에 표현·실시간 동기화하고 활용하기 위한 가상화 플랫폼 기술개 발 등을 수행한다. 1−4 세부과제는 한국건설기술연구원 외 2개 기관4)이 참여 하고 있으며, 스마트시티 프로젝트 허브 구축·운영을 통한 스마트시티 관리모 델 개발 및 지식축적 확산체계 구축 등을 수행한다.

(2) 2핵심: 시민중심 서비스고도화를 위한 UseCase형5) 실증

2−1 세부과제는 한국교통연구원 외 8개 기관6)이 참여하고 있으며, 대중교 통 및 개인이동수단에 대한 편의성을 증진시키고, 도심교통혼잡을 완화시킬 것 으로 기대되는 개인 이용자 맞춤형 스마트 모빌리티 통합서비스를 제공한다. 2−2 세부과제는 한국토지주택공사 외 9개 기관7)이 참여하고 있으며, 데이터공 유를 통한 도시 재해재난 안전 및 사회 안전 긴급구난 서비스 등 개발한다. 2−3 세부과제는 SK텔레콤 외 6개 기관8)이 참여하고 있으며, Use Case 서비스 중심으로 대구시 현안 및 시민 참여중심의 데이터 허브센터 구축 및 운영을 수 행하고 있다. 2−4 세부과제는 대구테크노파크9)가 참여하고 있으며, 시민참여

---

3) 서울시립대, KT, 크로센트, 티쓰리큐㈜, 한양대학교
4) 한국건설기술연구원, 연세대학교, 정보통신기술협회, 사)IPMA 코리아, ㈜맵인어스
5) 인프라 기반이 자리잡은 중규모 이상의 도시로서, 시민이 호소하는 문제점 해결을 위한 서비스·기술개발 및 검증에 초점을 맞춘 Use Case 실증도시 유형
6) 한국교통연구원, 계명대학교, ㈜디지비유페이, 명지대학교, ㈜아로정보기술, ㈜위니 텍, ㈜이지식스, ㈜지앤티솔루션, 한국교통안전공단, 주식회사 카카오모빌리티, (사 단)한국지능형교통체계협회, 공주대학교, ㈜하나텍시스템, ㈜에이투텍, 피유엠피, ㈜ 소울인포테크, 엘케이엠에스리미티드㈜
7) 한국토지주택공사, 고려대학교, KAIST, ㈜에이앤디시스템, ㈜헥코리아, 주식회사 온 품, 경북대학교, 경일대학교, ㈜유엔이, ㈜넥스모어시스템즈, 한밭대학교, ㈜아이오 티솔루션, 충북대학교, 고려대학교, 서울대학교, ㈜유비이엔씨, ㈜이도, ㈜케이씨티 이엔씨, SK텔레콤
8) SK텔레콤, ㈜엔텔스, 엔쓰리엔㈜, ㈜프로토마, ㈜우경정보기술, ㈜비투엔컨설팅, 한 국토지주택공사, 메타빌드㈜, 한국전자통신연구원, 뉴레이어 주식회사, 경북대학교, ㈜지오씨엔아이, ㈜퓨전소프트, 주식회사 마인즈랩

형 도시문제해결을 위한 데이터기반 스마트시티 Use Case를 개발한다. 글로벌 경쟁력 확보를 위한 연구개발과제와 시민참여를 통한 구체적 서비스 솔루션을 발굴·연구·실증하고 있다.

(3) 3핵심: 기술혁신·비즈니스 창출을 위한 리빙랩형 실증

3-1 세부과제는 KT 외 3개 기관[10]이 참여하고 있으며, 크라우드소싱 기반 2D/3D 분석정보 매핑 기술 및 예측, 오염원 분석 기술 정보 제공 시스템을 개발하고 있다. 3-2 세부과제는 한국전력공사 외 5개 기관[11]이 참여하고 있으며, 도시 종합 에너지 및 개별 건물 에너지 효율 향상을 위한 통합 운영기술 개발 및 실증을 담당하고 있다. 3-3 세부과제는 하이디어솔루션즈 외 2개 기관[12]이 참여하고 있으며, 실내외 통합 독거노인 Total Care 서비스 플랫폼 개발 및 구축을 통한 리빙랩을 실증하고 있다. 3-4 세부과제는 KT 외 7개 기관[13]이 참여하고 있으며, 개방형 데이터 허브 아키텍처 기반의 데이터허브 플랫폼 구축 및 실증을 담당하고 있다. 3-5세부과제는 차세대융합기술연구원[14]이 참여하고 있으며, 시흥시의 산업 경쟁력을 혁신하기 위한 스마트시티 비즈니스 모델 및 지원 체계를 구축하고 있다.

---

9) 대구테크노파크, 한국교통안전공단, 서울시립대학교, ㈜핀텔, ㈜소울인포테크, ㈜이모션, ㈜다음디엔에스, ㈜넥스트이앤엠, ㈜데이타뱅크시스템즈, ㈜이엠에스커뮤니케이션, ㈜메이어스, 주식회사 토이스미스, ㈜아이디정보시스템, 영남대학교, 계명대학교

10) KT, 케이웨더㈜, 디케이아이테크놀로지, 시흥시 환경지원센터, ㈜환경과학기술, ㈜그렉터, 서울대학교

11) 한국전력공사, 젤릭스주식회사, ㈜씨앤유글로벌, ㈜바스코아이씨티, 계영정보통신㈜, ㈜케이티, ㈜씨그널정보통신, 사단법인 한국스마트에너지협회, 서강대학교, 한국기계전기전자시험연구원

12) 하이디어솔루션즈, 전자부품연구원, 경희의료원, ㈜이노그리드, 오카스튜디오, ㈜현정보기술, 주식회사 어뮤즈트래블

13) KT, KAIST, ㈜파인씨앤아이, 대영유비텍㈜, 서울대학교, ㈜지케스, ㈜에스지에이, ㈜디케이아이테크놀로지, ㈜디지털서울, 케이티하이텔㈜, 메타빌드㈜, ㈜스위트케이

14) 차세대융합기술연구원, 한국국토정보공사 공간정보연구소, ㈜메타지아이에스컨설팅, ㈜팀인터페이스, 단국대학교, 부경대학교, 한밭대학교, 삼우티시에스㈜. ㈜희림건축사사무소, ㈜유니콤넷, 주식회사 크리모, ㈜투아트, 주식회사

제3절　스마트 거버넌스(Governance)

1. 중앙정부

(1) 4차 산업혁명위원회 산하 스마트시티 특별위원회

국가 전략적 관점의 스마트시티 조성과 확산 방안을 논의하기 위해 4차 산업혁명위원회 산하에 스마트시티 특별위원회가 구성('17.11)되었다. 대통령 직속, 민간전문가(23인) 및 정부(6인)으로 구성된다. 주요 역할은 법제도, 표준화, 대외협력 등 정부 정책에 대한 자문이다. 스마트시티 특별위원회 구성은 <그림 10-4>과 같다.

▼ 그림 10-4 스마트시티 특별위원회 구성

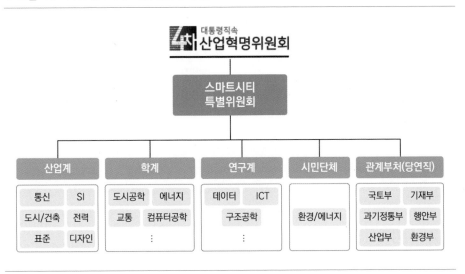

출처: 국토교통부

(2) 스마트도시위원회

유비쿼터스도시법이 스마트도시법으로 전면 개정·시행('17.9)됨에 따라 기존 유비쿼터스도시위원회에서 국가스마트도시위원회로 새로이 구성('17.12)되었다. 구성은 국토부 소속, 위원장(국토부 장관), 부위원장(3명), 민간전문가(16인) 및 정부(9인)이며, 주요역할은 스마트시티 추진전략, 스마트도시계획 등 정부 정책을 심의·조정한다. 주요 심의사항으로는 스마트도시종합계획, 국가 시행 스마트도시건설사업, 중앙행정기관의 장과 지방자치단체의 장 간의 의견 조정, 스마트도시 활성화를 위한 정부의 지원사항, 스마트도시서비스 활성화를 위한 분야별 정보시스템 연계·통합 등이다. 국가스마트도시위원회 구성은 <그림 10-5>와 같다.

▼ 그림 10-5 국가스마트도시위원회 구성

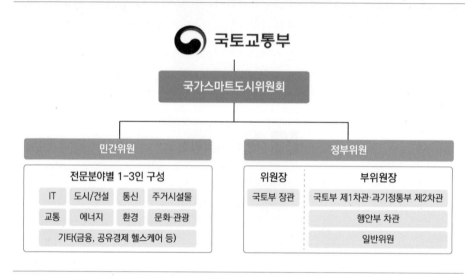

출처: 국토교통부

2. 지방자치단체

(1) 스마트도시 지방차치단체 협의회

스마트도시 지방자치단체 협회의는 스마트도시 구축과 운영을 추진하고 있는 지자체 간 협의회를 구성함으로써, 스마트도시의 확산과 산업 진흥을 위해 상호 협력 및 전략을 공유한다. 스마트도시 지방자치단체 협의회 가입 지차제 리스트는 총 129개로 광역 17개, 기초 112개(2021년 12월 기준)이다.

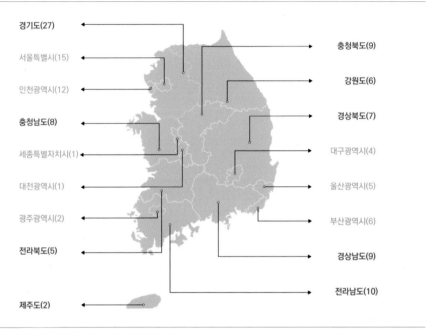

경기도(27)

서울특별시(15)

인천광역시(12)

충청남도(8)

세종특별자치시(1)

대전광역시(1)

광주광역시(2)

전라북도(5)

제주도(2)

충청북도(9)

강원도(6)

경상북도(7)

대구광역시(4)

울산광역시(5)

부산광역시(6)

경상남도(9)

전라남도(10)

출처: 국토교통부

3. 스마트시티 융합_얼라이언스(자료출처: 국토교통부)

이종 기업 간 협력의 장을 마련하여 스마트시티 산업을 육성하고 민간기업 주도의 스마트시티 조성과 민간중심 스마트시티 산업생태계 조성을 위해 민관 소통통로로서 기업 간 기술협력, 비즈니스 모델 개발 등의 상호협력 추진, 모빌 리티 헬스케어 환경 문화 거버넌스 등 스마트시티 관련 대·중·소 벤처기업 및 대학연구기관협회 등 민간중심으로 구성되어 있다. 대·중·소 벤처기업, 연구기 관, 협회 등 472개 기관이 참여 중에 있다.

(1) 기본방향

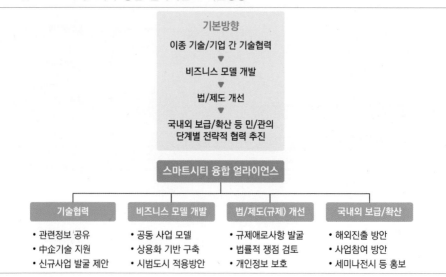

출처: 국토교통부

(2) 운영체계 및 역할

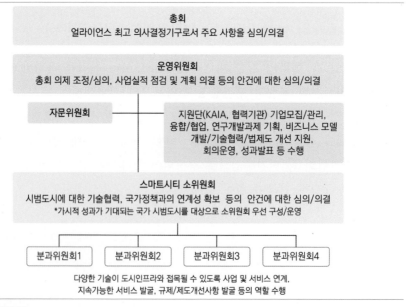

출처: 국토교통부

4. 스마트시티 전문가(자료출처: 국토교통부)

(1) 스마트도시서비스 지원기관

스마트도시서비스 지원기관은 스마트도시법 제19조의4에 따른 법정기관으로 스마트도시서비스의 활성화를 위한 스마트시티 정책 개발 및 제도개선 지원 역할을 담당하고, 2019년 1월, 법률에 따른 지원기관 공모 및 심사 절차를 통해 최초 7개 기관을 선정하고, 같은 해 11월 3개 기관을 추가 선정하여 총 10개 기관이 관련 업무를 수행하고 있다.

1) 관련 법 조항

「스마트도시 조성 및 산업진흥 등에 관한 법률 제19조의4(스마트도시서비스 지원기관의 지정)」에 의거 국토교통부장관은 스마트도시서비스의 활성화를 위하여 전문인력과 시설 등 대통령령으로 정하는 요건을 갖춘 연구기관, 단체 또는 법인을 스마트도시서비스 지원기관(이하 "지원기관"이라 한다)으로 지정할 수 있다. <개정 2013. 3. 23., 2017. 3. 21.>

2) 지원기관은 다음 각 호의 업무를 수행한다. 〈개정 2017. 3. 21.〉
① 스마트도시서비스 관련 정보의 유통 및 유통현황의 조사 · 분석
② 스마트도시 관련 제품 및 서비스의 품질인증
③ 스마트도시기술의 연구 · 개발
④ 스마트도시의 표준화 지원
⑤ 스마트도시 전문인력의 양성 및 지원
⑥ 스마트도시 및 스마트도시 기술의 해외수출 지원
⑦ 스마트도시 인증 지원
⑧ 스마트도시서비스 이용실태 조사 · 분석
⑨ 그 밖에 스마트도시 활성화를 위한 홍보, 정책의 발굴 및 제도 개선 지원

(2) 지원기관의 주요업무

스마트시티 확산을 위한 정책발굴과 제도개선, 기술개발, 전문인력 양성, 해

외수출 등 지원과 데이터 기반 도시운영과 도시의 다양한 기능 간 연계를 위한 관련 제도 정비 및 운영, 각기관별로 전문성을 바탕으로 한 산·학·연 및 민간과의 소통과 기술발전을 견인하는 역할을 수행한다.

〈표 10-5〉 지원기관의 주요업무

기관명	기관 성격	스마트도시서비스 주요 업무	스마트도시 관련 주요 실적	URL
건축도시 공간연구소 (AURI)	정부 출연 연구 기관	• 스마트 건축제도 개선 지원 • 스마트도시설계 정책수립 지원 • 스마트도시 인식조사 및 지자체 컨설팅 지원	• 교통기술발전에 따른 건축 및 도시공간 대응 방안 연구 등	https://www.auri.re.kr/
국토 교통과학 기술진흥원 (KAIA)	공공 기관	• 스마트도시 기술 연구 및 개발 • 스마트도시 전문인력 양성 • 스마트도시 정책발굴 및 제도개선 지원	• 스마트시티 혁신성장동력 프로젝트 사업단 총괄관리 • 스마트시티 인력양성사업	https://www.kaia.re.kr/
국토연구원 (KHRIS)	정부 출연 연구 기관	• 통신분야 등의 법 및 규제제도 개선 지원 • 도시성장 단계별 스마트도시 정책 지원 • 스마트도시 인증제도 개발 및 운영 • 스마트도시 R&D 기술 서비스 실증지원 • 국내외 스마트도시 네트워크 형성 등	• 행복도시 스마트시티 특화방안 및 전략수립 • 지능형도시 고도화 방안 연구	https://www.krihs.re.kr/
정보통신 산업진흥원 (NIPA)	공공 기관	• 데이터개방, 테스트베드 제공 등을 통한 창업생태계 조성 • 글로벌 혁신기업 유치 및 해외진출 • 교육혁신기술 도입 • VR, AR기반의 체험중심 콘텐츠 활성화	• 개방형스마트시티 플랫폼구축, 국제교류협력 등	https://www.nipa.kr/
한국국토 정보공사 (LX)	공공 기관	• 공간정보데이터 특화 스마트도시 지원 • 디지털트윈 및 서비스 모델 구축 • 스마트도시 데이터분석 모형 개발 및 복합 도시데이터 분석 전문가 양성	• 공간정보 오픈플랫폼 인프라 고도화 기술개발 • 지능형자동차 인식기술 개발 지원을 위한 공개용 표준 DB구축 등	https://www.lx.or.kr/

기관명	기관 성격	스마트도시서비스 주요 업무	스마트도시 관련 주요 실적	URL
한국정보화 진흥원 (NIA)	공공 기관	• 정보화전략계획을 통한 스마트도시 정책방향성, 센터구축 및 운영체계 마련 • AI데이터센터, 통합플랫폼 연계방법 적용 및 운영정책 발굴	• u-city서비스 지원사업 성과체계 개발 연구 • 딥러닝 스마트시티의 빅데이터 분석 프레임워크 제안	https:// www.nia .or.kr/
한국토지 주택공사 (LH)	공공 기관	• 스마트시티 정책 발굴 및 지원을 위한 과제 수행 • 대외홍보 및 해외수출 견인 • 국가시범도시 스마트모빌리티 구축 및 사업화	• 한국형 스마트시티 모델구축 및 R&D수행 • 국가시범도시 조성 추진 등 • 월드스마트시티위크행사 주관 등	https:// www.lh. or.kr/
대한무역 투자진흥 공사 (KOTRA)	공공 기관	• 주요 국가별, 분야별 프로젝트 발굴 및 컨소시엄 구성을 통한 수주 지원 전략 수립 • 국내 기업의 스마트시티 수주 활동 지원을 위한 해외 진출 지원 인프라 구축 • 기업, 기관, KOTRA 역할이 융합된 해외진출 플랫폼(Team Korea) 운영	• 글로벌 스마트시티 시장동향 및 진출전략 • IT기업 일본시장 진출 내비게이터 • 유망 IT산업 현황 및 글로벌; 밸류체인 진출전략	https:// www.ko tra.or.kr/
한국 수자원공사 (K-water)	공공 기관	• 스마트시티 국가 시범도시의 해외 확산을 위한 기본구상, 마스터플랜 수립 및 타당성 조사 등 시범사업 수행 • 해외 스마트시티 기본구상 및 마스터플랜 수립	• 친환경 수변도시 조성 및 스마트 워터 기술관련 R&D 약 13건 수행 • 아시아 물 위원회 (AWC, Asia Water Council) 설립 · 운영 • 부산 에코델타 스마트 시티 기본구상 및 마스터플랜 수립	https:// www.kw ater.or.k r/
한국 건설기술 연구원 (KICT)	공공 기관	• 스마트도시 관련 법 · 제도 개선 지원 • 스마트도시 정책 발굴 • 스마트도시 서비스 인증제도 개발 및 운영 • 스마트도시 연구 · 개발 지원 및 성과 체계화 • 스마트도시 국내외 확산을 위한 홍보 및 국외 진출 지원	• 시민체감형 스마트시티 서비스 리빙랩 개발 연구 등 약 62건의 관련 연구 수행	https:// www.kic t.re.kr/

(3) 인력양성 6개 대학

인력양성 6개 대학은 국토교통부 '혁신인재육성사업'의 일환으로 스마트시티 산업계의 수요를 반영한 특성화 교육을 통해 산업 활성화 및 해외진출에 필요한 핵심 전문 인력을 양성하기 위하여 공모를 통해 선정되었다. 선정된 학교는 KAIST, 부산대학교, 서울대학교, 성균관대학교, 서울시립대학교, 연세대학교이며, 2019년부터 2023년까지 5년간 사업을 수행하게 된다. 초창기 2008년 9월 정부의 '미래산업 청년리더 10만 명 양성계획' 발표를 시작으로 2009년 'U-City 인력양성 사업'이 본격적으로 추진되었다. 10년 동안의 U-City 인력양성 사업을 통해 5,632명의 전문인력(석박사 2,407, 취업자 672, 재직자 2,553)을 양성했고, 건설·교통·IT·에너지·환경 등 U-City 교육생의 유관분야 취업률도 92.5%로 높은 수준을 달성했다. 이를 통해 논문 425건, 학술발표 1,253건, 특허 336건 등 U-City 연구기반을 조성할 수 있었다.

2017년, '스마트시티'가 정부의 주요 13대 혁신성장동력에 포함되면서 스마트시티 전문인력 양성의 필요성이 증가했고, 2019년 국토교통부는 스마트도시법 제28조(전문인력의 양성)에 따라 '스마트시티 혁신인재육성 추진계획'('19~'23)을 발표했다. 2019년 2월, 공모를 통해 스마트시티 혁신 인재육성을 위한 수행대학 6곳(서울시립대, 성균관대, 연세대, 서울대, 부산대, KAIST)이 선정되었다.

1) KAIST(한국과학기술원)

① 사업 목표

4차 산업혁명의 핵심 플랫폼인 스마트시티 산업을 주도할 핵심 고급인력을 양성하고, ICT 기술 발전에 따른 첨단 스마트 시설물들을 기획, 설계, 시공, 운영할 뿐만 아니라 정책수립도 가능한 융·복합형 전문 인력을 양성하고, 양성된 전문인력들은 산업·기술·학제간 융합 및 글로벌 산업 구조 재편을 주도하는 핵심 역할을 수행하도록 한다.

② 신입생/졸업생 관련 정보

기존 U-City 석·박사지원사업 1단계를 통해 석사 113명, 박사 28명으로 총 141명의 학생을 선발하였으며, 2단계에서는 석사 88명, 박사 86명으로 총 174명의 학생을 선발하였다. 스마트시티 혁신인재육성사업을 통해 5년간 석사 106명, 박사 44명, 총 150명의 학생을 선발하고 기존의 스마트시티 인력양성사업의 재학생을 본 사업에 유치하여 국내외 스마트시티 전문인력을 양성하였다. 석사과정 평균 21명/년, 박사과정 평균 9명/년 선발할 계획이다.

③ 추진계획

본 스마트시티 혁신인재육성사업에서 추진하고자 하는 특화 사업은 도시의 기반을 이루는 사회기반시설물을 지능화하고 이렇게 지능화된 시설물에 스마트 서비스를 탑재, 운영할 수 있는 창의적인 전문인력을 양성하는 것으로 총 네 가지로 구분한다. 첫째, 재난대응형 탄력적 인프라(Resilient and Smart Infrastructure) 분야는 스마트사회기반시설의 설계 및 시공 후에도 충분한 구조물의 안전성 확보를 위한 유지관리 시스템 관련 연구를 진행한다. 둘째, 지속가능 환경(Sustainable Environment) 분야는 기술, ICT 기술, 환경 및 에너지 기술을 융합하여 지능화된 사회기반시설 및 탑재된 스마트서비스가 오랫동안 지속가능하도록 만들어주는 기술을 교육/연구하는 프로그램을 강화하여 다른 대학의 유사 프로그램과 차별화를 시도한다. 셋째, 스마트도시 시스템(Smart Urban System) 분야는 KAIST 정보과학기술대학이 ICU와의 통합으로 인해 교수진 120명 이상의 세계 최대 규모의 ICT기술 관련 단과대로 성장하였으며, 스마트시티(사회기반시설) 관련 각 분야와의 융합에 상당히 용이한 교육 및 연구 환경을 구축한다. 넷째, 지속가능한 에너지 인프라(Renewable Energy & Earth Resources) 분야는 에너지 수급체계의 비영속성과 환경파괴 문제를 해결하기 위해 지열, 풍력, 태양열, 바이오 매스 등 지속가능한 신재생 에너지원 탐색과 개발 및 활용을 위한 연구를 진행한다.

④ 강점(특징)

첫째, 학과 내의 융·복합 연구뿐 아니라 산업디자인학, 전산학, 전자공학, 기계공학, 산업공학 등 타 학과 연구진들과의 공동연구 및 교류가 용이하고, 대학 차원에서 이를 장려함으로써 학제 간 융합연구를 통한 신성장동력 창출이 가능할 것으로 기대된다. 둘째, 석·박사 과정 학생들은 해외 유수 대학의 학생들과의 교류를 통해 폭넓은 안목과 국제적 식견을 갖출 수 있으며, 전공분야 영어강의 수강으로 해외 특허/논문 발표 및 해외 진출에 이점을 가진다. 셋째, KAIST

는 스마트시티, 미래도시, 스마트 사업 등 다양한 연구 경험을 보유하고 있으며, 이를 통해 축적된 잠재력이 스마트시티 혁신인재육성사업을 수행하는데 크게 기여할 것으로 기대된다.

2) 부산대학교

① 사업 목표

부산대학교는 스마트시티 혁신인재육성 추진계획에 의거 추가로 선정된 인력양성대학이다. 연안도시재생형 스마트시티 마스터플랜 총괄계획가를 양성 목표로 설정하였다. 정량적 목표는 SCI급 논문 12편과 등재지 61편, 국내·외 학술발표 93건으로 설정하고, 정성적 목표는 융합창의형 인재, 글로벌 인재, 실무형 인재로 설정하였다.

② 신입생/졸업생 관련 정보

신입생 모집목표는 총 84명(석사 60명, 박사 24명)이고 졸업생 배출목표는 총 65명(석사 50명, 박사 15명)이다.

③ 추진계획

교육분야는 1－2차년도에는 융합 교육과정을 운영하기 위해 연안도시재생, 재난관리, 환경·기후변화, 교통안전, 교통공학, 주거환경 분야에서의 도시계획에 관한 기초 교과목을 개설하고, 스마트시티에 활용될 통신시스템, 프로그래밍 등의 교과목을 개설한다. 3－4차년도에는 학제 간 융합 교과목을 운영하고, 5차년도에 '연안도시재생형 스마트시티' 통합 교과목을 개설하기 위한 방안 검토 및 '연안도시재생형 스마트시티 계획' 트랙 자립화를 위한 계획안을 수립한다. 5차년도에는 '연안도시재생형 스마트시티' 교과목 개설을 통한 학제 간 융합 및 실무형 교육을 추진한다. 또한, '연안도시재생형 스마트시티 계획' 트랙 증서를 배부함으로써 스마트시티 혁신인재육성 트랙을 자립화한다.

연구분야는 1차년도에는 연구기반 마련과 연구체계를 정립하기 위해 각 주제 및 연구실별 선행연구와 이론적 검토를 실시한다. 2차년도에는 도시계획 시나리오 작성을 위한 사례지역 선정 및 기초조사를 수행한다. 3차년도에는 1·2차년도에 이어 주제별 연구를 수행함과 동시에 연구실별 지속적인 교류를 통해 학제 간 융합연구 기반을 마련한다. 4·5차년도에는 사례지역에 적용가능한 모형 연구를 통해 도시계획 시나리오 모형을 구축하고 이를 통해 도시계획 프로그램을 사례지역에 적용한 후 지속적인 문제점 개선을 수행한다.

④ 강점(특징)

첫째, 부산대학교는 에코델타시티 플랫폼 총괄 및 세종 5－3구역의 스마트시티용 블록체인 서비스 시나리오 개발 용역을 수행하는 등 국가 스마트시티 사업에 적극 참여 중이다. 스마트시티 국가시범도시 사업 참여 경험을 적극적으로 활용하여 연안도시재생형 스마트시티 총괄계획가 양성할 예정이다. 둘째, 풍부한 융합형 인재육성사업 수행 경험 및 국내·외 연구교류 네트워크을 활용한다. BK21 플러스(Brain Korea 21＋), '기후변화특성화대학원 사업', 'BB21플러스(Brain Busan 21＋)' 등 풍부한 인력양성사업 수행 경험이 있고, 인력양성사업 수행 과정에서 구축한 국제 연구협력 및 국내·외 대학과의 네트워크 활용이 가능하다. 셋째, 기후변화 및 도시계획, 포용적 주거환경, 보행안전 및 생활안전증진 등의 주제로 연구를 수행 중이다. 이러한 연구 수행 경험은 [재난관리], [환경·기후변화], [교통안전], [주거환경] 분야의 연구 수행 과정에 도움될 것이다. 넷째, 현대중공업『선박 수중구조물 모니터링을 위한 수중 초음파 모뎀 개발』, LG전자『에어컨 무선통신 개발』 등 산업계와 연관된 과제를 다수 수행한 경험이 있어 교육 및 연구뿐만 아니라 현장에 적용할 수 있는 인재양성이 가능한 환경을 보유하고 있다.

3) 서울대학교

① 사업 목표

서울대학교도 스마트시티 혁신인재육성 추진계획에 의거 추가로 선정된 인력양성대학이다. 미래 도시문화창발과 도시기술혁신을 주도할 핵심인력을 양성하고 서울대학교 공과대학 건설환경공학부 「스마트시티 트랙」을 설치한다. 교육혁신분야로 스마트시티 분야 세계 최고수준의 교육/연구 프로그램 개발·운영하고, 스마트시티와 관련된 다양한 분야간 융복합된 혁신적 교육 커리큘럼을 개발한다. 기술혁신분야는 미래도시형 스마트시티를 위한 기술적·학문적 연구 기반 구축 및 연구를 추진하고, 관산학 연계 체계를 통해 스마트시티 추진을 위한 네트워크를 구축한다. 도시혁신분야로 한국형 스마트시티 모델 해외수출의 교두보를 개척하고, 국제적 홍보 및 위상을 확보하며, 국내외 도시에 서울대 건설환경공학부 스마트시티 트랙 교육/연구성과를 적용한다.

② 신입생/졸업생 관련 정보

사업기간 내 75명의 인력을 배출할 목표(석사 40, 박사 35)이고 및 취업률 100%를 달성하고자 한다. 졸업생 사후관리는 스마트시티 인적 네트워크 구축, 서울대 내 스마트시티 관련 세미나 유치 및 참여 독려, 졸업생 취업 현황 및 스마트시티 관련 정보 공유, 기존 인력의 스마트시티 관련 재교육 등을 실시한다.

③ 추진계획

혁신인재 양성을 위한 융합교육 기반환경을 조성하고 시흥스마트캠퍼스 활용전략을 수립한다. 산학연계와 창업지원 프로그램의 유기적으로 결합하고 스마트시티 R&D와 연계한다. 스마트시티 해외진출을 위한 글로벌 리더를 양성한다.

④ 강점(특징)

첫째, 물적 인프라와 함께 융합과학기술대학원, 일반대학원 내 건설환경공학부 스마트시티 트랙 운영을 통한 적극적인 융합연구 및 협동교육 진행 경험을 기반으로 건축·도시·IT·기계 등 스마트시티 구현을 위한 다분야 협동연구 및 인재양성이 가능하다. 둘째, 서울대학교 시흥스마트캠퍼스는 스마트시티 건설에 요구되는 신기술에 대해 엄격하고 투명한 테스트를 수행하기 위한 플랫폼인 Testbed로서의 역할을 수행할 예정이다. 셋째, SNU공학컨설팅센터 및 공학전문대학원 등 다양한 교내기관을 통해 적극적으로 산학협력을 수행하고 있으며, 이를 통해 지속적으로 산학 공동연구·현장실습·재직자 교육 참여 실적을 쌓고 있다. 넷째, 2006년부터 추진해 온 국제화 사업의 일환으로 해외 인턴십 프로그램을 진행하고 이를 통해 세계 유수 연구소와 기업 및 국제기관 등에 파견한다.

4) 성균관대학교

① 사업 목표

미래도시융합공학과의 교육 및 연구 인프라를 기반으로 스마트시티 관련 산업계/지자체 수요를 반영한 특성화 교육을 통해 산업 활성화 및 해외진출을 선도할 수 있는 핵심 전문인력을 양성한다.

② 신입생/졸업생 관련 정보

2018학년도 대학 차원에서 매년 30명의 일반대학원 입학정원을 확보한 상태이며 향후 5년간(2019년-2023년) 스마트시티 혁신인재육성계획은 석사 65명, 박사 15명으로 설정한다.

③ 추진계획

첫째, 글로벌 스마트시티 교육과정은 다학제 단일학과기반 스마트시티 특화인재 육성 프로그램 운영, 융·복합 Cross-Link형 스마트시티 교육프로그램 운영, Lean Startup 모델기반 실무형 교육프로그램 등을 운영한다. 둘째, 국내·외 협력체계 구축을 통한 연구환경은 Lean Startup 기반 연구 및 실험·실습 환경 구축, 산학협동연구 및 인턴십 프로그램을 통한 실무능력 강화, 국제협력 및 공동연구 등을 개선한다. 셋째, 대내·외 협력을 통한 학과 운영 방안은 상설위원회를 통한 학생실적 및 학과운영 개선, 글로벌 리딩 기간과 양방향 협력체계 구축, 창업 지원 포럼 등을 운영한다. 넷째, 협력체계구축 및 강화프로그램 수립은 지연특화(수원시) 관·산·학 연구 및 교육 협력체계 구축, 해외기관 협력체계 구축, 스마트시티 인재 육성을 위한 취업역량 강화 프로그램 수립 및 실행 등이다.

④ 강점(특징)

첫째, 스마트시티 연구에 적합한 최첨단 연구 장비를 확보하고 있다. Smart City Lab을 2013년부터 운영하여 Visualization 디스플레이 장비, 3D printer, 3D Cutter, LBS 장비, 3D Laser Scanner 등 첨단 장비를 확보하고 있다. 둘째, 성균관대학교 산학협력단의 스마트시티 지적재산권 개발 및 사업화를 지원하기 위해 지식재산권 출원 및 등록을 체계적으로 지원하여 기술이전으로 연계하기 위한 특허관리 전문인력으로 구성된 전담조직(TLO: Technology Licensing Office)을 운영한다. 셋째, 스마트시티 산학협력 선도 시스템을 구축하여 가족회사·산학협력협의체·산학협동조합(UNIC)으로 이어지는 체계적인 협력 시스템 구축을 통해 국내외 우수한 산업체와 유기적인 공조체계 구축과 기초과학연구기술의 실용화를 극대화하고 있으며, 특히 학교재단인 삼성과 긴밀한 기술교류를 통하여 최첨단 ICT 기술을 접목할 수 있는 잠재력이 우수하다. 넷째, 현장실습프로그램(Co-op)을 통한 스마트시티 전문인력 취업역량을 강화한다. Co-op은 학교 수업과 기업에서의 현장실습을 통하여, 기업은 우수 인재를 조기 발굴 및 검증할 수 있는 기회를 갖고, 학생은 재학 중 현장체험을 통해 졸업 후 진로를 탐색하는 기회를 제공한다.

5) 서울시립대학교

① 사업 목표

서울시립대학교도 스마트시티 혁신인재육성 추진계획에 의거 추가로 선정된 인력양성대학이다. 사업목표는 첫째, 스마트한 미래도시의 안전, 이동성, 편리성, 친환경 서비스를 제공하고 이를 일자리 및 창업으로 확산시킬 수 있는 혁신인재를 양성한다. 둘째, 모빌리티, 안전·방재, 에너지·환경과 도시재생을 보다 스마트하게 추진할 수 있는 'Smart-CORE 인재'를 육성한다. 셋째, 스마트시티 혁신인재양성 및 스마트시티 산업활성화에 기여한다.

② 신입생/졸업생 관련 정보

신입생 모집목표는 총 125명(석사 100명, 박사 25명)이며, 졸업생 배출목표는 총 90명(석사 80명, 박사 10명)이다.

③ 추진계획

도시과학대학과 컴퓨터과학, 자연과학이 융합한 스마트시티 학과를 신설·운영할 계획이다. 도시과학 특성화 대학의 축적된 교육과 연구수행 체계를 바탕으로 국민체감도 높은 4개 분야(스마트 모빌리티, 안전·방재, 에너지·환경, 도시재생)를 중심으로 스마트시티 전문가를 양성할 예정이다. 다학제 간(도시과학대-공과대-자연과학대) 융복합교육이 산학연관의 '현장실무중심의 SmartCity Living Lab'에서 실현되는 「Learn/Connect-Accelerate-Strengthen」 교육 시스템과 교과목을 구성한다. 스마트시티 업계 수요를 반영한 교육 커리큘럼 구성과 평가 및 개선 체계를 마련하고 국내외 인턴쉽 프로그램의 적극적으로 활용한다. 서울시와의 협력체계로 스마트시티 혁신인재양성 성과를 최대화한다. 대학의 산학네트워크와 창업프로그램을 적극 활용하여 스마트시티 일자리를 창출한다. 기존의 도시과학 교육기반, 글로벌 시스템, 4차 산업혁명 기술의 적극적 활용과, 서울시 공간과 시설, 거버넌스 협력체계를 활용하여 차별화된 스마트시티 교육를 추진한다. 도시과학연구원(스마트시티 연구센터, 융합도시연구센터 등)과 자연과학연구소(계산과학연구센터, 수리과학 및 통계학연구센터 등) 등 교내 연구센터를 통한 교육－연구의 유기적인 연계와 연구결과의 대외 홍보 및 공유한다.

④ 강점(특징)

첫째, 현재 서울시립대학교는 도시과학 특성화 대학으로 도시과학 특성화 우수대학으로 선정되어 지원받은바 있어 미래 도시서비스 및 기술 개발을 위한 스마트시티 교육에 최적의 대학이다. 둘째, 다양한 도시과학 관련 대학 및 기관과의 협력사업 실적과, 아시아권 도시 관련 공무원 교육을 통한 인적 네트워크를 통해 스마트시티 대학원생의 국제화 및 우리나라 스마트시티 기술 및 인력의 수출에 기여 가능하다. 셋째, 서울시와의 긴밀한 협력체계를 보유하고 있어 스마트시티 교육 및 연구성과의 현장 적용 및 실험에 용이하다. 넷째, 대학이 보유한 해외 대학, 정부(중앙/지방) 및 산업체의 도시 전문가 및 실무자들과의 협력체계를 통해 효과적인 스마트시티 학과 학생들의 국제화가 가능하다.

6) 연세대학교

① 사업 목표

전공 간 학제융합을 통해 스마트시티에 대한 포괄적인 지식을 갖추도록 하고 산학 및 지자체, 국제협력을 통해 실무지식과 경험이 있는 글로벌한 창의 혁신 인재를 양성한다.

② 신입생/졸업생 관련 정보

사업기간(2019년－2023년)에 해당하는 10학기 동안 석사 76명, 박사 32명, 총 108명의 졸업생을 배출하는 것으로 계획하였으며, 신입생 확보는 126명, 학기 평균 교육 인원은 약 70명으로 계획하고 있다.

③ 추진계획

교육분야에서 교육프로그램 운영 및 평가는 매 학기 실시하고 있는 연세대학교 강의평가 시스템에 더하여 스마트시티 트랙 교육에 관한 심층분석 질문지를 병행하여 스마트시티 교과목에 대한 평가를 바탕으로 향후 교육과정의 질적 향상을 도모한다. 스마트시티 관련 진로 및 지도는 취업설명회 참여 지원, 관계기관 연결 및 교류 확대, 산업분류에 맞춘 인력수급 예측과 육성, 실무 연계 프로그램 등을 운영한다. 창업 지원분야는 창업지원센터 연계 및 지원, 스마트시티 융·복합 창업 지원 등이다.

연구분야에서 스마트시티 관련 R&D 및 과제 수주는 스마트시티의 세부 산업 분야 및 발전 범위를 도출하고, 관련 과제를 스마트시티 3대 분야인 인프라, 기술, 융합서비스 분야에 맞추어 수주한다. 스마트시티 관련 연구 활성화를 위한 지원은 도시공학분야, 산업공학분야, 전기전자공학분야, 컴퓨터과학분야의 협력 전공들은 스마트시티 융합서비스의 특성을 고려하여 가장 큰 시너지 효과를 낼 수 있는 분야로 전공별 특화연구와 융합연구로 나뉘어 스마트시티 연계 분야에 관한 특성화 연구가 가능하다.

④ 강점(특징)

첫째, 연세대학교 스마트시티 융합서비스 연구개발단은 스마트시티 융합서비스 분야에 특화된 전문인력을 양성하고자 2006년 3월 연세대학교 내에 설립되어 지금까지 약 13년간 운영·유지되어왔다. 둘째, 본 연구개발단은 일시적으로 운영되는 것이 아니라 독자적인 기관으로 본 과제의 종료 후에도 지속적으로 운영이 가능하며, 이를 기반으로 스마트시티 인력을 양성하기 위한 지속적 교육이 가능하다. 셋째, 스마트시티 융합서비스 중심의 융합학문을 지향하며, 실험·실습 중심이 아닌 다양한 교육 및 경험의 기회를 제공하며 학제융합을 통한 스마트시티 융·복합 혁신인재를 양성할 수 있다. 넷째, 연구개발단은 연세대학교의 글로벌 네트워크를 통해 세계 유수대학과의 글로벌 학술교류가 활발하게 이루어지고 있다.

제4절 글로벌 스마트도시

1. 스마트도시 국제협력

세계는 스마트도시 열풍이다. 유럽·미국 등 선진국은 물론 가까운 일본·중국까지도 대대적으로 투자하고 있다. 뿐만 아니라 인도·브라질·중동 등 개도국들마저 앞다퉈 스마트도시 시장에 뛰어들고 있다. 이에 따라 우리나라도 스마트도시를 미래 신성장동력으로 삼고 관련 기술 및 솔루션 개발, 판로개척에 몰두하고 있다. 스마트도시가 기후변화, 도시문제 등에 대한 효과적 대응수단으로 자리 잡으면서, 관련 글로벌 시장도 큰 폭으로 확대될 전망이다. 2019년 Markets & Markets의 전망에 따르면 스마트도시 관련 시장이 2018년 3,080억 불에서 2023년 6,172억 불로 증가가 예상되며 연평균 18.4% 성장하는 것으로 예측했다. 스마트도시는 침체되어 있는 해외건설 시장에 새로운 기회로 다가오고 있다.

특히, 아시아 등 신흥국가의 공공주도 스마트시티 정책[15])에 따라 새로운 시장으로 부각되고 있으며 우리나라도 적극적인 해외진출 지원이 필요한 실정이다. 또한, 많은 신흥국에서 단기간 압축적인 도시화에 성공하고 ICT기반의 높은 기술력을 보유하고 있는 한국 개발모델 도입을 희망하고 있다. 20년 이상의 신도시 개발경험과 초고속 정보통신망, 도시통합 운영센터 등의 ICT 인프라가 세계적 수준이며, 스마트도시 분야에서 글로벌 경쟁력을 확보하고 있는 우리나라의 입장에서 스마트도시 분야의 해외진출 확대를 위해, 맞춤형 전략 및 체계적 지원방안 마련이 필요하다. 하지만 해외진출을 위한 우리 정부의 지원전략이 다소 미흡한 실정이다. 따라서 본 교재에서는 해외진출 현황을 분석하고, 해외수주 여건을 평가한 뒤 한국형 스마트시티 모델 구축안을 소개하고, 정부의 해외진출 활성화 방안을 소개하고자 한다.

(1) 해외 진출 현황 분석

그간 스마트시티 해외진출 방식은 인프라 위주의 신도시개발 시 스마트 솔루션을 패키지로 수출하는 방식으로 접근하였다. ICT를 접목한 신도시를 단기간

---

15) 중국('15 智慧城市 500개 구축 발표), 인도('22년까지 100개 스마트시티 계획 발표)

내 개발한 경험을 해당국에 접목하는 방식으로, 공공기관 위주의 G2G 협력을 기반으로 진행하고 있다. 쿠웨이트, 볼리비아 등을 대상으로, 정부 공공기관 민간기업이 협력하여 타당성조사 마스터플랜 수립 등을 추진 중에 있다.

국내 스마트솔루션 관련 기업현황은 총 675개社(기업현황 '19.5)이고, 이 중이를 해외로 수출하는 기업은 50.1%인 338개社이다. 수출현황은, 전기 전자, 에너지, 생활 복지, 교통 등 4대 솔루션이 74%를 차지하고 있으며, 기업당 연평균 수출액은 30억 원 수준('16~'18 관세청)이다. 연 100억 원이상 수출하는 상위 11개社의 수출비중이 76%에 달하는 반면, 49%(165개社)가 연 수출액 6억 원 미만의 중소 스타트업이다. 주요 수출국은 미국(31%), 중국(20%), 홍콩(19%), 신남방국(13%) 순이다. 수출구조는 단말기 장비 등 솔루션 하드웨어(H/W)를 중심으로, 이종기업간 동반진출이 아닌 기업별 단일 아이템 위주로 수출 중에 있다[16].

(2) 해외수주 여건 평가

1) 한국은 도시개발 경험과 우수 ICT 기술을 보유

20년 이상의 신도시 개발경험 및 10년 이상의 U-City 구축 노하우를 축적하고 있어, 선진국 대비 도시개발 역량에서 우위를 보이고 있다. 2003년 화성 동탄을 시작으로 33개 지구 구축을 완료하였고, 현재 46개 지구 사업이 진행 중이다. 초고속 정보통신망, 도시통합 운영센터 등의 ICT 인프라도 세계적 수준이며, 교통, 에너지, 환경, 물관리 등 기술력도 우수하다. 교통정보 시스템(말레이시아, 뉴질랜드, 콜롬비아, 태국), 신재생 에너지(베트남, 사우디 등), 스마트 물관리(인니, 필리핀, 우즈벡, 페루 등) 등 분야에서 해외진출이 활발이 추진되고 있다.

2) 지원시스템 미비로 해외수주 실적 제고에 한계

첫째, 스마트시티 관련 정책금융 제도 미비로 공공·민간기업의 투자대상국 확대에 한계가 있고, 신용보증 및 대규모 투자자금 조달 등에 제약이 있다. 둘째, 글로벌 네트워크 부족으로 지속적 사업 발굴에 애로가 있으며, 국가별 발주 정보 부족으로 기업의 적기 사업참여가 곤란한 실정이다. 셋째, 스마트 솔루션

---

16) 관계부처합동(2019.07.08.), 스마트시티 해외진출 활성화 방안

▼ 그림 10-9 스마트시티 협력 사례

쿠웨이트 압둘라 스마트시티		• (개요) 쿠웨이트시티 서측 30km 인근에 64.5km² 규모 (2.5~4만 호)의 신도시 개발 계획 * 총사업비 약 26조 원 추정 • (현황) LH ↔ 쿠웨이트 간 마스터플랜 수립 및 타당성조사 용역계약(17.4월, 433억 원)을 체결하고 수행 중
볼리비아 산타크루즈 스마트시티		• (개요) 산타크루즈 북동쪽 15km, 1,748만평 규모 (약 12.4만 호, 43만 명 규모) * 총사업비 약 3.2조 원 추정 • (현황) 기본구상 및 기반시설 기본계획 완료('15.4, 인프라계획: 한국종합기술, 536천 불) → 실시계획 용역 계약('16.3, 선진-평화Eng 컨소시엄, 960만 불)
이라크 비스마야 스마트시티		• (개요) 바그다드 동남쪽 10km 비스마야 550만평 부지에 주거시설(10만 호) 및 인프라 건설 중 * 총사업비 약 10조 원 추정 • (현황) 주택건설 계약('12.5) 및 건설 계약('15.4) → '19.4월 1.2만 세대 기입주 → '24년 완공 예정
말레이시아 코타키나발루 스마트시티		• (개요) 코타키나발루 북측 10km 반경, 290만 평(변경 가능) 규모의 복합 레저형 스마트시티 개발 * 총사업비 약 2조 원 이상 추정 • (현황) 정상회담 계기 MOU 체결('19.3), 기본구상 수립 및 사전 타당성조사 연구용역 추진 중

콜롬비아
그리스
 	
교통카드
시스템
		• (개요) 교통카드 한 장으로 대중교통 무료 환승이 가능한 한국의 교통카드 시스템 수출
		• (현황) 콜롬비아 보고타 3천억('11~'13년),
		  그리스 아테네 2천억('15~'17년) 포함
		  8천억 원 이상 해외 수출, 해외 진출시 S/W 개발, 장비제작 관련 중·소기업 동반 진출

중국 등 23개국 도시통합 플랫폼		• (개요) 스마트 통합관제(방범, 교통, 재난, 항공 발전 IoT시설, 스마트팩토리 등) 플랫폼 수출 • (현황) 중국 텐진시 구축계약 체결 등 중동, 아세안, 중국 등 23개 국가 수출 추진 중 * 중국 SI기업인 타이지, 화루그룹, 알리바바 등과 협력 중
미국 등 42개국 스마트 쓰레기통		• (개요) IoT센서를 활용, 적재량을 실시간 측정하여 자동압축하고 수거시기, 최적 수거경로 등을 제공하는 쓰레기통 수출 • (현황) 전세계 42개 국가, 80여개 도시에 스마트 솔루션 수출, 쓰레기통 범람 절감, 쓰레기 수거 빈도 감소 등 효과 발생 * '19. 1월 미국 볼티모어와 $1,500만 불 계약 체결

출처: 관계부처합동(2019.07.08.), 스마트시티 해외진출 활성화 방안

의 경우, 대·중소기업 컨소시엄을 통해 수주 경쟁력을 강화할 필요가 있으나, 이를 묶어줄 플랫폼이 미비한 실정이다. 넷째, 부처별 분절화된 해외협력과 스마트시티에 특화된 G2G·B2G 협력 부족으로, 해외진출 교두보 확보에 애로가 있다. 그러므로 글로벌 스마트시티 시장 진출 활성화를 위해, 금융·네트워크·동반진출·국제협력 등을 체계적으로 지원하는 방안을 마련할 필요가 있다.

(3) 한국형 스마트시티 모델 구축방안

도시건설·ICT 솔루션·법제도 등이 패키지형으로 결합된 한국형 스마트시티 모델을 구축하여 대·중소기업 동반진출을 지원한다. 수출모델은 도시건설 통합시스템(도시개발 전과정), 우수 솔루션(ICT, AI 등), 법·제도를 결합한 "한국형 모델" 구축 등이다. 스마트시티 해외 진출대상 유형별로 맞춤형 지원방안을 마련하여 스마트시티 분야 대·중소 스타트업 기업의 기술 상품 서비스를 패키지 형태로 해외동반진출을 적극 지원한다. 진출대상 유형별 모델을 예시해보면, 글로벌 허브형은 산업·쇼핑·관광 등 유효수요 창출 유형(쿠웨이트 압둘라 등)이고, 전통 신도시형은 기능분산, 경제수도·산업 배후도시 등(필리핀 클락 등)이다. 도심 재개발형은 교통·환경 솔루션 중심 구도심 또는 블록개발(인도 BKC 등)이고, 재건 국가형은 교통·안전·기본 인프라 중심 도시신설 등(이라크 비스마야 등)이다.

1) 수출모델

▼ 그림 10-10 한국형 스마트시티 모델(안)

도시건설 통합시스템 +	우수 솔루션 +	법·제도·문화
• 기획-설계-조성-운영 관리 등 도시개발 전과정 체계적 추진 • 선단식 통합 도시수출 (정부-공공기관-민간기업-금융) • 맞춤형 도시 인프라 건설	(에너지) 스마트그리드, 제로 에너지빌딩, ESS (에너지저장장치) (교통) 버스정보시스템, 교통카드 (물산업) 해수담수화, 스마트 물관리 (ICT) 통합관제, 스마트 가로등	• ODA, KSP 등 제도 • LH, KIND, 수은, 무보 등 해외진출 전문공기업 모델 • K-Culture, K-Style 등 콘텐츠 • 한국형 규제샌드박스

도시마스터플랜 지원 ▸ 요소기술 패키지화 투자형 사업진출 ▸ 도시운영관리 인력-기술 교류 ▸ K-Smart City 전파

2) 솔루션

국가시범도시(세종·부산) 및 국가전략 R&D(대구·시흥)의 핵심 가치·기술을 효과적으로 조합, 최적의 스마트서비스를 도출한다. 다음은 한국형 스마트시티 모델 7대 핵심 서비스(안)이다.

〈표 10-6〉 한국형 스마트시티 모델 7대 핵심 서비스

구 분	내용
스마트 에너지	• 연료전지, 제로에너지 건축물 등 첨단 에너지 절감 기술 도입 • 태양광·폐기물 등 신재생 에너지 적극 활용
스마트 행정	• 시민소통채널, 리빙랩, 사회공헌 플랫폼, M-Voting, 디지털 트윈 도입 • 증강도시 활용 도시행정 가능한 점을 강조
스마트 안전	• 스마트 응급 호출, 대피 유도 시스템, 지능형 CCTV 등 안전한 도시 기능 • 스마트시티 통합플랫폼 포함
스마트 교통	• 공유모빌리티, 자율주행, 스마트 공공교통 등을 통합 패키지화하여 반영 • 드론·로봇 택배, 모바일 추적 등 스마트 물류 구축
스마트 헬스케어	• AI 스마트 문진, 개인 건강정보 축적, 병원 간편예약 서비스 등 기능 • 원격의료 시스템 포함
스마트 에코	• Smart Water Management, 하수 재이용 등이 적용된 모델 구축 • 미세먼지·오존 등 대기환경 관리시스템 반영
스마트 데이터	• 슈퍼컴퓨터, 5G, 공공Wifi 등 우수한 통신 기술을 적극 반영한 모델 구축 • 블록체인 기반의 도시 보안시스템 마련·구축

3) 거버넌스

공기업의 도시 개발·운영·관리 경험과 민간의 설계·시공역량 및 ICT 기술력 등을 결합한 민·관 협력체계를 구축한다. 단순 도급사업에서 탈피, 고부가가치 투자 개발사업에 참여할 수 있도록 PPP(Public Private Partnership) 방식의 통합지원[17]을 추진한다. 말레이시아 코타키나발루 시범사업의 추진 현황을 살펴보면, 세종·부산 국가시범도시를 모델로, 코타키나발루에 스마트 신도시 조성 및 스마트 물관리 도입을 위한 협력사업(기본구상 수립 및 사전 타당성조사)을 추

---

17) 정부: G2G 협력기반 마련, 공기업: 시장개척 및 사업구체화, 민간: 사업참여

진하고 있다. 스마트시티 MOU 체결 후속조치로 시범사업에 착수, 양국 실무회의 및 현장조사를 추진('19.5)하고 있으며, 현재 기본구상 등 계획수립 중에 있다.

2. 스마트시티 해외진출 활성화방안

정부는 혁신성장동력 사업으로 집중 육성 중인 스마트시티 분야의 해외수출 확대를 위해 2019년 7월 8일 '제206차 대외경제관계장관회의'에서 관계부처 합동으로 「스마트시티 해외진출 활성화 방안」을 발표하였다. 이번 대책은 4차 산업혁명 기술의 확산과 함께 전 세계적으로 급증하는 도시개발 수요 등을 바탕으로 최근 큰 폭으로 확대되고 있는 글로벌 스마트시티 시장에 대응하여, 글로벌 시장을 선도하는 혁신국가(First Mover)로 발돋움하기 위해 마련된 스마트시티 해외진출 관련 최초의 종합지원 방안이다.

한국은 20년 이상의 신도시 개발경험과 초고속 정보통신망, 도시통합 운영센터 등의 ICT 인프라가 세계적 수준으로 스마트시티 분야에서 글로벌 경쟁력을 확보하고 있으나, 해외진출을 위한 체계적인 지원방안이 부재했던 것도 사실이다. 이에 정부는 금융 지원, 네트워크 구축, 대·중소 동반진출, 수주 지원체계 등을 망라하는 「스마트시티 해외진출 활성화 방안」을 마련하게 되었다(<그림 10-11>참조).

비전	글로벌 시장의 First Mover, K-스마트시티
목표	1. 저성장 시대, 우리 경제의 혁신성장 동력 창출 2. 한국형 스마트시티 해외진출 모델 구축 및 확산

추진 전략	추진 과제
해외수주 **금융지원** 강화	① PIS 펀드 5천억 원 내외를 스마트시티에 투자 ② PIS 펀드의 스마트시티 지원가능성 제고 ③ 스마트시티 대중소기업 동반진출 지원 프로그램 신설 ④ 무보 특별계정 신설 ⑤ 경험증진자금을 통한 글로벌 프로젝트 활성화
스마트시티 **네트워크** 구축	① 한국 주도의 글로벌 스마트시티 네트워크 구축 ② 시장개척자금 지원 확대 ③ 국가별 통합정보 DB 구축 ④ 스마트시티 초청연수 확대 ⑤ 주요 대상국에 스마트시티 글로벌 협력거점 설치 ⑥ WB, IDB 등 국제기구 네트워크 강화
대·중소 **동반진출** 지원	① Inbound 마케팅 지원-월드 스마트시티 엑스포 신규 개최 ② Outbound 마케팅 지원-컨소시엄 구성 및 로드쇼 개최 ③ 스마트시티 얼라이언스를 통한 동반진출 기반 구축 ④ 대상 국가별 차별화된 진출전략 마련
전방위 **수주노력** 강화 (Team Korea)	① Team Korea 스마트시티 수주 지원 강화 ② 법정부 스마트시티 수주지원체계구축 ③ 스마트시티 프로젝트 지원을 위한 KSP 전용트랙 도입 ④ 주요국과 스마트시티 G25 협력 강화 ⑤ 스마트시티 민간 대외협력관 임명

출처: 국토교통부(2019)

Ai타임스 http://www.aitimes.com/news/articleView.html?idxno=139304(2022.01.04. 방문)

Australia's Future Workforce, CEDA, 2015

CES 2020. 2021

CES 2021 디지털 전시장(http://digital.ces.tech/)

Fausing, K. (2020, January 17). Climate Energency: how our cities can inspire change, Retrieved from World Economic Forum: https://www.weforum.org/agenda/2020/01/smart−and−the−city−working−title/

https://kin.naver.com/qna/detail.nhn?d1id=1&dirId=10802&docId=68036117&qb=7J247YSw64S3IOy2nO2YhA==&enc=utf8&section=kin&rank=1&search_sort=0&spq=0

http://news.joins.com/article/21219671

http://www.irobotnews.com/news/articleView.html?idxno=10484

http://www.work.go.kr/consltJobCarpa/srch/korJobProspect/korJobProspectSrchByJobClList.do

https://m.blog.naver.com/law39/221444572800(검색일, 2020.07.28.)

https://news.joins.com/article/23533654(검색일, 2020.07.28.)

https://seoulz.com/the−top−25−youtubers−in−south−korea−best−of−2020/출처

https://terms.naver.com/entry.nhn?docId=1120263&cid=40942&categoryId=40465

https://www.simsysglobal.com/blank−9(2021.07.27.확인)

https://www.youtube.com/channel/UC2fsxQr6Hcx1enORxXgKpxQ

https://www.youtube.com/channel/UCMa−5a4Hg3KnbiDOvhdfb3w

https://www.youtube.com/channel/UCU2zNeYhf9pi_wSqFbYE96w

https://www.youtube.com/user/JFlaMusic

https://www.youtube.com/user/jwcfree

KOSTEC(한중과학기술협력센터), 중국의 스마트시티 지원 정책과 동향, 2018

kotra 해외시장뉴스, 인도 스마트시티 현황 및 사례, 2021.04.01. 인도 콜카타무역관 박영선

KT경제경영연구소, 『2018 한국을 바꾸는 10가지 ICT트렌드』, 한스미디어, 2018

KT경제경영연구소, 『애프터스마트 한국미래를 바꿀 10가지 혁명』, 한국경제신문, 2011

Man and Machine in Industry 4.0, Boston Consulting Group, 2015

MarketsandMarkets, 2019

O4O, http://www.iconsumer.or.kr/news/articleView.html?idxno=5598(2022.01.04. 방문)

SBA, 『미래직업』 서울산업진흥원 아카데미 블로그

The Future of Jobs(2020), World Economic Forum.

The Technology at Work v2.0, Oxford Martin School & Citi Research, 2016

Tom Goodwin(2015) The Battle Is For The Customer Interface, (2021.07.28.확인) https://techcrunch.com/2015/03/03/in−the−age−of−disintermediation−the−battle−is−all−for−the−customer−interface/

United Nations. (2020, September 19). United Nations. Retrieved from Sustainable Development Goals: https://www.un.org/sustainabledevelopment/sustainable−development−goals/

WEF, *The Future of Jobs*, 2018.

WEF, *The Future of Jobs*, January, 2016.

강철구, "강철구의 세계사 다시 읽기−산업혁명과 비유럽세계의 탈산업화," 『프레시안』 (2008.08.08)

건축공간연구원 https://www.auri.re.kr/

건축도시공간연구소 스마트·녹색연구단(2019). 스마트도시 해외사례 및 주요기관

과학기술정보통신부 https://www.msit.go.kr(2022.01.04. 방문)

관계부처합동(2019.07.08.), 스마트시티 해외진출 활성화 방안

국가건축정책위원회, Smart City 경쟁력 강화를 위한 정책방안 연구, 2016.12

국토교통과학기술진흥원 https://www.kaia.re.kr/

국토교통부, http://www.molit.go.kr(2022.01.04. 방문)

국토교통부 보도자료, 2021. 6. 16 '17일부터 새로운 스마트도시법이 시행됩니다.' 도시경제과

국토교통부 스마트시티 코리아, https://smartcity.go.kr(2022.01.04. 방문)

국토교통부(2020), 스마트도시계획 체계 및 관련 법령 연구, p.20

국토교통부, "제3차 스마트시티 종합계획", 2019.

국토연구원, https://www.krihs.re.kr/

김경훈, 스마트시티의 동향과 추진방향, 정보통신기획평가원. 2019.10.30.

김규남, 4차 산업혁명과 건설 산업의 미래, Global Report KAIA 국토교통 과학기술
　　진흥원

김규남, 스마트 건축 재료 및 기술, Global Report KAIA 국토교통 과학기술진흥원

김동규 외, 2016, 『4차 산업혁명 미래 일자리 전망』, 한국고용정보원

김미혜 외, 『4차 산업혁명 기반 기술의 이해』, 연두에디션, 2019

김성태(2013), "스마트사회의 정보정책과 전자정부; 이론과 전략", 경기: 법문사

김성태(2011), "스마트사회를 향한 대한민국 미래전략", 경기: 법문사

김유성(2019) 스마트시티의 구성과 통합플랫폼 서비스(대한산업공학회)

김은 외, 『4차 산업혁명과 제조업의 귀환』, 클라우드나인, 2017

김인숙, 남유선, 『4차 산업혁명 새로운 미래의 물결』, 호이테북스, 2016

김진하, "4차 산업혁명 시대, 미래사회 변화에 대한 전략적 대응 방안 모색, KISTEP,
　　R&D InI, 2016

김태경 외, (2018), 4차 산업혁명 시대의 스마트시티 전략, 경기연구원

김태평, 사물인터넷과 스마트건축 사례

김현곤(2010), 미래로의 방향성: 변화와 불변의 융합, Future Horizon, Winter 2010,
　　Vol.7, STEPI

네덜란드 암스테르담 스마트시티, https://amsterdamsmartcity.com/(2022.01.04. 방문)

네이버지식백과, https://terms.naver.com/entry.nhn?docId=566155&cid=46656&ca
　　tegoryId=46656

대구광역시, http://www.daegu.go.kr(2022.01.04. 방문)

대구광역시 수성알파시티, http://www.daegusmartcity.kr(2022.01.04. 방문)

대구광역시 스마트시티지원센터, https://smartdaegu.kr/page/smart/business.php(2
　　022.01.04. 방문)

대구도시공사, https://www.duco.or.kr(2022.01.04. 방문)

대한무역투자진흥공사, https://www.kotra.or.kr/

대한민국 정책브리핑(2021.12.27.), https://www.korea.kr/news/(2022.01.04. 방문)

리치 링(Richard Seyler Ling), New Tech, New Ties: How Mobile Communication
　　is Reshaping Social Cohesion, 2009.08.31.

메이커운동, http://m.blog.daum.net/asgi2/18353574

명승환(2015), "스마트 전자정부론", 서울: 율곡출판사

문영훈(2020.05.22.), 4차 산업혁명시대 '직업 세계'가 변화한다! EDUJIN, https://w
　　ww.edujin.co.kr/news/articleView.html?idxno=32998

미국 교통부 스마트시티 홈페이지 https://www.transportation.gov/smartcity/(2022. 01.04. 방문)

미국 교통부 홈페이지 내 스마트콜럼버스 https://www.transportation.gov/smartcity /winner(2022.01.04. 방문)

미국 법령정보 홈페이지 https://www.congress.gov/bill/115th−congress/house−bi ll/3895

미국 콜럼버스시티 https://smart.columbus.gov/(2022.01.04. 방문)

미국엔지니어링연구소https://www.nist.gov/el/cyber−physical−systems/smart−a mericaglobal−cities/global−city−teams−challenge(2022.01.04. 방문)

미래전략정책연구원(2017). 『10년후 4차 산업혁명의 미래』. 서울: 일상이상.

미래창조과학부 미래준비위원회, 『10년 후 대한민국, 미래 일자리의 길을 찾다』, 지 식공감, 2017

박영숙 외, 『유엔미래보고서 2040』, 교보문고, 2013

박영숙·제롬글렌 지음(2017). 『일자리혁명 2030』. 서울: 비즈니스북스.

박정식, 2015. 스마트 환경에서 공간의 가변적 확장가능성에 관한 연구, 경기대학교 건축전문대학원

백남철. (2017). 스마트시티 인프라 건설 전략. 월간교통, 13−20.

부산광역시, http://www.busan.go.kr(2022.01.04. 방문)

산업일보, http://www.kidd.co.kr/news/206586(2022.01.04. 방문)

산업일보, 독일의 4차 산업혁명 선도전략, 제조업과 중소기업에 집중, 2019.01.07.

서울신문, 펄펄 끓는 지구: 식물절반·동물 3분의 1 곧 멸종한다.(2013.05.21.)

서울특별시, https://www.seoul.go.kr(2022.01.04. 방문)

소비자평가(http://www.iconsumer.or.kr)O4O

송미경(2015), 세계 도시화의 핵심 이슈와 신흥도시들의 성장 전망, 세계와도시 7호, 서울정책아카이브.

스마트 네이션 홈페이지, https://www.smartnation.sg/(2021.01.04. 방문)

스마트도시 인증센터, https://www.smartcitycelc.krihs.re.kr/about/grade.php(2022. 01.04. 방문)

스마트시티플랫폼: 4차 산업의 승부처로 지속적 성장 전망. 한국IR협의회, 2019.10.31.

스마트팩토리, http://www.engjournal.co.kr/news/articleView.html?idxno=236

신호와 소음 블로그, https://blog.daum.net/om−lee/3328(2022.01.04. 방문)

싱가포르 디지털정부, https://www.tech.gov.sg/media/technews/digital−governme

nt－blueprint(2022.01.04. 방문)

싱가포르 스마트네이션, https://www.smartnation.sg/(2022.01.04. 방문)

아고라의 정의 [네이버 지식백과] 아고라 [agora](두산백과)

아세안 스마트시티 네트워크, https://asean.org/asean/asean－smart－cities－netwo
  rk(2022.01.04. 방문)

안드레스 오펜하이머, 손용수 옮김, 『2030 미래일자리 보고서』, 가나출판사, 2020, p
  p.443－450

안용한·김수영, 4차 산업혁명과 건설 산업 변화,

안진환, 『3차 산업혁명』, 민음사, 2012

애슐리 반스, 안기순 역, 『일론 머스크 미래의 설계자』, 김영사, 2016

에어비엔비, https://www.evolvemag.co/2020/03/26/airbnb－to－provide－free－h
  ousing－for－100000－covid－19－healthcare－workers/

오원섭, 4차 산업혁명과 건설 산업의 미래, 한국건설신문, http://www.conslove.co.
  kr/news/articleView.html?idxno＝50130

온라인 중앙일보, https://mnews.joins.com/article/20027162#home, 2016.05.15.

우버, https://www.businessinsider.com/how－to－get－a－car－with－uber

위키백과, 꼰대 https://ko.wikipedia.org ˃ wiki

유럽연합 시티랩 https://www.citylabs.org.uk/(2022.01.04. 방문)

유성민, "AI는 인간과 교감할 수 있을까?"『The Science Times』(2020.06.22.)

유현준, 어디서 살 것인가, ㈜을유문화사, 2018,

윤보현 외, 『생활속의 스마트 IT』, 연두에디션, 2021

윤상진, 『플랫폼이란 무엇인가?』, 한빛비즈, 2012

윤우진, 『신디지털 경제논쟁과 시사점』, 산업연구원, 2018.

이덕임, 『구글의 미래』, 비즈니스북스, 2016

이동민. 코로나19로 '비대면도시'등장. Econmy chosun.(2021.02.01.)

이문규, 4차 산업혁명과 직접의 미래 5. 5G통신의 현재와 미래, IT동아, 2018.7.27.

이상직, 『성장, 이후 우리의 길』, 삼광문화사, 2015

이상헌, 『세상을 바꾸는 4차 산업혁명의 미래』, 메이트북스, 2018

이성규, "5G 시대엔 혼합현실(MR) 주목하라,"『The Science Times』, (2018.10.24)

이용성, "4차 산업혁명 인재상과 핵심역량의 올바른 접근은,"『경인일보』, (2020.01.06)

이장규 외, 『중국경제의 구조변화와 한국경제에 대한 시사점』, 대외경제정책연구원,
  2016

이재용 외, 2016, 스마트도시 성숙도 및 잠재력 진단모형 개발과 적용방안 연구, 국

　　토연구원

이재용 외.(2017), 스마트시티법 재개정의 의미와 향후 과제, 한국도시지리학회지 제
　　20권 3호

이재용. (2017). 스마트시티 정책 추진방향과 전략. 월간교통, 6-12

이정덕, 21세기 한국의 문화혁명, 2004.03.30., 살림

이정훈, "8가지 트랜드로 보는 글로벌 스마트시티 동향", TTA journal, Vol.176, 201
　　8. p.5

이준호, (2019) 스마트도시 발전을 위한 법제 정비방안

이철환, 『인공지능과 미래경제: AI가 경제를 만나다.』, 다락방, 2018

인도 우자인스마트시티, http://ujjainsmartcity.com(2022.01.04. 방문)

인도 주택도시부, http://smartcities.gov.in/content/(2022.01.04. 방문)

일본 가시와노하, https://www.kashiwanoha-smartcity.com/(2022.01.04. 방문)

일본 후지사와 SST https://fujisawasst.com/JP/(2022.01.04. 방문)

임일, "플랫폼을 개방하라, 원윈게임이 시작된다,"『DBR』, 111호, 2012년 8월.

장현숙, "독일중소기업의 4차 산업혁명 대응전략,"『Trade Focus』, (2019년 1호)

전자신문, 겉도는 스마트시티 국가시범도시 https://m.etnews.com/20210628000223
　　(2021.06.28.방문)

정보통신산업진흥원, https://www.nipa.kr/

조상규 외(2021), 보편적 스마트도시 개념을 고려한 스마트도시계획 및 사업 개편방
　　안, 건축공간연구원,

조원영, "지능정보 사회, 새로 등장 할 유망직업은?," 과학기술정보통신부, https://blog.n
　　aver.com/with_msip/220856579232(검색일: 2020.08.08)

중국 국가정보센터, https://weibo.com/ttarticle/p/show?id=23094046994619675448
　　61(2022.01.04. 방문)

증강현실이란 무엇인가?, https://sixthfeet.com/14, 2020.6.11

진경호, 건설생산성 혁신 및 안전성 강화를 위한 스마트 건설기술, CONSTRUCTION
　　TECHNOLOGY REVIEW SSANGYONG

차두원·김서현 지음(2016).『잡킬러』. 서울: 한스미디어.

최단옥, "한국-독일의 산업혁명 과정 비교",『경영사학』제24집 제3호, 한국경영사
　　학회

최진기, 『한 권으로 정리하는 4차 산업혁명』, 이지퍼블리싱, 2018, p.192-193.

캐나다 토론토시, https://www.sidewalktoronto.ca/(2022.01.04. 방문)

클라우스 슈밥, 송경진 옮김, 『클라우스 슈밥의 4차 산업혁명』, 메가스터디, 2016

통계청(2013), "고령자통계."

피터 드러커, 이재규 역, 『넥스트 소사이어티』, 한국경제신문, 2002

피터 디아만디스와 스티븐 코틀러, 권오열 옮김, 2012, 어번던스, 미래는 생각보다 더 밝다, 와이즈베리

필립코틀러, 김명철, 박영호 역, 『카오틱스』, 비즈니스맵, 2009

한국건설기술연구원 https://www.kict.re.kr/

한국과학기술기획평가원(KISTEP), 『[10년 후 대한민국 미래전략 보고서] 미래 일자리의 길을 찾다』 보고서 요약본, p.2.

한국과학기술기획평가원(KISTEP), 『[10년 후 대한민국 미래전략 보고서] 미래 일자리의 길을 찾다』, 지식공감, 2017.

한국국토정보공사 https://www.lx.or.kr/

한국법제연구원(2019.11), 스마트도시 발전을 위한 법제 정비방안, 법제처

한국수자원공사 https://www.kwater.or.kr/

한국정보통신기술협회(2018.9), 4차 산업혁명 핵심 융합사례: 스마트시티 개념과 표준화 현황

한국정보화진흥원 https://www.nia.or.kr/

한국정보화진흥위원회, 스마트시티 발전전망과 한국의 경쟁력, IT & Future Strategy, 2016.11.07.

한국토지주택공사 https://www.lh.or.kr/

현대자동차 광고 https://m.tvcf.co.kr/Media/View.asp?Code＝B000333233

황종성, (2017) 스마트시티가 4.0 시대의 출발점인 이유, 한국정보화진흥원

저자소개

김정훈

영남대학교 새마을국제개발학과 교수. 영남대학교 건축공학과, 서울대학교 환경대학원 환경계획학과를 졸업하고, 영국 뉴캐슬대학교 대학원에서 도시 및 지역 계획학 박사학위를 취득하였다.
1991년 이래 국토연구원 도시연구실, 국토정보센터 연구위원으로 근무하면서, 초기 U-City법 제정에 참여하였고, 제1회 U-City 종합계획을 수립하고 U-City법 제도 및 지침 연구 등 스마트도시와 관련한 다수의 연구와 논문들이 있다. 영남대학교로 이직한 후 정치행정대학 학장, 영남대 지구촌상생인재양성사업단장, 경제인문사회연구회 기획평가위원, 국가행복추진위원회 지역발전추진단 추진위원 등을 역임하였으며, 국토교통부 스마트도시계획 자문위원 및 스마트시티 통합플랫폼 기반구축사업 평가위원, 경상북도 스마트도시사업협의회 위원, 대구도시공사 스마트도시 자문위원 등으로 활동하고 있다. 스마트도시법 개정에 적극 참여하였고, 전국 지자체 스마트도시 관련 평가 및 자문 활동에 기여하고 있다. 성균관대학교, 안양대학교 등의 겸임교수와 미국 텔라웨어주립대학 초빙교수 등을 거치면서 스마트도시연구, 도시 및 지역계획, 지리정보체계론, 도시재생 등을 강의해 왔다.

박종화

영남대학교 경영학과 졸업
영남대학교 지역 및 복지행정학과 지역개발 및 부동산학 박사과정 수료
영남대학교 정치행정대학 새마을국제개발학과 겸임교수
(전)경일건설주식회사 근무
(전)주식회사 다산리츠건설 부사장
(현)한국균형발전연구소 스마트도시 연구센터 부센터장
(현)민간남북경제교류협의회 감사
(현)대한무역협회 남북교역투자협의회 이사
(현)주식회사 산과들농수산 사장
(현)주식회사 미래파트너스 부사장

배우성

4차 산업혁명시대에 스마트시티(ICT융합산업)를 선도적으로 추진해 온 대구도시공사(스마트시티사업처) 배우성 처장은 경북대학교에서 석사학위를 취득하고, 같은 대학 건설환경에너지공학부에서 토목공학 공간정보 박사과정을 수료하였으며, 대구시 산하 공기업인 대구도시공사에 입사하여 30년 이상 근무를 하면서 택지개발사업, 산업단지조성, 주택건설사업 등을 추진하였고, 2008년부터 한양대학교 U-City 최고위 과정을 이수하면서 쌓은 스마트시티에 대한 연구와 실무경험을 바탕으로 대구광역시 스마트시티 기본계획수립, 수성알파시티의 스마트시티센터 건립과 테스트베드 구축 등에 크게 기여하였고, 영남대학교에서 '스마트사회의 이해' 과목을 강의하는 겸임교수로 활동 중이며, 대구광역시와 경상북도의 스마트도시사업협의회 위원, 한국도로공사 기술자문위원, LH공사 기술심사평가위원 등으로 활동하고 있다,
그간의 업무추진 공적으로 다수의 장관 표창을 수상하였고, 국토교통부에서 주관하여 매년 개최하는 국제 스마트시티 엑스포, 2019년 스페인 바르셀로나에서 개최한 'Smart City EXPO World Congress 2019'에 대구공동관을 전시하여 대한민국 스마트시티가 국제적으로 위상을 드높이는 데 기여하였다.

스마트사회의 이해

초판발행   2022년 2월 28일

지은이   김정훈·박종화·배우성
펴낸이   안종만·안상준

편 집   탁종민
기획/마케팅   장규식
표지디자인   BEN STORY
제 작   고철민·조영환

펴낸곳   (주) **박영사**
           서울특별시 금천구 가산디지털2로 53, 210호(가산동, 한라시그마밸리)
           등록 1959. 3. 11. 제300-1959-1호(倫)
전 화   02)733-6771
f a x   02)736-4818
e-mail   pys@pybook.co.kr
homepage   www.pybook.co.kr
ISBN   979-11-303-1397-9 93330

copyright©김정훈·박종화·배우성, 2022, Printed in Korea

* 파본은 구입하신 곳에서 교환해 드립니다. 본서의 무단복제행위를 금합니다.
* 저자와 협의하여 인지첩부를 생략합니다.

정 가   26,000원